동양 전통 환경사상의
현대적 의의

일러두기

1. 도서는『 』, 시·단문·노래는「 」, 신문·잡지는 ≪ ≫, 강조한 부분은 ' ', 인용한 부분은 " "로 표기했습니다.

2. 각주와 참고문헌은 원서의 표기를 따르되, 독자들의 이해를 돕기 위해 옮긴이가 덧붙인 각주에는 '[옮긴이 주]'를 표기하여 원주와 구분하였습니다.

3. 이 책의 중문(간체자), 한자(번체자) 표기는 다음과 같은 원칙을 따랐습니다. 중국의 인명, 지명, 중국식 개념이나 정책, 문서 등을 본문에 언급할 때에는 중문 간체자를 괄호 속에 병기하였고, 한글의 뜻을 좀 더 명확히 하기 위한 경우에는 한문(번체자)을 괄호 속에 병기하였습니다.

环境与东亚文明: 东方传统环境思想的现代意义
edited by 王守华, 戚印平

동양 전통 환경사상의 현대적 의의

오늘날의 환경문제는 서양의 과학기술 문명이 자연을 정복 가능한 대상으로 보고, 생태계를 파괴하고 잠식한 데서 발생한 것이다. 그러므로 우리는 다른 한쪽인 동양인의 자연관에서 환경문제를 해결할 수 있는 열쇠를 찾을 수 없을까 하는 희망을 가져보면서 이 책을 번역했다. 환경문제를 극복하기 위해서는 동양 전통 환경사상의 계승을 기초로 생태에 부합하는 생활방식, 곧 자신의 수요에 대한 욕망을 절제하면서 동시에 자연 생태의 평형을 해치지 않는 생활방식을 개발해야만 한다.

왕수화 엮음
박문현·남정순 옮김

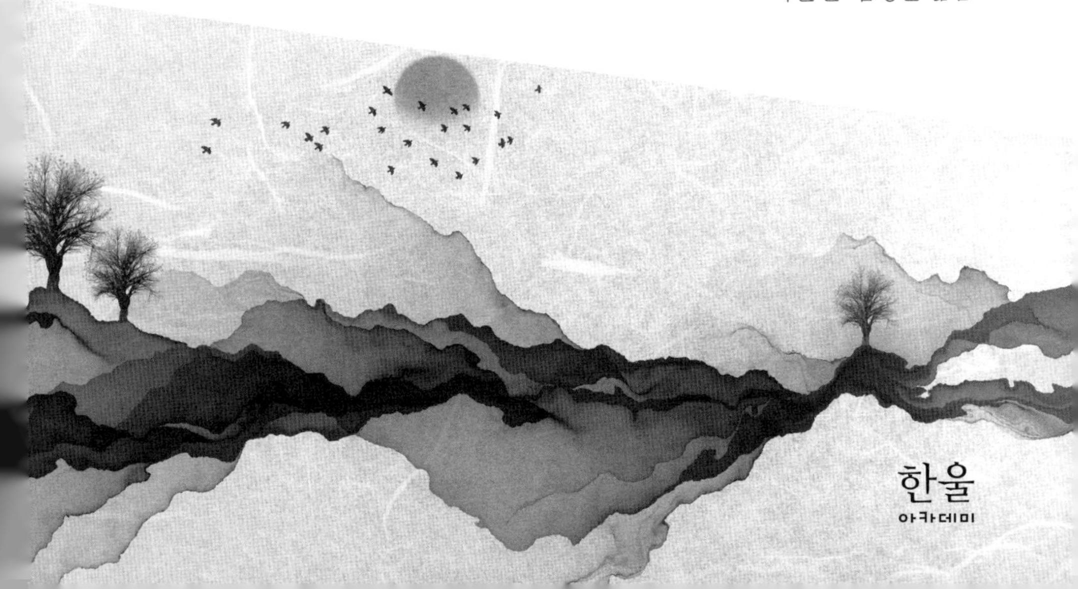

한울
아카데미

차례

第6부 동서양 환경사상 비교 및 그 사고 • 317

옮긴이의 글

전 세계 주요 국가들이 살인적인 폭염과 전쟁을 치르고 있다. 이상기후가 계속되면서 역사상 가장 더운 해로 기록됐던 작년에 이어 올해도 만만치 않은 무더위가 전 세계를 덮친 것이다. 이 글을 쓰고 있는 동안에도 폭염경보 안내가 모바일에서 울려댄다.

이 책은 1997년 4월 21일부터 23일까지, 그리고 1998년 3월 23일부터 25일까지 2회에 걸쳐 중국 절강성 항주시에 있는 항주대학 일본문화연구소(현 절강대학 일본문화연구소)에서 개최된 국제 심포지엄 '동양 전통 환경사상의 현대적 의의'의 기록을 모은 것을 번역한 것이다.

이 심포지엄에는 중국, 일본, 한국, 홍콩, 대만, 미국 등의 학자 50여 명이 참석하였다. 중국과 일본의 학자가 대부분이고 우리나라에서는 성균관대학교의 이운구 교수와 필자가 초청받아 참가하였다.

이 책의 일본어판은 1999년 3월에 '동양 환경사상의 현대적 의의'라는 서명으로 일본 농산어촌문화협회에서 간행되었다. 그리고 중국어판은 '환경과 문명: 동방 전통 환경사상의 현대적 의의'란 서명으로 산서고적출판사에서 1999년 2월에 간행되었다. 이 책의 한국어판은 중국어판을 저본으로 하고 일본어판을 참조하여 번역하였다. 한국어판이 심포지엄이 끝나고도 20여 년이 지난 오늘에야 간행된 것은 일본과 중국의 출판사로부터 저작권 획득이 어려웠기 때문이다. 거기다 필자의 투병으로 번역 작업이 늦어졌기 때문이기도 하다.

이 심포지엄의 특색은 중국, 일본, 한국, 인도 등 아시아 사람들에 의한 국제적·학제적인 공동 토론이자 각국의 범위를 넘어서 아시아 각지의 사람들에 의한 아시아의 관점에서 아시아의 전통사상에 있어서 환경사상의 의의에 대한 다양한 평가와 그 교류의 시도라는 점이다. 또 이 심포지엄에서는 동양철학 연구자뿐만 아니라 현대철학, 종교학, 민속학, 교육학에서 농촌연구, 환경행정 담당자 등 폭넓은 분야의 학자 및 전문가들이 동양사상의 환경사상적 의의라는 한 가지에 집중하여 공동 토의를 하였다. 그리고 이 심포지엄에서는 동양사상이 단순히 동양철학으로서가 아니라, 생활 현장에서 실천적이고 다면적으로 다루어지고 있는 점이 특색이다.

이 책의 목차에서도 알 수 있듯이, 이 심포지엄에서는 유가, 도가, 법가, 주자학, 양명학 등의 철학뿐만 아니라, 불교, 이슬람교, 신도 및 기타 민간신앙, 농업사상, 경제·경영 사상, 산업정책, 과학사상에 이르기까지 다양한 소재를 다루고, 민중 생활 속의 풍수나 풍습, 속담 등에 이르기까지 폭넓은 주제를 다루면서 동양사상의 환경사상적 의의를 찾고자 노력했다.

이 책은 바로 이러한 다양성과 공동 토론의 성과를 반영하여, 동양의 전통사상이 환경사상에서 가지는 의의와 관련된 논점을 다면적이며 더욱 심화된 형태로 제시하는 데 성공했다. 앞으로도 한국은 물론 국제적으로도 이와 같은 동양 전통사상에 대한 논의는 더욱 활발해질 것이다. 그럴 때, 이를 냉정하고 성실하게 발전시키려 한다면, 반드시 참고해야 할 가치 있는 논점을 이 책은 매우 풍부하게 제시하고 있다. 이 책의 가장 큰 의의는 바로 여기에 있다고 해도 과언이 아니다.

일찍이 장자(莊子)는 감각을 부추기는 물질문명의 위기를 예측한 이야기를 한 바 있다. 남쪽에 있는 숙(儵)이라는 임금과 북쪽에 있는 홀(忽)이라는 임금이 중앙에 있는 혼돈(混沌)이라는 임금으로부터 많은 은혜를 입었기에 숙과 홀은 서로 상의하여 그 덕을 갚고자 하였다. 사람들은 모두 일곱 개의 구멍이 있어 그것으로 보고 듣고 먹고 숨 쉬는데, 혼돈만은 하나도 없으니 구멍을 뚫어 주어 은혜를 갚기로 한 것이다. 그런데 하루 한 구멍씩 뚫어 이레가 되어 일곱 구멍을 다 뚫고 나니 혼돈은 죽고 말았다는 이야기이다.

숙과 홀은 둘 다 빠름과 변화의 의미를 가진 한자이다. 지금 우리에게 편리함과 풍요로움을 안겨주는 과학기술은 속도 높이기와 새로운 것을 추구하는 경쟁에 박차를 가하고 있다. 장자는 혼돈이 죽었다[混沌死]는 말을 『장자』 내편의 마지막에 함으로써 그의 사상을 끝맺음 한다. 혼돈의 죽음은 자연의 죽음이요, 인류의 멸망이다. 이 이야기는 끝없이 욕망을 채워가려는 현대인들에게 시사하는 바가 크다.

오늘날의 환경문제는 서양의 과학기술 문명이 자연을 정복 가능한 대상으로 보고, 생태계를 파괴하고 잠식한 데서 발생한 것이다. 그러므로 우리는 다른 한쪽인 동양인의 자연관에서 환경문제를 해결할 수 있는 열쇠를 찾을 수 없을까 하는 희망을 가져보면서 이 책을 번역했다.

환경문제를 극복하기 위해서는 동양 전통 환경사상의 계승을 기초로 생태에 부합하는 생활방식, 곧 자신의 수요에 대한 욕망을 절제하면서 동시에 자연 생태의 평형을 해치지 않는 생활방식을 개발해야만 한다.

끝으로 어려운 사정에도 불구하고 출판을 맡아준 한울엠플러스(주)의 관계자 여러분들에게 깊은 감사의 말씀을 드리고, 번역과 수정 작업에 힘을 보탠 경성대학교 임형석 교수와 경북대학교 우정민 강사에게도 이 자리를 빌려 고맙다는 말을 전한다.

2024년 8월

낙동강이 보이는 곳에서 옮긴이를 대표하여

박문현

머리말

(1)

근대 이래로 인류의 물질문명은 전례 없는 발전을 거두었다. 그렇지만 이에 따라 발생한 환경문제도 나날이 심각해져 간다. 오늘날 인류가 직면한 전 지구적인 환경위기는 어떤 방면에서는 이미 인류의 생존과 사회의 지속적인 발전을 위협하고 있다. 오늘날 환경위기의 원인은 복합적이다. 사상적인 측면으로 말한다면, 근대 이래로 서양에서 유행한 인간중심주의 및 인간과 자연, 주관과 객관이라는 두 극단으로 대립된 사유방식은 오늘날의 환경위기를 초래한 원인 중의 하나이다. 이런 사유방식으로 인간과 자연의 관계를 인식하면 사람들이 각자의 욕망과 눈앞의 이익을 충족시키기 위하여 자연을 파괴하는 개발을 서슴없이 자행하게 된다.

동양의 전통사상 중에는 풍부한 환경사상이 있다. 예를 들면 중국 고대 유학의 '천인합일', 도가의 '천인통일관', 인도 고대 브라만교의 사상체계 중 '범아일여(梵我一如)', 일본 18세기 사상가 안도 쇼에키(安藤昌益)의 '천인일화(天人一和)'를 위한 '직경(直耕)'사상, 신도(神道)의 '인간과 자연의 친화'의 관점 등이다. 이런 전통사상은 모두 사람을 자연의 일부분으로 인정하는 것이다. 즉, 사람과 자연의 관계를 작은 우주와 큰 우주의 관계로 비교한 것이며 사람과 자연의 조화와 일치를 강조한 것이다. 이렇듯 사람과 자연이 조화롭게 하나가 되는 관점과 사유의 방식으로 사람과 자연의 관계를 인식하면 환경보호에 비교적 유리하다.

이 연구의 목적은 동양 각국(민족)의 전통사상 중에서 사람과 자연이 조화를 이루는 환경사상을 귀납하고 정리하여 조잡한 것은 버리고 본질적인 것만을 취하며, 허위를 버리고 진실을 보존하여 현대적으로 해석함으로써 현대인의 환경의식과 서로 관계를 맺게 하려는 것이다. 이러한 작업은 궁극적으로 지속적인 발전전략에 알맞은 새로운 환경사상과 환경윤리를 탐색하는 데 도움이 될 것이다.

(2)

이 연구는 항주대학[1] 일본문화연구소에서 주최하고 일본국제교류기금아시아센터에서 후원하여 중국, 일본, 한국, 인도, 미국 등의 나라를 초청하고 홍콩, 대만의 50여 명의 학자, 전문가, 정부 관리와 NGO 대표들이 참가하여 공동으로 연구하고 토론한 결과이다. 이 과제는 분산연구, 집중토론의 형식으로 1996년 6월에 시작하여 1998년 6월에 마무리되기까지, 총 2년이 걸렸다. 이 기간 중인 1997년 4월 21일~23일, 1998년 3월 23일~26일 두 차례에 걸쳐 중국 항주에 모여 토론하였으며 그 결과로 40편의 논문을 제출하였다.

이 책에 수록된 글은 발표자들이 제출한 논문을 토대로 수정하여 채택한 논문들이다. 소수의 발표자들은 정해진 제출 기한까지 수정해야 할 원고를 보내오지 않거나 수정을 원하지 않는다고 하였으므로 자동포기로 처리했다. 이미 다른 곳에서 공개 발표한 개별 발표자의 논문 또한 이 책에는 수록하지 않았다.

---

1 [옮긴이 주]: 1998년에 절강대학, 항주대학, 절강농업대학, 절강의과대학을 합병하여 절강대학교로 재출범하였다.

이 책에 수록된 논문들은 마지막 전체회의의 참가자들의 토론을 거쳐 총결한 것을 공동 관점으로 보았으며, 그 외에 기타 논문은 대표 저자 한 사람만의 관점을 대표하며 논문의 책임은 대표저자가 지는 것으로 하였다. 편집자 및 번역자는 편집하고 번역한 문장에 한해서 개별적으로 수정할 수 있게 했다.

(3)

이 과제의 연구 및 논문집의 출판은 일본국제교류기금아시아센터의 도움을 받았다. 중국 및 외국의 공동연구 참가자들은 이 과제의 연구에 엄청난 정력을 쏟아부었다. 항주대학 일본문화연구소의 왕용 교수, 왕보평 교수 및 연구소의 전체 구성원들은 이 과제의 연구에 대해 전폭적인 도움을 주었다. 항주대학의 관계부서도 이 과제의 연구에 적지 않은 편리를 제공해 주었다. 척인평, 사지우, 천경사, 오령, 장아추, 강영비, 하영생, 강정, 요첩, 이순자, 왕소조, 하영 등 많은 분들이 두 차례의 공동연구와 토론을 진행하는 과정에서 통역 및 논문의 중·일, 한·영의 번역을 위해 애써주었다. 산서고적출판사는 이 책의 중문판 출판을 위하여, 일본 농산어촌문화협회는 이 책의 일문판의 출판을 위하여 많은 노력을 하였다. 이에 마음속에서 깊이 우러나는 감사의 마음을 표한다.

연구 대표자

왕수화

제1부

유가 환경사상의 현대적 의의

제1장

유가의 생태환경사상과 그 현대적 의의

왕가화(중국)

❁ ❁ ❁

20세기에 들어서, 특히 제2차 세계대전 이후에 인류는 자연을 정복·개조하는 부분에서 전례 없는 성과를 거둠과 동시에 심각한 생태환경의 위기에 직면했다. 그로 인해 인류의 생존과 환경의 위기에 어떻게 대처해야 하는가는 세계의 사상계가 관심을 가지는 중심과제가 되고 있다. 이런 관점에서 공자가 창시한 유학사상은 어떤 생태환경사상을 가지고 있는지, 또한 그 사상에는 어떤 현대적 의의가 있는지, 이것이 이 논문에서 검토하고자 하는 내용이다.

1. 유가의 천인합일(天人合一)의 기본적인 의미와 그 현대적 의의

유가의 '천인합일'관이 오늘날 생태환경의 위기를 해결하는 철학적 근거가 될 수 있는지 없는지에 관한 논자들의 의견은 제각각 다르다. 어떤 사람은 '천인합일'관은 천지인의 전체성, 계통성, 조화성을 강조하며, 분명히 주목할 만한 많은 특징을 가지고 있으며, 현대의 생태철학의 가치관을 확립, 발전시키는 커다란 계발적인 의의를 갖추고 있다고 주장한다.[1] 또 어떤 사람은 '천인합일'관을 명백히 밝히고 널리 퍼뜨림으로써, 현대기술의 지나친 확장과, 그것의 생태환경 파괴를 막을 수 있다고 생각하는 것은 너무 순진하다고 주장한다.[2]

필자는 유가의 '천인합일'관이 과연 현대적 의의를 가지는지 어떤지 판단하기 전에, 먼저 유가의 '천인합일'관의 기본적인 의미를 정확히 파악해야 한다고 생각한다.

장대년(張岱年) 선생은 『중국철학대강(中國哲學大綱)』에서, "중국철학의 천인관계론은 천인합일을 말하며, 천인합일은 두 가지 의미가 있다. 하나는 '하늘과 사람은 서로 통한다[天人相通]'이고, 또 한 가지는 '하늘과 사람은 서로 유사하다[天人相類]'"[3]라고 지적하고 있다. 이 두 가지 의미 가운데, '천인상통'을 주장하는 것은 역대 유가의 주류이며, '천인상류'를 주장하는 것은 대다수가 한

---

1 陳國謙:「關于環境問題的哲學思考」, ≪哲學硏究≫ 1994年第5期; 歐陽志遠:「中國傳統生態文化及其現代意義」, ≪自然辨證法硏究≫ 1995年第7期; 顔丙罡:「儒學思想與當代環境意識」, ≪社會科學≫ 1995年第10期

2 羅卜:「國粹·復古·文化」, ≪哲學硏究≫ 1994年第6期; 高晨陽:「論天人合一觀的基本意蘊及價値」, ≪哲學硏究≫ 1995年第6期; 張志傳:「天人合一與天人相分」, ≪哲學動態≫ 1995年第7期

3 張岱年:『中國哲學大綱』, 中國社會出版社, 1982年版, 第173頁

나라 시대의 동중서(董仲舒)의 사상이다.

'천인상통'이라는 사고방식은 맹자로부터 시작되어 송나라의 이학(理學)에 이르러 집대성되었다. 맹자는 "그 마음을 다하는 자는 그 본성을 알며, 그 본성을 알게 되면 천명을 알게 된다"[4]라고 말했다. 이것은 하늘과 인간의 본성은 일관되어 있으며, 인간의 본성은 하늘로부터 받은 것이기 때문에 마음을 다하면 본성을 알 수 있고, 마음을 다하고 본성을 알면 하늘을 알 수 있다는 의미이다.

『중용(中庸)』에도 또한 같은 사상이 있는데, "하늘이 명하여 사람에게 부여된 것을 성(性)이라 하고, 성에 따르는 것을 도(道)라고 하며, 도를 닦는 것을 교(敎)라고 한다"라고 했다. 『주역(周易)』「단전(彖傳)」에도 "천도(天道)는 항상 변화하고 있어, 만물의 본성과 천명을 올바르게 하려고 한다"라고 했다. 이는 모든 사람의 본성은 하늘에서 받은 것이라고 말하고 있는 것이다.

송나라의 이학자(理學者)들은 이 전통을 계승하여, 역시 '천인합일'에 관해 많은 주장을 했다. 장재(張載)는 "성과 천도에 있어 크고 작음의 구별을 볼 수 없다", "하늘이 본래부터 가지고 있는 능력은 우리가 본래부터 가지고 있는 능력이다"[5]라고 하여, 하늘의 본성이 곧 인간의 본성이며, 천도와 인성은 하나로 서로 통하고 있다고 주장했다.

정이(程頤)는 "천지인은 오로지 하나의 도(道)이다. 오직 그 하나를 통하면 나머지는 모두 통하게 된다"[6]라고 말했다. 또 정이는 나아가 "사람과 천지는 하나의 사물이다", "하늘과 사람은 원래 둘이 아니며, 합(合)이라고 말할 필요도 없다"[7]라고 말했다. 이것은 하늘과 사람은 서로 통할 뿐만 아니라, 이 둘은 본

---

4 『맹자(孟子)』「진심(盡心)」

5 『정몽(正蒙)』「성명(誠明)」

6 『어록(語錄)』

7 『어록』

래 하나로서 구별할 필요가 없다는 의미이다.

명나라 말기와 청나라 초기의 사람인 왕부지(王夫之)는 동중서의 '천인상류' 설과 송나라와 명나라의 이학(理學)에 대해 대단히 비판적이었지만, 역시 "하늘과 사람은 형태가 다르고 성질이 분리되지만 이어질 수 있는 것은 오직 도(道) 때문이다"[8]라고 하여, '천인합일'은 곧 천도(天道)와 인도(人道)의 통일에 있음을 주장했다.

유가 중에도 '천인상분(天人相分)'을 주장한 순자가 있으나, 순자와 같은 입장을 취하는 사상가의 수는 매우 적다. 유가 사상가의 대다수가 '천인합일'을 주장하고 있으며, '천인합일'관은 유가의 근본 사상 중 하나라고 말할 수 있다.

유가가 보는 바로는, 인간에 관해 말한다면, '천인합일'은 천인관계의 출발점이며, 또 그 귀결점이기도 하다. 인간은 어떻게 하면 '천인합일'을 실현할 수 있을까. 유가가 보는 관점에 따르면, 하늘은 인간에 맞출 수 없으며 인간이 하늘에 맞추어야 한다. 『주역』「문언(文言)」에서는 "대인(大人)은 천지와 그 덕을 합하며, 해와 달과 그 밝기를 더하고, 계절과 그 질서를 합하고, 귀신과 그 길흉을 합한다. 하늘보다 먼저 하여 하늘을 거스르지 않으며, 하늘을 뒤따라 때를 받든다. 하늘조차도 어긋남이 없는데 하물며 사람에 대해 말해 무엇 하랴?"라고 했다. 이것은 '하늘'이 본체이며, 인간은 '하늘'에 순응해야만 비로소 '하늘'과의 합일을 최종적으로 실현할 수 있다는 것이다.

그러나 유가가 보는 관점으로는 인간은 단지 수동적으로 하늘에 순응하는 것만으로는 안 되며, 인간은 조정하고 주도하는 주체로서의 작용도 발휘해야 하는 것이다. 정말로 『중용』이 말하려고 하는 "천지가 만물의 생성과 변화를 이루는 것을 도울 수 있다"로 '사물을 완성할' 필요가 있다. 그렇게 함으로써

---

8 『상서인의(尚書引義)』

‘천지와 어울려’서 천지합일의 경지에 도달할 수 있다.

그러나 유가의 천인관계에 관한 명제가, 우리가 오늘날 논의하고 있는 자연과 인간의 관계와는 완전하게 똑같지 않다는 점에 주의하지 않으면 안 된다. 특히 주의해야 하는 것은, 유가가 천인관계를 논할 때, 그 출발점과 근본 목적은 결코 자연과 인간의 환경과의 관계를 논의하기 위한 것이 아니라는 점이다. 그것은 인간의 도덕적 존재와 인간의 도덕기준에 관한 형이상학적 근거를 확정하기 위한 것이다. 유가는 사람의 도리에 관한 내용을 가지고 천도(天道)를 규정하며, 형이상학적인 천도에 따라 인간의 도리에 확증을 제시하려고 하는 것이다.[9]

만약 우리가 유가의 ‘천인합일’관의 출발점과 근본 목적을 확인하지 않고, 그리고 이 확인을 전제로 하지 않고, ‘전통적인 천인합일’관은 ‘자연과 인간의 통일과 조화를 강조하며, 그것으로써 서양인의 천인 대립 및 주객을 둘로 나누는 사고방식을 바꿀 수 있으며, 그것을 인류가 오늘날 환경의 위기에서 벗어나기 위한 출구로 본다’라고 한다면, 분명히 타당하지 않다. 이와 같은 사고는 유가의 ‘천인합일’관의 근본적인 의미를 오해하고 있기 때문이다.

그러나 유가의 ‘천인합일’관은 ‘하늘’과 ‘사람’이 서로 대치하는 두 가지의 사물이 아니라, 밀접한 관계를 가지고 조화하는 전체라고 본다. 이것은 오늘날의 사람들에게도 중요한 계발적인 의의가 있다. 우리는 이런 유가의 ‘천인합일’관을 비판적으로 계승하고, 현대인의 현대문명에 대한 비판과 현대 이후의 사상적 성과를 흡수함으로써 오늘날의 세계적인 환경위기를 극복하는 데 필요한 새로운 생태철학을 구축할 수 있다.

그 외에 유가의 ‘천지가 만물이 생성, 발육할 수 있게 도와준다’는 사상도 현

9 高晨陽: 「論天人合一觀的基本意蘊及價值」, ≪哲學硏究≫ 1995年 第6期

대적 의의를 가지고 있다. 왜냐하면 그것은 자연중심주의의 수동적인 적응도 아니며, 인간중심주의의 자연에 대한 정복도 아닌, 인간이 자연의 법칙에 따른다고 하는 기초 위에서 자연환경 보호에 적극적으로 참가하고, 그 발전을 돕는 것을 논하기 때문이다.

2. '천지만물일체의 인(仁)'의 현대적 의의

우리는 유학의 '천지만물일체의 인(仁)'이라는 사상을 보다 중시해야 할 것이다. 왜냐하면 그것은 새로운 생태환경윤리학의 기본 명제가 될 수 있기 때문이다.

유학의 '천지만물일체의 인'이라는 사상에도 그것이 형성되기까지의 과정이 있다. 맹자가 그 시작을 열었다. 그것은 맹자가 "군자는 사물에 대해서는 사랑하기는 하지만 어진 마음으로 대하지는 않으며, 일반 백성에 대해서는 어진 마음으로 대하지만 완전히 하나가 되지는 아니한다. 어버이와 완전히 하나가 되고서 백성을 어진 마음으로 대하며, 백성을 어진 마음으로 대하고서 사물을 사랑한다"[10]라고 말한 데서 알 수 있다. 맹자의 "부모에 친애하며, 백성을 어질게 대하고, 사물을 아낀다"라는 사상은, 그 '차마 하지 못하는 마음[不忍之心]'의 확충이다. 그 속의 '친(親)'·'인(仁)'·'애(愛)'는 공통적인 성격으로 말하자면, 모두 사랑이라는 의미를 가지고 있지만, 각각 차이가 있다. '애'는 사물에 관해 말하고 있으며, 이와 같은 사랑은 '인'을 포함하지 않는다. '인'은 백성에 대해 말하고 있지만, 이와 같은 '인'은 '친'을 포함하지 않는다. 요컨대, 세 가지 사랑은 대

10 『맹자』「진심」

상과의 혈연관계 혹은 친하거나 소원함 또는 인물의 귀천에 따라 다르다. 이 사랑에는 등급의 차이가 있다. 어떤 학자는 『맹자』에서는 겸애정신과 등급의 차별원칙이 대립하고 있다고 말한다.[11] 그러나 결국 그것은 자연계의 만물에 대한 사랑에 관해 직접 언급하고 있다. 그리고 이런 사랑의 차등은 '의무충돌(義務衝突)'의 상황에서 원칙상의 차등이다. 즉 친친(親親), 인민(仁民), 애물(愛物)은 부딪치거나 맞설 때 어느 한쪽의 지위가 높아서 그 하나를 우선 선택한다. 만약 부딪치거나 맞서지 않을 때에는 친친, 인민이 먼저 중요하고 또한 애물도 중요하다.

그러나 송·명나라의 이학(理學)에서는, 이와 같은 '겸애'와 '차별'의 대립은 이미 존재하지 않는 것 같다. 장재는 먼저 '민포물여(民胞物與)'라는 사상을 제기했다. 그는 "하늘을 아버지로 칭하고, 땅을 어머니로 칭한다. 백성은 나의 동포이고, 만물은 나와 동류이다"[12]라고 했다. 장재는 우주를 하나의 집으로 보며, 천지는 부모이고, 백성은 동포이며, 만물은 친구라고 했다.

정호(程顥)는 또한 천지만물을 한 사람의 인간으로서 간주했다. 그는 "인(仁)이란 천지만물을 일체로 삼으니, 자기 몸이 아닌 것은 하나도 없다. 천지만물을 바로 자기 몸으로 인식할 수 있으면 어디엔들 이르지 못하겠는가?"[13]라고 했으며, 또 "만약 인(仁)이 지극하면, 천지는 한 몸이고, 그리하여 천지간에 각 사물의 만 가지 형체는 팔다리 백 가지 형체가 된다. 팔다리 백 가지 형태를 보고서 친애하고 귀히 여기지 않을 사람이 있을까!"[14]라고 말했다. 정호의 '인', 즉 '애'가 의미하는 것은 『맹자』와 같은 '친친', '인민', '애물'이라는 구별 없이 사

11 陳來: 『有無之境』 人民出版社 1991年版第269頁

12 『서명(西銘)』

13 『유서(遺書)』 2권 상편

14 『유서』 2권 상편

람을 귀중하게 여기는 것은 자신을 사랑하는 것이며, 사물을 아끼는 것도 자신을 사랑하는 것이다.

주희(朱熹)도 비슷한 사상을 가지고 있다. 주희는 '인'은 '마음의 덕이며, 사랑의 이치'이며, 천지에서는 '끊임없이 만물을 생성하는 마음', 사람에게는 '따뜻하게 남을 이롭게 하고 사물을 아끼는 마음'[15]이 된다고 주장했다.

'천지만물일체의 인'은, 또 왕양명 사상의 중요한 면이기도 하다. 그는 장재, 정호 등 선현의 사상을 계승하는 데 그치지 않고 전면적으로 더욱 깊이 파고들어 해석했다. 왕양명은 "성인의 마음은 천지만물과 일체가 되고… 이로써 천지만물일체의 인을 미루어 헤아리고, 이로써 천하를 가르친다"[16]라고 말했다. 그는 또 "사람은 천지의 마음, 천지만물은 본래 나와 일체이다"[17]라고도 말했다. 이상의 말은 둘 다 정신적 경지와 심신의 본연의 자세에서 인간과 천지만물은 일체라는 의미로 볼 수 있다. 왕양명은 또한 형태가 있는 이상, 즉 시초부터 인간과 천지만물은 실제로 일체가 된다. 그러므로 "이 기(氣)가 같다"는 것은 "기가 통하여 흐른다"라고 했다. 그는 "천지만물과 사람은 원래 하나이다. 그것을 나타내는 가장 정밀한 곳은 한 점의 영혼, 사람의 마음이며, 천지와 자연과 생물의 모든 것, 바람, 비, 이슬, 우레, 해, 달, 별, 새, 짐승, 초목, 산천, 흙과 돌은 원래 사람과 한 몸이다. … 다만 이 기(氣)가 같다. 그러므로 서로 통할 수 있다"[18]라고 말했다.

장재, 정호로부터 왕양명에 이르기까지, 천지만물이 일체가 되는 그들의 '지인(至仁)'의 경지에서는 인간과 만물, 나와 타인은 모두 공존한다. 특히 우주의

15 『문집(文集)』「인설(仁說)」

16 『전서(全書)』 2권 「발본색원론(拔本塞源論)」

17 『전서』 2권 「답섭문위(答聶文蔚)」 1권

18 『전서』 3권 『전습록(傳習錄)』 하권

만물을 인간사회의 각 구성원이 자신과 호흡이 잘 맞는, 떼어낼 수 없는 유기체의 부분으로 간주한다. 그뿐만 아니라 '백성을 어질게 대하고 사물을 아끼는' 것만이 '지인'의 경지를 얻게 한다. 바로 이 점이 왕양명이 "군신, 부부, 붕우는 물론이고 산천초목 귀신, 조수 모두 친하지 않는 것이 없고 일체의 인에 달하게 되어 덕을 알게 되면 천지만물을 일체화할 수 있다"[19]라고 말한 이유이다.

물론 왕양명에게서도, '친친', '인민', '애물'의 차이가 완전히 부정되지는 않는다. 그러나 그는 '친친'을 나무가 싹을 틔우는 것에 비유하고, '인민'과 '애물'을 줄기가 나오고 가지가 나서 잎이 달리는 것에 비유한다.[20] 이와 같은 '친', '인', '애'의 차이는 어떤 학자가 "'친친'은 '인민', '애물'에 대한 우선적인 것일 뿐, 가치나 감정의 문제가 아니라 방법이나 절차의 문제이다"[21]라고 말한 것과 같다. 이것은 『맹자』와는 크게 다른 것이다.

원래부터 송나라와 명나라의 이학자가 '만물동체'를 역설하고, '천지만물일체의 인'을 말한 그 출발점과 목적은 "널리 베풀어 백성을 구제한다"라는 인도주의적 배려가 내재된 기초 위에 있으며, 주로 사회적 배려와 우려를 표현하기 위한 것이었다. 그러나 오늘날 우리는 '천지만물일체의 인'을 새로운 생태환경윤리학의 도덕률로써 간주하고, 이를 '부모'를 사랑하고 '백성'을 사랑하는 것을 강조하며, 또 '사물'을 사랑한다고 말할 수 있다. 바꿔 말하면, 인간의 복지를 소중히 하지 않으면 안 된다. 또 인간이 생존과 발전의 근거로 여기는 생태환경도 소중히 하지 않으면 안 되며, 자연과 인간, 만물의 조화공생의 관계 속에서 인간을 포함한 자연계의 지속가능한 발전을 추구해 갈 필요가 있다.

'천지만물일체의 인'이라는 사상이 새로운 생태환경윤리학의 도덕률이 될

---

19 『전서』 26권 「대학문(大學問)」

20 『전서』 3권 『전습록』 상권

21 陳來:『有無之境』人民出版社 1991年版第272頁

수 있는 것은, 그것이 '친', '민', '물'(곧 인간과 만물)에 대한 공평한 사랑의 숭고함을 강조함과 동시에, 생태환경을 지키기 위해 '살생을 하지 않는다'는 채식주의 내지는 견디기 힘든 야외 생활을 하는 것과 같은 비현실적인 공상, 혹은 "순수함으로 돌아가 진리로 돌아간다"라고 하는 등, 자연에 따르는 '무위'사상을 주장하는 것이 아니다. '인'과 '의'의 협조를 주장하고, 자연과 인간 만물을 공평하게 마음으로부터 사랑한다는 근본적인 전제 아래, 일정한 규범을 토대로 자연과 인간, 만물의 공생 및 협조와 발전을 추구하기 때문이다. 그 때문에 그것은 이상주의와 현실주의의 품격을 두루 갖추고 있는 것이다.

3. 유가의 생태경제와 환경관리의식

유가는 일찍부터 "이것을 취함에는 규칙이 있으며, 이것을 사용하는 데 때에 맞추어야 한다"라는 생태경제의식과, "때로는 금하고 때로는 허용한다"라는 환경관리의식을 가지고 있었다. "공자는 낚시질을 하되 그물질은 하지 않았으며, 주살질을 하되 잠자는 새를 쏘아 맞히지는 않았다."[22] 즉 한꺼번에 고기를 많이 잡을 수 있는 그물을 사용하지 않으며, 실이 달린 활로 사냥은 하지만 둥지로 돌아온 새는 쏘지 않는다는 것이다. 즉 야생의 자원을 지나치게 파괴해서는 안 되며, 이 군생하는 생물들이 태어나서 번식하고 번창하도록 지키지 않으면 안 된다고 주장하였다.

맹자는 "농사를 지을 때를 어기지 않으면 곡식은 다 먹을 수 없을 만큼 넉넉할 것이다. 연못에 그물을 너무 자주 던지지 않으면 어족 자원은 다 먹을 수 없

22 『논어』「술이」

을 만큼 풍부할 것이다. 도끼를 들고 때에 맞춰 산림에 들어가면 재목은 다 쓰지 못할 만큼 많아질 것이다"[23]라고 말했다. 맹자도 공자와 마찬가지로 자연에 대해, "이것을 취할 때 법도가 있으며, 이것을 사용하는 데 때로써" 하지 않으면 안 된다고 말했다. 곧 적당한 때나 적당한 법도로 자연자원을 개발하고 이용해야 한다는 것이다. 맹자는 또 산림이 파괴당하는 원인을 전문적으로 검토하며, "우산의 나무가 일찍이 아름다웠는데, 그것이 큰 도시에 인접하고 있기 때문에 도끼로 베어내니 아름다워질 수 있겠는가? 그 낮과 밤이 늘어나고 비와 이슬이 적셔주는 것에서 싹의 자라남이 없는 것이 아니지만, 소와 양을 또 이어서 방목하므로 그 때문에 저와 같이 반질반질한 것이니, 사람들이 그 반질반질한 것을 보고서 일찍이 나무가 있지 아니하였다고 생각하는 것이니 이것이 어찌 산의 본래 모습이겠는가? … 그러므로 진실로 그 기르는 기회를 얻으면 자라지 아니하는 것이 없고, 진실로 그 기르는 기회를 잃으면 소멸하지 아니하는 것이 없다"[24]라고 말했다. 여기에서 맹자가 지적한 것은, 지나친 벌채와 방목이 산림 파괴의 원인이기 때문에, 다만 적당한 법도로 적당한 때에 개발에 주의하는 것만으로는 충분하지 않으며, 인위적인 양육과 보호에 힘을 써야만 비로소 산림자원을 유지하고 회복할 수 있다는 것이다.

순자도 환경을 지키는 데 매우 주의했다. 그는 "성왕이 마련한 제도는 초목이 꽃피고 크게 자랄 시기에는 도끼 같은 종류를 산림 속에 들이지 않는다. 이는 그 생명을 일찍 꺾지 않고 그 성장을 끊지 않게 하기 위함이다. 큰 자라나 악어, 물고기, 미꾸라지와 장어류가 부화할 시기에는 그물이나 독약류를 연못 속에 들이지 않는다. 이는 그 생을 일찍 꺾지 않고 그 성장을 끊지 않게 하기 위함이다. 봄에 밭을 갈고 여름에 김을 매며 가을에 수확하고 겨울에는 저장하여

---

23 『맹자(孟子)』「양혜왕(梁惠王)」 상

24 『맹자』「고자」 상

네 가지 일이 시기를 어기지 않으므로 곡식이 모자라지 않고 백성들이 먹을 식량에 여유가 생긴다. 웅덩이나 연못, 늪, 하천에 철에 따라 입어를 금지하면 물고기, 자라류가 더욱 많아져 백성들은 식용으로 쓰고도 남음이 있다. 나무를 벌채하고 기르는 그 시기를 어기지 않으면 산림이 민둥산이 되지 않아서 백성들은 재목으로 쓰고도 남음이 있다"[25]라고 했다. 여기서 "때로는 금하고 때로는 허용한다"라는 환경관리사상을 특히 강조했다.

『예기(禮記)』「월령(月令)」은 또한 생태환경을 지켜야 하는 시기를 달마다 규정했는데, "때로써 금지하거나 때로써 허용한다"는 구체적인 내용을 언급하고 있다. 예를 들면, 맹춘(정월)에는 "제물은 암컷을 쓰지 못하게 하며, 벌목을 금지하며, 둥지를 뒤집어서 새를 잡지 못하게 하며, 애벌레 및 새끼를 가진 새를 잡는 것을 금하며, 갓난 짐승이나 막 날기 시작한 새를 잡지 못하게 할 것이며, 알을 줍지 못하게 한다"라고 했다. 중춘(이월)에는 "어업을 허락하되 강과 못의 물고기를 모두 잡아 씨가 마르지 않게 하며, 저수지와 연못을 그물로 걸러서 물고기의 씨가 마르지 않게 하며, 산림을 불태우는 사냥을 금한다"라고 했다. 계춘(삼월)에는, "밭에서 사냥하는 덫, 새그물, 방패 및 짐승에게 먹이는 독약이 제후의 성문 밖을 나가지 않도록 한다"는 것에 주의해야 하며 "산림을 관리하는 사람에게 명하여 뽕나무를 베지 않도록 해야 한다"라고 한다. 맹하(4월)에는 "큰 나무를 베어서는 안 된다. 짐승을 쫓아버려서 오곡을 해치는 일이 없게 한다. 그러나 대대적인 사냥을 하지는 않는다"라고 하고 있다. 계하(6월)에는 "수목이 바야흐로 무성해진다. 따라서 관리에게 명하여 산에 들어가 나무를 돌아보고, 나무를 베는 일이 없도록 한다"라고 했으며, 계추(9월)에는 "초목의 잎이 누렇게 변해 떨어진다. 그러므로 나무를 베어 숯을 굽는다." 맹동(10월)에

---

25 『순자』「왕제」

는 "강과 호수, 못 등을 관리하는 관리에게 명해 물의 세금을 징수하게 한다"라고 말했다.

앞에서 말한 바와 같이 춘추전국시대의 유가는 이미 자연자원의 수량 및 계절에 기초하여 합리적으로 자연자원을 이용하고, 그 재생능력을 유지할 수 있도록 지키지 않으면 안 된다는 것을 인식하고 있었으며, 행정적·법률적·경제적 수단에 의해 환경을 관리할 것을 제창했다. 이 논술들은 중국의 역사에서 전통적 농업문명의 발전 및 생태경제의 유지와 보호의 노력에 적극적인 역할을 발휘해 왔을 뿐만 아니라, 몇 가지의 구체적인 방법은 지금도 여전히 그 의의를 잃지 않고 있다.

4. 유가 생태환경사상의 한계

우리는 유가의 생태환경사상이 결국 전통적인 농업사회의 산물이며, 당시의 생산력은 현대와 비교하면 매우 낮았고, 사람들은 자연 앞에서 무력한 존재였다는 것을 염두에 두어야 한다. 그 당시의 사람들이 직면했던 생태환경의 위기는 아직 인류의 생존을 위협할 정도로 심각하지는 않았다. 따라서 그 당시 사람들의 '천일합일'관, 자연과 인간의 관계에 대한 인식은 주로 자연에 순응하고 자연과 조화, 공생하는 것을 강조했으며, 여기에는 소극적이고 수동적인 일면이 드러나는 것을 피할 수 없다. 앞에서 말한 유가의 생태경제사상과 환경관리의식이 주로 적당한 때 적당한 법도로 자연자원을 이용하는 것을 말하고 있는 것은 당연한 결과이다. 그리고 이 사상과 주장은 분명히 당시의 생태환경 문제를 극복하기 위해 역할을 발휘할 수 있었다.

그 외, 유가의 생태환경사상은 직관과 사변을 특징으로 하며, 현대의 생태학 이론이 정교하고 치밀하며 실증성이 뛰어난 것과는 다르다는 사실을 간과하지 않을 수 없다.

그리고 현대인이 직면한 생태환경의 위기는 그 심각함과 복잡함으로 말한다면 유가의 생태환경사상을 낳은 고대의 수준을 훨씬 뛰어넘었다. 현대세계는 이미 완전한 기술세계이며, 고도로 발달한 기술은 자연을 이용하고, 자연을 극복하는 데 그치지 않고, 인간을 복제하는 것까지 가능하게 했으며, 마치 불가능한 것은 없는 것처럼 보인다. 그것은 인류에게 전례가 없는 풍요로운 물질적인 생활을 가져다줌과 동시에, 물질을 만들어 내는 공장으로부터의 오염으로 인해 발생하는 생태, 환경, 자원의 위기가 인류의 생존을 위협하고 있으며, 핵무기와 같이 인류 자신을 파멸시킬 수 있는 수단과 힘을 갖추게 하였다. 또한 본질적인 것은 기술이 인간을 그 대상과 수단으로써 통제할 수 있을 정도로 강대해졌으며, 인간의 자유를 빼앗고, 인간을 기술의 노예로 전락시키고 있다는 것이다. 따라서 유가의 전통적인 생태환경사상과 구체적인 주장을 원래대로 계승하거나 선양하는 것은 현재 인류가 직면한 생태환경의 위기를 해결하기 위해서는 결코 충분하지 않다. 모든 인류가 인간의 본질, 자연과 인간의 관계 등의 문제에서, 현대문명이 초래한 가치관을 근본적으로 전환하고, 현대의 인간중심주의와 도구이성주의, 물질적 이익에 편중하는 극단적인 공리주의를 극복해야만 비로소 자연과 인간의 조화공생, 발전을 지속하는 새로운 문명 및 그 새로운 문명에 적응하는 생태환경이론을 창조할 수 있다.

물론 이 새로운 문명과 새로운 이론을 창조할 때에는 현대문명을 비판하는 이론과 후기 근대주의를 충분히 받아들임과 동시에, 유가의 '천일합일'관의 자연과 인간의 조화공생사상, 그리고 '천지만물일체의 인'이라는 생태환경도덕의 준칙을 계승하는 것이 그 작용을 십분 발휘하는 데 도움을 줄 것이다.

제2장

유가의 화합사상과 자연생태의 보호

진덕술(중국)

현대 과학은 인간과 우주는 하나의 뗄 수 없는 총체이며, 인간은 일정한 생태환경 속에서 생존하며, 만약 자연과 인간이 그 조화를 잃는다면 인류의 생존에 위기가 오고 재난을 초래한다는 것을 증명하고 있다.

중국의 전통적 문화를 되돌아볼 때, 유가는 사람과 사람의 화합, 인간과 사회의 화합사상을 갖추고 있을 뿐만 아니라, 자연과 인간의 화합공존사상을 가지고 있다는 것을 알 수 있다. 유가에서의 자연과 인간의 화합사상은 매우 풍부한 자연생태 보호의식을 갖추고 있으며, 오늘날 자연생태의 균형과 인류의 생존환경을 지키는 데 중요한 의의가 있다.

1. 유가 생태의식의 철학적 기초로서 천인화합

유가의 화합사상은 매우 풍부한 내용을 담고 있다. 이른바 화합이란 다음의 내용을 가리킨다. 우주 속의 사물은 다른 인자, 다른 요소, 혹은 다른 성질의 원소로 구성된다. 이들의 똑같지 않은, 다른 성질의 요소들은 서로 관련이 있고, 상호작용하는 관계에 있으며, 또 하나의 조화된, 통일적인 총체를 구성하고 있다. 그것들 사이의 상호작용, 조화, 협력이 우주 사물의 발전을 촉구하고 있다. 만약 이 다른 요소들 사이의 균형, 협조가 파괴된다면, 반드시 사물의 발전에 영향을 미치며, 그 멸망을 초래할 것이다. 유가가 바라보는 관점에서 화합은 여러 가지 형태를 이루는데, 여기에는 중도화합(中道和合), 교태화합(交泰和合), 소식화합(消息和合), 기제화합(旣濟和合), 생극화합(生克和合) 등이 있다. 하늘과 사람의 관계에서 유가는 천인합일을 강조하고, 이것이 유가 생태의식의 철학적 기초를 구성한다.

1) 천인합일관

천일합일관은 유가의 자연과 인간의 관계에 관한 가장 기본적인 사상이다. 이로써 천인합일은 다음과 같은 내용을 담고 있다는 것을 알 수 있다. 첫 번째로 하늘은 일종의 자연현상이다. 『좌전(左傳)』에서는 천지가 일·월·성·신과 금·목·수·화·토의 오행, 혹은 기라는 물질로 구성되어 있다고 주장한다. 공자는 "하늘이 무엇을 말하는가, 사계절이 운행되어 만물이 생성되어도 하늘이 무엇인가를 말하느냐"라고 말했다. 사람과 하늘은 양쪽 모두 기로 구성되며, 다른 점은 태어날 때 가진 기가 다를 뿐, 인간이 태어나 가지고 있는 것은 우주의 정화(본질)의 기이다. 두 번째로, 자연과 인간은 우주법칙의 지배를 받으며, 천지만물은 '도'의 지배를 받는다. 순자는 "자연의 움직임은 일정한 법칙성을 갖는다. 요(堯)를 위해서 있는 것도 아니고 걸(桀) 때문에 없어지는 것도 아니다.

대응하여 잘 다스리면 길하고 대응하여 어지럽히면 흉하다"[1]라고 말했다. 인간은 '운명(命)'의 지배를 받으며, '도'와 '명'은 모두 필연의 법칙이다. 요컨대 만물의 영혼으로서 능동성을 갖춘 인간이라도 욕심나는 대로 행동해서는 안 된다는 것이다. 세 번째로는, 인간과 천지는 그 덕이 합쳐져 있으므로, 인간은 '마음을 다한다', '본성을 안다', '하늘을 안다'고 하는 세 단계를 밟아 천인합일의 법칙을 알게 되고 '천인의 관계를 밝힌다'는 목적에 도달하며, 천인합일의 목적은 사회를 위해 도움이 되는 것임을 아는 것이다.

2) 천인감응

천인감응은 유가의 천인화합사상의 한 면이다. 감(感)은 상호작용이며, 응(應)은 상호작용의 결과를 만들어 내는 반응 혹은 회답이다. 천인감응이란 하늘과 사람의 상호작용이다. 공자는 인학(仁學)을 창설하고, 원칙적으로 천명론을 부정했다. 한대의 동중서는 천인감응설을 적극적으로 주장했으며 '동류상동(同類相動)'이론을 제기하고 이를 천인감응의 이론적 근거로 삼았다. '동류상동'이란 어떠한 자연이 인체에 미치는 어떤 반응을 의미한다. 예를 들면 "하늘에 장차 구름이 끼어 비가 내리면 사람이 힘들어하는 까닭은 먼저 활동하는 음(陰)이 서로 응하여 일어나기 때문이다. 하늘이 장차 구름을 끼게 하여 비를 내리고자 하면 또 사람으로 하여금 누워서 잠을 자고 싶게 하는 것도 음기(陰氣)인 것이다. 근심이 있으면 또한 사람으로 하여금 눕고자 하는 것도 이 음이 서로 구하는 것이고, 기뻐하는 것이 있는 자는 사람으로 하여금 눕고자 하지 않는 것인데 이는 양(陽)이 서로 찾기 때문이다"[2]라는 것이다. 자연계의 변화는 태양의 활동이나 달의 차고 기욺, 기후의 변화, 땅의 자기장 및 토양의 화학성분처

---

1 『순자(荀子)』「천론(天論)」

2 『춘추번로(春秋繁露)』「동류상동(同類相動)」

럼 모두 인체에 영향을 미친다. 동중서는 이와 같은 동류상동의 현상을 천인관계에까지 널리 미치게 하여 "하늘과 사람의 상관관계를 살펴보니 매우 두려워해야 할 것이 있다. 나라에 바야흐로 길을 벗어나는 실패가 일어나려고 하면, 하늘은 우선 재해를 내려 경고를 준다. 그래도 반성하지 않을 때는 다시금 이변(異變)으로써 위협한다. 그래도 역시 고쳐지지 않을 때는 비로소 참혹하게 파괴한다. 이로써 알 수 있는 것은 하늘의 마음은 정이 깊고 임금을 사랑하여 그 난리를 멈추게 하려는 것이다. 무도한 세상이 아닌 한, 하늘은 모든 세상을 도와 보전하기를 바라고 있다"[3]라고 지적했다. 동중서는 나라의 통치자의 정령, 입법 및 모든 행위는 모두 하늘의 마음인 인애(仁愛)를 준칙으로 하지 않으면 안 되며, 그렇지 않으면 하늘의 징벌을 받는다고 강조했다. 하늘과 사람은 언제나 이와 같은 상호작용 관계에 있다. 그렇기 때문에 유가의 천인감응론은 미신적인 측면도 있지만, 그 속에는 천도, 즉 자연의 법칙을 거스르면 반드시 징벌을 받을 것이라는 사상이 내포되어 있으며, 이 사상에는 과학적 사상의 요소도 포함되어 있다. 생태학의 시점으로 보아, 천인감응설은 합리적 요소를 가진 것이며 전면적으로 부정할 수는 없다. 오늘날 우리는 천인감응설의 미신적인 측면을 비판하고, 과학적인 부분은 개선하고 발전시켜야 한다. 이는 생태환경 보호에 있어서 매우 유익하다.

3) 천지와 함께하는 이론

유가는 천지인(天地人)은 병렬하는 세 가지로, 사람은 천지와 평등한 지위에 있어, 자연을 능가하는 통치자 또는 지배자가 아니라고 주장한다. 『주역』의 팔괘는 천지인의 삼재(三才)를 나타내는 효획(爻劃)으로 구성되어 있으며, 위를

3 『한서(漢書)』「동중서전(董仲舒傳)」

하늘로 하고, 중간을 사람으로 하며, 아래를 땅으로 한다. 사람은 천지와 나란히 하고, 그것들의 관계는 공통의 법칙을 따른다. 곧 음양의 대치와 변화의 법칙이다.

『중용』은 "오직 천하에 지극히 성실한 사람이라야 그의 본성을 모두 실현할 수 있다. 그의 본성을 모두 실현할 수 있으면, 다른 사람의 본성을 모두 실현하게 할 수 있다. 다른 사람의 본성을 모두 실현하게 할 수 있으면, 만물의 본성을 모두 실현하게 할 수 있다. 만물의 본성을 모두 실현하게 할 수 있으면, 천지의 화육을 도울 수 있다. 천지의 화육을 도울 수 있으면, 천지와 함께 셋이 될 수 있다"라고 지적했다. 천지의 본성은 인간의 본성과 다른 부분이 있으며, 또한 같은 부분도 있다. 이는 인간이 태어나면서 천지의 기를 받음으로써 성립되는 것이다. 주희는 "성(性)이란 사람이 하늘로부터 얻은 바의 이(理)이다. 생(生)이란 사람이 하늘로부터 받은 바의 기(氣)이다. 사람과 물건의 생이란 이러한 성은 갖지 않은 것이 없고, 이러한 기를 갖지 않음이 없다. 그러나 기로써 말한다면 지각과 운동은 사람과 물건이 다르지 않은 듯하다"[4]라고 주장했다. 이것 모두는, 인간은 자연을 초월하여 자연의 밖에서 독립하여 존재하는 괴물이 아니라, 자연과 조화하는 동일한 존재이며, 인간과 자연계의 상이점은 인간이 자연계의 영물이라는 점에 지나지 않는다는 것이다.

4) 물아동류론

송대의 이학자인 장재는 '민포물여(民胞物與)'라는 이론을 제기했다. 그는 "하늘을 아버지라고 칭하고, 땅을 어머니라고 칭한다. 나 여기에 작은 존재로 이와 뒤섞여 그 가운데 있다. 그러므로 천지에 충만한 기는 나의 몸이 되고, 천지

---

4 『사서집주·맹자집주(四書集注·孟子集注)』「고자(告子)」

를 이끌어 가는 것은 나의 성(性)이 된다. 백성은 나의 동포이고, 만물은 나와 동류이다"[5]라고 말했다. '민(民)'은 사람이다. '여(與)'는 동류, 친구라는 의미이다. 다시 말하면, 건곤은 부모이며, 인간은 천지 속에 가장 작은 존재이며, 천지인 삼자는 혼연일체가 되며 모두가 같은 우주 속에 있다. 그것들은 기가 다른 집합 형식이며, 천지의 본성은 다름 아닌 인간의 본성인 것이다. 그런 이유로 인간은 우리 동포이며, 만물은 우리와 동류, 친구이다. 동포, 친구는 남을 사랑해야 하며, 남에게 해를 가해서는 안 된다.

2. 유가의 생태자연 보호에 관한 방법

유가는 자연과 인간이 화합하는 생태이론에서 출발하여, 자연생태환경을 어떻게 보호할 것인지에 관한 여러 가지 사고방식을 제기한다. 오늘날에도 이 사고방식은 여전히 높이 평가받고 있다.

1) 인민애물

사람과 사람 간에 서로 사랑하는 사상을 사물에 대한 사랑으로까지 확대한다. 맹자는 '인민애물(仁民愛物)'이라는 사상을 제기했다. 백성은 사람이다. 인(仁)은 사람을 사랑하는 일이다. 사람을 사랑하는 것처럼 사물을 사랑하지 않으면 안 된다. 공자는 사물을 매우 사랑했다. 『논어』에는 "낚시질을 하되 그물질은 하지 않았으며, 주살질을 하되 잠자는 새를 쏘아 맞히지는 않았다"[6]라고 했다. 공자는 고기를 잡을 때, 낚싯대만을 사용하고 그물을 사용하지 않았으

5 『서명(西銘)』

6 『논어(論語)』「술이(術而)」

며, 활로 새를 쏠 때에도, 둥지에서 자고 있는 새는 쏘지 않았다. 우리의 주위 환경 속에 날아가는 새와 걷는 짐승, 풀, 나무, 물고기와 벌레 등을 사랑하지 않으면 안 되는 것이다. 유가는 '성기성물(成己成物)'을 제창하고 맹자는 '추은(推恩)'의 원칙을 제기했다. 다시 말하면 자신이 사랑을 받고 싶다면 남을 사랑하지 않으면 안 된다. 사람이 사랑을 얻고 싶다면 사물을 사랑하지 않으면 안 된다. 자신이 발전하고 싶다면 남도 발전시켜야 하며, 사물도 발전시키지 않으면 안 된다. 사람은 은혜를 사물에까지 확대하여 사물을 사랑할 필요가 있다. 또한 사물을 사랑하는 사상을 '사물을 이롭게 하는' 행동으로 바꿀 필요가 있다.

2) 만물 애육

만물을 애육한다. 『중용(中庸)』은 "만물을 발육시켜 그 높고 큼이 하늘에 닿았도다"라고 말했다. 만물을 성장시킨다면, 그 공덕은 하늘처럼 높다는 것이다. 또한 "지금 저 산은 자그마한 돌멩이가 많이 모여 이루어져 있는 것이니, 그 광대함에 이르러서는 초목이 자라고 온갖 짐승이 살고 있으며 감춰진 보물이 발굴된다. 지금 저 물은 한 국자만큼의 적은 물이 많이 모인 것이니, 그 깊고 넓어 헤아릴 수 없음에 이르러서는 큰 자라, 악어, 뿔 없는 교룡, 용, 물고기, 자라 등이 자라고 갖가지 재화가 거기에서 번식하게 된다"라고 했다. 이것은 천도가 존재하는 본질에 부합하는 것이다.

맹자는 "따라서 잘 기른다면 잘 자라지 않는 물건이 없고, 만일 잘 기르지 않는다면 사라지지 않을 물건이 없다"[7]라고 말했다. 우주의 만물은 잘 키운다면 반드시 성장하고 번영하지만, 파괴되면 필연적으로 소멸해 버린다는 것이다. 맹자는 "농사철을 어기지 않으면 곡식을 이루 다 먹을 수 없으며, 촘촘한 그물

7 『맹자(孟子)』「고자(告子)」 상

을 웅덩이와 연못에 넣지 않으면 고기와 자라를 이루 다 먹을 수 없으며, 도끼와 자귀를 때를 가려 산림에 들면 재목을 이루 다 쓸 수 없을 것이다"[8]라는 것을 강조하고, 또한 "다섯 이랑의 집터 안에 뽕나무를 심어두면 나이 오십이 되는 사람이 비단 옷을 해 입을 수 있고, 닭과 돼지와 개 등 가축이 번식할 때를 놓치지 않으면 나이가 칠십 되는 사람이 고기를 먹을 수 있다. 백 이랑의 밭을 경작하는 데 농사 시기를 놓치지 않으면 몇 식구의 가족이 굶주리지 않을 것이다"[9]라고도 했다. 맹자가 여기에서 말하고자 하는 것은 농업을 발전시키는 것에 있지만, 그 속에는 심오한 생태의식이 내포되어 있다. 만물을 발육시키기 위해서는 절대로 만물의 성장을 방해해서는 안 된다. "때가 아니면 산림 속에서 도끼와 자귀를 들지 않음으로써 초목이 자랄 수 있다. 때가 되지 않으면 강과 연못에 그물을 던지지 않으며, 그로써 물고기와 자라가 자란다. 사슴의 새끼를 잡지 않고 새알을 줍지 않으면, 그로써 새와 짐승이 성장할 수 있도록 도울 것이다."[10] 곧, 만물을 발육시키기만 하면, 인간이 생존하는 데 필요한 것을 충족시킬 수 있으며 자연계의 생태 균형을 유지할 수도 있다. 따라서 만물이 발육·생장할 수 있도록 그 생존환경을 보호해야 한다.

순자는 "깊은 내라고 하는 것은 용이나 물고기가 사는 곳이고 울창한 산림이라 하는 것은 새나 짐승이 사는 곳이다"[11]라고 말했다.

공자는 토지는 오곡, 초목, 금수의 번식 및 성장에 대단히 중요한 의미를 가지고 있다는 것을 강조하고 있다. 강과 못은 어류가 성장하는 곳이며 산림은 조수가 성장하는 곳이다. 토지는 생태시스템에 있어서 가장 기본적인 요소이

---

8 『맹자』「양혜왕」 상

9 『맹자』「양혜왕」 상

10 『일주서·문전해(逸周書·文傳解)』

11 『순자(荀子)』「치사(致士)」

므로 토지, 산림, 하천을 보호해야 하는 것이다. 그 반대로, 인간이 생태환경을 파괴해 버린다면, 만물이 성장할 수 없을 뿐만 아니라, 인간도 생존할 수 없게 된다. "깊은 내의 물이 마르면 용이나 물고기가 떠나고 울창하던 산이 헐벗으면 새나 짐승들이 떠난다."[12] "땅이 척박해지면 초목이 성장하지 못한다." "기가 쇠할 때는 곧 생물은 자라지 못한다."[13] '기'란 생태환경 전체 각 요소들이 가장 좋은 조합을 이룬 상태를 말한다. 만물로 하여금 그 생명을 얻게 하고 양분을 얻게 하기 위해서는 자연의 각 요소가 협조와 균형을 유지하지 않으면 안 된다.

3) 천인상분(天人相分)과 천인합일(天人合一)

'천인상분'과 '천인합일'의 변증법적 관계를 정확하게 처리해야 한다. '천일합일'과 '천인상분'은 각각 이로운 부분도 있으며, 또한 폐해도 있다. '천인상분' 이론은 '천명을 지배하여 이것을 쓴다'를 제창하고, 자연을 이기고 자연을 정복한다는 사상이다. 그러나 천명을 지배하여 이것을 쓸 때 자연계의 '화생양성(和生養成)'의 법칙을 잊어서는 안 된다. 그 때문에 순자는 "만물은 각각 그 조화를 얻어서 낳고 각각 그 양육에 의해 성장한다"[14]라는 것을 강조한다. "화(和)란 하늘과 땅이 태어나게 하고 성취시키는 것이다."[15] '화'란 자연 내부의 여러 가지의 요소의 화합을 의미하며, 자연과 인간 사이의 화합도 포함한다. 자연을 이용하는 것과 자연을 소중히 하는 것 사이에는 하나의 중개점이 있어야 한다. 자연을 이용하고 싶다면 자연을 더욱 소중히 하지 않으면 안 된다. 자연을 이용할 뿐 자연을 소중히 하지 않으면 자연생태계에 불균형이 생기게 된다.

---

12 『순자』「치사」

13 『예기(禮記)』「악기(樂記)」

14 『순자』「천론(天論)」

15 『춘추번로(春秋繁露)』「순천지도(循天之道)」

3. 생태도덕 수립의 필요성과 긴박성

자연생태환경을 효과 있게 보호하기 위해서는 유가의 화합사상과 생태윤리에 관한 이론을 참고하여 생태도덕을 수립하지 않으면 안 된다.

첫째, 인간의 자연에서의 지위 및 자연의 인간사회에서의 지위를 재인식하고, 자연과 인간의 관계를 재인식하며, 인간의 자기중심의 지위에서 탈피해 인간의 자연에 대한 잘못된 가치판단을 철저하게 고칠 필요가 있다.

둘째, 유가의 '애물성물(愛物成物)', 요컨대 인간이 가진 사랑하는 마음을 우주만물을 사랑하는 마음으로 확대할 필요가 있다. "사람이 세우고자 하여 사물을 세우고, 사람이 도달하고 싶어 사물을 도달하게 한다", "사람이 하고 싶지 않은 것은 사물에게도 해서는 안 된다", "사람과 사물이 함께 자라며 서로에게 해를 주지 않는다"라고 말하는 것과 같이 해야 한다.

셋째, 생태학적 도덕의 수립은 국민 한 사람 한 사람의 자각적인 행위로 이루어져야 하며, 스스로 행하는 도덕관념을 수립해야만 한다. 생태학적 도덕을 수립하는 중심은 천일합일, 즉 만물을 널리 사랑하고 만물을 생장시키며 스스로 완성하고 사물이 된다는 관념을 수립하는 것이다. 이와 같은 관념에 의해서 우리의 실천을 지도하지 않으면 안 된다.

현실의 상황으로 보아 생태환경을 유효하게 보호하기 위해서는 생태도덕을 확립하지 않으면 안 될 뿐만 아니라, 생태 법을 만들어 시행해야 한다. 생태학적 도덕을 수립하여 사람들로 하여금 자연을 소중히 하고 자연을 보호하게 해야 한다. 생태 관련 법에 의해 멸종위기에 처한 희귀종들을 밀렵하고 총으로 쏘아 죽이려는 자들을 엄중하게 처벌하고, 도덕적·법률적 수단으로써 생물과 사물의 종의 번영을 도모해야 한다. 나아가서 지구라는 생태계 전체를 보호하며 인간 자신의 생존을 보호하고, 인류를 위해 아름다운 고향을 건설하게 해야 한다.

제3장

유가 환경철학의 현대적 의의

장경신(대만)

유가는 환경보호사상을 중시하긴 하지만 도가에 비해 많이 부족하다. 또한 정치꾼에 의해 이용당하기 일쑤였기 때문에 유가정신도 왜곡당했다. 이 논문은 환경보호 윤리, 환경보호(자연생태) 이론의 기초, 환경보호 의식이라는 세 가지 측면에서 문헌이 완성된 시간 순서에 따라 유가의 환경보호 철학을 다시 살펴보고자 한다. 유가가 '인간이 소중하다'는 입장을 정말 가지고 있는지, 현대적 의의가 과연 있는지도 살펴보려고 한다.

1. 환경보호 윤리

1) 대자연(동식물)을 사랑한다

춘추시대 후기의 공자에 대해서는 다음과 같은 기록이 있다. "공자는 낚시질을 하되 그물질은 하지 않았으며, 주살질을 하되 잠자는 새를 쏘아 맞히지는 않았다."[1] 여기에는 야생동물에게 자연스럽게 번식할 기회를 준다는 것이 확실하게 드러나므로 야생동물을 보호하는 환경보호 윤리의 앞길을 열었다고 할 수 있다.

전국시대 전기의 맹자는 이렇게 말했다. "농사를 지을 때를 어기지 않으면 곡식은 다 먹을 수 없을 만큼 넉넉할 것이다. 연못에 그물을 너무 자주 던지지 않으면 어족 자원은 다 먹을 수 없을 만큼 풍부할 것이다. 도끼를 들고 때에 맞춰 산림에 들어가면 재목은 다 쓰지 못할 만큼 많아질 것이다."[2] 이것은 공자의 환경보호 윤리의 적용 범위를 동물 사랑에서 식물 사랑까지 확대한 것이고, 땅에서 물까지 확대한 것이다.

전국시대 후기의 순자는 공자의 전통을 계승했다. 그의 주장은 정치 이론 위주이며 그는 인간 본성은 악하다고 생각했다. 그러나 대자연 사랑에 관한 『순자』「왕제」 편의 주장은 맹자보다 더 상세하고 주도면밀하다. 진한 교체기의 『예기』에 이르게 되면 얼핏 보기에 별 쓸모가 없어 보이는 벌레까지도[3] 모두 고려하게 된다.

결국 인류가 대자연을 사랑하는 환경윤리를 가져야 한다거나 곧 동물과 식물을 보호해야만 한다는 것을 초기 유가는 많든 적든 언급하게 된다.

---

1 『논어』「술이」 26

2 『맹자』「양혜왕」 상

3 『예기』「왕제」

2) 대자연을 관리한다

공자와 맹자는 인간과 대자연의 지위를 분명하게 말한 적이 없다. 동식물을 사랑하고 관리해야 한다는 점을 제기한 것 이외에 관리 윤리의 기준도 말한 적이 없다. 순자는 "인간은 힘도 있고 생명도 가지며 지능도 있는데다가 윤리의식도 있다. 그러므로 천하에서 가장 소중하다"[4]라고 주장하기 시작했다. 그리고 인간의 가치가 대지와 만물보다 고귀하다고 생각했다. 아울러 '자기가 할 바를 알고 자기가 하지 않아야 할 바를 알아야' '자기 생명을 지킬 수 있기'[5] 때문에, 이러한 생각을 인류가 대자연을 장악하고 관리하는 척도로 삼아야 한다고 주장했는데, 이는 결코 자연을 제멋대로 크게 해체하는 것을 의미하지는 않는다. 순자의 '인간이 소중하다'는 생태학적 입장은 훗날 유가의 환경보호 철학의 발전 노선에 심대한 영향을 주었지만 실제로 보통의 국가 관리나 백성의 가치관을 형성하지는 못했다.

전국시대 후기의 『주역대관(周易大觀)』은 순자 사상의 영향을 깊이 받았다. "자기 땅을 편안하게 여기고 사회성이 돈독하기 때문에 남을 아낄 수 있다. 천지 변화의 범위 안에 머물며 그 범위를 넘지 않으며 만물을 구석구석까지 완성시켜 부족한 점이 없게 한다."[6] 이것은 사람으로 하여금 대자연을 관리하며 그 '범위 안의 '구석구석까지 완성시킬 것을' 요구하는 한편, 사회적이며 남을 사랑하는 마음으로 대자연을 대할 것을 요구하는 것이다.

인간이 지극하게 충실한 본성을 발휘하기만 하면 천지의 변화와 육성에 참여해서 대자연을 관리할 수 있다는 것을 『중용』은 명확하게 지적한다. "오직 천하에 지극히 성실한 사람이라야 그의 본성을 모두 실현할 수 있다. 그의 본

---

4 「왕제」

5 「천론」

6 「계사전」 상 4

성을 모두 실현할 수 있으면, 다른 사람의 본성을 모두 실현하게 할 수 있다. 다른 사람의 본성을 모두 실현하게 할 수 있으면, 만물의 본성을 모두 실현하게 할 수 있다. 만물의 본성을 모두 실현하게 할 수 있으면, 천지의 화육을 도울 수 있다. 천지의 화육을 도울 수 있으면, 천지와 함께 셋이 될 수 있다."[7]

순자와 『역전』을 종합하면 모두 '인간이 소중하다'는 생태학적 입장을 가지고 있고, 인류가 대자연을 관리하고 운영할 만한 자격이 있으며, 인류의 환경보호 기준, 곧 "자기가 할 바를 알고 자기가 하지 않아야 할 바를 알아야" "자기 생명이 다치지 않는다"라는 사회적이며 남을 사랑하는 마음을 제정하고 규율하여 대자연의 동식물을 보호하자고 지적하고 있다. 그리고 『중용』은 맹자의 낙관주의 노선이기 때문에 인간의 선한 본성에 기대어 따르기만 하면 대자연 전체를 잘 관리할 수 있다고 생각한다.

3) 대자연을 존중한다

공자는 "지혜로운 사람은 물을 즐기고 어진 사람은 산을 즐긴다"[8]라고 말했다. 어진 사람, 지혜로운 사람, 군자는 모두 대자연, 산수를 사랑한다는 뜻이며, 여기에는 대자연을 존중해야 한다는 뜻을 은연중에 담고 있다.

동식물을 사랑하라는 맹자의 말[9] 외에도 "소가 살아 있는 것을 보면서 소가 곧 죽을 것이라는 것을 견디지 못한다"[10]라거나 '우산(牛山)이 헐벗은 것'[11]을 참지 못하는 마음, 심지어 대장부의 "위아래로 천지와 함께 흐르는"[12] 신비주의

7 『중용』 22

8 『논어』「옹야」 21

9 「양혜왕」 상 3

10 「양혜왕」 상 7

11 「고자」 상 8

수양에서도 맹자가 대자연을 존중하는 철인이라는 것이 드러난다.

『역전』은 인류에게 사회적이고 남을 아끼는 마음으로 대자연을 대하라고 요구하는 것 이외에도 '천지와 비슷해지기'[13]라는 말로 인간과 대자연이 상호 유사성의 경지에 도달한 모습을 표현했다.

공자와 맹자의 담론과 『역전』에서 대자연에 대한 초기 유가의 존중을 이미 살펴보면 알 수 있지만 은연중에 표현한 것일 뿐이라서 도가의 환경보호 윤리처럼 주도면밀하고 상세한 부분은 많이 부족하다.

2. 이론의 기초

1) 인간 본성의 기초

공자는 인간 본성의 미덕이 있는 사람은 산수를 즐긴다고 공언한 적이 있다. "지혜로운 사람은 물을 즐기고 어진 사람은 산을 즐긴다." 아마 미덕을 가진 사람의 행위는 천지의 미덕에 부합할 것이므로 자연스럽게 대지와 산수를 즐길 것이다.

맹자는 대자연을 사랑하고 관리하고 존중하는 것은 모두 측은지심에서 나오고 인간의 본성에서 나온다고 주장했다. 그래서 그는 "군자는 새롭고 새롭게 하면서 백성을 어질게 대하고 백성을 어질게 대하면서 사물을 아낀다"[14]라고 말했을 것이다. 그는 공자의 인학(仁學)을 계속 밝히면서 '인'이 인간의 본성이고, 인간 본성은 지극히 선하며 대자연의 만물을 스스로 사랑할 수 있다고 생

12 「진심」 상 13

13 「계사전」 상 4

14 「진심」 상 45

각했다. 인간 본성의 인과 자연의 '이'처럼 밀접한 관계는 나중에 송나라 때 "모든 것과 일체를 이룬 인(一體之仁)"이라는 장재, 정호, 왕양명의 사상에 깊은 영향을 주었다.

순자의 주장은 정치 이론 위주이고 그는 인간 본성이 악하다고 생각했기 때문에 맹자와 반대되는 주장을 부르짖는 것처럼 보인다. "예와 정의를 높일 것"을 강조하고 "본성을 변화시키고 인위를 일으키면" "길에 걸어 다니는 사람도 우임금이 될 수 있다"라고 대담하게 말할 때, 곧 일반인도 자신을 수양해서 성인이 될 때 "천지에 참여할"[15] 수 있다는 점을 말하는 것이다. 만약 성악론이 참이라는 순자의 관점에 따르면, 인류가 대자연을 사랑하는 것을 결코 방해하지 않으리라는 것을 알 수 있다.

『역전』은 대자연이 끊임없이 생성하는 덕성과 인류의 사회적 본성을 함께 언급한다. "천지의 위대한 덕이 생명이고 성인의 위대한 보물이 자리이다. 어떻게 자리를 지킬 것인가? 인이다."[16] 하늘과 인간 본성을 서로 연결시켜 대자연을 사랑하는 것이 곧 인간 본성의 일부라는 것을 드러낸다.

"그러므로 천지의 덕, 음양의 교류, 귀신의 만남, 오행의 빼어난 기운이 인간이다"[17]라는 『예기』의 말은 천지인의 일체성을 지극히 힘주어 지적하고 인간이 자연생태의 기초라는 것을 이처럼 명백히 한다. 『예기』의 「중용」은 인간 본성 내부의 성(誠)을 대자연 및 만물의 형이상학적 기초라고 명시한다. 「중용」 25장은 이렇게 말한다. "성(誠)은 사물의 시작과 끝이므로 정성스럽지 않다면 어떤 사물도 없다. … 성은 자기만 완성하는 것이 아니라 사물을 완성하는 근거이기도 하다."

---

15 「성악」

16 「계사전」 하 1

17 「예운」

공자부터 『중용』 시대까지 유가는 대자연을 사랑하고 존중하는 환경보호 윤리 법칙을 선천적인 것으로서, 인간 본성 내부에 있는 것으로 보았다.

2) 궁극적 기초

공자는 하늘[皇天(황천)]이나 하느님[上帝(상제)]에 대한 『시경』과 『서경』의 신앙을 받아들였기 때문에 의지와 지각을 가진 위격의 하늘을 여러 차례 명백하게 언급했다. "하늘을 원망하지 않고 인간을 탓하지 않는다. 아래로는 인간 세상을 배우고 위로는 하늘에 통달한다면 나를 알아주는 것은 하늘이겠지!"[18] 바꿔 말하자면 공자의 사상에는 인간의 본성이 환경 생태계의 기초이고 하늘이 인간 본성의 기초라는 생각이 담겨 있다.

맹자는 『시경』과 『서경』의 관련 원문을 여러 차례 인용하고 자기도 "하늘"을 여러 차례 언급했다. 이것은 그가 전통적인 하느님 신앙을 받아들였다는 것을 증명한다. 맹자는 "하느님이 자기 섬길 백성을 낳으시자 만물에 법칙 생겼네. 백성이 제기를 잡자 아름다운 덕을 좋아하시네"[19]라고 『시경』을 인용하고, 인간의 선한 본성인 어진 마음 또는 본심(인간 본성)이 모두 하늘에서 유래한 것이라고 지적했다.

전국시대 후기의 순자에 이르러서는 '불변하는 도(常道)'와 같은 도가사상에 영향을 받아 자연의 하늘을 특히 강조하게 되었다. 많은 학자들이 순자의 하늘이 자연의 하늘과 같다고 오해하고 있지만 사실 위격(位格)의 '하늘'도 포함하고 있다. 예를 들어 "하늘이 만물을 창조하여 하늘 아래 백성에게 보이시네"[20]라거나 "교제는 하늘에 모든 임금을 함께 제사 지내는 것"[21]이라는 데서 알 수

---

18 「헌문」 37

19 「고자」 상 6

20 「부」

있다.

『역전』은 '하느님', '하늘', '천명'이라는 표현으로 하느님이 인간의 기초라는 것을 분명하게 표현하고 있다. 이 점은 "정괘(鼎卦)의 단전(彖傳)은… 성인이 음식을 만들어 하느님에게 제사 지내고 많은 음식을 나눠 성인과 현인을 기르는 것이다"[22]라거나 "대유괘(大有卦) 상전(象傳)에 길하다는 말은 하늘이 돕기 때문이다"[23]에서 잘 드러난다.

『중용』은 처음으로 '자기를 완성하고 사물을 완성하는' 수양 공부를 중시했는데, '자기를 완성하고 사물을 완성하는' 세 가지 진로의 형이상학적 기초는 '본성, 중용, 성실'이며 최후의 형이상학적 기초는 신성한 하늘이다. 『중용』 전체에는 '천(天)' 자가 62번 나온다. 그중 위격의 신과 관련된 것이 11곳이고 '하느님'을 한 번 언급하고(19장) '신'이나 '귀신'을 언급한 것이 네 번이다. "천지에 제사 지내는 교사(郊社)의 예는 하느님을 섬기기 위해서"[24]이다. 『중용』의 하느님 신앙은 『서경』, 『시경』 및 공자와 맹자의 하느님 신앙을 이은 것이고, 아울러 나중에 송명의 이학에 드러나지 않게 또는 드러나게 하느님 신앙을 물려주었다.

요약하자면 공자부터 『중용』까지의 유가는 드러나지 않거나 드러나게 자연생태 및 환경보호 윤리의 이론적 기초가 인간 본성이고 최후의 형이상학적 기초는 위격의 하늘, 곧 하느님이라고 서술한다.

---

21 「예론」

22 「정괘」 단전

23 「대유」 상전

24 「중용」 19장

3. 환경보호 의식

적극적인 측면에서 보자면, 공자는 인을 행하고 남을 아끼는 수양을 통한 '인격 완성', 곧 인간의 본성을 완성해서 떳떳한 사람이 되는 일을 중시했다. 소극적인 측면에서 보자면, "공자는 네 가지를 끊었다. 억측하지 않고, 억지로 하는 일이 없었고, 고집하는 일이 없었고, 이기심을 갖지 않았다."[25] 앞쪽 세 가지는 지식을 초월하라는 도가의 말에 상당하고 마지막 것은 욕망을 초월하라는 것에 상당한다. 여기 네 가지를 경계하고 끊을 수 있는 사람은 동물과 대자연의 산수를 저절로 아낄 수 있을 것이다.

적극적인 측면에서 말하자면 맹자는 마음을 보존하고 본성을 기르는 수양의 관점[26]으로 선한 본성의 어진 마음을 기르라고 이야기한다. 소극적인 측면에서 말하자면 마음을 보존하고 본성을 기르려면 욕망을 줄이는 데서 시작해야만 한다고 말한다. "마음을 기르는 데는 욕망을 줄이는 것보다 좋은 것이 없다."[27] "기록을 곧이곧대로 믿는 것은 기록이 없는 것보다 못하다"라는 맹자의 말도 도가 및 공자가 모두 요구하는 일반지식을 초월하라는 의미를 은연중에 담고 있다. 욕망을 줄이고 마음을 기르며 지식의 출처가 정확한지 확인한 뒤에야 적극적인 공부로 수양해서 '대장부'가 되고 어진 사람이 된다. 이렇게 하여야 천지 우주와 함께 흐르며 모든 것과 일체를 이루어 "만물이 모두 내게 갖춰져 있다"는 인의 경지에 도달할 수 있다.

'본성을 변화시키고 인위를 일으키는'[28] 수양 공부에서 변화가 나쁜 본성에

25 『논어』「자한」 4
26 「진심」 상 1
27 「진심」 하 35
28 「성악」

기울기 때문에 인위적인 예나 성실 등 덕행을 배우고 길러야 대자연 및 만물을 변화시킬 수 있다고 순자는 말한다. 그래서 그는 "천지는 크다. 성실하지 않으면 만물을 교화시킬 수 없다"[29]라고 말한다. 순자가 본성이 나쁘다고 할 때의 본성은 맹자가 본성이 착하다고 할 때의 본성과 다르다. 이것은 본성과 달리 맹자가 말한 욕망이나 작은 예절에 상당한다. 그래서 '본성을 변화시키는' 공부는 소극적인 수양 공부인 셈이고 '인위를 일으키는' 것은 적극적인 공부이다.

『중용』의 타고난 성질, 거짓 없는 참, 도를 닦음, 어떤 것에 특히 중점을 두는 것 등은 '자기를 완성하는' 적극적인 수양 공부이다. 이것은 맹자의 본성을 기르는 공부를 계승하며, 대자연에 참여해서 돕고 변화시켜 육성하는 '사물을 완성하는' 과정의 전제이다.

종합적으로 말해서 공자부터 『중용』에 이르는 유가의 대부분은 소극적인 환경보호의식[네 가지 안 되는 일(四毋), 욕망을 줄임, 본성 변화] 및 적극적인 환경보호의식(인을 행해서 남을 완성하기, 마음을 보존하고 본성을 기르기, 인위를 일으키기, 도의 수양)을 제기했다. 그러나 소극적인 공부에서 공자와 맹자는 노자, 장자와 같은 도가가 중시한 '지식을 없애고 욕망을 없앤다'는 두 가지 차원을 동시에 주목했을 뿐이다.

4. 시대적 의의

왕가화(王家驊)는 다음과 같이 정확하게 지적했다. 현대세계는 이미 하이테크 시대로 성큼 들어섰고 과학기술은 창조와 파괴의 힘을 갖추고 있기 때문에

29 「불구」

"그것이 만든 생태환경 위기의 엄중함과 복잡함은 이미 고대를 훌쩍 뛰어넘는다. 그래서 유가의 전통적인 생태환경사상을 원래의 포장 그대로 계승하거나 확대, 발전시킨다고 해도 현재 인류가 맞닥뜨린 생태환경 위기를 해결하기에는 부족할 것이기 때문에 유가사상을 지양하는 동시에 거듭 새롭게 해석해야만 한다."[30] 유가의 생태사상이 농업경제시대의 자연자원의 요구를 반영하고 있지만 중국인이 이런 목표를 달성할 수 있는 실천 방법과 경로를 찾도록 해주지는 못했고,[31] 예부터 오늘날까지 중국인들이 자연생태를 끊임없이 파괴하는 추세가 과학기술이 발달한 현재에 더욱 증가될지언정 감소하지 않는 지경에 이르게 만들었다고 황심천(黃心川)도 간파했다.

사실 유가는 서양의 인간중심주의와 아주 비슷하게 사랑하고 존중하는 태도로 '인간이 소중하다'는 환경보호 윤리를 말했을 뿐 아니라 환경보호 사상의 이론적 근거도 내놓았고, 도가의 소극적인 환경보호 의식이나 적극적인 환경보호 의식과 유사한 비결을 제공하기도 했다는 것을 이상의 논술에서 알 수 있다. 시대의 요구와 특성을 겨냥해서 구체적으로 실행할 수 있는 환경보호의 상세한 방안을 지적하지 못한 점은 다소 부족하다. 그래서 본문은 유가 생태사상을 거듭 새롭게 해석하는 것 이외에 시대적 의의에 중점을 두고 공감과 더 많은 연구가 일어나기를 바란다. 그리고 중국인의 환경보호 사업이 정착하는 데 긍정적인 효과를 유발시킬 수 있기를 바란다.

30 ≪일본문화연구소통신≫ 1997년 4기
31 ≪일본문화연구소통신≫ 1997년 4기

5. 맺음말

요약하자면, 공자, 맹자, 순자, 『역전』, 『중용』의 생태학적 지혜에서 우리는 '인간이 소중하다'는 유가의 환경보호 철학에 여전히 현대적 의의가 있다는 점을 이해하기 어렵지 않다. 하지만 도가의 풍부한 환경보호 철학과 상호 보충하고 융합하는 동시에 시대에 부합하고 실행 가능한 갖가지 서양 환경보호학파의 사상적 원칙의 도움을 받아야만 비로소 새롭게 토착화할 수 있는 환경보호 철학이나 생태학적 지혜를 새롭게 구축할 수 있다는 점도 이해하기 어렵지 않다.

제4장

순자의 자연보호의 논리

천인분리론의 관점에서

무라세 유야(일본)

1. 들어가며

오늘날 심각한 자연과 환경파괴의 한 가지 요인—특히 사상과 이데올로기상의 요인—으로서 자연과 인간, 주관과 객관의 대립을 기축으로 한 서양 근대합리주의의 영향을 지적하는 견해가 각 방면에서 제기되고 있다. 그리고 이와 같은 견해와 호응하여 자연과 인간의 조화를 취지로 하는 동양의 전통사상에 대한 재평가를 요구하는 목소리도 적지 않다. 사실은 이번 심포지엄의 기조도 거기에 있다고 생각된다. 그리고 이런 관점이, 오늘날 심각한 환경문제에 가까이 갈 수 있는 하나의 통로인 것은 의심할 여지가 없다.

그러나 이 관점의 한 가지 면을 강조하는 것은 다른 편견으로 연결될지 모른다. 그렇다고 지구 규모에서 환경파괴의 원흉을 오로지 주객 대립을 축으로 하는 근대합리주의와 거기에서 발전한 과학기술로 돌린다면, 그것은 관련된 문제 상황의 진정한 사회적 원흉, 즉 자본주의 체제의 책임을 은폐하고 면제하는 것이 될 것이다. 또 거기에서부터 반과학주의와 반기술주의, 총칭해서 반근대적인 비합리주의로 나아간다면, 그것은 이 문제를 해결하는 데 적절한 인간 이성의 힘의 발전을 막을 것이기 때문이다. 자연으로부터의 수확은 마음대로 하고 인류의 생존을 위협할 정도로 자연파괴를 초래한 이런 현상을 낳은 근본 원인은 자연과 대치한 인간 주체이다. 이런 현재의 상황을 극복하는 것도 다름 아닌 한층 고차원의 이성의 힘을 갖춘 인간 주체가 아니면 안 된다.

따라서 해당 문제에 접근하기 위해서는 '천일합일'이라는 의미의 자연과 인간과의 조화라는 관점과는 다른 통로도 고려할 필요가 있을 것이다. 여기에서는 '천일합일'론과는 정반대의 입장, 다시 말하면, '천일분리'론의 입장에서 자연보호와 자원보전의 중요성을 역설한 중국 고대의 사상가인 순황(荀況, 기원전 320년~230년경)의 학설을 들어, 합리주의적인 입장에서의 환경문제에 대한 접근 가능성을 모색하고자 한다.

2. '천인분리'론

먼저 순자가 높이 제창한 '천인분리'론의 특징을 잠깐 살펴보자. 고대 중국에서 '천(天)'의 관념은 원래 세계의 초인간적인 주재자를 의미하는 신비종교적인 관념이었다. 따라서 관련된 관념을 토대로 '천일합일'을 주장하는 경우, 그것은 결국은 '천'의 권위에 대한 인간의 예속, '천(자연)'의 지배 아래 인간의 독자성을 말소하는 것으로 이어질 수밖에 없을 것이다. 이 점에서는 천체의 형상과 인간사와의 감응관계에 대한 소박한 신앙도, 인간세상의 징후를 모두 우주[천]와의 대응에서 파악하는 동중서(전한)의 '천인상관설'도, 도덕의 근거를 '천'의 이법에서 추구하는 맹자와 주자의 형이상학적 자연법이론도, 기본적으로는 변화가 없다.

순자는 먼저 이런 종류의 권위적이고 신비종교적인 '천'의 관념을 부인하고, 이것을 단순한 자연개념으로 환원했다. 즉 순자에게 '천(=자연)'이란 이미 '천제(天帝)'도 '주재자'도 아니며 따라서 또한 어떤 목적과 의지를 가진 존재도 아니다. 다만 스스로의 법칙에 토대하여 운동하고, 자연에서 만물을 생성, 성취하는 물질적 존재에 불과하다. 천에 대한 이러한 인식을 토대로, 순자는 이전에 있던 모든 설과 판이하게 다른 완전히 새로운 개념을 내놓았다. 동시에 천과 병행하는 인간 및 자연(하늘)과 인간과의 관계에 대하여 매우 새로운 해석을 했다. 다시 말하면, 그의 관점에서는, 인간은 자연의 속박에서 해방된 자립적인 존재로서, 외적 자연(하늘) 및 내적 자연(본성)에 대한 주체자의 위치에 선다['천(天)'에 대한 '치(治)', '성(性)'에 대한 '위(僞)'의 우위].

순자의 말에서 우리는 그의 이런 사상을 확인할 수 있다. "자연의 운행은 항상 변함이 없으니 요(堯) 임금 때문에 존재하는 것도 아니요, 걸(桀) 임금 때문에 없어지는 것도 아니다. 잘 다스림으로써 이에 호응하면 길한 것이요, 혼란으로써 이에 대응하면 흉한 것이다. … 하늘이 내리는 때와 세상을 다스리는 방법이 같은데도 그 내리는 재앙과 세상을 다스리는 것이 서로 다르니, 이는 하늘을 원망할 일이 아니라 사람이 행하는 도가 그렇게 만든 것이다. 그러므로 천도와 인도의 분별에 밝은 사람은 가히 지인(至人)이라고 일컬을 수 있을 것이다."[1] 또한 말한다. "굳이 하려고 하지 않아도 이루어지고 굳이 구하려 하지 않아도 얻어지는 것, 이것을 일컬어 천직(天職)이라 말한다. … 하늘에는 천시(天時)가 땅에는 생산되는 재화의 지리(地利)가 있고, 사람에게는 그것을 다스리는 정치가 있다."[2] 이 문장을 정리해 보면, 자연[천]의 운행, 즉 '천직'의 특징은

---

1 『순자(荀子)』「천론(天論)」

2 『순자』「천론」

의식적 작위와 의식적 추구를 사용하지 않고[不爲, 不求], 자연은 필연적으로 만물을 생성하고 성취한다. 자연은 요의 선정과도 걸의 악정과도 관계없이 항구적인 운행을 계속한다. 어떤 자연현상도 인간계의 길흉화복에 합목적적으로 관여하지는 않는다. 이에 비해 인간 고유의 활동의 특징은 '치(治)'라고 하는 경영, 즉 어떤 목적과 어떤 의식으로 자연과 사람의 일을 제어한다는 점에 있다. 그런 까닭에 인간세계에서 치란(治亂)과 길흉화복은 오로지 자연이나 인간사에 대한 인간 자신의 목적적·의식적인 관여 방식, 다시 말해 '인도(人道)'와 연관되어 있다. 그렇기 때문에 인간은 헛되이 '하늘에 있는 것'(자연존재)을 사모해야 하는 것이 아니라, 의식주체로서 자신의 본연의 임무에 전념해야 하는 것이다.[3] 이와 같이 순자는 인간세계의 본연의 자세에 대한 인간 자신의 유책성(귀책성)을 강조한다.

여기에서는 자연과 인간과의 주종관계가 바뀐다. 즉 인간이야말로 주체가 되며, 자연은 오히려 인간의 이용 대상, 바꿔 말하면 인간이 거기에서 이익을 취할 수 있는 '재물'로서의 위치를 부여받게 된다. 이 관계 속에서 현명한 인간 본연의 자세를 순자는 다음과 같이 파악한다.

> 하늘을 높이 받들어 이를 사모하는 것과 물건을 축적하며 사용하는 것 중 어느 것이 낫겠는가. 하늘의 섭리에 순종하여 노래하는 것과 천명을 다스려 이용하는 것 중 어느 것이 낫겠는가. 때를 바라고 이를 기다리는 것과 때에 부응하여 이를 부리는 것 중 어느 것이 낫겠는가. 만물을 자연에 의탁하여 저절로 많이 쌓이기를 기다리는 것과 인간의 재능을 발전시켜 이를 변화하도록 하는 것 중 어느 것이 낫겠는가. 물건을 얻고자 생각하면서 이를 물건으로 바라보기보다

3 『순자』「천론」

는 물건을 이치에 부합되게 만들어 놓고 이것을 잃지 않는 것 중 어느 것이 낫겠는가. 만물이 생기는 까닭을 사모하기보다는 만물이 이루어지는 과정에 대해 전력을 다하는 것 중 어느 것이 낫겠는가. 그래서 인간으로서의 노력을 버리고 하늘만 쳐다보면 만물의 실정을 잃게 되는 것이다.[4]

3. 경제정책: 부국책

이와 같은 관점을 가진다면, 거기에서 이끌어 내어지는 경제정책은 필시 다음과 같을 것이다. 자연에 대해 능동적으로 작용하고 끊임없이 자연을 변혁하고 인간화된 자연의 영역을 확충하면서, 그럼으로 말미암아 인간의 욕망을 충족시키는 부를 끌어낸다고 하는 적극적인 정책이 되는 것이다. 여기에서 나는 순자의 관점을 심도 있게 논하려 한다.

순자는 먼저 송나라와 명나라 이학(理學)파의 '과욕(寡慾)'설의 오류를 지적하고, 오관의 만족을 비롯한 인간의 욕망을 적극적으로 긍정하는 견해를 제기했다. 즉 순자에 의하면, 만약 인간이 본래 욕심이 적다고 한다면, 옛날 성왕이 사람들이 바라지 않는 것으로 상을 주고, 사람들이 바라는 것으로 벌을 주었단 말인가. 그렇다면 혼란이 이보다 더할 수는 없다.

옛날 성왕은 '인간의 정은 본래 욕심이 많다'는 정확한 사실 인식에 입각해 있었기 때문에, 부후(富厚)를 가지고 상으로 하였으며, 자산을 감소시키는 쇄손(殺損)으로 징벌한 것이다.[5] 따라서 선한 정치, 곧 왕의 정치적 취지는, 욕망을 긍정한다는 전제에 입각하여, 만민의 복리를 실현한다는 점에 있지 않으면

---

4 『순자』「천론」

5 『순자』「정론(正論)」

안 된다.[6]

이러한 관점에서 순자는 묵자학파의 절검주의에 비난의 화살을 보낸다. 즉 묵자의 '절용(節用)'론의 출발점은 국비 절감에 의해 민생 안정을 도모하려는 데 있으며, 따라서 그것은 어디까지나 민중 옹호의 입장에서의 주장이었음이 틀림없다. 순자의 견해에서 본다면 이와 같은 절검주의는 물자의 전반적인 부족이라는 근거 없는 편견을 고집하며, 그것에 기초하여 '절용' 그 자체를 자기 목적화한 소극적인 시책에 지나지 않는다. 만약 묵자의 주장대로, 오로지 좋지 않은 옷을 입고 거친 음식을 먹는 것[粗衣粗食(조의조식)]에 만족하고, 음악 예술조차 배척하려는 것은 헛되게 생활 내용의 빈약을 초래할 뿐만 아니라 만민을 궁핍에서 구하는 데 아무런 도움도 되지 않는다. 그것보다는 나라의 경제 상태를 발전시키고, 만민의 생활수준을 향상시키는 방향으로 현재 상태의 타개를 꾀하는 것이 상책이다.[7] 그러면 이를 위해서는 어떤 수단을 강구하면 좋을까.

첫 번째는 생산력의 향상이다. 물자의 전반적인 부족이라는 절검주의의 전제는 어디까지나 묵자의 잘못된 계산에 의한 개인적인 우려이거나, 또는 자신의 힘이 부족한 것을 대상세계에 투영한 결과에 지나지 않는다. 실제로는 자연계의 자원은 무한하게 풍부하며 그것이 인간의 형편에 맞게 합목적적으로 조달되고 있을 뿐이다. 따라서 중요한 것은 이와 같은 자연을 사람의 힘에 의해 합목적적으로 지배하는 것, 구체적으로는 농업·축산 등 다방면의 산업에서 생산의 증강을 도모하고, 나아가서는 저장시설을 정비하여 남는 생산물을 적절하게 관리하는 것이다. 만약 그것에 성공한다면 자연이 제공하는 사물은 사람들의 요구를 충족시키며 또한 여유가 있을 것이다.[8]

---

6 『순자』「왕제(王制)」

7 『순자』「부국(富國)」

8 『순자』「부국」

두 번째는, 물자의 활성화이다. 순자는 먼저 '사해(四海)의 안', 즉 당시의 관념으로는 세계 전체를 하나의 커다란 경제권으로 보고 판단한 웅대한 구상을 제시한다. 다시 말하면 세계 속의 각 지역은 각각 특유한 자연환경을 활용해서 특산품을 생산할 수 있기 때문에 만약 각 지역에서 특산품의 증산에 힘쓰고 이것을 세계적 규모에서 유통시킨다면 부족한 것을 서로 보충하고 서로의 경제생활을 충실하게 할 수 있을 것이다. 그렇게 하기 위한 방법으로서 순자는 유통에 종사하는 상인들의 자유로운 경제활동을 보호하는 한편, 유통기구를 정비하여 물자가 한 지방에 머무는 것을 막을 수 있도록 광역적인 조정을 도모해야 함을 주장한다. 즉, 자유방임 일변도로 흐르지 않고 합리적이고 계획적으로 유통 과정에 개입하는 것에 대한 행정의 책임을 강조했다.[9]

요컨대, 순자에게 경제활동정책의 기본은, 만민의 생활수준을 향상시키는 것을 목표로 하는 적극적인 '부국' '유민(裕民)'책에 있었다.

4. 자연보호와 자원보전의 제창

앞에서 기술한 것과 같이 순자의 사상을 지배하고 있는 것은 자연계의 무한정 풍부함에 대한 소박한 신뢰였음이 틀림없다. 그리고 그것은 자연의 유한성에 관한 오늘날 우리의 엄격한 인식과 많이 다르다. 순자로 하여금 이런 관념을 가지게 한 것은, 말할 것도 없이 바로 당시의 사회적 발전 단계, 그 규모, 인구, 기술수준과 또한 끝없이 넓은 자연환경과의 대비일 것이다.

그러나 당시의 상황에서조차 난개발에 의한 자연파괴는 이미 무시할 수 없

---

9 『순자』「왕제(王制)」·「왕패(王覇)」

는 징후를 보이기 시작했다. 예를 들어, 『맹자』의 「우산의 나무」에는 다음과 같은 기록이 있다. "우산의 나무가 일찍이 아름다웠는데, 그것이 큰 도시에 인접하고 있기 때문에 도끼로 베어내니 아름다워질 수 있겠는가? 그 낮과 밤이 늘어나고 비와 이슬이 적셔주는 것에서 싹의 자라남이 없는 것이 아니지만, 소와 양을 또 이어서 방목하므로 그 때문에 저와 같이 반질반질한 것이니, 사람들이 그 반질반질한 것을 보고서 일찍이 나무가 있지 아니하였다고 생각하는 것이니 이것이 어찌 산의 본래 모습이겠는가? … 그러므로 진실로 그 기르는 기회를 얻으면 자라지 아니하는 것이 없고, 진실로 그 기르는 기회를 잃으면 소멸하지 아니하는 것이 없다."[10] 이 문장은 원래 환경문제를 논한 것이 아니라, 성선설을 논증하기 위한 비유로써 이야기된 것에 지나지 않지만, 여기에 도시 근교 산림의 참담한 파괴의 상황이 반영되어 있는 것은 의심할 여지가 없다. 그리고 『맹자』에서는 산림과 수자원의 보전에 관한 직접적인 발언을 볼 수 있다. 즉, "연못에 그물을 너무 자주 던지지 않으면 어족 자원은 다 먹을 수 없을 만큼 풍부할 것이다. 도끼를 들고 때에 맞춰 산림에 들어가면 재목은 다 쓰지 못할 만큼 많아질 것이다."[11]

그렇다면 생산력 향상에 의한 부국과 유민책을 주장한 순자는, 개발에 따르는 자연파괴에 어떻게 대처하려고 했을까. 여기에서 다시 인간의 능동적인 자연 이용의 의의를 주장한 「천론편(天論篇)」의 글, 즉 '만물을 키우고 사용하는 것', '천명을 제어하면서 만물을 이용하는 것', '때에 맞도록 만물을 활용하는 것', '능력껏 만물을 변화시키는 것', '만물을 잘 다스려 잃지 않도록 하는 것', '만물이 생기는 원인을 아는 것' 등을 살펴보자. 이 글을 자세히 음미해 보면 눈앞의 이익에 현혹되어 자연으로부터 맹목적으로 수탈하는 것을 용인하는 것이

10 『맹자』「고자」 상

11 『맹자』「양혜왕」 상

결코 아니다. 이것은 오히려 신중한 계획에 토대하여 지속적으로 자연을 유익하게 활용할 것을 호소한 것임을 이해할 수 있다. 이런 글에서 우리는 주체자인 인간의 현명한 자기제어에 대한 지향도 언외로 알 수 있을 것이다.

그리고 이러한 측면은 정책론상에서 맹자의 경우보다 훨씬 명확하게 표현된다. 예를 들면, 「왕제」 편 속에 '왕자지법(王者之法)'의 항목에 포함된 "산림(임업), 택량(어업)은 때로 금지하고 때로는 허용하며 징세하지 않는다"라는 구절을 앞에서 인용한 맹자의 말과 비교해 보자. 맹자는 임업에 관해 순자와 마찬가지로, 계절에 따라 금지하는 제도를 주장했지만 어업에 관해서는 다만 촘촘한 그물을 제한함으로써 작은 물고기의 포획을 막을 뿐, 그 이외에는 일절 금지하지 않는다. 이에 비해 순자는 임업과 어업을 아울러서 계절에 따라 금지하는 제도의 엄격한 시행을 제창했다. 여기에서 산업과 관련된 자연조건, 또는 생산 활동에 따르는 자연과 인간과의 관계에 관한 순자의 세밀한 관찰을 엿볼 수 있다. 동시에 유통에 관해서는 대폭적인 자유주의정책을 받아들인 반면, 경제의 근간인 인간의 자연지배에 관해서는 행정에 의한 합리적이고 계획적인 개입을 중시한 순자의 기본적인 입장이 드러난다.

우리는 또한 생태주의의 역사상에서는 정말로 기념비적이라고 해도 좋을 다음 한 문장에 시선을 돌려보자. "성왕이 마련한 제도는 초목이 꽃피고 크게 자랄 시기에는 도끼를 산림 속에 들여놓지 않는다. 이는 그 생명을 일찍 꺾지 않고 그 성장을 멈추지 않게 하기 위함이다."[12] 이것은 말할 것도 없이 눈앞의 이해에 사로잡힌 맹목적인 남획을 비판하는 것이며, 자연보호, 자원보전을 신중하게 고려하여 합리적이고 계획적으로 자연을 이용해야 할 필요성을 호소한 문장이지만, 여기에서 순자가 특히 중시하고 있는 것은 자연의 재생기구이다.

12 『순자』「왕제」

그것은 인간으로부터 독립한 하나의 '계통'으로서의 자연이 그 자신 속에 갖추고 있는 리듬이다. 만약 인간이 무모하게 이 리듬을 흩뜨린다면 자연은 파괴될 것이며 그 참담한 결과로 인간은 자연으로부터 뼈아픈 보복을 당하게 될 것이다. 따라서 자연에 대한 인간의 작용은 이런 재생기구를 보전하고 그것을 발전하도록 하는 것과 같은 방법이 아니면 안 될 것이다.

그런데 자연과 인간과의 관계에서, 일방적으로 책임을 지지 않으면 안 되는 것은 인간 쪽이다. 왜냐하면 이런 류의 책임은 본래 이지적인 지혜를 갖춘 존재자에게 돌아오기 때문이다. 따라서 자연의 지배자인 인간은 이 지배가 정상적으로 진행될 수 있도록, 나아가 인류 자신을 제어할 수 있는 현명함을 가지지 않으면 안 된다. 이것이 우리가 순자에게서 얻을 수 있는 함의(含意)이다.

5. 변증법적 이성

순자로 하여금, 이런 인식에 도달하게 한 것은, 일면성에 대한 지나친 집착의 철폐를 요구하는 특유의 변증법적 사유이다. 이런 사유가 정식화된 것은 『순자』의 「해폐(解蔽)」에서이다.

'해폐'란 인간의 의식을 가리고 있는 여러 가지 편견이나 선입관(='蔽')으로부터 의식을 해방시키고 정상적인 상태를 회복하는 것을 의미한다. 그렇다면 그런 '폐'(편견)가 발생하는 이유는 무엇인가. 순자는 단적으로 말한다. "무릇 사람의 걱정은 왜곡된 사설(邪說)에 가려서 이치를 모르는 데 있다. … 자신의 그 오랜 습관만 고집하여 오로지 비난을 들을까 두려워하고 그 자신이 집착하는 바에 기대어 다른 생각들을 접한다고 하더라도 오직 그쪽만 칭찬을 들을까 두려워한다. 이런 까닭으로 정도와 다른 방향으로 치달으면서도 자기가 옳다고 멈추지 않는다. 어찌 한쪽의 사설에 가려져서 올바른 도리를 찾으려는 마음을 잃은 것이 아니겠는가?" 다시 말하면, 편견은 습관을 쌓은 결과로서 몸에 익힌 자신의 경향성에 집착하여, 그 관점— 즉 자기중심적인 관점 —을 다루는 사물의 한 가지 면만을 특권적으로 확대하고 결국은 어느 한 면[一曲]에만 사로잡혀 사물의 다른 측면으로 눈을 돌리는 것을 알지 못하는 것에서 발생한다. 이 점을 순자는 또한 다음과 같이 기교 있게 표현한다.

> 사람의 마음을 가리는 것에는 다음 몇 가지가 있다. 욕망이란 것이 마음을 가리고 미워하는 생각이 마음을 가리며, 처음만 보는 것이 마음을 가리고 마지막만 보는 것이 마음을 가린다. 또 먼 것만 보는 것이 마음을 가리고 가까운 것만 보는 것이 마음을 가리며, 박식한 면만 보는 것이 마음을 가리고 천박한 면만 보는 것이 마음을 가린다. 그리고 옛것이라고 하는 것이 마음을 가리고 새로운 것이라고 하는 것이 마음을 가린다. 무릇 만물이 서로 한쪽만 생각하면 서로 가려지지 않는 게 없다. 이것이 사고방식의 공통된 근심거리인 것이다.[13]

요컨대, 어떤 사물이라도 다른 측면, 경우에 따라 반대의 측면이 있으므로 그 한편에 지나치게 기울어서 다른 한편을 보면, 각각의 측면은 서로 '폐'를 불러일으키는 원인이 된다. 따라서 편견을 배제하고 의식을 정상적인 상태로 하는 것은 일면성에 대한 고집으로부터 탈피하고 다면성·전면성에 대한 요구를 관철하는 것에 의해서만 실현된다.

순자는 또한 실제 문제에 임할 때의 선택과 결정의 방책으로서 다음과 같은 준칙을 제안한다.

---

13 『순자』「해폐」

> 좋아하고 싫어하며 선택하고 버리는 것에는 기준이 있다. 원하는 것을 보면 그것이 장차 싫어하는 것이 될 수 있음을 잘 생각해 보고, 이로운 것을 보면 반드시 그것이 장차 해가 될 수 있음을 잘 생각해야 한다. 덧붙여서 그 경중·득실을 저울질하여 깊게 헤아린 다음에 그 좋고 싫고 선택하고 버릴 것을 결정해야 한다. 이와 같이 한다면 언제나 결함이 생기지 않을 것이다. 무릇 사람의 우환이란 한쪽으로 치우쳐서 입는 재앙이다. 좋아할 만한 것을 보면 그 싫어할 만한 것을 생각하지 않고, 이익이 될 만한 것을 보았을 때는 그것이 장차 해가 될 만한 것인지를 돌아보지 않는다. 이런 까닭에 움직이면 반드시 결함이 생기고 고생스러운 일을 겪는 것이다. 이것이 바로 한쪽으로 치우쳐서 입는 우환이다.[14]

따라서 원하는 사물의 반면에는 반드시 증오할 만한 사물의 다른 면이 있으며, 이로운 사물이 있으면 반드시 반면에 유해한 면이 있으므로 자기의 욕망을 채우고, 자기의 이익을 꾀하려는 경우에는, 그것에 의해서 초래되는 유해한 측면, 불리한 측면도 고려하여 다방면의 관점에서 사물을 공정하게 처리하는 신중함과 이성적인 태도가 요구된다. [따라서 '려(慮)'란 순자에 따르면, "정이 그렇게 드러나더라도 마음이 이를 가려서 하는 것을 일러 '려'라 말한다."[15] 즉 자연적으로 발로되는 감정에 대한 마음의 능동적인 선택 작용을 의미한다] 이것은 그대로 오늘날의 환경문제, 자연과 인간의 관계, 인간에 의한 자연 이용의 본연의 자세에 대한 경고로 받아들여야 하는 말일 것이다.

그런데 다면성과 전면성에 대한 요구에 관철된 변증법적 이성은 인간 활동에서 최고 높은 제어계통(제어의 보조체계)이라고도 말할 만한 '양지(良知)'의 이성이다. 그리고 이런 이성은 정상적인 의미에서 '주객(主客)' 대립, 요컨대 '천인

---

14 『순자』「불구(不苟)」

15 『순자』「정명(正名)」

분리'를 통해서만 성립할 수 있다. 왜냐하면 의미 없는, 합목적적이지 않은 자연세계와 의미가 있는, 즉 목적의식적인 활동 전체로서의 인간존재와의 분명한 구별과 대치를 통해서, 후자의 귀책사유에 관한 엄한 자각이 촉구되기 때문이다.

현재 참담한 환경파괴의 실정과, 그 방향으로의 가속화에 직면하여 갖가지 곤경과 모든 악의 근원을 '주-객'의 대립에 입각한 근대합리주의로 돌리고, 비합리주의적인 자연주의로의 퇴행을 조장하는 것과 같은 논조가 일부에서 유포되고 있다. 그러나 문제는 '주-객'의 대립, 그 토대에서 '주(主)'의 비대화에 있는 것이 아니라, 반대로 '주'가 '주'로서, 즉 다면성에 대한 '려(慮)'의 주체로서 충분히 성숙하지 않은 점에 있는 것이다. 바꾸어 말하면, 자본주의적인 이윤 추구의 토대에서 '개발'의 기술과 '경쟁'의 전술(그 의미로의 능동성)의 균형이 깨져 한쪽 면만 비대해지고, 그럼으로써 '보호'의 기술과 '공존'의 전술, 즉, 인간 자신의 인류사회에서의 본연의 자세에 대한 자기제어의 지혜가 눈에 띄게 뒤처진다는 점이야말로 현대의 문제 상황이 발생한 원인이다. 따라서 오늘날 우리의 과제는, '주객합일'의 방향에서 이성을 쇠퇴시키는 것이 아니라, 오히려 '주객분리'의 방향에서 진실의 이성, 양식적인 이성의 고양을 도모하는 일일 것이다. 그런 의미에서 순자의 사상은 오늘날 우리의 과제에 커다란 시사를 준다고 말하지 않으면 안 될 것이다.

제5장

퇴계의 자연관과 환경문제

박문현(한국)

❀ ❀ ❀

오늘날 인류는 과학기술의 발전에 힘입어 보다 안락하고 풍요로운 문명생활을 어느 정도 이룩하였으나, 이로 인해 자연의 균형이 깨지면서 삶의 질이 위협받게 되었고, 더불어 나타난 환경문제는 인류의 미래를 불안하게 하고 있다.

환경문제는 서양의 과학기술 문명이 자연을 정복 가능한 대상으로 보고, 생태계를 파괴하고 잠식한 데서 발생한 것이다. 즉 인간이 자연을 지배하는 것이 당연하다는 기독교적 자연관과 그리스·로마의 기계론적 사고 등으로 인해 자연개발을 빙자한 자연파괴라는 환경위기가 닥쳐왔다고 볼 수 있다.

그러므로 우리는 다른 한쪽인 동양인의 자연관에서 환경문제를 해결할 수 있는 열쇠를 찾을 수 없을까 하는 희망을 가져보면서 퇴계의 인간과 자연에 대한 철학을 생태학적 측면에서 고찰하고자 한다.

1. 인간관

퇴계는 세 가지 근본적인 존재인 천(天)·지(地)·인(人)이 조화를 이루어야 한다는 유가의 삼재론(三才論)을 계승하여 자연인으로서의 인간을 그의 인간관의 기초로 삼았다.

퇴계에 따르면 인간과 만물의 생성은 모두 이(理)와 기(氣)를 타고났으나, 이(理)는 원래 그 본체가 허하여 대립되는 것이 없으므로 이(理)는 사람에게 있어서나 만물에 있어서도 더할 것도 뺄 것도 없이 하나인 것으로 존재한다. 그러나 인간이 만물의 영장이라고 말하는 것은 인간에게 품부(稟賦)된 기(氣)가 어떤 사물이나 동식물의 그것보다 좋고 뛰어나기 때문이라는 것이다. 이에 대해 퇴계는 『천명도설(天命圖說)』에서 다음과 같은 요지로 말했다.

> 모든 것이 이러한 이(理)와 기(氣)를 받는데, 그 성(性)에는 이것과 저것의 틈이 없지만, 그 기(氣)에는 치우치고 바름의 차이가 없을 수 없다. 그러므로 인간과 인간 이외의 것이 태어남에 있어서, 그 음(陰)과 양(陽)의 정기(正氣)를 얻은 것이 인간이 되고, 음(陰)과 양(陽)의 편기(偏氣)를 받은 것은 인간 이외의 것이 된다. 인간은 음과 양의 정기(正氣)를 얻었으므로 그 기질(氣質)이 막힘이 없고 밝을 것임을 알고 있으며, 인간 이외의 것은 음과 양의 치우친 기를 받았으므로 그 기질이 막히고 어두울 것임을 알 수 있다.

또한 인간이 아닌 것 가운데서도 새와 짐승과 같은 동물은 편기 중의 정기를 받았고, 초목과 같은 식물은 편기 중의 편기를 받아 생겼다. 그렇기 때문에 동물은 치우친 가운데에서 바르고 식물은 치우친 가운데에서 치우치는 것이다.

인간이 타고난 기가 비록 만물 중에서 가장 빼어난 것이라도 상지(上智), 중인(中人), 하우(下愚)라는 삼등(三等)의 다름이 있다. 그 까닭은 무엇인가? 사람의 기는 바르기는 하다. 그러나 기의 음양이 있기 때문에 기질은 청(淸), 탁(濁), 수(粹), 박(駁)이 있다는 것이다. 이것은 사람이 태어날 때, 기는 하늘에서 받았으니 하늘의 기가 역시 청, 탁, 수, 박이 있기 때문이며 질(質)은 땅에서 받았으니 순수(純粹)한 것도 있고 잡박(雜駁)한 것도 있기 때문이라는 것이다. 이에 퇴계는 기질에 의해 가려진 마음의 구체적 상태를 이기적 마음으로서 기질지성(氣質之性) 또는 인심(人心) 내지 인욕(人慾)이라 하여 그 극복을 위한 수양을 촉구한다.

퇴계는 이(理)와 기(氣)를 분별함으로써 인욕으로부터의 천리(天理)의 우월성을 확립하려는 이상에 몰두한 것으로 보인다. 천리의 우월성을 확보한다는 것은 타고난 본성을 회복하는 것을 의미한다. 그러므로 퇴계는 "기(氣)만 있고 이(理)가 타는[乘] 일이 없으면 이욕(利慾)에 빠져 금수로 된다"라고 말한다. 즉 본성(本性)으로서의 이(理)의 가치는 인간이 짐승이 되는 것을 방지해 주는 데 있다. 인간이 본성을 찾아 본연하게 됨으로써 인간이 짐승이 되는 것을 방지하고, 인간으로 하여금 만물의 영장의 지위를 확립하도록 하려는 것이다.

천리(天理)와 인욕(人慾)의 구분은 중절(中節), 부중절(不中節)의 구분과 마찬가지로 심(心)의 주재(主宰)에 달려 있다. 정(情)의 발로로 하여금 중절토록 하는 성향이 천리요, 부중절로 이끄는 충동이 인욕(人慾)이라 할 수 있다. 그러므로 인욕을 막고 천리를 보존하는[遏人慾 存天理(알인욕 존천리)] 길은 심(心)을 정일(精一)의 상태에 있도록 하는 것이다. 정일이란 의식의 집중, 통일을 뜻하는 것으로 긴장한 채 성실한 태도를 지지하는 것을 말한다. 이른바 경(敬)의 태도이다.

요컨대 퇴계는 인간이 진지하고 성실하게 자기를 반성하면 기질지성(氣質之性)의 욕구를 극복할 수 있다는 것이다. 그리하여 인간의 행위가 마침내 우주·자연의 질서와 조화되도록 하려는 것이다.

2. 자연관(自然觀)

자연관이란 그저 단순히 자연을 조망하는 것을 의미하지 않고, 우리의 삶을 통해 인식되는 자연의 내용, 곧 자연에 대한 주체적인 파악, 해석을 의미한다. 그러면 자연이란 무엇인가? 중국 고전에서의 자연은 명사로 사용된 일이 없다. 사물의 존재나 생성 원인이 외부에 있지 않고 그 자체 내에 있음을 의미함이 일반이었다. 그러나 자연은 이 밖에도 여러 가지 의미로 해석된다. 인간의 상대적인 의미로나, 도(道)의 근원으로서 최고의 원리와 힘에 대한 형용어로나 사리의 당연함을 뜻하는 경우 등이 있다. 오늘날에는 주로 우주, 천지, 만물, 환경 등을 가리킨다. 퇴계에 있어서는 천(天), 천지(天地), 천명(天命), 천리(天理), 천도(天道) 등의 개념이 자연의 범주에 속한다고 볼 수 있다.

퇴계는 주자와 마찬가지로 인간을 포함한 모든 현상적 존재들은 기로 되었다고 생각한다. 그는 주돈이(周敦頤)의 『태극도설(太極圖說)』에 따라 모든 사물을 기로서의 음양오행의 응취에 의하여 이루어진 것이라 믿는다. 그러나 기(氣)는 생멸성을 가지는데, 그 원인은 이(理)라는 것이다.

인간이나 사물을 가릴 것 없이 온 우주가 기로 이루어진 만큼 그 재료의 측면에서는 인간과 사물이 같은 것임을 퇴계는 시인한다. 물론 기의 특성에 따라 청(淸), 수(粹)한 기(氣)로 이루어진 인간이 만물의 영장의 위치에 있음은 앞에서도 언급한 바 있다.

퇴계는 기의 동질성(同質性) 위에서 천지만물이 일체라는 다음과 같은 『서명(西銘)』의 사상을 계승하고 있다.

> 건(乾)은 아버지라 하며, 곤(坤)은 어머니라고 한다. 나 이 작은 존재가 그 가운데 혼연히 자리하고 있다. 그러므로 천지 사이에 들어찬 것은 나의 몸이며, 천지를 이끄는 원리는 나의 본성이다. 모든 백성들은 모두 나의 동포이며, 만물

이 나와 더불어 있는 것이다.

즉 장재(張載)는 자연인 천지가 인간의 어버이라고 비유하고, 그것이 인간의 신체를 구성하며 인간의 본성을 거느린다는 것이다. 그러므로 모든 인간들은 물론이고 만물까지도 더불어 살아가는 한 가족이라는 것이다. 여기서 '서명도(西銘圖)'를 작성한 퇴계의 자연관 역시 자연을 동질적인 생명의 근원으로 보고 있음을 알 수 있다.

퇴계는 또한 "천지의 위대한 작용은 생성력이다[天地之大德曰生]"라고 하는 『주역(周易)』의 사고를 이어받아 기의 집합인 우주 역시 하나의 생명을 가진 유기체로 본다. 주역에서는 자연은 원(元), 형(亨), 이(利), 정(貞) 네 가지 상도(常道)를 가지고 있기 때문에 만물을 생성할 수 있다고 본다. 즉 원(元)은 만물의 생성원천이며, 형(亨)은 만물이 각기의 성명(性命)을 펴나갈 수 있도록 변화시키고, 리(利)는 모든 개체들의 운동이 서로 충돌되지 않도록 조절해 주며, 정(貞)은 만물이 그 나름의 공능(功能)을 다하고 날로 새롭게 창조할 수 있도록 보전하는 천지생성의 덕이다. 퇴계는 『천명도설(天命圖說)』에서 천덕(天德)으로서의 원(元), 형(亨), 이(利), 정(貞)도 순환하고 있다고 말한다.

요컨대 퇴계는 자연을 만물이 서로의 기가 소통하는 일체이며 불가분리의 유기적인 관계를 맺고 있는 생명력으로 충만한 세계로 본다.

3. 자연과 인간의 관계

동양의 전통에서는 자연은 사람이 지배해야 할 대상이 아니라 본받아야 할 대상이요, 사람은 자연을 밧줄로 묶어서 끌고 가는 것이 아니라 자연에 탯줄로 묶여 있는 것이라는 쪽이다.

과학과 기술이 불필요한 것은 아니지만, 이것을 통제할 수 있는 힘은 자연과 사람의 관계에 대한 새로운 반성 없이는 불가능하다. 퇴계는 자연과 조화하는 사람의 길을 가르치며, 과학기술을 넘어선 자연의 모습을 가르치고 있다.

인간은 본질적으로 자연 속의 일원이지만 또한 만물 중에 가장 뛰어난 존재이기도 하다. "하늘은 참된 인간의 뜻을 어기지 않고[天不違], 참된 인간은 천시(天時)를 받든다[奉天時]"라는 『주역(周易)』의 내용이나 『중용(中庸)』의 "중화(中和)를 이루면 천지(天地)는 제자리를 잡고, 그 안의 만물은 모두 잘 자란다[致中和 天地位焉 萬物育焉]", 또는 진정한 인간은 천지의 화육(化育)을 도와 공동창조자가 된다는 것 등은 자연 속의 인간의 위치를 자연과 조화시키면서도 아름답고 위대하게 만든 것이라 할 수 있다. 주자는 다음과 같이 인간과 만물, 인간과 천지간의 근원적인 동일성을 주장한다. "하늘이 음양오행으로 만물을 변화, 생성시킨다. 기(氣)로써 형체를 만들고 여기에 이(理)를 부여한다. 사람과 만물이 태어날 때 각기 부여받은 이(理)에 따라서 오상(五常)의 덕을 삼으니 이것이 곧 성(性)이다."

퇴계는 또한 자연이 원래 이(理)와 기(氣)로 이루어진 것처럼 인간도 이와 기로 이루어졌다고 하는 사고로써 자연과 인간의 본질적인 차이를 부정한다. 이것은 인간을 우주와 같은 것으로 간주하면서 일종의 우주의 축소판으로 보고 있다는 것을 의미한다. 따라서 소우주인 인간이 자연과 조화를 이루려는 태도는 일종의 대우주와의 합일을 뜻한다. 인간과 자연의 위대함과 그 본래적인 모습은 인간이 자신의 본래적인 모습을 되찾아 자연과 합일을 이루어 자연을 그 자체로 이해하고 자연을 그 자체로 받아들임에 의하여 드러나게 되는 것이다. 주돈이는 "성인(聖人)은 천, 곧 자연과 같이 되기를 희망한다. 현인(賢人)은 성인이 되기를 희망하며, 사(士)는 현인이 되기를 희망한다"라고 하여 인간의 궁극적 목표가 천, 즉 자연과 같이 됨에 있다고 하였다. 퇴계 역시 천인무간(天人無間)과 천지만물일체를 실천하는 사람을 성인으로 정의하고 있기에 퇴계학의 최고의 목표는 결국 성인이 되는 것으로 구체화되며 성인이 되는 구체적인 방법이 경(敬)으로 나타나는 것이다.

그런데 천지만물과 일체가 되는 것은 주체적으로 천지만물과 일체가 되는 인체(仁體)를 체인하여 측은지심(惻隱之心)이 몸에 충만함으로써 사랑으로 몸에 우러나오지 않으면 안 된다. 그렇지 못하고 다만 머릿속에서만 천지만물과 일체가 되는 것은 아무 의미가 없는 것이다.

실제로 퇴계는 그의 시를 통하여 스스로 자연애(自然愛)에 마음을 빼앗긴 나머지 자연에 대한 사랑이 천석고황(泉石膏肓)[16]하다는 것을 고백하기도 한다.

이런들 어떠하며 저런들 어떠하료
초야우생(草野愚生)이 이렇다 어떠하료
하물며 천석고황(泉石膏肓)을 고쳐 무삼하료

위의 시조는 「도산12곡(陶山12曲)」의 첫 수인데 퇴계가 도산에 머물러 존심양지(存心養志)하는 의지가 녹아 있는 시인데, 산수를 즐겨 그 높고 맑음을 흠모하여 고칠 바 못되는 도학자(道學者)로서의 그의 정신이 '천석고황'으로 함축되어 표현되어 있다. 이러한 '천석고황'은 자연과의 합일에서 비롯됨을 퇴계의 다음 시 「도산언지(陶山言志)」를 통해서도 알 수 있다.

산당(山堂)이 이미 반이나 이루어져 기뻐하나니[自喜山堂半已成]
산에 살아도 몸소 밭 갈기 면할 수가 있다[山居猶得免躬耕].
책을 이 서당으로 옮겨오니 점점 옛 책 상자가 비었고[移書稍稍舊龕盡]

16 [옮긴이 주]: 자연의 아름다운 경치를 몹시 사랑하고 즐기는 성벽

대나무를 심어보는 동안 죽순이 돋아난다[植竹看看新筍生]

샘물 소리가 고요한 밤을 방해한다고 느끼지 못하겠고[未覺泉聲妨夜靜]

산 빛이 좋은 갠 아침을 더욱 사랑한다[更憐山色好朝晴].

예부터 숲에 사는 선비들은 만사를 온통 잊고[方知自古中林士]

그 이름을 숨기려던 뜻을 이제야 알겠구나[萬事渾忘欲晦名].

퇴계는 명리(名利)를 떠난 자연에서 일월처럼 청순한 마음의 세계로써 성현의 학문에 힘쓰는 것을 통해 자아와 자연과의 합일을 느꼈을 것이다. 이와 같은 심정을 이신구(李伸久)에게 주는 글에서 다음과 같이 말하고 있다. "청명고원(淸明高遠)한 금회(襟懷)로 한가로이 아름다운 자연 풍치나 한밤의 밝은 달을 만났을 때 저절로 자연과 의가 융합하여 천인합일이 되어 흥취가 지극히 신비롭고 맑디맑고 정미(精微)하며 침착하고 쇄락(灑落)한 교감을 말로는 그려내기 어려운 끝없는 즐거움의 경지이다."

퇴계는 48세 때 단양군수가 되었는데 그가 외직을 원할 수 있었던 것은 깊은 뜻이 있었거니와 단양군을 원하였던 것은 이 고을이 자연경관이 좋은 곳이기 때문이었다. 퇴계는 임종하던 해에 시에 읊기를 "나이 칠십에 산에 거처하여 더욱 산을 사랑하나니, 천심(天心), 역상(易象)을 고요한 가운데 보도다. 흐르는 물, 좋은 경치만을 모름지기 한가하게 주관하고, 티끌 같은 온갖 세상사 범하지 못하게 하도다"라고 했다. 산을 좋아하고 물을 좋아하고 정회(情懷)와 배움을 좋아하여 깊이 생각하는 정신은 늙을수록 더욱 충실해졌다 할 수 있다. 퇴계는 병이 위독해졌을 때 설사를 하게 되자 화분의 매화가 옆에 있으니 다른 곳으로 옮기라고 말하면서 "매화에게 깨끗하지 못하다면 마음이 편하지 못할 뿐이다"라고 했다. 화분의 매화는 비록 감정이 없는 식물이지만 퇴계의 마음속에서 그것은 인격화되고 있는 것이다. 퇴계가 매화가 고결하지 못한 것을 참지 못하는 것은 자연을 사랑하는 마음이 감정이 없는 식물에까지 미친 것이다.

그런데 이와 같은 퇴계의 자연에 대한 사랑은 노장(老莊)처럼 도의(道義)와 정제된 심성(心性)을 벗어나기 위한 것이 아니라 도의를 즐거워하고 심성을 기르는 것이다. 그러므로 나 밖에 있는 자연이 그 자체로서 아름답다는 것은 아니며, 자연과 나의 심성이 내재되어 있는 본연지성(本然之性)이 서로 만남으로써 아름다움이나 즐거움이 나타나게 되는 것이다. 자연에 대해 겸허하고 경건한 자세로 그것과의 합일을 꾀함으로써 지선(至善)의 세계에 이르고자 하는 것이 퇴계의 인생의 목표였던 것이다.

4. 퇴계학과 환경문제

『회남자(淮南子)』에서는 "자연을 알되 인간을 알지 못하면 세속사회에서 살 수가 없고 인간을 알되 자연을 알지 못하면 도의 세계에서 노닐 수 없다"라고 하여 양자에 대한 심구(審究)가 있어야 함을 강조했다. 퇴계 역시 자연과 인간 둘은 본질상 별개일 수 없으며 양자가 서로 조화를 이룸으로써 지선(至善)의 세계에 이를 수 있음을 나타냈다.

환경학자들은 온실효과로 인한 지구의 기온 상승, 오존층 파괴, 대기오염, 수질오염 등으로 생태계가 파괴되어 멸종 식물이 급속히 늘어나고 있으며 인류 멸망의 대재앙이 임박했다고 경고하고 있다. 이러한 위기의 근본 원인은 형이상학적으로 자연의 본질을 잘못 이해했기 때문이다. 그 결과 인간과 자연을 분리시켜 인간으로 하여금 자연을 정복할 수 있는 것으로 오만을 갖게 한 것이다.

이제 오늘의 환경문제를 근원적으로 해결할 수 있는 방법을 앞에서 고찰한 퇴계의 인간과 자연에 대한 철학에 근거하여 찾아보고자 한다.

첫째, 욕망을 자제해야 한다. 퇴계는 물욕을 비롯한 인욕을 막고 천리를 간

직함으로써 금수의 위치에 떨어지지 않고 만물의 영장으로서의 지위를 지킬 수 있다고 생각했다. 인류가 욕망을 끊임없이 추구하려 든다면 전체 자연계의 생태 균형을 파괴하고 인간의 생활환경을 악화시킬 것이다.

그러므로 환경위기를 극복하기 위한 일상적인 대책은 검소하고 절약하는 생활습관을 기르는 것이다. 퇴계는 검소한 것을 숭상하여 세숫대야는 질그릇을 썼고 앉는 곳에는 부들자리[蒲席]을 깔았다. 베옷엔 실띠를 매고 짚신과 대나무 지팡이를 쓸 정도로 생활이 검소하였다. 계상(溪上)의 집은 겨우 10여 가(架)로 혹독한 추위나 더위나 비에 남들은 견딜 수 없을 지경이었지만 선생은 부족함이 없다고 여겼다. 또한 끼니마다 반찬은 세 가지를 넘기지 않았고, 여름에는 마른 포(脯) 반찬 한 가지 뿐이었다고 한다.

둘째, 인간과 자연은 일체라는 전일적 자연관으로 자연을 사랑해야 한다. 우주자연이 인간과 마찬가지로 이(理)와 기(氣)로 이루어져 있다는 우주생성론과 천리(天理)가 만물의 안에 분산되어 있다는 이일분수론(理一分殊論)에서 천지만물이 모두 나와 일체라는 가치 관념이 도출된다. 천지만물이 일체라는 관념을 진실로 체험하게 되면 인(仁)을 깨우치게 되고 만물을 사랑하게 된다. 퇴계의 자연에 대한 사랑은 그의 2000여 수의 시가 대부분 산수에 대한 시라는 것을 통해서도 알 수 있다. 실제로 윤리적 인애(仁愛)의 대상을 인간만이 아닌 모든 생명적 존재에 적용하고 있음을 볼 수 있는데, 그 한 예로 타고 다니던 말이 죽자 "늙은 말이 지난달에 병을 얻어 먹이를 먹지 못하고 나날이 점점 말라가더니 오늘 저녁에 죽었다. 여러 해 동안 일을 해주던 가축이 갑자기 없어지니 마치 부리던 머슴이 죽은 것과 다름이 없다"라고 말하면서 마음 아파했다. 공자는 조정에서 돌아오니 마구간이 타버렸다. 묻기를 "사람이 다치지 않았느냐? 그러나 말에 대해서는 묻지를 아니하셨다[傷人乎, 不問馬]"는 것과는 대조되는 모습이다.

셋째, 우환의식을 가지고 환경위기에 대처해야 한다. 퇴계의 거경궁리(居敬

窮理)[17]는 우환의식이며 수양을 참으로 힘쓰는 것의 표현이다. 퇴계는 선조에게 말하기를 "안으로 몸과 마음에 스스로 반성함에는 경(敬)을 한결같게 해서 그만두지 말고, 밖으로 정치를 닦아 베풂에는 한결같게 성(誠)을 다해 꾸밈이 없이 하고, 하늘과 사람 사이에 주어진 것을 극진히 하지 않으면 비록 홍수와 가뭄의 재앙과 경계함이 있더라도 오히려 두려워하고 덕(德)을 닦고 반성하는 노력을 해서 하늘이 준 인애(仁愛)의 마음을 받들 수 있다"라고 했다. 진실로 위로 천심(天心)을 받을 수 있으면 아래로 인사(人事)를 다할 수 있게 되어 비록 재앙이 있더라도 덕을 닦고, 반성하는 노력을 해서 재앙을 없애고 변화시킬 수 있다는 것이다. 이것이 퇴계가 말하는 "인간의 도는 선을 쌓아서 하늘을 돌릴 수 있다"는 도리이다. 이러한 퇴계의 우환의식을 통해 우리는 환경위기에 대한 자각과 장기적이면서도 적극적인 대책이 절실함을 인식해야 할 것이다.

요컨대 인간과 자연의 조화를 강조하는 퇴계의 전통적인 철학은 오늘의 환경문제를 근원적으로 해결하는 하나의 의미 있는 길잡이가 될 수 있을 것으로 보이므로 이를 오늘에 되살려 적극 적용해야 할 것이다.

참고문헌

1. 『退溪全書』 서울: 大同文化研究院, 1958.
2. 『退溪學研究論報』 大邱:慶北大學校 退溪研究所, 1997.
3. 『退溪學報』 第94輯, 서울: 退溪學研究院, 1997, 6.
4. 『退溪學論叢』 創刊號, 釜山: 退溪學釜山研究院, 1995.

17 [옮긴이 주]: 주자학에서 중시하는 학문을 수양하는 두 가지 방법을 가리킨다. 거경은 내적 수양법으로 항상 몸과 마음을 삼가서 바르게 가지는 일, 궁리는 외적 수양법으로 널리 사물의 이치를 궁구하여 정확한 지식을 얻는 일을 말한다.

제2부

도가·묵가 등의 환경사상의 현대적 의의

제1장

『노자』의 생태철학사상

왕지성(중국)

❀ ❀ ❀

현대는 물질문명이 고도로 발달한 시대이며, 또한 위기와 문제가 충만한 시대이기도 하다. 위기의 심각성과 문제의 광범위함은 지금까지의 어떤 시대와도 비교할 수 없을 정도이다. 그 속에서 생태환경 문제는 지구 전체에 파급되는 문제이다. 생태환경의 파괴는 서양 공업 문명의 대가로서 서양에서 시작되었다. 그러나 이성-과학기술을 수단으로써 발전해 온 공업 문명은 이미 자기의 패러다임을 구성하고 있어 특정한 개인과 집단의 제약을 받는 단계는 아니다. 그것은 걷잡을 수 없는 힘으로 지구 구석구석까지 확산되고 있다. 그리고 이 공업 문명과 함께 마이너스 효과-생태환경의 파괴도 세계 각지에서 확산되고 있다.

중국에서는 대규모 공업화의 움직임이 1980년대에 본격적으로 시작되었다. 생태환경 문제도 그 후에 찾아왔다. 1990년대가 되면 생태환경 문제는 세상이 주목하는 문제가 되며, 최근에는 여러 가지 환경문제를 언급한 저서도 잇따라 세상에 나오고 있다. 필자는 『노자』 속의 생태철학사상을 찾아봤는데, 이것이 세상에 이바지하는 바 있길 바란다.

1. 도는 "천하의 어머니라고 해야 한다"

필자는 '도'는 노자가 비인격적인 형태로 궁극적인 실재(the Ultimate Reality)에 대해 반응한 산물이라고 생각한다.[1] 따라서 『노자』 속의 '도'에는 인격성이 없다. 그것은 여호와, 조물주, 비슈누, 알라와 같이 인격성을 갖추고서 직접적 혹은 간접적으로 인간에 대해 정보와 훈령을 전하는 것은 아니다. 그러나 노자는 그 초연한 통찰력에 의해 우주의 본원의 기질인 도를 깨달은 것이다. 이 '도'는 '로고스(logos)', '브라만(brahman)'과 비슷하지만, 『노자』에는 조물주가 있다는 것은 암시되지 않는다.

노자의 도는 완전히 비인격적인 것이기 때문에 매우 철학적인 성격을 갖추고 있다. 그러나 그것이 비인격적이기 때문에 철학적이며 이성적인 것이 된 것은 아니다. 노자는 그것은 이름으로 나타내기 어려운 것이라고 말한다.

> 이것이 도라고 표현할 수 있는 도는 진정한 도가 아니다(제1장).

도는 이름으로 나타내기 어렵지만, 노자는 많은 것을 말하고 있다. 물론 말하고 있는 것은 도 그 자체가 아니라 명확하게 있는 정황에 토대한 도에 관한 자기 제시의 형이하학적 묘사이다. 노자는 먼저 이 도는 세상의 어떤 조건에서도 제약을 받지 않을 뿐 아니라 우주만물의 근본이라고 단정한다.

> 혼돈스러운 모습의 어떤 것이 천지보다 앞서 생겨났다. 그것은 고요하며 모양도 없다. 아무것에도 의존하지 않고 변화도 없다. 두루 모든 것에 작용하면서

1 ≪簡論〈老子〉- 西對終極實在的回應≫, 載 ≪哲學研究≫ 北京 1994年 第9期

도 어긋남이 없으니 천하의 어머니라고 말할 만하다. 나는 그것의 이름은 모르나 글자로 도(道)라 하고, 억지로 이름 지어 크다고 말할 뿐이다(제25장).

여기에서 도 자체가 궁극적인 실재이며 말할 수 없는 것으로, 노자가 억지로 말하고 있는 '도'는 말로서의 도이다. 이 말로서의 도는 사람들의 인식과 경험 속에 들어가 있는 도의 법칙이라고 말할 수 있다. 『노자』에서 말해지고 있는 것은 거의 말로서의 도이다. 이 말로서의 도가 지향하는 도가 '천하의 어머니'가 될 수 있는 것이다.

만물은 도에 의해 생겨나기 때문에, 만물은 도의 외재적 전시에 속한다.

도는 하나를 낳고, 하나는 둘을 낳고, 둘은 셋을 낳고, 셋은 만물을 낳는다(제42장).

당연히 인간도 만물의 하나이지만, 노자는 인간을 독립된 것으로 보아 인간을 네 가지 큰 것 가운데 하나로 간주한다.

그러므로 도(道)는 큰 것이며, 하늘도 땅도 크며, 사람 또한 크다. 세상에는 큰 것이 네 가지가 있는데 사람도 그중 하나이다(제25장).

여기에서 노자는 명확하게 범위 안의 네 가지 큰 것을 긍정하며, 인간은 네 가지의 큰 것 가운데 하나라고 말하고 있다. 이것은 우주에서의 인간의 지위를 예시한 것이다. 도, 하늘, 땅과 인간을 비교하는 것은 무한과 유한을 비교하는 것이라고 말할 수 있다. 이 유한한 인간이 어째서 범위 안의 큰 것 중 하나가 될 수 있을까. 그 이유는 인간이 갖추고 있는 독자성—사고할 수 있고, 자유로운 의지를 가지고 있으며, 만물의 영장(靈長)이 된다는 점—에 있다는 것은 틀림없다.[2]

나는 노자가 도는 '천하의 어머니라 할 수 있다'고 말하는 것이 매우 깊은 의미를 가진다고 생각한다. 만물의 존재는 관계가 없는 존재가 아니라, 모두 직접적·간접적으로 도에서 나온다. 우리의 말로 말한다면 만물은 곧 도의 물질적 표현이며 인간도 물질적 표현이다. 인간과 사물의 차이는 인간은 영성을 갖추고 있다는 점이다. 인간의 독자성은 인간이 명확한 영성을 갖추고 있는 점에 있다.

도의 차원으로부터 보아, 인간과 만물은 같은 영역에 속해 있다. 자연과 인간의 관계에는 원래 조화의 경향이 존재한다. 도는 인간에게 능동성을 부여하고 인간으로 하여금 자연 속에서 생존에 불리한 요소를 피할 수 있게 한다. 실제로는 인간은 극히 짧은 역사적 시기 안에서 이성-과학기술을 수단으로 하여 자연과 인간의 원래의 관계를 크게 바꾸었다. 객관적으로 말해서 인간은 이미 자신을 자연의 주인이라 여기고 있으며, 천지만물은 노예처럼 혹사당하는 대상이 되고 있다. 자연과 인간이 동포라는 느낌이 사라져 가고 있는 것이다.[3] 사람들은 자연과 동포라는 느낌을 상실하고 우쭐해서 자연을 마음대로 혹사하고 있다. 그러나 인간이 가지는 구조적인 지위 때문에, 물질을 얻는 것으로는 종종 내면의 평안에 도달할 수 없다.[4] 도리어 인간은 돌아가야 할 집을 잃어버린 것이다.

---

2 주돈이, 『태극도설(太極圖說)』

3 장재, 『건칭편(乾称篇)』

4 『마태복음』 참고.

2. "사람은 땅을 본받고, 땅은 하늘을 본받으며, 하늘은 도를 본받고, 도는 자연을 본받는다"

도는 만물을 키우며, 만물과 인간은 도의 표현이다. 만물을 관찰하는 것을 통해 도가 만물을 영위하는 어떤 특징을 엿볼 수 있다. 노자는 우리에게 다음과 같이 네 가지 큰 것의 순서를 나타낸다.

> 그러므로 도(道)는 큰 것이며, 하늘도 땅도 크며, 사람 또한 크다(제25장).

여기에서 순서는 도-천-지-인이며 그 반대로 인-지-천-도가 아니라는 것을 알 수 있다. 그 때문에 땅, 하늘, 도에 대한 인간의 내재적 요구는 그것을 모범으로써 배우는 것이다.

> 사람은 땅을 본받고, 땅은 하늘을 본받으며, 하늘은 도(道)를 본받는다(제25장).

여기에서 '본받는다'라는 말이 매우 적절하게 사용되고 있으며, 네 가지의 큰 것 속에서 인간의 정해진 위치를 명시하고 있다. 즉 인간이 네 가지 큰 것의 하나로 자리매김할 수 있는 이유는, 인간이 땅, 하늘, 도를 본받기 때문이다.

이론상으로 말해서, 인간과 땅, 하늘, 도와의 관계에는, 다음 몇 가지의 정황이 존재할 수 있다.

① 인간은 땅, 하늘, 도를 주재한다.
② 인간은 땅, 하늘, 도와 평등하다.
③ 인간은 땅, 하늘, 도를 본받는다.

최초의 경우는 인간은 자신을 만물의 영장으로 간주하고 자연 위에 높이 위치시키며 자신의 의지에 토대하여 자연을 바꾸고 자연을 혹사한다. 이 경우 사람들이 자연의 법칙에 토대하고 있다고 할지도 모른다. 즉 "천명을 지배하고 그것을 이용한다"라고 하는 것이다. 그러나 실제의 결과는 인간은 자신의 물질적인 이익을 만족시키기 위해 자연 존재의 구성상의 위치를 완전히 잊어버린 것이다.

천지는 공평하며 매우 관용적이기도 하다. 그래서 인간은 물질적 이익과 감성적 욕망의 허황된 힘에 눈이 멀어버리고 천지에는 생명이 없으며 마음대로 혹사해도 좋다고 생각하고 있다. 실제로 인간은 이와 같이 생각하고 있을 뿐만 아니라 이와 같이 해온 것이다. 동양과 서양에서 출현한 그린피스(Green and Peace)운동이 반대하고 있는 것은 이와 같은 관념, 입장, 실천이 틀림없다. 이와 같은 관념의 지도 아래 초래된 심각한 결과는 누구나 알고 있기 때문이다. 이 운동에 가담하고 있는 사람들은 서로 다른 동기나 문화적 배경을 가지고 있지만, 인간이 이와 같은 방식으로 자연을 대하는 것은 잘못된 방식이라는 것을 모두 이미 알고 있다. 그것이 잘못된 것은 이와 같은 사고방식은 최종적으로는 자연과 인간의 대립으로 이끌며, 대립의 결과는 인간의 생존에 위기를 가져오고, 마지막에는 인류의 멸망이 되기 때문이다.

그런 이유로 인해 지식인들은 자연과 인간의 관계를 해결하는 새로운 모델을 제기하고, 자연과 인간은 호혜평등하다고 주장한다. 그들은 인간이 자연과 공생하는 사상을 제기한다. 이론적으로 보면 이것은 인간이 자연을 주재한다고 하는 모델보다 타당성을 갖고 있다. 인간이 공생의 사상에 의한 실천을 가르친다면 자연과 인간이 상호 협조할 가능성이 분명히 존재한다. 그러나 이와 같은 공생의 사상은 필연적으로 인간이 욕망을 절제하는 것을 전제로 한다. 만약 인간이 끝없는 탐욕으로 자신의 욕망만을 추구한다면 자연과 인간의 공생은 불가능해진다. 실제로 자연과 인간의 공생이 성립한다는 것은 곧, 인간의 자기중심주의에 대한 반성이기 때문이다. 우리는 자신들의 이익을 생각할 뿐만 아니라, 자연의 생존 가능성도 생각하지 않으면 안 된다. 인간 개인의 의지라면 정신이 어느 정도 성숙하여 공생의 관념을 가질 수 있기에 그것을 실현하고자 노력할지도 모른다. 그러나 사회 전체로서 공생의 관념을 실현하는 것은 매우 어렵다. 그럼에도 불구하고 공생사상이 사회발전의 행동지침이 된다면 만민에게 은혜를 베풀게 될 것이다.

그리고 노자는 2500년 전에 이미 우리에게 인간이 자연을 본받는다는 자연과 인간의 본래의 관계를 가르쳐 주었다. 인간이 자연을 배워야 하는 근거는, 인간은 자신의 자유의지에 의해 자연보다 위에 있다고 생각하지만, 도, 천, 지, 인이란 네 가지 큰 것 가운데서 인간의 구성상의 위치가 가장 낮다는 데 있다. 인간이 자연을 이용하고 혹사하는 대상으로 간주할 때 자연이 인간에 보답할 수 있는 것은 선과 악이라는 두 가지 측면이 있다. 인간은 그 속에서 물질적인 이익을 얻지만 동시에 부정적인 앙갚음을 당하게 된다. 나는 이 점은 인도의 전통적인 업보의 원칙과 일치한다고 생각한다.

그러면 '본받는다'란 무슨 의미일까. 인간은 어떻게 하여 땅을 본받고, 어떻게 하여 하늘을 본받으며, 어떻게 하여 도를 본받는 것일까. 노자는 본받음의 본질은 본래의 모습에 의한 것이라고 말한다. 그러면 그 본래의 모습에 의한다는 것은 어떤 것일까. 노자의 답변은 '무위(無爲)'이다. '무위'는 '유위(有爲)'에 반하는 말로, '유위'와 '무위'는 모두 '행한다'는 의미가 있지만, '유위'의 '위'는 자신을 중심으로 한 '위'이며, 인간 스스로 의도하는 '위'이고, 사물 본래의 상태를 거스르는 '위'이기도 하다. 이와 같은 '위'를 노자는 때로 "주책없는 행동[妄作]"(제16장)이라고 칭한다.

3. "만물은 번성하지만, 저마다의 뿌리로 돌아간다"

세상만물의 존재는 깊이 파고들면 복잡하지만, 그것은 모두 돌아갈 곳이 있다. 있던 곳으로 돌아가면 '명(命)으로 돌아갈 수 있으며', 명으로 돌아가는 것이 '영원히 변하지 않는 규율'이다. 그런 까닭에 노자는 말한다.

> 만물이 무성하게 자랄지라도 결국 각각의 뿌리로 되돌아간다. 자신의 뿌리로 돌아가는 것을 고요함이라 하고, 이를 일컬어 본성을 회복함이라 한다. 본성을 회복하는 것을 항상 불변의 이치라 하고, 항상 불변의 이치를 아는 것을 참다운 지혜라고 한다(제16장).

여기에서 노자는 우리에게 확실한 생태순환도를 그려 보여주고 있다. 이를 통해 우리는 사계절의 변화에 따른 만물의 발육, 생장, 성숙으로부터 노쇠에 이르기까지의 과정을 알 수 있을 것이다. 만물은 자기 특유의 방식으로 '뿌리로 돌아가며' 다음 해에 다시 태어나는 순환을 반복한다.

자연 속에 존재하는 인간도 마찬가지이다. 인간은 흔히 자연만물이 뿌리로 돌아가는 것을 생명의 반복이라고 간주하는데, 인간은 분명한 자아의식을 가지고 있기 때문에 인간이 뿌리로 돌아가는 것은 당연한 일이지만 보다 정신적인 면이 있다. 앞에서 도는 '천지의 어머니가 될 수 있다'고 말했지만, 인간이 뿌리로 돌아갈 때 근본적으로는 도로 돌아가는 것이다. 도로 돌아가는 것이 '영원히 변하지 않는 규율[常]'인 것이다.

노자는 경고하기를,

> 항상 불변의 이치를 알지 못하면 함부로 행동하게 되어 재앙을 초래하게 된다(제16장).

라고 했다. 이 재앙은, 생명을 손상시킬 뿐만 아니라 생명을 파멸의 길로 이끌 가능성도 있다.

노자는 또한 '영원히 변하지 않는 규율[常]을 아는' 공덕에 관해 말하며,

> 항상 불변의 이치를 알면 포용할 수 있게 된다. 포용하게 되면 공평해지고, 공평해지면 왕이 된다. 왕이 되면 하늘과 같아진다. 하늘과 같아지는 것이 곧 도와 일체가 되는 것이며, 도와 일체가 되면 영원하게 된다. 이렇게 되면 몸이 죽을 때까지 위태롭지 않다(제16장).

라고 말했다.

현재 인간은 자신을 자연의 주재자로 생각하고, 무한한 물질적인 욕망을 만족시키기 위해, 이성-과학기술이라는 수단을 빌려 끊임없이 자연을 착취하고 있다.

제한된 영역에서 일정 시기에 일부 사람들은 매우 커다란 만족을 얻고 있다. 그러나 그들은 그에 대한 대가를 생각한 적이 없으며 설사 생각한 적이 있다고 해도 욕망을 채우려는 마음을 출발점으로 한 비용-이익 분석이 고작이며, 결국에는 자연을 해치는 길로 향하고 있는 것이다. 그들 가운데 일부 사람들은 자연과 인간의 충돌은 분명히 존재하며 그 충돌은 점점 확산되고 있지만 인간은 과학의 힘을 빌려 자연의 보복을 피할 수 있다고 믿고 있다. 분명히 일부 사람은 그 특권에 의해 자연의 보복을 피하면서 그 결과를 다른 사람들이 지게하고 있다. 예를 들면 어느 나라는 오염원을 다른 나라, 즉 지구로 전가하고 있다.

그러나 인간의 자연에 대한 착취는 정말로 도를 넘고 있으며 도를 잃고 있다. 지금까지 인내해 온 지구는 "참을성의 한계에 와 있다."[5] 어머니인 대지가 우리에게 가져다준 신선한 공기, 빛나는 햇빛, 청정한 수원을 이제는 점점 잃어가고 있다. 노자는 다음과 같이 경고한다.

> 하늘은 도에 의해 청명하지 않으면 쪼개질까 두렵고, 땅은 도로써 편안하지 아니하면 무너질까 두렵고, 신은 도로써 영원하지 아니하면 소멸될까 두렵다. 골짜기는 도로써 충만하지 아니하면 고갈될까 두렵고, 제후와 천자가 도로써 지위가 높아지지 아니하면 버티지 못할까 두렵다(제39장).

어머니인 대지의 아이들은 도를 잃고, 덕을 잃고, 하늘을 더럽히고(대기오염, 오존층 파괴 등), 땅의 자원을 고갈시키고(석유, 석탄, 물 등의 지하자원을 마구 캐내는 것), 신을 두려워하지 않고(산림의 대대적인 벌채), 계곡에 물을 채우지 않고(쉽게 물의 흐름을 막고, 식생을 파괴하는 것에 따른 토석 유실 등), 만물을 낳지 않는다(낙태, 인공적으로 생물의 종을 어지럽히는 것, 농약의 남용 등). 이것들로 인해 천지는 정말 심각하게 파괴될 위기에 처하게 된다.

노자는 성인으로서 다음과 같이 우리에게 경고한다.

> 덕을 닦는 사람은 그 덕과 같아짐으로써 덕이 있게 되고, 덕을 잃은 속인은 그 잃어버림과 같아짐으로써 무덕하게 된다. 도와 하나가 된 사람은 도를 체득한 자 역시 그를 즐겁게 받아들이고, 덕과 같아진 사람은 덕을 체득한 자 역시 그를 즐겁게 받아들이고, 덕을 잃어버림과 같게 된 사람은 덕을 잃은 자 역시 그를 즐겁게 받아들인다(제23장).

현대인들은 자신의 몸을 소중히 하며 그것을 뿌리로 간주하고 있다(도를 뿌리로 간주하는 것이 아니라). 그렇기 때문에 '도와 같아진다', '덕과 같아진다'는 일없이 저절로 '잃는 것과 같아지는' 것이다. 그리고 "하늘의 도는 편애하지 않

---

5 ≪중국청년(中國青年)≫ 1996년 제11호

으며"(제79장), "천지는 편애함이 없으며, 그로써 만물을 풀강아지로 여긴다"(제5장)이며, 잃는 것과 같이하는 자는 스스로 '잃는 것'이 초래하는 벌을 받게 되는 것이다.

『노자』는 고작 5000자의 단어로 되어 있지만 인생이나 세계의 본질에 관한 깊은 도리를 표현한 시(詩)이다. 이와 같이 풍부한 내용을 가지고 자연과 인간의 관계를 논급하여 자연과 인간의 관계를 다루고 있기 때문에 현대인에게 반성의 가치를 준다.

제2장

『노자』 자연관의 현대적 의의

변숭도(중국)

자연과 인간의 관계라는 문제는 자연철학의 근본적인 문제이다. 서양철학은 주객의 분리와 대립을 강조하는 것을 자연관의 근본적인 특징으로 하는 데 비해 동양철학, 특히 중국철학은 주객의 일치, 곧 유학이 말하는 '천인합일' 혹은 도가가 말하는 '천인불상승(天人不相勝)'이라는 자연관을 주장하며, 그것을 근본적인 특징으로 한다. 장대년(張岱年)이 지적한 대로, "중국 고대의 자연과 인간의 관계에 관한 사고는 유학이든 도가든 그 관계를 대립으로 보는 것이 아니라 오히려 서로 보완하는 관계이며, 자연과 인간의 완전한 조화는 최고의 이상으로 간주되고 있다."[1] 실제로는 도가는 유학보다도 자연철학에 대한 투철한 견해로 중국 전통사상에서 중요한 위치를 차지하며 커다란 영향력을 발휘

1 「중국철학에서의 자연과 인간」『중국문화와 중국철학』(三聯書店, 1988년 3월, 52쪽).

하였다.

노자, 즉 노담(老聃)은 기원전 580년부터 500년경의 인물로, 『노자』는 81장 5000자로 이루어져 있으며 이것은 노자 철학사상 연구에 중요한 자료이다. 노자의 철학사상에 관해 모든 것을 연구한 것은 아니므로 많은 것을 말할 수는 없지만, 여기에서는 노자의 자연관과 그 현대적 의의에 대해 나의 의견을 말하고자 한다.

춘추시대 말기 중국의 사상가들은 '천도유지(天道有知)'라든지 '천도무위(天道無爲)'라는 문제를 둘러싸고 논쟁했다. 당시의 주된 사상은 '천이란 의지를 가진 인격신으로 자연과 인간사회를 창조하고 지배한다'는 것이었다. 이러한 사상은 그 시대의 지배자에 해당하는, 노예를 소유하는 계급의 지지를 받고 있었다. 이것이 이른바 '천도유지(天道有知)'의 사고방식이다. 그에 비해 노자는 천도 자연무위사상을 제창하고 자연 본래의 상태에서 자연을 해석해야 한다고 역설했다.

노자는 '천'이란 단순히 대지와 서로 대치하는 우주이며 그 이상에 보다 근본적인 것, 즉 '도'의 존재가 있다고 생각했다. 『노자』의 제25장에서는 다음과 같이 말한다.

> 혼돈스러운 모습의 어떤 것이 천지보다도 앞서 생겨났다. 그것은 고요하고 모양도 없다. 아무것에도 의존하지 않고 변화도 없다. 두루 모든 것에 작용하면서도 어긋남이 없으니 천하의 어머니라고 말할 만하다. 나는 그것의 이름을 모르나 글자로 도(道)라 하고, 억지로 이름을 붙여 크다고 말할 뿐이다. 큰 것은 흘러서 작용하며, 흘러서 작용하면 멀어지게 된다. 멀어지면 되돌아오게 된다. 그러므로 도(道)는 큰 것이며, 하늘도 땅도 크며, 사람 또한 크다. 세상에는 큰 것이 네 가지가 있는데 사람도 그중 하나이다. 사람은 땅을 본받고, 땅은 하늘을 본받으며, 하늘은 도(道)를 본받고, 도(道)는 스스로 그러할 뿐이다.

이 한 장은 노자의 자연철학을 망라하고 있다. 그 대략적인 의미는 다음과 같다.

첫째, 세계는 이른바 '천'이라는 신에 의한 창조물이 아니다. 왜냐하면 '천지' 탄생 전부터 혼돈스러운 존재가 이미 있었기 때문이다. 이 불가분의 존재는 우주의 유일한 존재였다.

둘째, 혼연일체된 것은 독립자족하여 다른 어떤 것에도 의존하지 않고, 독립자족, 영구불변, 순환왕복하여 멈추지 않고 운행했다. 이것이야말로 세계만물의 근원이다.

셋째, 노자는 본질적인 개념을 '도'라고 칭했다. 그것은 보편적이며 절대적인 존재이다.

넷째, 도는 보편적이고 절대적인 것이며 그것은 또한 영구히 존재하는 것이다. 영구한 것이란 무한한 것이며, 이 현실세계도 또한 '도'라고 하는 보편·절대·영구·무한한 존재의 창조활동 속에 탄생한 것이다. 보편·절대·영구·무한인 도는, 자신이 본원(本源)이 되어 현실세계의 모든 것을 창조한 것이다. 이와 같이 우주, 지구, 인류를 포함하는 현실세계는 도에 포괄될 뿐만 아니라 보편·절대·영구·무한의 존재물이며, 인류도 보편·절대·영구·무한한 존재이다.

다섯째, 도는 전 우주의 보편·절대·영구·무한의 존재물을 구현하는데, 인류도 이 네 가지를 갖춘 존재 중 하나이다. 인류의 활동은 지구의 법칙에 따르며 지구의 활동은 우주의 법칙에 따르고 우주의 활동은 도에 따르지만, 도는 오직 독립자재하여 스스로의 법칙에 토대하는 것이다.

노자의 자연철학은 분명히 '도'를 최고의 범주로 하고 있다. 그리고 그가 제기한 '도'는, 중국철학의 최고의 범주도 되며, 도의 해석에 관해서는 수천 년에 걸쳐 중국 철학사상의 중요한 논쟁거리가 되어왔다. 이 논문은 '도'를 논하는 것을 목적으로 하지 않는다. 이 논문의 주제에 '도'가 관련될 뿐이다. 그러나 '도'에 관한 규정과 묘사가 『노자』의 자연관의 본질적 특징을 구성한다고 필자는 생각한다.

먼저, '도'의 본질이란 도대체 무엇일까. 노자의 '도'는 이른바 혼돈한 존재이다. 앞에서 인용한 것처럼, '사물이 있어 혼돈되어 완성되는 것'이 곧 도인데, 그 상태란 도대체 무엇일까. 『노자』에는, "도라는 것은 오로지 황홀(恍惚)할 따름이다. 홀하고 황하도다. 그 가운데 형상이 있다. 황하고도 홀하구나. 그 가운데 사물이 있다. 깊고 아득하도다. 그 가운데 알맹이가 있다. 그 알맹이는 매우 알차서 그 가운데 미더움이 있다"(제21장)라고 하는 문장이 있다. 여기에서 말하는 '형상이 있다', '사물이 있다', '알맹이가 있다'는 혼돈되고 미개한 대기 중의 입자와 같은 존재이며, 본질적으로 일종의 물질적인 존재이다. "앞에서 맞이하려 해도 그 머리를 볼 수 없고, 뒤따라가 보아도 그 뒷모습을 볼 수 없다"(제14장)라는 인식은, 노자에게도 아직 몽롱한, 자신의 내면에서만 간파할 수 있는 체험적 인식에 의한 것이다. 요컨대 후세의 우리에게도 아직 해석할 여지가 있는 존재라고 말할 수 있다.

다음에, '천지보다 앞서 생겨났다'라고 간주된 '도'이지만, 이것은 그로써 '천하의 어머니가 되는', 우주만물의 본원이다. 노자는 도를 "깊은 연못 같아 만물의 근원으로 보인다"(제4장)라고 말하고 있다. "현묘한 암컷[玄牝]의 음문으로 천지의 근원"(제6장)이라고 하며, "도는 하나를 낳고, 하나는 둘을 낳고 셋은 만물을 낳는다"(제42장)라고 말하는 것과 같이 인류를 포괄하는 우주만물이 모두 '도'에 의해 변화하고 발전하는 것을 말한다. 노자는 이와 같이 조물주에 의한 창조라는 유신론을 철저히 배척하고 있다.

셋째, 도는 만물의 발생을 멈추지 않는 존재라는 것이다. 요컨대, "만물을 낳고 기르며 생육하면서도 소유하지 않으며, 위해주면서도 자신의 공이라 뽐내지 않고, 이끌어 주면서도 지배하지 않는다. 이것을 일컬어 현묘한 덕이라고 한다"(제10장)라고 하는 것처럼, 세계만물은 모두 '도'에 의해 존재와 생존을 얻은 것이며, 도에 의해 신진대사가 이루어지며 보호를 받고 있다. '도'가 만물의 존재와 생명을 낳고 키우고 만드는 것이다. 그렇지만 그것을 사유하고 지배하는 것은 아니다. 스스로 잘난 체 우쭐대지 않으며, 스스로 옳다고 하거나 살리고 죽이고 주고 뺏는 권리를 마음대로 하는 존재가 아니다. 이것이 세계가 출발점이 되게 하고, 세계가 목적이 되게 하는 도의 위대한 선덕(善德)이다. 여기에서 자연과 인류의 존재를 존중하고 보호하려는 주목할 만한 사상을 엿볼 수 있다.

넷째, 인간과 자연의 조화와 공생이다. 자연만물과 인류와의 관계는 어떠해야 하는가. 노자는 우주만물은 하나는 운동하고 발전하는 것이며, 하나는 조화하고 공생하는 것이라고 생각했다. 전자에 관해, 노자는 세계의 근원적인 존재인 '도'는 "독립하여 바꾸지 않고, 두루 행해도 위태롭지"않은 것이며, "현묘하고 또 현묘한 도는 온갖 오묘한 것들이 생겨나는 문"(제1장), 즉 천지만물 변화의 근원이라고 했다. 그러면 만물이란 어떻게 생겨났으며 또 그 변화란 무엇인가. 노자는 "만물은 음을 등에 지고 양을 안고서 충기(沖氣)로써 조화한다"(제42장), 즉 만물은 음양이기(陰陽二氣)의 대극(對極) 속에 생겨나며 새로운 것이 재생하여 천차만별의 세계를 만든다고 말한다. 그것은 자연현상뿐만 아니라 사회현상도 포함하며 사물은 모두 상반하는 두 극의 대립에 의해 변화하는 것이다. "화는 복이 의지하는 것이요, 복은 화가 숨어 있는 것이다. … 정상적인 것이 다시 기이한 것이 되고, 선량한 것은 다시 사악한 것이 된다"(제58장). 따라서 사물이 변화하는 규율은 "근원으로 되돌아가는 것이 도의 운동이다"(제40장). 노자는 또 우주만물은 서로 의존하고 있다고 말했다. "있음과 없음은 서로의 관계에 의해 생겨나고, 어려움과 쉬움도 서로의 관계에 의해서 이루어지며, 긺과 짧음도 서로의 관계에 의해 규정되고, 높음과 낮음은 서로의 관계에 의해서 대비되며, 악기의 소리와 사람의 목소리도 서로의 관계에 의해서 조화를 이루고, 앞과 뒤도 서로의 관계에 의해서 순서가 정해진다"(제2장).

특히 인간과 자연계의 관계는 대립, 혹은 질서 있는 의존과 조화공생의 관계이다. 노자는 "무위를 하면 다스려지지 않는 것이 없다"(제3장)라고 보았다. '무위'와 '무작위'는 같은 것이 아니다. 인간은 자연에 순응하고 객관세계의 필연성에 자각적으로 복종해야 한다. 모든 현상은 객관적 필연에 의한 것이며 그것은 세계 전체의 발전을 목표로 하는 것이다. "인간은 땅을 본받는다"라는 것은, 인간의 활동은 지구법칙을 따라야 한다는 것을 의미한다. 여기서 개인과 개인, 개인과 전체, 사람과 사람, 사람과 외부 자연의 관계에서 질서 있는 조화통일, 협조일치의 필요성을 말하고 있다. 『노자』에서 "그 밝음을 알고 그 어둠을 지키면 천하의 모범이 된다. 천하의 모범이 되면 항상불변의 덕에 어긋나지 않아 무극(無極)으로 다시 돌아간다"(제28장)라고 하는 것처럼 인간은 자신의 생활세계(환경)를 인식하고, 그 이해의 본질인 규율을 파악하여 그것에 거스르지 않고 떨어지지 않고 사는 것이다. 그렇다면 인간이란 존재는 무한한 세계의 존재와 결합하여 일치하고 조화하며 공생하는 것이다.

이상에서 말한 것과 같이 노자의 '도'의 개념 속에서 우리는 『노자』 자연관의 현대적인 의의를 발견할 수 있다. 이 점에 관해서 중국 철학계에서는 이미 수많은 고찰을 거쳐왔다. 여기에서 필자가 강조하고 싶은 것은, 하나는 철학에서의 노자의 '도'와 칸트의 '물자체(物自體)'가 가까운 것이며, 후설의 '본원적 자연'과도 상통한다는 것이다. 사실 하이데거 등을 포함한 현대 서양철학의 대가들은 노자철학의 현대적 의의를 인정하고 있다. 중국의 철학계도, "도는 동양과 서양을 잇는 다리가 될 수 있다"라고 말하며, "모든 인류의 공통언어도 될 수 있다"[2]라고 주장하고 있다. 즉, 노자철학은 동서철학에 21세기를 모색하는 새로운 도구를 제공하고 있다고 말할 수 있다.

과학기술의 고도의 발전과 그에 따른 지구환경의 위기 상황을 맞이한 현재,

2 모종감(牟鍾鑑), 『노자의 道論과 그 현대 의의』

『노자』의 자연관은 우리에게 현대라는 시대에 입각한 새로운 자연관을 재구축하는 사상적 자료가 될 수 있다. 특히 노자가 인간을 '네 가지 큰 것 중의 하나'라고 보고, 인간은 하늘과 땅과 마찬가지로 '도'에 호응해야 하며, '자연을 본받아야' 한다고 말했다는 점에 무게를 둘 필요가 있다. "자연 그대로를 유지하고 타고난 본성을 껴안으며, 사사로움을 적게 하고 욕심을 줄여야 한다"(제19장), "배움을 그만두면 근심이 없어진다"(제20장)라고 한 것처럼, 그것은 '어린아이'의 모습과도 닮아 있다. 이와 같은 자연에 순응한 청정무위(清淨無爲)의 정신은, 인간에게 자신과 자연의 본래의 관계를 알게 해준다. 인간과 자연의 조화·공생이라는 사상의 경지는 우리가 오늘날 추구하는 이상적인 삶이기도 하지 않을까.

참고문헌

1. 楊潤根『老子新解』, 中國文學出版社 1994年.
2. 任繼愈主編『中國哲學史』第1冊, 人民出版社 1963年.
3. 陳鼓應主編『道家文化研究』第4輯, 第5輯, 上海古籍出版社 1994, 1995年.
4.『中國哲學史』1995年 第3, 4期合刊 "95西安國際老子研討會專編".

제3장

장자의 천인론과 자연과 인간의 관계

진소연(중국)

✽ ✽ ✽

현대사회는 지구 전체가 생존 환경의 위기에 직면했다. 사람들은 사회가 발전을 지속하는 문제를 생각함과 동시에, 전통적인 사회발전 모델에 대한 반성과 재평가를 하고 있다. 그래서 자연과 인간의 관계를 어떻게 올바르게 정립하는가 하는 문제가 매우 중시되어 왔다. 중국 선진시대의 유명한 철학자인 장자의 '천인론'은 자연과 인간의 관계에 관한 그의 견해를 나타낸다. 이러한 관점은 우리가 오늘날 이 문제를 생각하는 데 참고가 될 것이다.

1. 자연과 인간의 관계를 생각하는 이론적 기초로서의 '도'

중국의 선진시대의 노자, 장자를 대표로 하는 도가학파는, '도(道)'를 학파의 이름으로 삼고 있다. '도'가 가지는 의미는 매우 풍부해서, 규율·법칙, 도리·진리, 방술(方術)·방법 등의 의미가 있으며, 또한 정신세계의 의미도 있다.

그러나 도가가 '도'에 부여한 가장 중요한, 보통의 의미와 구별되는 것은 본원적인 의미이다. 노자는 '도'를 천지만물이 발생하는 근원 및 기초로 보았다. 『노자』 42장에서 "도는 하나를 낳고, 하나는 둘을 낳으며, 둘은 셋을 낳고, 셋은 만물을 낳는다"라고 말한다. 곧, 우주만물은 '도'를 최대의 공통성 및 최초의 본원적 통일이라고 하는 전체에 지나지 않는다. 『노자』 25장은 "도는 큰 것이며, 하늘도 땅도 크며, 사람도 또한 크다"라고 말한다. "세상에는 네 가지 큰 것이 있는데 사람도 그중의 하나이다. 사람은 땅을 본받고, 땅은 하늘을 본받으며, 하늘은 도를 본받고, 도는 자연을 본받는다"라고 말하고 있다. 여기에서 노자는 사람을 범위 안에 있는 네 가지 큰 것 중 하나로 보고, 사람은 네 가지의 관계 속에서 하늘을 본받고, 땅을 본받으며, 자연을 본보기로 해야 한다고 말한다. 이와 같은 범위 안의 네 가지의 큰 것(도, 천, 지, 인)을 하나의 전체로 보는 사상은, 자연과 인간이 합일한다고 하는 관념을 포함한다.

장자는 노자의 사상을 기초로 하여 '도'보다 더 형상적(形象的)이며 본원적인 의미를 나타내는 '본근(本根)' 개념을 제시하고 '본근'을 "만물이 관련되어 있는 곳, 하나로 되기를 기다리는 곳"이라고 했다. 즉, '본근'은 우주의 천지만물이 존재하고 변화하는 전체적인 근거이다. 장자의 '본근'과 노자의 '도'는 같은 본원적인 의미를 가지고 있지만, 장자가 우주 전체에 대하여 생각하는 방법은 보다 깊은 인식과 표현을 가지고 있다. 『장자(莊子)』 「제물론(齊物論)」에서는 '만물일체' "천지도 우리와 더불어서 함께 살아가고, 만물도 우리와 더불어 하나가 된다", "해와 달을 이웃하고 우주를 믿고 의지하며 그것들과 하나가 된다"라고 했다. 이때 천지만물은 하나의 전체이다. 천지와 우리는 동시에 나란히 생겨나며 만물과 우리는 일체가 된다. 성인은 해와 달에 의해, 우주를 품고 천지만물과 하나로 융합한다. 장자의 '만물일체'라는 전체적인 관념은 중국 사상사에서 수많은 사상가들에 의해 발전되었으며 중국 문화의 각 방면, 예를 들어 의학, 건축, 토목, 군사, 예술 등에서 매우 강한 영향력을 가졌다. 이 우주 전체, 만물을 하나로 한다는 사상은 우리가 오늘날 자연과 인간 관계의 문제(생태 균형, 환경 보호 등)를 생각하기 위한 이론적인 기초의 하나라는 것은 틀림없다.

2. 장자의 '천인론'

자연과 인간 관계의 문제는 중국에서는 천인관계에 관한 논술 속에 포함되어 있으며, 지금까지 여러 사상가에 의해 중시되어 왔다.

노자는 세계의 본질은 '도'이며 '도'는 또 자연을 법칙으로 하며, 천, 지, 인은 자연으로 통일되기 때문에 인간의 본질은 자연에 있다고 생각했다. 인간의 자연스러운 상태를 설명하기 위해 『노자』에서는 몇 번이나 '갓난아이[嬰兒]', '젖먹이[赤子]'라는 비유가 사용된다. 노자는 현실사회의 여러 가지 관계 속에 푹 빠져 있는 인간은, 이미 인간의 어린아이의 상태(자연·본성의 상태)로부터 멀리 벗어난 것이라고 주장한다. 그러나 사람들은 개인의 수양에 의해 '갓난아이의 상태를 회복하는'[1]것이 가능하며, 자연의 상태로 돌아갈 수 있다. 장자는 노자와 비교하여, '천, 인'에 관해 보다 깊이 있는 전면적인 사고를 하고 있다. 장자는 '천, 인'을 대비하여, 중국 사상사에서 천인관계의 문제를 명확하게 제기했

1 『노자』 28장

다. 『장자』 「대종사(大宗師)」에서는 "하늘이 하는 일을 알고 사람이 할 바를 알면 지극한 사람이다"라고 말했다. 다시 말하면 무엇이 하늘이 하는 일인지를 인식하고, 무엇이 인간이 하는 일인지를 인식할 수 있다면 그것이 사물의 도리를 잘 아는 극치라는 것이다.

장자는 중국 사상사에서 최초로 인간은 자연의 일부이며, 대천세계(大千世界)의 하나의 존재방식이라고 말했다. 『장자』 「덕충부(德充符)」에서는 "도가 그에게 용모를 부여했고 하늘이 그에게 형체를 부여했다"라고 했다. 즉, 도가 인간의 용모를 주며 하늘이 인간의 육체를 준다는 것이다. 이것은 도와 하늘이 공동으로 인간의 모습과 형체를 결정한다는 것이다. 『장자』 「대종사」에서는 "대괴(大塊)는 우리에게 형체를 주었다. 또 우리에게 삶을 주어 우리를 수고롭게 하고 있으며, 늙게 만듦으로써 우리를 편안하게 해주고, 죽음으로써 우리를 쉬게 하고 있다"라고 했다. '대괴'란 천지를 가리키며, 곧 자연을 의미한다. 대자연은 우리에게 형체를 주고 장년일 때에는 하루 종일 일하게 하며, 노년에는 안락을 얻게 하고, 마지막에는 죽음으로 안식할 수 있게 한다. 장자는 인간의 육체의 존재 및 인간의 생로병사는 모두 자연이 주는 것이며 자연의 과정이라고 주장한다. 「대종사」의 '대야주금(大冶鑄金)'이라는 우화는 상징적으로 인간과 만물을 동등한 것으로 다룬다. "지금 훌륭한 대장장이가 쇳물을 붓는다고 칩시다. 이때 쇳물이 튀면서 '나는 반드시 막야(鏌鎁)의 명검(名劍)이 되겠다'고 말한다면 훌륭한 대장장이는 상서롭지 않은 쇠라고 생각할 것이오. 지금 사람의 형체로 태어났다고 해서 '나는 사람으로만 있겠다, 사람으로만 있겠다'라고 말한다면 조물주는 반드시 상서롭지 않은 사람이라고 생각할 것이오." 주물공이 금속기물을 주조할 때 그 금속이 갑자기 용광로에서 튀어나와 "나를 주조하여 꼭 막야(鏌鎁)의 보검으로 만들어 달라"고 말한다면, 주물공은 이것을 불길한 금속이라고 생각할 것이 틀림없다. 그리고 현재 사람들은 자연에 의해 우발적으로 인간으로 만들어졌는데도 "나는 인간이다, 나는 인간이다"라고 외치면,

조물주는 역시 그를 불길한 인간이라고 생각할 것이다. 장자는 인간은 우주 속에서 결코 중요한 지위를 가지고 있지 않고, 천지 사이에 인간은 매우 작은 존재라고 주장한다. 그 때문에 장자는 "나는 하늘과 땅 사이에 있어서는 마치 작은 돌이나 작은 나무가 큰 산에 있는 것이나 다름없는 존재인 것이다"[2]라고 말하고 있다.

장자의 철학에서 '천'은 하나의 중요한 개념이다. 『장자』의 '천'에는 대개 두 가지 의미가 있다. 하나는 자연인 하늘을 가리킨다. 예를 들면, 『장자』 「소요유(逍遙遊)」에는 "하늘이 파란 것은 그것이 본래의 빛일까? 하늘이 멀어 끝이 없기 때문일까?"라고 했다. 다시 말하면, '하늘의 파란색은 도대체 하늘의 진짜 색일까, 그렇지 않으면 아주 멀리 끝이 없기 때문에 극치가 보이지 않기 때문일까'라는 의미이다. 「대종사」의 '하늘이 하는 바'란 곧 자연이 하는 것이다.

'천'의 또 다른 의미는 사물의 본연의 상태를 가리킨다. 『장자』 「추수」에서는 "무엇을 자연이라 하고 무엇을 인위라 하는 것입니까?", "소와 말이 네 발을 갖고 있는 것을 자연이라 말하고, 말 머리에 고삐를 매거나 소의 코를 뚫는 것을 인위라고 말하는 것이다"라고 했다. 즉, 소와 말이 태어나면서 네 다리를 가지는 것이 '천'이다. 말 머리를 그물로 싸거나, 소의 코에 코뚜레를 끼우는 것이 '인'이라는 의미이다. 여기에서 '천'이란 사물의 본래 모습, 자연 상태를 가리키며, '인'은 사물의 자연 상태에 대해 목적을 가진 변혁이다.

그러면 '천'과 '인'은 어떤 관계인 것일까. 장자는 하늘의 본성은 원만하고 자족하는 것이기에 인위적일 필요는 없다고 주장한다. 『장자』 「소요유」에서는 "해와 달이 떠 있는데 횃불을 끄지 않는다고 해도 그 빛을 내기 어렵지 않겠습니까? 농사철에 맞게 비가 왔는데 물을 계속 대준다면 논밭에 미치는 효과를

---

2 『장자』 「추수(秋水)」

고려한다면 헛수고가 되지 않겠습니까?”라고 말하고 있다. 다시 말하면 ‘태양과 달이 뜨고 있는데 아직 횃불을 끄지 않고 해와 달과 그 빛을 경쟁하는 것은 어리석은 일이 아닐까, 계절에 적합한 비가 오는데 또 물을 퍼서 관개를 하는 것은 논의 모에 물을 댄다는 점에서 말하면 쓸데없는 일이 아닐까’라고 하는 의미이다. 장자는 ‘사람이 자연을 돕는다’는 것을 핑계로 자연에 간섭하는 것에 대해 단호히 반대한다. 『장자』 「응제왕(應帝王)」에 ‘혼돈착규(混沌鑿竅)’라는 우화가 있다. 이 우화는 남해의 제왕을 숙(儵)이라 하며 북해의 제왕을 홀(忽)이라 하고 중앙의 제왕을 혼돈(混沌)이라고 한다. 숙과 홀은 자주 혼돈의 나라에서 만난 적이 있는데, 혼돈은 언제나 그들을 극진하게 대접했다. 숙과 홀은 어떻게 혼돈의 은혜에 보답하면 좋을까 서로 의논해서, “사람들은 모두 일곱 개의 구멍을 가지고 듣고 보고 먹고 숨 쉬고 있는데, 혼돈만은 이것을 가지고 있지 않소. 우리가 그를 위해 일곱 개의 구멍을 뚫어줍시다”라고 의견을 모았다. 그래서 그들은 하루에 하나씩 혼돈에게 구멍을 뚫어나갔지만, 이레째 되는 날 혼돈은 죽어버리고 말았다. 이 우화는 인간은 자연 앞에서는 결코 작위를 해서는 안 되며, 자연에 순응하고 무심히 그것이 행하는 대로 따라야 한다는 것을 말하고 있다.

‘천’과 ‘인’의 대립은 자연과 인위의 대립이며, ‘천’과 ‘인’의 통일은 곧 인간이 ‘하늘과 하나가 된다’는 것이다. 『장자』 「추수」에서는 “자연을 그의 내부에 존재하게 하고 인위적인 것은 밖으로 내보내어야 그의 덕이 자연에 있게 된다”라고 말하고 있다. 즉 사물의 자연 상태는 내재적인 것이며 인간의 목적을 가진 작위는 후천적인 외부의 것이므로 최고의 도덕은 자연에 따르는 것이라는 의미이다.

장자가 이상으로 삼는 ‘지극한 덕의 세계’에서는 인간이 새와 짐승과 함께 살며 만물과 조화하며 공존한다. 짐승들과 함께 어디에나 놀러가며 새의 둥지에 올라 새들을 살펴볼 수도 있다. 인간이 자연계의 보통의 한 구성원인 이상 자연계의 여러 가지 사물과 사이좋게 지내며 자연계의 다른 사물과 마찬가지로 자연의 원칙을 지켜야 하는 것이다.

3. 장자의 교훈과 계시

자연과 인간 관계 문제에는 '자연중심'과 '인간중심'이라는 논쟁이 있다. 장자는 인간에게는 '천'을 이길 힘이 없으며 단지 소극적으로 자연에 순응할 수 있을 뿐이라고 주장한다. 이 점으로 보아 장자는 철저한 자연중심론자라고 말할 수 있다.

이와 같은 사상이 나오게 된 것은 한편으로는 생산력이 낮았던 당시 인간은 강대한 자연에 저항할 수 없다는 생각이 반영된 것이다. 그러나 장자에게 있어서는 인간 소외현상의 사고에서 더욱 많은 것이 제시된다. 『장자』「양왕(讓王)」에서는 "지금 세속의 군자들은 대부분이 자신을 위험에 빠뜨리고 삶을 버리면서까지 사물을 추구하고 있으니 어찌 슬프지 않은가?"라고 말했다. 즉, 당시 세속의 군자는, 명분과 이익을 추구하기 위해 위험에 몸을 노출시키고 목숨을 던져버리는 일조차 마다하지 않는다. 매우 슬퍼해야 할 일이 아닐까라는 의미이다. 인간은 자기가 창조한 사물에 의해 지배당하여 자기 자신의 자유를 잃는다. 인류문명의 진화가 만들어 낸 이와 같은 소외현상은 장자에 의해 예리하게 발견되고 있는 것이다. 그로부터 2000년 후인 오늘날 생산력의 수준은 매우 향상되었지만 핵전쟁 발발의 가능성과 인간의 생존환경의 악화 등은 인간의 생존을 항상 위협하고 있어 보다 심각한 소외현상이 일어나고 있다. 우리는 '자연중심'의 원칙에 찬성하는 것은 아니다. 왜냐하면 자연 자체만 두고 보면 인류의 유무와 관계없이 아주 오랜 옛날부터 생과 멸이 있었으며 그것은 끊어지지 않고 존재해 왔기 때문이다. 우리가 자연과 인간 관계의 문제에 대해 토론하고 자연에 관심을 가지는 것은 인간 자신의 생존에 관해 보다 많은 관심을 가지기 위한 것이다. 장자의 자연과 인간 관계에서의 사고방식에는 일종의 소극적인 인생의 태도가 반영되어 있다.

순자는 「해폐(解蔽)」에서 장자를 비판하며, “장자는 천(天)에 가려서 인(人)을 알지 못하였다. … 천에 의거하는 것을 도라 한다면 자연에 순응만 하게 되는 것이다”라고 말했다. 다시 말해서, 장자는 천도에 의해 눈을 가리고 있기 때문에 인간의 작위를 모른다는 것이다. 오직 천도의 쪽에서만 본다면 천하의 도는 모두 자연에 순응하는 것으로 돌아가 버린다는 의미이다. 이 비판은 널리 인정되는 것으로 분명히 정곡을 찌르고 있다. 순자는 「천론(天論)」에서 “하늘을 높이 받들어 이를 사모하는 것과 물건을 축적하며 사용하는 것 중 어느 것이 낫겠는가. 하늘의 섭리에 순종하여 노래하는 것과 천명을 다스려 이용하는 것 중 어느 것이 낫겠는가. … 그래서 인간으로서의 노력을 버리고 하늘만 쳐다보면 만물의 실정을 잃게 되는 것이다”라고 주장한다. 즉, 하늘을 매우 위대한 것으로 보고 경모하는 것을 하늘을 사물로써 비축하고 보충하며 통제하는 것에 어찌 비할 수 있겠는가. 하늘에 따르고 그것을 칭송하는 것을 하늘의 변화의 법칙을 장악하고 통제하여 그것을 이용하는 것에 어찌 비유할 수 있겠는가. 그러므로 만약 인간의 노력을 방기하고 오직 자연에 기대는 것만으로는 만사만물이 발생하고 발전하는 진실의 정황에 맞지 않게 되어버린다고 하는 의미이다.

순자는 장자와는 명백하게 반대로 인간은 자연을 정복하는 능력을 가지고 있으며, 자연으로 하여금 인간을 위해 복을 만들게 하는 사상을 제기했다. 이 사상은 원시적인 ‘천일합일’의 애매한 상태에 대한 자각적인 이탈이며 자연과학의 발전, 생산력 수준의 향상을 반영한 것이며, 적극적으로 향상시키려고 하는 인생에 대한 태도의 표현이다. 순자의 사상은 자연과 인간 관계에서 ‘인간중심’의 원칙의 모형을 갖추고 있다고 말할 수 있다.

순자의 사상은 서양의 '자연과 사람은 구분되어 있다', '자연을 정복한다'는 사고방식과 일치한다. 영어사전의 정복(conquer)이라는 단어의 예문은, "자연을 정복한다(to conquer the nature)"이다. 여기서도 자연과 인간의 관계를 대립시키고 있다. 서양에서는 자연과 인간의 관계에서 '자연을 정복한다'는 것은 기본적으로 주도적인 지위를 차지하는 사상인 것이다.

중국의 전통철학에서는 자연과 인간의 관계는 천인관계에 의해 표현되고 있다. 중국철학은 하늘과 사람의 통일을 강조하며 천일합일은 그 주도사상이다. 그러나 중국철학의 '천인합일'은 직접적으로 자연과 인간의 관계를 말하는 것이 아니다. 이것에 관해서는 구체적인 분석이 필요하다.

도가는 자연과 인간의 조화일치를 주장하며 그 천인관계는 대개 자연과 인간의 관계와 상당히 일치한다. 그러나 오랜 봉건사회에서 주도적인 지위를 차지해 온 유학이 말하는 '천인합일'은 복잡하여, 완전히 자연과 인간의 관계라는 것은 아니다. '천'은 유학학파에 의해 '천도(天道)', '천리(天理)' 등의 의미가 부여되어 있다. 유학은 적극적으로 실사회에 나간다는 태도로 천과 인이 상통하는 부분을 모색한다. 유학의 '천일합일'은 일종의 도덕적인 내심의 초월을 추구하며, 그것에 의해 천리, 천도, 인간성의 통일을 실현하려는 것이다.

예를 들면, 맹자가 "그 마음을 다하는 자는 그 성(性)을 아는 것이다, 그 성을 알면 곧 하늘을 알게 된다"[3]라고 말하는 것과 같이 선량한 본심을 충분히 발전시켜 나간다면 인간의 본성을 알 수 있고, 인간의 본성을 안다면 천명을 알 수 있다는 것이다.

송대의 장재(張載)의 유명한 『서명(西銘)』에는 "백성은 나의 동포이고 만물은 나와 동류이다"라는 명언이 있다. 백성은 세상의 모든 사람을 가리킨다. 만

---

3 『맹자』「진심」

물이란 자연계의 만물을 가리킨다. 다시 말하면, 세상에 있는 모든 사람은 모두 자신의 형제 동포이며 자연계의 만물은 모두 자신의 동료라는 것이다. 이 말은 때때로 '민포물여(民胞物與)'라고 간결하게 표현된다. 어떤 논자는 이를 두고 장재가 자연과 인간의 협조일치를 추구하고 있다고 주장한다. 그러나 전체를 다 읽어보면 장재는 인간은 천지의 사이라는 위치에서부터, 인간과 인간, 인간과 자연 관계에서 윤리도덕의 원칙을 이끌어 낸다. 그 최종적인 근거는 군신, 군민의 관계를 어떻게 처리하고 부자, 형제의 관계를 어떻게 처리하며, 천명을 즐기고 주어진 것에 만족하여 어떻게 운명의 조화에 따를 것이냐 하는 데 있다. 『서명(西銘)』에 "하늘을 아버지로 칭하고 땅을 어머니로 칭한다"(천지를 부모에 비유한다), '민포물여(民胞物與)', "살아 있을 때는 천명에 순응하고 죽으면 편안히 쉰다" 등의 구절과 행간에는 장자사상의 요소가 다소 포함되어 있다.

인간은 반드시 하늘에 이긴다는 순자의 사상은 그것을 계승하는 사람이 없던 것은 아니지만, 유학사상만이 존재했던 봉건사회에서는 충분히 발전하지 못했다. 그러나 근대 서양의 학문이 동점(東漸)하고 나서는, 특히 전통사상에 대한 새로운 문화운동의 심한 공격이 있었다. 전통사상의 지위에 변화가 일어났다. 중화인민공화국의 성립 이후, 특히 1958년의 대약진의 시기에는 '사람은 반드시 하늘에 이긴다'라는 사상이 극치에 도달했다. 당시의 슬로건에는 "인간에게는 굉장한 담력이 있고, 땅은 굉장한 생산력이 있다"라는 슬로건이 있었으며, 민요 중에는 "천상에 옥황은 없다, 지하에 용왕은 없다. 내가 옥황이고 내가 용왕이다. 삼산오악(三山五岳)이여 길을 열어라. 내가 왔다"라는 가사가 있다. 정말 힘차고 뜻을 다한 표현이다.

세계사적으로 보면 유럽의 르네상스 운동의 주된 사조는 인문주의이기에 인간 본위를 제창하고 신 본위의 종교사상에 반대했다. 그러나 르네상스는 인간의 감성적 행복을 주창하여 세속적인 향락에 대한 추구를 합리적인 가치의 추구로 여겼기 때문에 속된 향락주의를 초래하고 말았다. 감성적인 욕망이 커짐으로 인해 사람들은 자연에 대한 약탈을 강화하고 전례 없을 정도로 자연을 파괴해 버렸다. 독일의 철학자인 칸트는 이와 같은 향락주의를 비판하고 이성에 의해 인간의 자연만물에 대한 개발과 이용을 제한하지 않으면 안 된다고 주장했다. 그러나 철학자의 외침은 사람들의 감성적 욕망에 대한 추구를 저지할 만 것이 아니었다.

인간의 자연환경에 대한 파괴는 인간의 생산력 수준과 밀접하게 관련되어 있다. 고대에는 인간이 자연을 개조하는 힘이 강하지 않았기 때문에 자연에 대한 파괴도 지금처럼 두드러지지 않았다. 산업혁명 이후 과학기술의 진보와 사회적 생산수준의 향상은 인간이 자연을 정복하는 힘을 매우 강하게 만들었다. 산업혁명이 만들어 낸 높은 생산력은 르네상스가 제창하고 이끈 향락주의를 실현하기 위한 조건을 제공했고, 일정한 정도에서 현대 공업사회의 '고성장, 고소비, 고오염'이라는 발전모델을 결정했다. 그것은 경제발전의 기적을 창출하고, 사람들의 탐욕적인 욕망과 감성적인 허영의 기형적 소비수요를 만족시켰다. 그러나 동시에 인간은 이것을 위해 큰 대가를 지불하지 않으면 안 되게 되었다. 자연에 대한 멈추지 않는 점유와 정복이 결국 자연의 보복을 초래하게 된 것이다. 재생이 불가능한 자원의 엄청난 소모, 환경오염, 생태 악화는 인류의 생존에까지 심각한 영향을 미치고 인류사회의 지속적인 발전을 막고 있다. 인류는 오늘날과 같은 자연의 보복이라는 엄청난 위협을 이제껏 느낀 적이 없었다.

이 문제들에 직면하여 우리는 통제할 수 있는 비판적인 이성을 활용하여 우리의 자연과 인간의 관계에 대한 태도를 재평가하지 않으면 안 된다. 1987년에 국제연합과 환경과 발전에 관한 세계위원회는 「우리의 공동의 미래」라는 연구보고서를 발표하고 처음으로 '지속적 발전'이라는 개념을 제안했다. 1992년에 국제연합은 브라질의 리우데자네이루에서 다시 '환경과 발전' 회의를 개최했다. 이것은 '지속적인 발전전략'이 전 세계의 이해와 승인을 얻고 있으며, 전 인류의 21세기를 향한 공동 목표가 되고 있다는 것을 시사한다. 물질적인 생산의 면에서 보면, 사회의 지속가능한 발전의 중심 문제는 인간의 자연자원에 대한 합리적인 개발과 이용이다. 즉 자연의 본성과 법칙에 토대하여 발전시키고 이용하는 것이다. 인간은 개인적인 또는 일부 눈앞의 이익만을 꾀하느라 모든 인류의 전체적인 그리고 장기적인 이익을 해쳐서는 안 된다. 즉 자연과 인간 관계의 문제를 어떻게 다룰 것인지가 문제이다.

우리는 자연과 인간의 관계는 철학의 레벨에서 개괄해야 한다고 생각한다. 이 개괄은 다방면에 걸쳐 이루어져야 하지만 여기에서는 가장 중요한 방면에 관해 약간의 설명을 더할 것이다. 근본적으로 말해서 인간은 자연계로부터 분화 발전된 산물이며 인간은 자연계를 떠나서 생존할 수 없다. 여기서 나아가 자연환경은 제일 중요한 것이며, 인간 및 그 사상의식은 자연계로부터 생겨나 형성·발전해 온 것으로 두 번째로 중요한 것이다. 인간은 자연의 일부로서 자연과 동일하며, 또 스스로 주체적인 힘으로서 자연과 상대한다. 일종의 대립과 통일관계를 형성하고 있는 것이다. 인간사회를 지속하고 건전하게 발전시키려면 자연 생태계의 지속성을 유지해야 할 것이다. 그러므로 자연과 인간의 조화와 발전이라는 관념을 확립할 필요가 있다. 장자의 '천인론'은 이런 과학적 관점을 확립하는 데 유익한 참고가 되는 사상을 제공하고 있다.

제4장

묵자의 '절검(節儉)'과 환경보호

이운구(한국)

1. 서언

우리 인류는 자연의 생태계 속에서 그 일환으로 살아가면서 한편으로는 그것과 전혀 다른 물질순환계를 구축하고 있다. 이른바 문화라는 형태이다. 그것은 이미 자연 상태, 원시 그대로의 것이 아니다. 문화적 순환에 길들여진 인류에게 이제 와서 야생에 토대하여 살아가게 하는 것은 곤란하다. 자연으로의 회귀는 하나의 환상에 지나지 않는다.

오늘날 인류의 문화에 대한 의존도는 압도적이며, 근대적 공업의 생산에 토대하여 배출된 폐기물이 기존의 생태계를 파괴하고 변질시켜 인류의 생존을 위협하고 있다. 이 이상의 환경오염, 훼손만이라도 억제하지 않으면 안 된다는 긴급한 과제가 우리 인류에게 주어진 것이다.

현대 산업사회, 특히 자본주의 체제하에서 고도로 발달한 전자 자동화정보시스템과, 이윤 추구를 궁극적인 목적으로 하는 모든 활동은 민중의 진정한 이익과 대립하는 큰 모순이 되고 있다. 그 이윤의 극대화와 무한 경쟁이 자연 생태계를 파괴하고 심각한 환경문제를 불러일으켜서 인류 모두를 멸망하게 하는 위기 상황을 초래하기에 이른 것이다.

그러나 이와 같은 상황에도 불구하고, 오로지 시민적 정서와 생활의 편리함과 효용만을 지향하는 능률주의, 그리고 대규모 소비를 부추기는 충동과 풍조 등의 시민 경제논리가 우리 인류의 미래에 과연 도움이 될 수 있을까 하는 점에 관해 많은 사람들은 전혀 회의적이지 않은 것으로 보인다.

이 논문에서는, 오늘날 우리 인류가 전 지구적인 차원에서 전개하고 있는 환경 보호와 자연 생태계의 보존운동에 적극적으로 대응하는 데 커다란 고전적인 의의를 가지는 묵자의 경제사상, 특히 그가 강조했던 '근로(勤勞)', '교리(交利)', '절검(節儉)'이라는 3대 원칙, 그중에서도 '절검'주의가 어떤 긍정적인 역할과 공헌을 할 수 있는지를 검토하고 증명하여 그 현대적 의의를 고찰하고자 한다.

2. 묵자의 경제사상과 '절검'

묵자[성은 묵(墨), 이름은 적(翟)]는 중국 고대 춘추전국시대에 사회의 하층부에 위치하는 수공업자, 이른바 '천하의 기술자' 집단을 지도하고 있던 '거자(巨子)'(묵가의 지도자), 다시 말해서 정치적 엘리트였다.

그의 경제사상은 유물론적 세계관에 토대한 것이다. 그는 인간을 도덕적이기 이전에 먼저 한 개인인 공작인(工作人)으로서 파악했다. 동물들과의 본질적인 차이로서, "그것의 힘에 의지하는 자는 살아남으며, 그것의 힘에 의지하지 않는 자는 살아남지 못한다"[1]라고 말했다. 노동하지 않는 인간은 살아갈 수 없다는 것이다. 이것은 우리 인류의 생존에서 노동이 가지는 절대적인 진리를 정확하게 이해한 것이라고 할 수 있다.

노동은 인간이 도구를 사용하여 자연을 바꾸며, 그것을 자신이 살기 편하도록 봉사시키는 것이다. 오로지 인류만이 가능한 (문화적) 행위이다. 이것은 매우 소박한 형태의 자연파괴이기도 하다. 그러나 처음부터 자연 상태 그대로는 생존이 곤란했던 인류에게 그것은 필요한 최소한의 불가피한 선택이기도 했다.

인류의 지성은 주어진 자연환경에 순리대로 따르면서'[委順]',[2] 한편으로는 천지의 시간과 이로움을 훔치고'[盜天地]',[3] 이것을 이용해서 생활을 윤택하게 '[厚生]'[4] 하는 방법을 알고 있었던 것이다. 단지 노동에 의한 자연 개발은, '이용후생'이라는 생활의 기본적인 보충에 한정된 것일 뿐 결코 이윤 추구의 수단은 되지 않는다.

묵자가 표방하는 대표적인 정치 슬로건은 '겸애(兼愛)'이다. 이것은 "서로 사랑하고 서로 이롭게 한다"라는, '애(愛)'와 '리(利)'가 함께 포함된 것이며, 당시의 "남아도는 재물이 썩어 냄새가 나도 서로 나누지 않는다"[5]라는 현실에 대한 비판적 인식의 반영이기도 하다.

'애'의 진정한 의미는 누구라도 서로 다른 사람의 이익을 존중하는 것이다. 따라서 '겸애'는 반드시 '교리'를 통해서만 가능하다는 논리가 성립한다. 이 경우의 '리'는 인류 모두의 이익을 의미하는 것으로 개인적인 이익을 우선하는 근

---

1 『묵자(墨子)』「비악(非樂)」

2 『회남자(淮南子)』「천문훈(天文訓)」

3 『열자(列子)』「천서(天瑞)」

4 『상서(尙書)』「대우모(大禹謨)」

5 『묵자』「상현(尙賢)」

대 시민사회의 공리주의(功利主義)와는 그 성격을 달리하는 것이다. 따라서 '남을 해쳐 스스로를 이롭게 하는' 행위는 그 반대의 행위이기에 당연히 배척하지 않으면 안 된다. 묵자는 "부귀한 자는 사치하고, 고아나 과부와 같은 사람들은 헐벗고 굶주리게 된다"[6]라는 현실의 사회적 모순을 지적하며, 소득분배의 구조적인 불균형을 문제로 삼은 것이다.

묵자는 '겸애'의 실천은 바로 '근로'에 있다고 말한다. 인류가 빈곤에서 해방되고 모든 사람들이 함께 풍요로움을 누릴 수 있게 되면 각자가 능력에 따라 열심히 일하게 된다고 주장한다. 원래 노동은 힘을 필요로 하며 귀찮은 것이다. 묵자는 "부지런하면 반드시 배가 부르지만 부지런하지 않으면 굶주리게 된다. 따라서 감히 게으름을 피우지 않는 것이다"[7]라고 표현하고 있다. 또한 "배고파도 먹을 것을 구하지 못하고, 추워도 옷을 구하지 못하며, 피곤해도 쉬지 못하네"와 같은 절박한 상황을 바꾸기 위해서는 결코 노동을 게을리할 수 없는 것은 당연하다.

한편 묵자는 노동을 기피하고 빈둥거리기를 좋아하는 지배계층의 사치와 낭비가 민중의 생산의욕을 꺾고 침체시키며 생활을 한층 힘들게 만드는 중요한 원인이라고 지적했다. 그가 강조한 '절검'은, 사치와 낭비를 억제하기 위한 일종의 제어장치가 되는 것이다.

묵자는 '절검'의 원칙을 실제로 의, 식, 주 생활에 적용시켜 일반화하고 있다. 모든 생산 활동은 민중의 복지와 직접 관련되는 수요를 충족하는 것만을 인정하는 실리주의 이론에 근거했다. 요컨대 모든 사치와 낭비를 배제한 것이다. 사치나 낭비가 민중의 '입고 먹는 재물[衣食之財]'의 수탈과 관계가 없지 않기 때문이다. 따라서 "성왕은 추가비용을 들여서 백성의 이로움에 보탬이 되지 않

---

6 『묵자』「사과(辭過)」

7 『묵자』「비명(非命)」

는 것을 하지 않았다"[8]라고 주장한 것이다. 민중의 실제적인 이익에 배치되는 어떤 것도 그 의의는 모두 상실되는 것이다. 그는 왕공대인(王公大人) 등 지배계층의 귀족적인 취향, 호화로운 풍조를 비도덕적이며 반민중적인 퇴폐문화라고 규탄하고, '절검'을 강력하게 주장했다.

한편 묵자는 민중의 생산 활동을 저해하는 폐습의 하나로써 '후장(厚葬)'과 '구상(久喪)'을 들었다. '후장'은 결과적으로 많은 재물을 낭비하게 되며, '구상'은 오랫동안 생업에 종사할 수 없게 하여 민중을 빈곤에 빠뜨리게 하는 것이다. 삼년상은 모두 "부축을 해주어야만 일어설 수 있고 지팡이를 짚어야만 다닐 수 있을 정도"[9]라고 했는데, 이는 유족을 피폐하게 하고, 몸과 마음의 회복을 어렵게 한다고 한다.

또 봉건신분사회에서의 '정악(正樂)'에 대해서도 여러 가지 논리를 들어 비생산적인 사치와 낭비라 보고 이것을 배척했다. 그러나 그가 표방한 '비악(非樂)'은 결코 음악 자체에 대한 본질적인 부정은 아니다. 공자와 맹자의 전례음악이 "화려하게 장식한 예법과 음악은 사람들을 어지럽힌다"라고 하여, 실제로는 "만민의 이로움에 부합하지 않기"[10] 때문에 이것에 반대한 것이다.

묵자의 '절검'주의와 경제의식은, '왕공대인'에 의한 "몸을 굽혔다 폈다 하면서 남들과 어울리는 형식적인 체면을 위한 예"[11]를 결코 미덕이 아니라며 거부한다. '왕공대인'의 자기과시적인 과잉소비가 억제된다면 백성의 진정한 '이로움'이 보장된다고 보는 주장이다. "절검하면 번성하고 유흥에 탐닉하면 망한다"[12]라는 표현은, '절검'을 생활의 양식으로써 체현하는 자는 번영하고, 반대

8 『묵자』「절용(節用)」
9 『묵자』「절장(節葬)」
10 『묵자』「비악(非樂)」
11 『묵자』「절용(節用)」

로 사치 낭비와 향락에 빠지는 자는 반드시 멸망한다는 교훈을 담고 있다. 바꾸어 말하면, 우리가 쓸데없는 소비를 최소한으로 줄인다면 "백성이 얻는 것을 수고롭게 하지 않아도 그 이익의 발생은 많아져"[13] 재부(財富)는 몇 배로 늘어난다는 것이다.

묵자가 '절검'을 강조한 것은, 당시 지배계층의 사치와 낭비가 민중의 생활을 구조적으로 핍박하게 하며 고통을 가중시킨 데 따른 요구이다. 특히 묵자는 초호화판 음식문화의 부조리와 그 횡포를 강력하게 고발하였다. 원래 민중은 일상적인 식사만으로도 "기운이 나게 하고 허기를 채우며 몸을 튼튼히 하고 배부르게 해준다"[14]라고 했다. 그러나 지배계층의 낭비는, "겨울에는 음식물이 얼고 여름에는 음식이 쉬게 된다"라고 말할 정도로 남은 음식물의 배출이 많았다. 이런 불필요한 사치가 민중의 생활환경을 오염시키고 자연 생태계를 파괴한다는 묵자의 엄중한 경고였던 것이다.

3. 제자(諸子)의 묵자 '절검'주의 비판

묵자의 경제사상, 특히 '절검'주의에 대해 고대 중국의 수많은 사상가들, 제자학파들 사이에 여러 가지 비판과 이론이 전개되었다.

유학을 대표하는 사상가인 공자는, "쓰는 것을 절약하고 사람을 사랑한다"[15]라는 요구를 들었다. 그리고 사치보다는 검소, '절검'에 비중을 두고 말했다. 이

12 『묵자』「사과(辭過)」

13 『묵자』「절용」

14 『묵자』「사과」

15 『논어(論語)』「학이(學而)」

것은 "군자는 먹을 때 배부름을 추구하지 않고, 거처에서는 편안한 것을 추구하지 않는다"라고 하여, 경제 우선의 논리에 어긋나는 퇴폐적인 성향에 대한 일종의 경고로서 과욕주의(寡慾主義)를 주장한 것이라 말할 수 있다.

그러나 한편에서 공자에게 무엇보다 존중받고 있던 것은 '예'라는 신분사회의 차이 등에 의한 질서유지였다. 묵자의 경우와 달리 의례 절차의 본래의 뜻을 손상시킬 정도의 '절검'은 오히려 인색함에 가까운 처사라고 이에 반대하는 태도를 분명히 한 것이다.

순자는 제자들 중에서도 특히 묵자를 강력하게 비판한 사람들 중 한 명이었다. 그의 세계관과 자연인식은 묵자와 마찬가지로 유물론적이다. 그 역시 "농사일에 힘쓰고 씀씀이를 절약한다면 하늘도 가난하게 할 수 없다"[16]라고 하여, 처음부터 이용후생(利用厚生)의 측면에서 인간의 공작기능을 신뢰하고, 그 '능참(能參)'의식, 다시 말해 능동적인 자립성을 강조했다. 그리고 '절용'하는 법을 알지 못하면 '백성이 빈곤하게[民貧]' 된다고 우려했다. 그러나 이것은 어디까지나 지배자의 부국(富國) 통치철학의 일부였으므로, 묵자가 주장하는 '절검'과는 본질을 달리하는 것이다. 특히 '부'의 최종적 귀속이 어디에 있는가 하는 문제에 관해서는 묵자의 견해와는 전혀 상반된다.

순자의 묵자에 대한 비판은 누구보다도 냉엄하다. "묵자의 비악(非樂)이란 바로 천하를 혼란하게 하고 묵자의 절용(節用)이란 바로 천하를 빈곤하게 하는 것이다"[17]라고 했다. '비악'은 사회질서를 어지럽히며, 또 '절용'은 인류를 빈곤에 빠지게 하는 것이다. 바꾸어 말하면 '천하는 검소함을 숭상하면 할수록 점점 가난하게' 된다. 묵자의 '절검'의 논리가 결과적으로 '노고를 하며 괴로움을 겪어도 공로는 없게 되는 것'에 이른다는 회의적인 견해를 분명히 했다.

---

16 『순자(荀子)』「천론(天論)」

17 『순자』「부국(富國)」

맹자는 묵자의 '겸애'사상을 '무부(無父)'[18]주의라고 하며 이단시하고 배척할 명분으로 부정했다. 이와 같은 맥락에서 순자도 "일을 존중하여 오직 힘들여 애쓰면서 일반 백성들과 일을 공평하게 나누어 똑같이 노동할 것이다"[19]라고 하여 신분 귀천의 차이나 질서의 부정이 '대란'과 관련될 수 있음을 크게 우려했다.

자연과 인간에 관한 기본적인 인식이 그 근본부터 묵자와 대립했던 순자는, "천지자연이 만물을 생육함에 있어 본래 여유를 가지고 그것으로 사람을 충분히 먹이게 한다"[20]라고 했다. 자연 생태계의 작용은 그 자체로 여유가 있으며, 묵자가 말하는 '입고 먹는 것'의 '절용'은 오히려 사람들로 하여금 생산의 의욕을 저하시켜서 백성을 이롭게 하는 것이 아니라고 주장한다. 묵자가 우려하고 있던 물질자원의 부족에 관해, 순자는 그것은 정말 '개인적인 걱정이요 잘못된 생각[私憂過計]'에 지나지 않으며, 결코 '천하 전체의 걱정'이 아니라 단순한 편견에 지나지 않는다고 비난했다. 그러나 이것은 지구의 생태환경, 자연자원의 유한성에 관한 현격한 인식의 괴리라고 말할 수 있다.

한편, 묵자는 인간이라면 누구나 직접 생산에 종사하는 것이 인간으로서 올바르게 살아가는 방식이라고 주장했다. 그러나 이런 주장에 대한 순자의 견해는 부정적이다. 순자는 묵자의 '근로'의식, 노동의 존엄성을 비웃으며 "고생과 피곤이 이보다 더 심할 수 없을 것이다"[21]라며 매도한다. 그것은 다른 인간들을 일하게 할 수 있다는 것을 전혀 모르는 '일꾼들의 도'에 지나지 않는다는 것이다. 원래 이것은 민중의 입장을 대표한 진정한 의미의 비판은 아니다. 당시의

---

18 [옮긴이 주]: 아버지를 업신여김: 가족 해체주의

19 『순자』「부국」

20 『순자』「부국」

21 『순자』「왕패(王覇)」

신분제사회에서 귀족적 취향의 지배논리에 반민중적인 퇴영적 문화가 반영된 것이라고 할 수 있다.

묵자가 표방한 '절용(節用)', '절장(節葬)'의 슬로건은 신분사회에서 귀족의 위엄과 품위를 유지하고 전례음악 등에 소모되는 낭비에 대한 부정이었다. 한편 순자의 문화의식은 오히려 상하귀천과 장유친소(長幼親疏)의 구별을 한층 엄격하게 하려는 예절교육제도의 강화에 그 비중을 두고 있다.

순자는 이런 묵자의 '절검' 주장에 관해, "공리와 효용만 높여 검약을 중히 하고 차등을 업신여긴다"[22]라고 하는 반봉건적 도발이며, 마찬가지로 "실용에 눈이 멀어 문화를 모른다",[23] 즉 효용성에만 사로잡혀서 '예'를 중요하게 생각할 줄 모른다고 비판했다.

순자가 비판한 묵자의 정치적이고 경제적인 '절검'이론은 어디까지나 일하지 않고 놀고먹는 지배계층의 봉건신분제도의 모순을 극복하기 위해 전개된 것이다. 화려한 아름다움을 다투는 것만을 목적으로 한 사치문화와, 낭비에 의한 난개발에 의해 초래된 자원 고갈과 자연 생태계 파괴가 심각해지는 가운데 그것을 최소화하려고 하는 노력이 정말로 '절검'이 강조하는 것이다. 한편 환경이론에서도, 또한 시대의 요청이라는 차원에서도, 순자가 요구하는 점인 "초목이 꽃피고 크게 자랄 시기에는 도끼를 들고 산림 속에 가게 하지 않는다"[24]라는 규제는 역시 생태학적 관심의 표출이라고 확대해석 하는 것도 가능하다.

---

22 『순자』「비십이자(非十二子)」

23 『순자』「해폐(解蔽)」

24 『순자』「왕제(王制)」

4. 조선 중기의 '절검'과 환경이론

앞에서 말한 묵자의 '절용'과 '절장'의 주장은 범지구적이고 생태학적 차원에서, 인류의 생존 전반에 관한 환경철학의 문제와 연계시켜서 발전된 해석을 시도할 수 있다. 이런 관점에서 조선왕조시대의 사회경제사를 고찰하면, 이른바 공자와 묵자 불분론(不分論)이 논의되고 있던 일부 학파의 상황이나 양심적이고 진보적인 지식인과 사대부 사이의 정치·경제의식 속에서 묵자가 지향하고 있던 것과 같은 주장을 발견할 수 있을 것으로 생각한다. 이하 간단하게나마 그 대표적인 예를 소개하고자 한다.

15세기의 조선왕조의 대표적인 유물론적 철학자인 서경덕(화담, 1489~1546)은 그 당시의 정치, 경제, 사회의 여러 가지 모순과 부조리를 비판하고 그런 상황에 대한 개혁이론을 제시했다. 그러나 그 자신의 자연에 대한 유물론적 이해 방법, 그리고 묵가적인 경제와 사회의식과 일맥상통하는 근검과 절약이라는 그의 기본자세는 당시의 주자학적 권위주의와 권력지향의 추종세력에 의해 이단사상으로 배척받고 있었다.

서경덕은 당시 조선의 지배세력이었다. 그는 이른바 '양반' 관료들과 토지를 많이 소유한 계층이, 자신의 신분적 권위를 과시하고 그들의 정치, 경제, 사회적인 우위를 확보하기 위하여 행해온 전통적인 유교 '상제(喪制)'의 폐습과 지나친 묘역 관리의 폐해가 "밭과 들은 모두 황폐해져 남는 땅이 없는"[25] 심각한 상황을 초래했다고 하는 일종의 환경론을 제기했다.

서경덕은 특히 당시의 풍수설을 맹신하고 있던 사대부의 묘지 경영이 삼림을 남벌하고 훼손하여, "능(陵) 하나가 들어오면 그 땅을 넓게 차지하니 백성들

---

25 『화담집(花潭集)』 2권

이 꼴을 베고 목축할 곳이 없어진다"라고 하여, 원릉의 광역화가 농경지를 침식하고 자연을 한층 더 황폐화시키게 되었음을 폭로했다. 한편 그는 당시 유행한 묘석 건립을 위한 채석의 수요가 급증하여 산야의 형질까지 변경시켰다고 그 무모함을 경고했다. "돌은 모두 캐어내어질 것이고 따라서 산이 무너지게 될 것이다"라고 하며 자연 생태계의 파괴를 지적했다. 그리고 "돌을 캐오는 사역이 기내(畿內)[26]의 백성들에게 해독을 끼치고 있다"라고 하며 채석하고 남은 폐광의 여독이 농민에게 미친 폐해에 관해서도 언급했다.

16세기 조선왕조의 진보적인 개혁사상가인 이이(율곡, 1536~1584) 역시 묵자와 마찬가지로 지배계층의 호화로운 사치풍조를 비판하고 인간이라면 누구나 더 근검절약해야 할 것을 요구했다.

그는 오직 '고귀'한 일만을 과시하는 당시 양반문화의 허상과 그 사회의 경제적 모순을 정확하게 지적했다. 유한층의 사치, 낭비를 "음식은 배를 채우기 위해서가 아니라, 상 위에 보기 좋게 담아 그것을 서로 자랑하기 위한 것이고, 의복은 몸을 덮기 위해서가 아니라 화려함과 아름다움을 서로 경쟁하기 위한 것이다. 상 하나의 음식이 굶주리는 사람의 몇 달의 양식이며, 한 번 입는 옷은 추위에 떠는 열 사람의 옷이 된다"[27]라고 표현했다. 이것은 빈부양극화 현상의 개혁을 강력하게 주장한 것이다.

또한 이이는 묵자가 "먹어야 할 사람은 많고 경작하는 사람은 적다"[28]라고 지적한 것과 마찬가지로 양반계층이 가진 노동에 관한 뿌리 깊은 편견, 즉 노동을 천시하는 태도가 농민들에게 농사를 한층 기피하게 하여 의식재(衣食財)의 부족 상태를 심각하게 한 결과로 사회가 파탄에 이르는 것을 우려했다. 그

---

26 [옮긴이 주]: 나라의 수도를 중심으로 하여 사방으로 뻗어나간 가까운 행정구역의 안

27 『율곡전서(栗谷全書)』 5권

28 『묵자』「귀의(貴義)」

는 민중의 고난을 자기 자신의 일처럼 실감하고, "민생의 구차스러움이 거꾸로 매달려 있는 것보다 심하다"[29]라고 말했다. 그리고 민중을 가혹한 궁핍 상태에서 구출하여 근로의식을 고취하는 것이 무엇보다도 절박하고 중요한 일이라고 주장했다. 실제로 그는 노동의 기피현상을 '부화(浮華: 실속은 없이 겉만 화려함)' '유식(遊食: 하는 일 없이 놀고먹음)'이며, 퇴폐적인 소비풍조에서 초래되는 것이라고 지적하고 적극적으로 그것을 배척했다.

18세기 말의 조선왕조는 봉건사회의 여러 가지 모순이 격화되고 있었다. 이 시대에 활약한 후기 실학파의 대표적인 사상가인 정약용(다산, 1762~1836)은, 당시 만연한 신비설과 미신으로부터 백성들을 깨우치게 하고 보호하는 일에 크게 기여했다. 그는 그의 저서인 『풍수집의(風水集議)』를 통해 전통적인 '장론(葬論)'의 불합리와 비과학적 논리를 비판했다. 그리고 양반계층이 다투어 "그 땅을 넓게 만들어 그것을 산소로 만드는 것"[30]으로 일하는 백성들의 고통을 가중시키고 삼림을 한층 훼손시키는, 이른바 '풍수 용호'[31]의 거짓말의 황당무계함을 문제로 삼았다. 특히 '천장백골(遷葬白骨)'[32]을 유혹하는 '명당' 신앙의 나쁜 풍조를 강하게 배척했다.

또 정약용은, 주자학적 교설에 맹종한 사대부 지식인들의 예교주의와, 그것에 무비판적인 폐습의 타파에 선구적인 역할을 했다. 그의 세계관과 경제사상은 반드시 묵자와 같은 논리 전개는 아니지만 처음부터 '절장(節葬)'을 미덕으로서 표방하고 장려했으며, '근로' 백성의 입장을 반영한다는 공통점이 있다. 이 점에서도 사치와 낭비에 의해 장래 생길 자연환경의 훼손에 대한 조선실학

29 『율곡전서(栗谷全書)』「동호문답(東湖問答)」

30 『여유당전서(與猶堂全書)』 3권

31 [옮긴이 주]: 풍수지리에서, 묏자리나 집터의 왼쪽과 오른쪽의 지형을 이르는 말

32 [옮긴이 주]: 무덤을 다른 곳으로 옮김

파의 일부 사상가들의 위기관리 의식이 높아졌다는 것을 알 수 있다.

5. 안도 쇼에키와 '직경(直耕)'논리

18세기의 근세 일본에서 도쿠가와 막부의 전횡에 저항한 반체제적인 이단 사상가인 안도 쇼에키(安藤昌益, 1703~1762)는 고대 중국의 농가(農家)와 같은 맥락에서 이해할 수 있다. 이른바 '흙'의 철학자이다.

그는 자연을 구성하는 근원적 물질을 '토활진(土滑眞)'이라고 이름 붙였다. 이것은 소박한 농민적 정서를 토대로 한 유물론적 세계관의 표현이다. 또 "전정(轉定=天地)과 활진(活眞)의 도(道)는 호성(互性), 생생(生生), 직경(直耕)뿐"[33] 이라고 말한 것은 사람과 사물을 모두 함께 포괄하는 세계(자연)의 생태적 본질은 진정 '직경(直耕)'이라는 것이다.

쇼에키의 이른바 '직경'은 노동(생산 활동) 그 자체를 의미한다. "음식은 곡식이다. 곡식은 경작하지 않으면 되지 않는다"[34]라는 그의 이론은 특히 농경사회에서 인류의 생존을 결정하는 것이라 할 수 있다. 우리가 자연(환경)에서 살아가기 위해 노동을 하는 것은 주위의 자연환경을 최저한도로 변화시키는 것이고 일종의 삶의 방식이다. 실제로 홍수와 가뭄 등의 대책으로서 자연의 원형을 변화시키고 관개수로와 제방을 만든다. 그러나 이것은 결코 환경파괴가 아니다. 생태계의 부족한 부분을 채우는 것이라고 할 수 있다. 여기에 절제가 요청되며 쇼에키도 묵자의 근로의식과 마찬가지로 '절검'이 무엇보다 중요하다는 것을 인식했던 것으로 파악된다.

---

33 『고본자연진영도(稿本自然眞營道)』「대서(大序)」

34 『고본자연진영도』「대서」

'직경'은 우리 인류가 근검과 절약에 의해 '천인일화(天人一和)'가 되는 길이다. 쇼에키는 그것을 '자연의 가장 중요한 진리의 길'[35]이라고 표현했다. 또한 "轉(天)의 살아가는 도를 계속한다" 등으로도 표현했다. 그가 독창적으로 주장하고 있던 '직경'은, 생산노동의 전개 과정부터 자연 생태계의 운동까지 일관된 논리이다. 따라서 그 주체는 누구보다도 노동하는 농민(대중)들 자신이며, "사람들이 '직경'하는 것은 轉(天)의 도의 영위이다"[36]라고 말한다.

쇼에키는 이런 생산에 직접 종사하는 농민을 존중하고, '직경의 중인(衆人)은 진인(眞人)'이라고 말했다. 그리고 반대로 "경작하지 않고 먹을 것을 탐하는 자는 하늘의 도리에 반하는 중죄인이다"[37]라고 경고했다. 이러한 '도도(盜道)'는 자연의 질서를 어지럽히는 것을 의미한다. '불경탐식자(不耕貪食者)', 다시 말하자면 당시의 지배세력인 무사와 승려 등 일하지 않고 놀고먹는 사람들의 사치와 낭비, 그리고 농민을 무차별하게 수탈하는 것이 자연 생태계와 환경파괴의 주범이 되었던 것이다.

쇼에키는 '직경의 중인'과 '불경탐식자'의 대립구도와 정치, 경제, 여러 가지 사회적 모순들을 누구보다 정확하게 파악하고 있었다. '직경의 중인'의 생활을 평가함과 동시에 쇼에키의 세계관은 당시 봉건적 수탈에 의존하고 있던 지배세력의 '불경탐식'의 문화의식과 그 부당성을 강하게 탄핵하고 있다. 쇼에키에게 '불경탐식'은 일하지 않고 놀고먹는 사람들의 사치와 폐해의 풍습이며, 그것이 '사욕'을 부추겨서 자연훼손을 한층 가속하는 요인이 되고 있다고 했다. 그 최악의 상태를 쇼에키는 "금을 파내 금은전을 주조하고 천하에 통용시킨다", "이것이 곧, 자연의 큰 손실이다"[38]라고 말했다. 특히 금 본위화폐의 유통

---

35 『통도진전(統道眞伝)』 1 「규성실(糺聖失)」

36 『자연진영도(自然眞營道)』 6 「사법유서(私法儒書)」

37 『통도진전』 1 「규성실」

량의 증대와 금의 수요 급증에 따른 금광의 난개발은 농지를 오염시키고 황폐하게 만들었다. 금의 채굴은 또 다른 새로운 수탈 방식의 개발과 대규모의 자연환경 파괴를 불러왔다.

쇼에키는 금융자본주의의 발달과 그 이윤 추구에 대해 부정적이다. "금은의 통용을 위해 매매와 사리사욕을 위한 법이 넘쳐나서, 천하에 이익을 원하는 사람들이 많이 모인다"[39]라고 말했다. 그리고 '이욕'의 극대화는 침략전쟁과도 이어진다. 그것은 필연적이고 법칙성까지 갖추고 있다. 한편 오늘날의 핵무기 개발전쟁은 심각하다. 지구촌의 파멸이라는 위협과 공갈에 직면하게 하고, 결과로서 어떤 것의 이익도 전혀 없어져 버리는 일조차 있다. 쇼에키는 무력에 의한 요구의 실현, 그중에서도 특히 '군학(軍學)'(전쟁)에 반대했다. 특히 "혹은 일본이 조선을 침범하고, 오키나와를 빼앗는 등, 금은의 통용과 매매의 법을 제정하고, 스스로 그것에 따라 사치를 하기 쉬워졌기 때문이다. 사치스러운 생활은 전쟁의 근원이다"[40]라고 말하며, 도요토미 히데요시의 조선 침범(임진·정유왜란)과 사쓰마번(薩摩藩)의 오키나와 지배를 신랄하게 비판했다. 또 금융 이득이 사치와 낭비를 낳고 또한 전쟁에 의한 재생산을 반복한다고 지적했다.

쇼에키는 환경파괴의 주원인인 사치와 낭비가 지배하는 반자연적 상황을 '법세(法世)'라고 표현했다. 이것은 무계급, 무착취의 만인평등과 만인이 모두 일하는 '자연세(自然世)'의 안티테제였다. 또 '불경탐식'을 정당화한 것이 '성인(聖人)'이라는 것도 폭로했다. 그리고 그들이 반자연(인류)적인 부조리인 '오역십실(五逆十失)'의 교설을 행하는 것은 결코 '진인' 등에서는 있을 수 없으며 오히려 '비인(非人)'이라는 호칭으로 규탄되고 매도되었다. 한편 그는 "자연세(自

38 『통도진전』 1 「규성실」

39 『자연진영도』 25권 「진도철론(眞道哲論)」

40 『자연진영도』 25권 「진도철론」

然世)는 천지[轉定]와 함께 사람으로 태어난 업을 행하며, 천지와 같이하여 조금도 다른 것은 없다"[41]라고 했다. 인간이 자연과 일체가 되어 살아가는 본연의 자세를 제시한 것이다.

우리가 정말로 자연훼손을 멈추고 상실한 '진인'의 진정한 모습을 추구하려고 한다면, 쇼에키가 제창한 '직경'의 논리 전개에 충실하지 않으면 안 된다. 그리고 그것으로 인해 '직경'이 근검과 절약에 의해 자연 생태계의 일환으로서 인간이 영속적으로 존속할 수 있는 길이라는 것을 알 수 있다.

6. 결어

오늘날 이산화탄소의 배출이 지구환경 파괴의 주요 요인으로 지적되고, 그 억제책에 관해 국제적으로 논의가 활발하게 진행되고 있다. 그러나 여기에는 우리가 간과할 수 없는 근본적인 문제가 있다. '최대 다수의 최대의 행복'이라는 명분을 전면으로 강력하게 주장하면서, 핵개발을 앞장서서 하고 있는 패권국가가 세계적 규모의 시장논리를 앞세워 이윤을 극대화하기 위한 경쟁을 하며, 남북 간의 경제적 불평등을 한층 심화시키고 있다는 엄연한 사실은 결코 호도되거나 은폐될 수 없는 것이다. 범지구적 환경파괴의 주범이 경제대국이라는 사실이 명확해졌음에도 불구하고 그들이 개발도상국가에게 그 책임을 전가시키는 책동이 여전히 존재한다.

이런 상황 아래 묵자가 표방한 정치와 경제 그리고 사회적 10대 슬로건, 특히 '겸애', '비공(非攻)', '절용'의 논리는 오늘날 한층 신선해 보인다. 노자의 '소

---

41 『자연진영도』「사제자서(私制字書)」

국과민(小國寡民)', 안도 쇼에키의 '직경'논리도 자연보호운동의 각광을 받는 사상으로서 충분한 가치가 있다. 그것은 총체적인 과소비를 부추기는 패권주의적인 자본(전쟁)의 논리에 저항하려고 하는 일종의 반론이다.

지구촌 파멸이라는 절박한 위기 상황에서 무엇보다 환경적 이기주의로서의 '우주선 윤리'가 신중하게 검토되지 않으면 안 되는 과제로서 존재한다. 바꾸어 말하면 소비의 확대가 미덕으로 간주되고 있는 근대적 공리주의는 필연적으로 자본가의 특정한 이윤의 극대화에 봉사하게 된다. 그리고 오직 묵자가 주장하는 '절검'의 원칙만이 자연 생태계, 그 환경을 보호해 갈 수 있는 진리라고 말할 수 있다. 그렇기 때문에 묵자의 '절검'사상이 가지는 현대적 의의가 크다고 말할 수 있다.

제5장

『염철론(鹽鐵論)』의 환경사상과 현대에 대한 계시

도승선(중국)

한 무제(武帝)가 죽고 나서 얼마 되지 않아, 전한의 소제(昭帝) 시원6년(기원전 81년) 2월, 한조의 수도인 장안에서 염철회의가 열렸다. 이것은 무제 이후의 염철 관영의 문제 등을 중심으로 한, 나라의 경제정책과 정치지도사상에 관한 논의를 전개한 회의였다. 논쟁에 임한 한쪽은, 무제(武帝) 때부터 장기간에 걸쳐 정무를 담당해 온 법가의 대표적 인물인 어사대부(御史大夫) 상홍양(桑弘羊)과 법가에 기울어져 있던 어사와 승상사(丞相史)이며, 또 한편은 각지에서 모인 60여 명의 유자(儒者) 현량(賢良)과 문학(文學)(모두 지방관 추천의 관료 후보자) 선비들이었다. 『염철론』은 그 후, 한의 선제(宣帝) 때 유학자인 환관(桓寬)이 염철회의를 기록한 것에 기초하여 정리한 것을 책으로 펴낸 것이다. 『염철론』 전체의 내용으로 보아 저자는 명백하게 유학적 사상의 경향을 가지고 있다는 것을 알 수 있다. 그러나 환관은 법가사상의 영향도 씻어버릴 수 없었다. 그런 까닭에 『염철론』은 역시 전한 중기의 정치, 경제, 군사, 사상문화(환경사상을 포함한) 등의 여러 방면의 상황을 반영하는 귀중한 자료라고 말할 수 있다. 이 책에 나타나 있는 사상문화에는 유가와 법가, 또 유학의 순자와 맹자 등의 풍부하고 다채로운 사상이 포함되어 있다. 여기에서 우리는 『염철론』 속에 반영되어 있는 유가, 법가 및 유학의 순자와 맹자의 환경사상과 현대에 대한 계시에 관해 전체적인 소개와 분석을 할 것이다. 환경사상으로 보아서 『염철론』은 결코 선진시대의 제자백가와 같이 표면상으로만 천인관계를 말하는 추상적 논의에 그치지 않고, 인간과 환경과의 관계를 보다 깊이 있고 구체적으로 논하고 있다.

환경에는 사회적 환경과 자연환경이 있다. 중국 한대의 사상가들은 인간이 생존하기 위해 사회적 환경을 우선적으로 생각했지만 그와 동시에 인간이 생존하기 위한 자연환경에 관해서도 생각했다. 그들은 인간의 생존을 위해 법제 확립과 도덕 교화의 장점을 골라 서로 결합하여 실시하고, 사회가 안정되고 계속적인 발전을 하도록 자연환경과 자연자원을 효과적으로 보호하여 인간사회의 영원한 안정을 꾀하자는 주장을 했다. 구체적으로는 다음과 같은 것이다.

1. 『염철론』의 현대적 의의

사회적 환경에서는, 즉 인간이 생존을 위해 의지하는 농(農), 공(工), 상(商) 삼자의 관계에서는 농업을 근본으로 하고 상업을 끝으로 하는 '본말병리(本末竝利)'를 주장했다. 다시 말하면 농업을 중시하지만 상업을 지나치게 억압하지 않고, 농, 공, 상을 서로 협조하게 하고 병립시켜 사회가 안정되고 발전하도록 한다는 것이다.

선진(先奏)의 법가(法家)는 중농(重農)을 주장하고 '중본억말(重本抑末: 농업을 중시하고 상업을 억제)'이라는 체계적인 이론을 제기했다. 상홍양(桑弘羊)은 선진 법가의 사상을 발전시키고 개조하여 "본업과 부업이 모두 발전할 수 있는 길을 열어주어 가진 것과 가지지 못한 것을 서로 소통하게 했습니다. 즉, 시장을 열어 사람들이 구하는 것을 해결함으로써 사방의 백성을 모이게 하고 온갖 재화도 모이게 하여 농부·상인·장인들은 각기 자기가 필요한 물건을 얻고 교역을 마친 후에 돌아가도록 했습니다"[1]라고 말했다. 다시 말해 농업과 상공업을 발전시키는 길을 개척하고 물자의 유무에 정통하게 한다. 시장을 통해 각 방면의 수요를 통일적으로 해결하고 각지의 서민들을 초대하여 여러 가지 물자를 모은다. 농부, 상인, 공방의 장인들은 모두 여기에서 각자 필요한 것을 얻고자 교역한 다음 각각 돌아간다는 것이다. 이와 같이 상홍양은 선진법가의 '중본억말(重本抑末)'을 '본말병리(本末竝利)'로 바꾼 것이다. 그는 이 기초 위에서 농, 공, 상, 삼자의 상호관계를 밝혀, "농기구가 부족하게 되면 곡식 생산을 늘릴 수 없고 진귀한 재화가 유통되지 않으면 재정이 궁핍하게 됩니다"[2]라고 말하고 있다. 그 의미는 수공업 생산을 하지 않으면 농업용 도구가 부족해지게 되며, 상업 유통이 되지 않으면 귀중한 물자는 공급되지 않게 되고, 농구가 부족하면 식량은 증산할 수 없으며, 귀중한 화물이 공급되지 않으면 재화의 소비는 줄어든다는 것이다. 상홍양은 또 "『관자』에 이르기를 '상공업의 말리[3]가 없으면 농업의 출로가 없다.' … 『논어』에도 '여러 장인들은 시장터에 자리 잡고 자신의 일을 해낸다'라고 하였듯이, 농부와 상(공)인이 서로 교역하는 것은 농업이나 상(공)업 모두에 이익이 됩니다"[4]라고 했다. 그 의미는 『관자』에서의 "상공업

1 『염철론(鹽鐵論)』「본의(本議)」

2 『염철론』「본의」

3 [옮긴이 주]: 당장 눈앞에 보이는 보잘것없는 이익

4 『염철론』「통유(通有)」

이 없으면, 농업은 발전할 수 없다"와 『논어』에서의 "각종 공방의 장인들은 일터에 살면서 자신들의 생산을 열심히 하고 있다"이다. 농업과 상업 사이에서 교환을 하는 것이 농업과 상공업을 발전시키는 데 유리하다. 아울러 그는 염철 관영(官營) 등의 정책을 실행하는 것은 농업생산과 상공무역을 촉진하는 작용이 있다고 설명하며, "염철 전매와 균수법은 적체된 재화를 소통시켜 공급과 수요를 조절할 수 있는 방법이다"[5]라고 말했다. 다시 말해, 관에서 염철을 운영하고 균수(均輸)를 시행하는 것은 쌓여 있는 화물을 유통시켜 급박한 수요에 공급하기 위함이라는 것이다.

아울러 선진유학의 학설에 농업에 편중하고 상공업을 경시하는 주장은 결코 없다. 유학의 경전의 하나인 『중용(中庸)』은 농사일은 거의 언급하지 않고 상공업에 대한 중시를 나타내고 있다. 유학은 지배적 지위를 얻는 과정에서 법가 등의 중농 사상이론을 받아들여, 전체적으로는 농업을 중시하고 상업을 억제하는 쪽으로 기울었다. 그래서 "농업을 진작시키고 공상업을 제한하여 농업을 발전시키는 것이 유리하리라 생각됩니다"[6]라고 주장하게 된 것이다. 또 "백성을 다스리는 길은 쓰임새를 줄이고 농업을 숭상하고 토지를 재분배하여 정전제(井田制)를 시행하는 데 있을 뿐"[7]이라고 했다. 즉 백성을 다스리는 방법은 그들을 검약하게 하고, 농사를 열심히 짓게 하며, 정전제를 다시 실행하는 데 있다는 것이다. 그러나 몇 가지의 구체적인 방식으로 한대의 유학은 상인에 대한 관대함과 방임을 나타내고 있다. 예를 들면 염철 회의에서 현량과 문학들은 염철 관영을 중단할 것을 요구했지만, 이것은 부농과 대상인이 이익을 쉽게 얻도록 하기 위한 것이었다.

---

5 『염철론』「본의」
6 『염철론』「본의」
7 『염철론』「역경(力耕)」

『염철론』이 나타내고 있는 이와 같은 '본말병리(本末竝利)', 즉 농업을 중시하면서 농공상이 협조하는 정책사상은 당시의 생산력 수준에 적합하고 사회발전의 수요에 합당한 것이었다. 그것은 어느 정도 농업의 발전을 촉진시켜 백성의 생활을 개선하고 계급의 모순을 완화시켜 사회의 안정과 발전을 촉구했다. 정말 어사가 말하는 것과 같이, "지금 대부께서 태공·환공·관중이 행한 방법을 시행하여 소금과 철을 총괄하고 산천의 이익을 유통시키자 온갖 재화가 번성하였습니다. 이로써 국가의 재정은 풍족해지고 백성들도 궁핍하지 않게 되었고, 본업과 부업이 모두 이롭게 되고 위 아래가 모두 넉넉해졌습니다. 이는 이러한 정책을 시행한 결과이지 결코 단지 밭을 갈고 누에를 치는 농사 때문만이 아닌 것입니다."[8] 이것은 '현재 어사대부가 강태공, 제의 환공, 관중의 방식을 열심히 배우고 닦아, 관이 염철을 주관하고 산과 바다의 자원을 개발하여 물자는 날로 늘어나고 있습니다. 그런 이유 때문에 조정의 자금은 충족하며 백성들도 곤궁하지 않습니다. 농업과 상공업은 모두 크게 발전하여 조정과 백성도 풍족해지고 있습니다. 이것은 모두 계획이 뛰어난 결과이지 오직 경지나 양잠을 주관하여 얻을 수 있는 것은 아닙니다'라고 말하는 것이다.

이 정책의 사고방식은 우리가 오늘날 사회의 협조를 보다 잘 실현하고 발전을 지속시켜 나가는 데에도 계시적(啓示的) 의의를 둔다.

1987년 노르웨이의 수상 브룬트란트가 주재한 '환경과 개발에 관한 세계위원회(WCED)'는, 세계의 경제, 사회, 자원, 환경에 관해 조사와 연구를 한 기초위에 장문의 보고서 「우리의 공통의 미래」을 발표했다. 이 보고서는 '지속가능한 개발'에 관한 정의를 내리고 있다. 그들은 지속가능한 개발이란 현대인의 수요를 충족함과 동시에 후세 사람들이 그들의 만족스러운 수요를 구하는 능

---

8 『염철론』「경중(輕重)」

력에 해를 끼치지 않는 발전이라고 인식한다.

이와 같은 지속적인 발전은 지금까지의 발전모델에 대한 반성과 혁신이다. 고대의 농업을 주로 하는 자연경제가 사회발전에 일으킨 작용은 서서히 이루어진 촉진으로부터 점차로 정체하는 과정을 거쳐왔다. 근현대의 공업을 주로 하는 상품경제는 농업을 주로 하는 자연경제에 토대한 고대의 경제형태보다 훨씬 우월하며, 등가교환, 평등경쟁, 시장에 의한 조절 등의 원칙과 인격화된 힘은 사회가 급속하게 발전하는 데 새로운 계기를 제공했다. 그러나 공업화 사회로 향하는 과정에서, 한편으로 인간은 그 지혜, 노동, 과학기술의 진보에 의해 미증유의 물질적인 부를 창출하고 하늘로 치솟는 오피스빌딩을 세우며 고도의 문명을 창조했다. 또 한편으로 인간은 자신들의 문명을 멸망시키려고 했다. 특히 고도의 공업화 발전은 많은 마이너스의 영향을 초래하고 있으며 환경문제를 해결하지 않으면 경제발전을 지속하기 어려울 뿐만 아니라 살풍경한 무덤 속에서 생활하게 될 것이다. 따라서 발전에 있어서 경제성장만을 추구할 것이 아니라, 발전의 질이나 경제구조의 개선을 보다 중시해야 하며, 발전에 의해 생겨난 환경문제를 해결하지 않으면 안 된다. 이것을 위해 '발전'의 사고방식은, 경제로부터 사회로 향하고, 사회적 요소나 정치적 요소를 강조하며, 발전과 인간의 기본적인 요소를 관련시켜 최종적으로 인간의 생활의 질을 높여야 한다. 그렇게 해야만 정말로 협조를 실현하고 발전을 지속시킬 수 있는 것이다.

『염철론』이 강조하고 있는 것은 정말 농업을 중시하고 농공상업을 협동해서 발전시키는 것이다. '중농'정책에 토대하여 농업을 지속적으로 발전시키기 위해서는, 환경문제에 충분히 주의하지 않으면 안 되며, 이 방면에서 생겨나는 여러 가지 문제를 적절하게 해결하지 않으면 안 된다. 그리고 농, 공, 상을 협조하여 발전시킴으로써 환경문제도 해결할 수 있으며, 또 인간의 여러 가지 수요를 만족시킬 수도 있다. 이와 같이 한다면 현대인도 충분히 발전할 수 있으며 또 후세대 인간의 생존과 발전에 어떤 위협도 초래하지 않을 것이다. 이것은 언뜻 보면 농업을 주로 하는 고대의 자연경제로 회귀하는 것처럼 보이지만 실제로는 보다 높은 단계로의 발전인 것이다.

2. 문제 제기: 자연과 인간 관계의 고찰

자연환경, 즉 생태환경 문제에서 인간은 자신의 지혜와 활동을 통해 자연계에 의지하고, 그것을 장악하거나 순응해야 한다고 생각한다. 그 때문에 생물을 보호하고 자원을 보호하며 인간의 생존공간을 보호하는 것, 즉 생태환경의 보호를 주장하는 것이다.

인간과 자연계의 관계는 인간과 세계의 총체적 관계 중에서 일종의 기초적인 관계이다. 이 관계는 중국의 전통적인 철학에서는 주로 '천인관계'라는 형태로 나타난다. "하늘과 인간의 관계를 밝힌다[究天人之际]"라는 것은 중국의 역사상 많은 철학자들이 공통으로 관심을 가지고 반복해서 논의해 온 중대한 문제이다. 각각 다른 세계관 속에서 우리는 하나의 공통된 중요한 의미를 발견할 수 있다. 그것은 '천인일체'라는 것이다. 사람과 천지, 만물은 '모두 하나의 실체', '사람은 단지 만물 중의 하나의 물(物)'[9]이다. 그러나 인간이 가진 구조(대뇌)와 기능(사유)은 그 외의 자연물과 비교하여 우월한 지위를 갖추고 있다. 이 우월한 지위가 특별히 인간을 자연계에 대한 의존으로부터 탈출시키는 것은 아니다. 인간의 자연계에 대한 의존은 인간이 자연계를 능동적으로 장악하는 것에 의해 실현되는 것이다. 이와 같은 장악은 한편으로는 인간 자신의 본성과

---

9 『순자(荀子)』

필요에 합치하지 않으면 안 되며, 또 한편으로는 자연계의 변화와 법칙에 적응하는 것이 아니면 안 된다. 양쪽이 통일되는 과정에서 자기의 지혜와 능력을 충분히 발휘하고 실현하며 자기에게 도움이 되는 형식으로 자연물을 점유하는 것이다.

이것은 순자가 말하는 "사람이 노력하면 하늘을 이길 수 있다[人定勝天]"이며, 이는 천리에 따른다는 것을 전제로 한다. 따라서 순자는 한편으로 "인간은 자신의 본성과 필요에 따라 자연이 그 쓰임을 다하도록 할 수 있다"라고 지적한다. 또 한편에서는 "초목이 꽃피고 크게 자랄 시기에는 도끼를 산림 속에 들여놓지 않는다. 이는 그 생명을 일찍 꺾지 않고 그 성장을 중단하지 않게 하기 위함이다"[10]라고 지적한다. 여기에서 순자는 실제로는 자연계의 재생산을 보호한다는 사고방식, 즉 생태환경 보호사상을 제기하고 있는 것이다.

한대의 유가와 법가는 모두 선진의 천인관계론과 생태환경 보호사상을 계승하여 생태환경을 보호하자는 주장을 제기하고 있다.

법가의 대표적인 인물인 상홍양은 순자의 '인정승천(人定勝天)'의 사상을 계승하며, "성인(聖人)은 천시(天時)의 변화에 의존하고, 지혜 있는 자는 지상의 자원에 의존한다"[11]라고 말했다. 그 의미는 재능이 있는 인간은 자연의 변화에 따르며, 지혜가 있는 인간은 땅의 이익을 잘 이용한다는 것이다. 여기에서 그는, 인간은 자연계의 은혜를 소극적으로 기다리는 것이 아니라 인간이 자연계를 주체적으로 인식하고 능동적으로 파악함으로써 자연계를 이용하게 되고, 동시에 자연계를 이용함으로써 자연계를 보다 잘 인식하고 파악하게 된다고 주장하고 있다.

따라서 법가의 인물이든 유가의 인물이든 공통적으로 자연계와 그 법칙에

---

10 『순자』「왕제(王制)」

11 『염철론』「역경(力耕)」

대한 인식과 장악에 주의하고 있다. 예를 들어 승상사는 “박달나무와 산뽕나무는 나는 곳이 따로 있고 익모초와 갈대도 군생하는 곳이 따로 있다는 것은 사물은 같은 종류끼리 모인다는 말입니다”[12]라고 말했다. 이것은 박달나무와 산뽕나무에게는 각각 그 산지가 있고, 갈대가 군생하고 있는 것은 무리는 친구를 부른다는 것을 나타낸다는 것이다. 승상사는 또 “산과 언덕은 꼭대기의 반 발자국의 흙도 마다하지 않음으로써 그 높이가 이루어진 것이다”[13]라고 말했다. 즉, 산림은 산초나무와 계수나무 무리의 생장을 막지 않기 때문에 높고 큰 밀림을 조성할 수 있다고 말하고 있다. 즉, 자연계의 사물은 서로 도와 성립하는 것임을 설명하고 있는 것이다.

또 문학(文學)은 “자두나무와 매화나무에 열매가 많이 열리면 다음 해에는 그로 인해 열매가 줄어들고, 햇곡식이 익으면 묵은 곡식은 그로 인해 줄게 마련입니다. 비록 하늘과 땅이라고 하더라도 한 번에 두 곳을 채울 수 없는데 하물며 인간의 일에 있어서는 말할 것도 없습니다. 그러므로 저편에 이익이 있으면 반드시 이편에는 손실이 있는 것은 마치 달과 해가 동시에 비출 수 없고 낮과 밤에 서로 길고 짧음이 있는 것과 같습니다”[14]라고 말했다. 이것은 ‘자두나무, 매화나무는 그해에 열매가 많이 달리면 다음 해는 열매가 적게 달리며, 새로운 곡식이 익으면 지난 곡식은 다 먹어버린다. 하늘도 땅도 모두 잘되는 일은 없기 때문에, 하물며 인간사회의 일은 미루어 알아야 할 것이다. 그러므로 상대 쪽에 유리하다면 반드시 이쪽에는 불리하며, 마치 태양과 달이 동시에 대지를 비출 수 없으며 낮과 밤에 각각 장점과 단점이 있는 것과 같다’고 말하고 있는 것이다. 이것은 또한 인간과 환경은 통일된 것이면서 또한 서로 모순되는

---

12 『염철론』「논비(論誹)」

13 『염철론』「자의(刺議)」

14 『염철론』「비앙(非鞅)」

것이라고 설명하고 있다. 인간의 자연계에 대한 능동적이고 목적이 있는 관여와 행위는 재와 부를 얻게 하고 복리를 가져다준다. 그러나 자연계의 법칙을 거스른다면 자연과 인간의 조화·협조 관계는 확실히 무너지게 되는 것이다.

그런 이유로 인해 『염철론』은 생태환경을 보호하기 위한 구체적 주장을 제기하고 있다. 이 주장은 『염철론』의 「산부족편(散不足篇)」에 집중적으로 반영되어 있다. 여기에서 현량(賢良)들은 호화사치와 그로 인해 생긴 사회의 '폐해'에 관해 32항목이나 열거하고 있다. 그 폐해는 의식주에서 관혼상제에 이르기까지, 서민들로부터 관리와 부호에 이르기까지 실로 삼라만상에 미치고 있다. 그러나 거기에서 말하고 있는 중심 문제는 생태환경 보호의 문제이다.

현량들은 "옛날에는 곡식·채소·과일은 때가 되지 않은 것은 먹지 않았고, 날짐승·들짐승·물고기와 자라는 잡기에 적당하지 않은 것은 먹지 않았습니다. 그러므로 눈금이 가는 그물은 연못에 던지지 않았고, 솜털이 섞인 짐승은 잡지 않았습니다. 그런데 지금의 부자들은 짐승들을 쫓아다니면서 가는 그물로 어린 사슴이나 어린 새까지 포획하고, 술에 빠져 그 마시는 술은 백 개의 강을 채울 정도입니다. 새끼 양의 신선한 고기를 먹고 새끼 돼지를 죽이고, 어린 새의 털을 벗깁니다. 봄에는 어린 거위와 가을에는 어린 닭을, 겨울에도 아욱과 온실에서 기른 부추를 먹고, 생강·여뀌·차조기 같은 향신료와, 송이버섯·목이버섯 등등의 각종 버섯류에, 털 짐승이나 털 없는 짐승, 발 달리거나 기어다니는 작은 짐승들까지 먹지 않는 것이 없습니다"[15]라고 지적했다. 이것은 다음을 의미한다. 즉, 옛날에는 식량·야채·과일은 익지 않으면 먹지 않았으며, 새·짐승·물고기와 자라는 도살할 때가 오지 않으면 먹지 않았다. 그 때문에 연못에 그물을 던져 작은 물고기를 잡거나 논밭과 들에서 작은 새나 짐승을 잡거나 하지

15 『염철론』「산부족(散不足)」

않았다. 그러나 요즈음 돈 많은 사람들은 그물을 던져 잡고, 새끼 사슴과 작은 새를 잡으며, 술에 취해 즐기기 위해 그들은 발길이 닿는 산천에서 그물을 던지며, 새끼 양, 새끼 돼지, 새들을 죽이고 있다. 봄의 어린 거위, 가을 병아리, 겨울엔 아욱이나 부추, 미나리·생강·여뀌·차조기, 목이버섯, 벌레, 짐승 종류 등 먹지 않는 것이 없다.

그래서 상홍양과 현량, 문학들은 자연자원의 보호, 인간의 생존공간의 보호, 곧 자연환경 보호를 외쳤다. 상홍양은 "산이 풍요로운 연후에야 백성들은 그로부터 충분한 자원을 얻을 수 있습니다. 강과 바다가 윤택한 연후에야 백성들은 그로부터 충분한 물산을 얻을 수 있습니다"[16]라고 말했다. 이는 산악에 자원이 풍부해야만 만백성이 산에 의존하며 살아갈 수 있으며, 산과 바다에 풍부한 물자가 있어야만 백성들의 수요를 충족시킬 수가 있다는 것이다. 문학도 "『맹자』에 이르기를, '농사짓는 때를 어기지 않으면 곡식은 이루 다 먹을 수 없고, 누에 치는 일과 삼 키우는 일을 제때에 하면 베옷과 비단옷은 이루 다 입을 수 없으며, 벌목을 시기를 정해 행하면 목재는 이루 다 쓸 수 없고, 사냥과 고기잡이를 시기를 정해 행하면 물고기와 짐승의 고기는 이루 다 먹을 수 없을 것이다' 하였습니다. … 지금의 현실은 새와 짐승의 수효가 줄지 않고 목재를 이루 다 쓸 수 없는 것을 걱정할 것이 아니라, 지나친 사치가 끝이 없는 것을 걱정해야 하며, 털실로 짠 모직물이나 귤과 유자가 없는 것을 걱정할 것이 아니라, 좁은 오두막과 쌀겨나 술지게미 같은 음식조차 없는 것을 걱정해야 합니다"[17]라고 말했다. 이것은 맹자는 농사 때를 잘못 맞추지 않으면 식량이 떨어지는 일은 없다. 시기에 맞추어 양잠을 하고 마를 심으면 삼베와 비단이 없는 일은 없다. 적절한 시기에 산에 들어가 벌채를 하면 임목을 다 쓰는 일은 없다. 일정한 계절

16 『염철론』「빈부(貧富)」

17 『염철론』「통유(通有)」

에 수렵과 어획을 한다면 물고기와 고기를 다 먹는 일은 없다는 것이다. 그리고 문학(文學)은 현재 우리가 금수를 포획할 수 없다든지 임목을 얻을 수 없다든지 하는 것을 걱정하는 것이 아니라, 사치의 정도가 한없이 심해지는 것을 걱정하고 있는 것이다. '양탄자, 융단, 귤, 유자가 없는 것을 걱정할 것이 아니라, 최후에 지붕을 짚으로 이는 집에 살 수 없게 되고, 쌀겨와 지게미조차 먹지 못하게 될 것을 걱정하고 있는 것이다'고 하는 것이다.

그러면 어떻게 하면 사회적 환경을 안정시키고 자연환경을 보호하며 사회를 지속적으로 발전시킬 수 있을까.

3. 대책: 법과 도덕에 의한 규제와 교화

『염철론』은 사회적 환경을 안정시키고 자연환경을 보호하는 면에서, 국력을 이용하여 법제와 도덕 교화를 강화해야 한다는 문제를 제기한다.

상홍양은 국력을 이용하여 사회적 환경을 안정시키고 자연환경을 보호할 것을 주장했다. 그는 "산과 소택지에서 세금을 징수하지 않으면 군주와 신하가 이익을 똑같이 얻게 되고, 화폐의 주조에 금령(禁令)이 없으면 가짜 돈과 진짜 돈이 함께 유통하게 됩니다. 무릇 신하가 부유해지면 서로 경쟁적으로 사치하게 되고, 아랫사람이 이익을 마음대로 취하며 서로 상대방을 쓰러뜨리게 됩니다"[18]라고 말했다. 그 의미는 높은 산과 못은 나라가 관리하지 않으면 군주나 대신이 이익을 얻게 되고, 조폐를 제한하지 않으면 진짜 화폐와 위조화폐가 동시에 유통되게 된다. 대신이 부자이면 서로 사치를 자랑하게 되며 부호가 이익

18 『염철론』「착폐(錯幣)」

을 독점하면 서로 배척하게 된다는 것이다. 그 때문에 그는 또 "산해의 자원을 사용하는 데 금령이 없으면 백성들은 쓰러지지 않고, 물가가 고르게 되면 백성들은 의심하지 않습니다"[19]라고 말한다. 즉 산과 바다를 나라가 관리하면 사람들이 서로 빼앗을 수 없으며, 화물에 공정한 가격제도가 있으면 사람들은 '가격이 높고 낮음에 대해' 의심을 품지 않게 된다는 것이다.

상홍양은 특히 "임금된 자가 이를 통제하여 지키면 강하게 되고, 이를 금하지 못하면 망하게 됩니다. 제(齊)는 그 나라의 장이나 위에 해당하는 중요한 곳을 남에게 주었는데, 대부의 가(家)가 강해져 이를 제어할 수 없게 되었고 가지가 커져 줄기를 꺾게 되었습니다. 이는 대부의 가가 대해의 재부를 독차지하고 수산물과 소금의 이익을 마음대로 하였기 때문입니다"[20]라고 지적했다. 이것은 '군주가 이 자원들을 통일하여 관리하면 나라는 강해지고 번성하지만 그렇게 하지 않으면 나라는 멸망한다. 옛날 제나라는 한 사람의 인간이 자신의 내장을 다른 사람에게 주는 것처럼 사람들이 제멋대로 자연자원을 개발하도록 허용했기 때문에 대신과 대부가 큰 바다의 자원을 독점하여 물고기와 소금의 이익을 독점해 버렸다'는 것이다.

그리고 국력에 의해 사회적 환경을 안정시키고 자연환경을 보호하는 것은 구체적으로 말하면 법제와 도덕교화를 강화하는 것이다.

법가의 인물은 법제 강화의 중요성과 필요성을 중점적으로 주장했다. 어사는 "견고한 가래와 날카로운 호미는 오곡에는 이롭지만 잡초에게는 해가 됩니다. 밝은 도리와 엄정한 법률은 간사한 자들이 싫어하는 것이지만 선량한 백성들에게는 복이 되는 것입니다. 따라서 굽은 나무는 곧은 먹줄을 싫어하고, 간사한 무리는 올바른 법을 미워합니다. 이런 까닭에 성인은 옳고 그름을 분명하

19 『염철론』「금경(禁耕)」

20 『염철론』「척권(刺權)」

게 구분하고 잘 다스려지고 있는지, 어지럽혀져 있지 않은지를 면밀하게 살펴서, 바르고 명확한 법을 만들고 엄정한 형벌을 펼쳐서 잘못된 행위를 막고 간사한 것을 바로 잡았으니… 법령과 권세가 없으면 비록 현인이라 하더라도 잘 다스릴 수 없고, 갑옷과 무기가 없으면 비록 손무(孫武)나 오기(吳起)라도 적을 제압할 수 없습니다"[21]라고 말했다. 이것은 '예리한 호미는 오곡의 싹에는 유리하지만 싹 사이의 잡초에게는 유해하다. 엄정한 법률은 사악한 패거리에게는 두려운 것이지만 백성에게는 이점이 있다. 구부러진 목재는 올곧은 먹줄로 검사받는 것을 두려워하며 사악한 사람은 공정한 법률을 무서워한다. 그 때문에 성인이 시비를 확실하게 가려서 다스리고 있는지 어지럽히고 있는지를 자세히 살피고 엄정한 법령을 제정하여 엄격한 형법을 만드는 것은 나쁜 일을 방지해서 사악함을 규탄하기 위함이다. 법률과 권세가 없다면 아무리 뛰어난 사람이라도 나라를 다스릴 수 없다. 갑옷과 투구와 무기가 없다면 아무리 손무(孫武)와 오기(吳起)라고 해도 적을 이길 수는 없다'는 것이다.

어사는 또 "법령은 나라의 고삐와 재갈과 같은 것이고, 형벌은 나라의 밧줄과 노와 같은 것입니다. 따라서 고삐나 재갈이 갖추어지지 않으면 비록 왕량(王良)이라고 해도 먼 곳까지 갈 수가 없고, 배를 묶는 밧줄과 저을 노가 준비되지 않으면 비록 기술 좋은 뱃사공이라 하더라도 물을 건널 수 없습니다. 한자(韓子)는 나라를 가진 자가 그 법제와 권세를 밝혀서… 지금 형법이 갖추어져 있는데도 백성들이 이를 어기는데 하물며 법 없이 어떻게 되겠습니까. 나라가 어지럽게 되는 것은 필연적입니다"[22]라고 말했다. 이것은 '법률은 나라에서 말의 재갈이나 고삐와 같은 것이며 형벌은 나라에서 배의 밧줄이나 노와 같은 것이다. 고삐와 재갈이 확실하지 않으면 최고의 마부인 왕량(王良)이라고 해도

21 『염철론』「신한(申韓)」

22 『염철론』「형덕(刑德)」

말을 멀리까지 달리게 할 수는 없다. 또 밧줄과 노가 없다면 아무리 뛰어난 선장이라고 해도 배를 조정하여 강을 건널 수는 없다. 한비(韓非)는 일찍이 어떤 군주가 법제와 권세를 알지 못한다고 개탄했지만, 지금은 형법이 있음에도 여전히 법을 위반하는 사람들이 있다. 형법이 없다면 반드시 천하는 많이 어지러워질 것'이라는 것이다. 즉 법률을 완비하지 않으면 안 된다고 말하고 있는 것이다.

그렇기 때문에 어사는 필요한 법률을 늘리고 시대의 필요에 따르도록 요구한다. 그는 "옷이 해지면 새로 만들어 입고 법이 낡으면 다시 제정하는 것입니다. 고황제(高皇帝) 때에 천하가 평정된 지 얼마 되지 않았기 때문에 덕이 두터운 조칙을 발표하여 삼장(三章)의 법을 시행했지만 이것은 하나의 임시변통이었을 뿐 난세를 다스려 바르게 되돌릴 수 있는 상도(常道)는 아니었습니다. 그 뒤에 법이 점점 더 많이 범해져서 삼장의 법으로는 도저히 바로잡을 수 없게 되었습니다. 따라서 간악한 행위가 싹트자 '보형(甫刑)'이 만들어졌고… 무릇 성긴 그물로는 물고기를 잡을 수 없듯이 삼장의 법으로는 제대로 다스릴 수가 없었던 것입니다. 이런 까닭에 영(令)이 늘어나지 않을 수 없었고 법이 많아지지 않을 수 없었습니다"[23]라고 말했다. 그 의미는 '의복이 맞지 않는다면 다시 만들어야 하며 법률에 결함이 생긴다면 개혁하지 않으면 안 된다. 한의 고조가 천하를 막 평정했을 때 칙령을 발표하고 은덕을 시행하고 사죄의 법령을 하나만 시행했지만 이것은 일시적인 조치였으며 혼란을 바르게 하는 법전은 아니었다. 후에 법을 위반하는 자가 차츰 많아지고 소송이 엄청나게 많아져서 처리할 수 없을 지경에 이르렀다. 또한 부정한 일이 끊이지 않고 발생했기 때문에, 보형이 탄생한 것이다. 그물망의 코가 크면 물고기를 많이 잡을 수 없다. 삼장

---

23 『염철론』「조성(詔聖)」

의 법만으로는 나라를 다스릴 수 없다. 그런 이유로 인해 법령을 늘리지 않으면 안 되고 법률의 조문도 늘리지 않으면 안 된다'고 하는 것이다.

유학도 법제의 필요성을 인정한다. 현량은 "궁실·수레·말·의복·기물·장례·제사·음식·음악, 그리고 진기한 기호품들은 사람의 본성상 스스로 절제하기 힘든 것입니다. 그러므로 성인은 이들에 관한 제도를 만들어서 그 무절제를 방지하였습니다"[24]라고 말했다. 이것은 저택이나 마차, 의복, 도구, 관혼상제, 음식, 가무나 취미 등은 모두 인간의 감정으로 억제할 수 없는 것이다. 따라서 성인은 제도를 정해 이것을 제한해야 한다는 것이다.

문학은 "법제와 권세란 것은 다스리는 도구이다"[25]라고 말한다. 다시 말하면 법률과 권세는 나라를 다스리는 도구라고 말하는 것이다. 또 "백성들이 법에 기대는 것은 마치 물고기가 물에 의지하는 것과 같습니다"[26]라고 말했다. 이것은 백성이 법률에 의지하는 것은 물고기가 물에 의지하는 것과 같다고 하는 것이다.

그러나 현량과 문학은 법제와 도덕교화를 모두 실시할 것을 주장했다. 문학은 "영(令)이란 가르치는 것이니 그것으로 백성을 인도합니다. 법이란 형벌을 가하는 것이니 그것으로 흉포함을 금합니다. 이 두 가지는 나라를 잘 다스리게 할 수도 있고 어지럽게 할 수도 있는 도구이니 나라가 존속하거나 멸망하는 결과는 오직 윗사람이 이 도구들을 어떻게 사용하는가 하는 문제에 달려 있습니다"[27]라고 말했다. 그 의미는 영은 백성을 이끄는 교화이며 법률은 흉포한 행위를 금지하는 형벌이다. 양자는 나라를 다스리는 도구이며 국가의 존망을 결정

---

24 『염철론』「산부족(散不足)」

25 『염철론』「형덕(形德)」

26 『염철론』「조성」

27 『염철론』「조성」

하는 효과가 있다. 모든 것은 조정이 이것을 어떻게 사용하는가에 달려 있다는 것이다.

물론 법제와 도덕교화 두 가지 중에서 현량과 문학은 도덕교화를 더 강조하고 있다. 문학은 "법은 사람에게 형벌을 가할 수는 있지만 청렴하게 만들 수는 없으며 사람을 죽일 수는 있지만 어질게 만들 수는 없습니다. … 양리(良吏)를 귀하게 여기는 까닭은 그가 악이 싹트기 전에 미리 그 단서를 제거하여 악한 행동을 하지 못하게 할 수 있기 때문이지, 그가 백성을 감옥에 가두어 형을 집행할 수 있기 때문이 아닙니다"[28]라고 말했다. 이것은 법률은 사람에게 처벌을 가할 수 있지만 사람을 청렴결백하게 할 수는 없다. 또 사람을 처형할 수는 있어도 사람에게 인의를 중시하도록 시킬 수는 없다. 좋은 관리가 소중한 것은 나쁜 일이 발생하기 전에 그것을 소멸시켜 사람에게 나쁜 일을 시키지 않는다는 점에 있으며, 범인을 감금하고 형벌을 가하며 처형하거나 하는 점에 있는 것은 아니라는 것이다.

문학은 또 "법령이란 것은 악행을 다스리는 도구일 뿐이지 지극한 다스림을 이룰 수 있는 수단이 될 수는 없습니다. 이런 까닭에 옛날의 명왕(明王)은 그 덕교(德敎)를 융숭하게 하고 그 형벌은 느슨하게 하였습니다"[29]라고 했다. 다시 말하면 법률은 사악함을 제지하기 위한 도구이지만 나라를 다스리는 최선의 방법은 아니다. 따라서 옛날부터 현명한 군주는 모두 인덕교육을 중시하고 형벌은 많이 사용하지 않았다는 것이다.

현량과 문학은 도덕교화에 관해서 많이 논했다. 문학은 도덕교화의 필요성과 중요성을 강조하고 "부자가 서로 등지고 형제가 서로 업신여겼으며 골육이 서로 해치고 상하가 서로 죽였는데, 이는 형벌이 가볍거나 엄격하게 시행되지

28 『염철론』「신한(申韓)」

29 『염철론』「논치(論菑)」

않았기 때문이 아니라 법령은 지나치게 엄혹한데 인덕과 은혜는 베풀어지지 않았기 때문입니다. … 성인(聖人)은 이를 잘 알았기 때문에 화목하게 하는 데 힘쓰고 위세를 세우기 위해서는 애를 쓰지 않았습니다."[30]이것은 '부자가 서로 등을 돌리고 형제 사이가 냉담하고 혈육끼리 상처를 주고 윗사람과 아랫사람 사이에 서로 죽이거나 하는 것은, 형벌이 가볍거나 형벌을 가해야 하는 사람을 처벌하지 않았기 때문이 아니라 법령이 너무 엄해서 인덕과 은혜를 베풀지 않았기 때문이다. 성인은 그 도리를 알고 있기 때문에 교화에 힘을 다할 뿐 형벌로 위협하지 않는다'는 것이다. 그 때문에 문학은 "백성을 다스리는 길은 지나친 일락(逸樂)의 근원을 방지하고 도덕의 단서를 발전시키는 데 있으니, 말리(末利)를 억누르고 인의(仁義)를 선양해서 군주가 이익을 중시하지 않는다는 모범을 보인 연후에야 백성들의 교화가 이루어질 수 있고 민간의 풍속도 선량하게 바뀔 수 있다고 합니다"[31]라고 지적했다. 그 의미는 백성을 다스리는 방법은 향락과 방종을 낳는 근원을 방지하고, 사람들이 원래부터 가지고 있는 도덕적 요소를 강화하며, 상공업을 억제하고, 인의를 확산하며 그들이 경제적 이익을 추구하도록 이끌어서는 안 된다는 것이다. 이와 같이 해야만 교화를 일으킬 수 있으며 풍기를 다스릴 수가 있다는 것이다. 여기에서 상공업의 억제를 제창하고 있는 것은 물론 옳지 않지만 도덕교화를 강조하고 있는 것은 계발적인 의미를 가지고 있다.

도덕교화를 어떻게 하는가에 관해 현량과 문학은 처음에는 선(善)을 따른다는 원칙을 제창했다. 환경윤리의 선에 따른다고 하는 원칙은 사람들이 환경과의 관계 속에서 무엇을 해야 하는지, 혹은 어떤 행위가 정당한 것인지를 규정하는 것이다. 현량은 "현명하고 유능한 이를 사모하면서 쉬지 않고 선(善)을 좇

---

30 『염철론』「주진(周秦)」

31 『염철론』「본의(本議)」

는다면, 주(周) 성왕(成王)과 강왕(康王)의 시기와 같은 태평성세의 풍속을 이룰 수 있고 당우(唐虞)의 도에 이를 수 있을 것입니다"[32]라고 말했다. 이것은 현인과 성인을 생각하고 그들의 덕행을 공경하고 기리며 그치지 않고 좋은 정사를 펼친다면, 주나라의 성왕과 강왕 시대의 풍속이 이루어지고 요순의 덕행에도 도달할 수 있다는 것이다.

그렇다면 대체 어떻게 하면 선을 따르는 일이 가능할까. 현량은 또 "정전(井田)을 획정하여 땅을 나누어 주고 그 부세를 가볍게 해주면 백성은 자연히 부유해집니다. 그리하여 위로는 군주와 부모를 봉양하고 아래로는 처자가 굶주리고 추위에 떠는 걱정이 없게 된다면 교화가 이루어질 수 있습니다.『논어』에 보면 염유(冉有)가 '백성이 부유해진 다음에는 무엇을 또 해야 합니까?' 하고 물었을 때, 공자께서는 '가르쳐야 한다'고 말씀하셨습니다. 덕으로써 교화하고 예로써 정제하면 백성은 자연히 의로운 행동을 하게 되고 선을 추구하게 될 것입니다"[33]라고 말했다. 그 의미는 '정전제를 고쳐 백성의 조세를 경감해 주면 백성은 부유해진다. 백성이 부유해지면 군주와 부모를 따르게 되며 굶주림과 추위 걱정이 없으므로 예법 과 도덕이 확산된다'는 것이다.『논어』에는 "사람들이 풍족해진다면 어떻게 하면 좋을까? 공자가 대답하기를 그들에게 덕을 교육하고 예를 지키게 하라"라고 말하고 있다. 이와 같이 하면 사람들은 인의로 향하고 한마음으로 선으로 향하게 된다는 것이다. 이 사상은 환경윤리의 선에 따른다는 원칙에 매우 가깝다.

다음으로 현량과 문학은 악을 버리는 원칙을 제기했다. 환경윤리의 악을 버리는 원칙이란 사람들이 환경과 접촉하는 가운데 무엇에 반대해야 하는가, 혹은 어떤 행위를 금지해야 하는가를 규정하는 것이다. 앞에서 인용한「산부족

---

32 『염철론』「집무(執務)」

33 『염철론』「수시(授時)」

편(散不足篇)」에서 예로 든 32가지의 '폐해'가 악이다. 현량과 문학이 반대하고 혐오하는 것 외에도 또 문학은 "재목을 함부로 깎아 집 짓는 자는 좋은 목수라 할 수 없고, 백성을 해쳐가면서 다스리려는 자는 좋은 관리라 할 수 없습니다. 따라서 공수자(公輸子)는 나무의 재질과 형편을 잘 이용하였고, 성인(聖人)은 백성의 본성을 거스르지 않았습니다. 이런 까닭에 도끼와 자귀는 거의 사용하지 않고 형벌에 의지하지 않았지만 정치가 바로 서고 교화가 이루어졌습니다"[34]라고 말했다. 이것은 '목재를 함부로 써서 집을 짓는 것은 좋은 목수가 아니다. 민중을 억압함으로써 나라를 다스리는 것은 좋은 관리가 아니다. 노반(魯班)은 목재에 따라 그릇을 만들며, 성인은 인간성을 거스르는 일을 하지 않는다. 따라서 뛰어난 목수는 도끼를 거의 사용하지 않으며, 뛰어난 관리는 형벌을 사용하지 않는다. 정령을 제정하면 교화는 그에 따라 잘된다'고 하는 것이다. 이 사상은 환경윤리의 악을 배제하는 원칙에 매우 가깝다.

마지막으로 승상사는 완벽한 원칙을 제창했다. 환경윤리의 완벽한 원칙이란 사람들이 환경과의 접촉 과정에서 어떻게 하는 것이 가장 좋은지를 규정하는 것이다. 그것은 인간과 환경의 조화·통일을 추구하는 것을 완전한 도덕과 이상사회의 목표로 삼는다. 승상사는 "백성들이 모두 의식이 풍족하여 궁핍에 대해 걱정하지 않게 하고, 때맞추어 바람이 불고 비가 내려 오곡이 잘 익고 명등(螟螣)과 같은 해충들이 발생하지 않게 하며, 천하가 편안하여 도적이 생기지 않고 유인(流人)이 각자 자신의 농지와 동리로 되돌아가게 하고, 관리들이 청렴하고 정직하여 삼가 자신의 직분을 다하게 하는 등, 만백성이 모두 각자에게 알맞은 사리를 얻을 수 있게 하는 방책을 얻을 수 있었으면 좋겠습니다"[35]라고 주장했다. 이것이 말하는 바는 다음과 같다. 백성들에게 의식이 풍족하여

---

34 『염철론』「대론(大論)」

35 『염철론』「집무(執務)」

빈곤에 대한 걱정이 없게 하고, 바람과 비가 순조로워 오곡이 풍성하고 해충도 발생하지 않는 상황을 만들어야 한다. 천하 사람들의 주거가 안정되고 각자의 직업을 즐길 수 있게 하면 도적도 사라진다. 떠돌아다니던 사람들도 자기 집에 돌아가 땅을 경작하게 하고, 관리는 모두 청렴결백하여 자신들의 책임을 성실하게 다하게 하며, 백성들도 자신들의 직업에 안심하고 종사할 수 있게 해야 한다.

이상의 모든 관점은 우리가 오늘날 환경에 관한 법령을 제정하는 데 큰 힘을 보태며, 엄격한 법률수단을 가지고 환경과 자연자원을 보호하는 것과 환경윤리의 연구, 생태도덕 교육, 환경보호 선전 등을 강화하고, 사회 전체가 강한 환경보호의식을 가지는 데 매우 커다란 계발적인 의의를 가진다.

제3부

일본 전통 환경사상의 현대적 의의

제1장

구마자와 반잔(熊澤蕃山)의 자연보호론

가토 히사다케(일본)

서양의 사상은 그리스도교의 천인분리, 데카르트의 심신이원론, 주관적 정신과 객관적 자연의 대립, 원자론의 요소주의이기 때문에 여기에서 탄생한 문화는 자연파괴를 불러일으키지만, 동양사상은 천인일체, 심신일원론, 주관·객관과 정신·자연의 종합, 유기적 총체주의이기 때문에 자연보호에 적합하다는 관념이 전해져 왔다. 일본에서는 이와 같은 동서 사상의 대립도식이 메이지 시대에 이노우에 데쓰지로(井上哲次郎), 이노우에 엔료(井上円了)라는 두 명의 철학자에 의해 생겨나서, 니시다 기타로(西田幾多郎)와 그 영향을 받은 사람들에 의해 계승되었고, '근대의 초극'이라는 표어로 집약되어 제국주의적 파시즘의 철학적 배경을 형성했다. 환경문제의 부상과 하이데거, 데리다의 영향을 받은 구조주의의 등장과 함께 '근대의 초극' 관념이 재평가받고 있다.

서양에도 천지호응사상이 존재했다. 하늘과 땅은 다른 소재로 완성되어 있지만 하늘의 화성은 사람의 혈액과 호응하며, 하늘의 토성은 사람의 담즙과 호응한다는 사상이 서양 자연철학의 토대를 이루고 있었다. 그 기초원리가 된 '하늘은 대우주, 사람은 소우주'라는 관념은 동양에서도 볼 수 있다. 갈릴레오, 데카르트, 뉴턴의 근대과학은 하늘과 땅은 동일한 소재로 이루어져 있기 때문에 동일한 법칙에 따른다는 개념이며, 이것도 일종의 천지일체사상이다. 따라서 서양사상은 모두 천인분리라는 원리에 근거해 성립한다는 판단은 근본부터 잘못되었다.

서양철학의 천인분리와 동양철학의 천인일체 관념이 나타내고 있는 것은, 동양사상의 우월성이 아니라 무슨 일이 있어도 서양사상을 이원론적인 대립구조에 끼워 넣어버리려는 생각이며, 거기에서 볼 수 있는 것은 서양에 대한 열등감 이외에는 없다.

불교의 한 승려는 돼지고기를 먹을 때에도 자연에 대한 감사의 마음을 잊지 말라고 말했다. 한 그루의 나무, 한 포기의 풀에도 불성이 있다고 한다면 식물조차도 먹어서는 안 된다는 실천적인 지침이 나와야 할 것이다. 그러나 한 그루의 나무, 한 포기의 풀에도 불성이 있다는 감사의 마음을 가지고 밥을 먹고, 돼지고기를 먹는 것이 소중하다고 한다면, 어떤 자연파괴에도 자연에 대한 감사의 마음만 가지고 있으면 된다는 인식은 결국 끝없는 자연파괴로 이어질 것이다. 그러므로 감사의 마음을 가지지 않고 돼지고기를 먹는 고양이와 감사의 마음을 가지고 돼지고기를 먹는 고양이와는 차이가 있다고 믿는 관념론보다도, 어느 쪽도 먹는 것에 차이가 없다고 믿는 유물론이야말로 자연보호에 도움이 된다. 중요한 것은 일면적인 자연과의 일체의 감정을 입으로만 말하는 것이 아니라, 자연보호와 자연이용의 한계를 합리적으로 정하는 것이며, 또 자연보호를 위해 무엇을 희생하면 좋을까를 확인하여 실천하는 것이다.

구마자와 반잔(熊澤蕃山, 1619~1691)은 다음과 같은 질문을 던졌다. "산천은 나라의 근본이다. 최근에 산이 황폐해지고 강은 얕아졌다. 이 나라가 크게 황폐해졌다. 옛날부터 이와 같이 되면 난세가 되며, 백 년 이백 년이나 계속된 전국시대에 사람들이 많이 죽고, 게다가 병사들이 군량미가 없어 사치할 힘도 없으며, 임목, 장작을 채취하는 일도 많이 줄어들고, 집과 절을 만드는 일도 할 수 없는 동안, 산은 원래대로 울창해지고 강도 깊어진다고 말할 수 있다. 난세를 기다리지 않고 정치에서 산이 울창해지고 강이 깊어지는 일이 있을까."[1]

"산천은 나라의 근본이다"라는 말에는 치산치수와 삼림보호가 하나로 간주되고 있다. 그리고 자연 그대로 방치하는 것은 그 나름대로의 해결책이라고 한다. 난세가 되고 백 년이나 이백 년이나 전국시대에 사람이 많이 죽고 군대의 군량미가 부족하면, 기세를 마음껏 발휘할 힘도 없어져서 나무와 장작을 하는 일도 매우 드물고, 절을 짓지도 못하는 사이에 산은 원래대로 울창해지고 강도 깊어진다. 문제는 어려운 시대를 기다리지 않고 올바른 정책에 의해 산을 울창하게 하고 강이 깊어지게 하는 것은 불가능한 것인가 하는 점에 있다.

이 문답에는 자연보호와 환경문제의 가장 기본적인 문제가 제시되어 있다. 환경 악화, 자원 고갈과 같은 사태가 되었을 때 방치하면 그 나름대로 해결은 얻을 수 있다. 인간은 석유의 마지막 한 방울을 구하기 위해 서로 죽일지도 모른다. 열악한 환경에서 살아남기 위해 과거의 문화유산을 모두 방기할지도 모른다. 오직 살아남기 위해서라면 현재의 인류의 인구가 반으로 줄어든 시점에서 인간은 다시 행복한 생활을 시작할지도 모른다. 그것도 해결책의 하나이긴 하다. 그러나 최악의 해결이다.

1654년, 오카야마번(岡山藩)에서는 가뭄이 계속된 후 대홍수가 발생하여 땅이 유실되고 붕괴된 집이 무사가옥이 439채, 가장 낮은 계급의 무사가옥이 573채, 시가지의 가옥이 443채, 농가가 2284채에 이르고 황폐해진 전답이 1만 1060석, 행방불명되거나 죽은 사람이 156명, 이어서 대기근이 발생하여 굶어 죽은 사

1 구마자와 반잔, 『대학혹문(大學或問)』「일본사상대계」 제30권(岩波書店), 432쪽.

람이 3684명이었다.[2]

반잔은 홍수의 원인이 새로운 농지 개발, 신사와 절의 신축, 염전, 도기를 제조하는 데 드는 연료 소비 등에 의한 삼림벌채에 있다는 것을 간파했다. 치산치수를 목적으로 한 토목공사, 산림에 대한 과세를 폐지함과 동시에 새로운 농지 개발을 멈추는 것이 그의 중요한 정책이 되었다. 그는 삼림정책이 모든 정책의 기본이 되지 않으면 안 된다고 주장했다.

여기에는 '백 년'이라든지 '이백 년'이라는 매우 오랜 기간에 걸친 경위가 배후에 있다. 삼림보호는 결코 '근대화'에 대항하는 조치로써 생겨난 것이 아니라, 이미 메이지 이전의 사찰과 신사의 건립, 축성, 개간, 광산 개발, 염전, 도자기 제조에 의해 필요하다고 간주된 정책이었다. 구마자와 반잔은 각지의 삼림정책에서 배운 실무가임과 동시에 이론가이기도 했으며, 그가 주자학의 자연관과 삼림보호 정책을 관련시켰다는 점에서 그의 사상이 미래지향적임을 알 수 있다.

반잔은 나카에 도쥬(中江藤樹)에게 사사했지만 그는 거의 독학으로 주자학과 양명학을 공부했다. 그가 "책을 읽지 않고 마음을 다스리는 법을 연마하는 데는 3년이 필요하다"라고 회상하는 것처럼 책보다도 정신단련에 뜻을 쏟고 있었다. 반잔은 오카야마(岡山)의 이케다 미쓰마사(池田光政)를 섬기면서 재해대책 등에서 매우 뛰어난 솜씨를 발휘했다. '거지, 비인(非人)[3]도 없는 국가의 안정'이라는 이케다(池田) 영주의 사상을 뒷받침한 것은, 부모 시대부터 계속해 왔던 낭인생활에서 가난의 밑바닥을 경험한 반잔의 현실주의적인 복지사상이

---

2 『집의화서(集義和書)』「일본사상대계」 제30권(岩波書店) 해설, 484쪽.

3 [옮긴이 주]: 에도시대에 천민과 함께 사농공상의 아래 신분인 피차별계층 또는 그에 속하는 사람을 말한다. 주로 유예(遊藝)나 형장의 잡역 등에 종사했다. 메이지4년(1871)의 태정관(太政官)의 포고로 법적으로 평민이 되었으나, 사회적 차별은 여전히 존재했다.

었다. 구마자와 반잔은 재해를 입은 농민의 보호정책에 솜씨를 발휘했을 뿐만 아니라 재해의 원인이 된 삼림의 황폐에도 관심을 가지고 주자학과 양명학의 사상에서 자연보호의 원리를 이끌어 냈다.

"만물일체라고 말하고 초목, 국토 모두 부처라고 말할 때는 같은 이치처럼 들리는데요"라는 질문에 반잔은 이렇게 대답한다.

> 만물일체란 천지만물 모두 대허(大虛)라는 일기(一氣)에서 생겨나는 것이기 때문에 인자(仁者)는 한 그루의 나무, 한 포기의 풀도 그 때가 아니고 그 이치에 맞지 않으면 자르지 않습니다. 이른바 날고 물속에 있고 움직이며 달리는 것, 즉 새, 짐승, 벌레, 물고기도 그러합니다. 초목이 강한 햇빛에 시드는 것을 보고 있으면 우리의 마음도 시드는 것과 같습니다. 비와 이슬의 혜택을 얻어 푸릇푸릇하게 자라는 것을 보고 있으면 우리의 마음도 기쁩니다. 이것이 만물일체의 표시인 것입니다.[4]

자연물에 관해서는 먼저 이용도 파괴도 하지 않는다는 원칙이 있다. 적절한 시기와 이유가 있을 때에 한해서 이용이 인정된다는 것이다. 이는 자연과 인간이 근본적으로 하나라는 원리에 토대한 것이다.

"사람은 작은 몸체의 하늘이며 하늘은 큰 몸체의 사람이다."[5] 자연은 매크로코스모스, 즉 커다란 인간이며 인간은 마이크로코스모스, 즉 작은 자연이다. 이와 같은 매크로코스모스와 마이크로코스모스의 대응과 호응이라는 사상은, 서양에서는 파라켈수스(1493~1541)의 것이 유명하지만, 그리스 말기부터 스토

---

4 구마자와 반잔, 『집의화서(集義和書)』「일본사상대계」 제30권(岩波書店) 해설, 13쪽, 「일본의 명저」 11권(中央公論社), 180쪽 참조.

5 같은 책.

아주의, 르네상스를 비롯해 계보를 거슬러 올라가면 괴테에까지 이를 수 있다. 예를 들면, 내가 개를 때리면 그 개 안에는 옛날 친구가 있을지도 모른다. 소고기를 먹으면 그 속에 나의 아버지가 있을지도 모른다. 원시적인 애니미즘에서 생겨난 자연철학이 세련된 형태가 되면, 동양에서도 서양에서도 마이크로코스모스와 매크로코스모스의 동형성이라는 관념이 된다.

천지자연의 이법과 인간과 사회의 도덕이 궁극적으로는 동일한 것이라는 관념은 동양에서는 주자학이라는 형태로 정착해 있었다. 거기에서 적극적으로 자연보호의 기초를 부여했다는 점에 반잔의 특색이 있다. 그것은 반잔이 단지 책상 앞에만 있는 저작가가 아니라 오카야마번의 이케다 미쓰마사를 섬기고, 실무자로서 번(藩)의 정무를 이끌었던 실적과 관련되어 있다.

그보다 약 90년 늦게 안도 쇼에키(安藤昌益, 1703~1761년으로 추정)가 탄생한다. 반잔으로부터 쇼에키에게로 영향이 전해졌는지 어떤지 정확하지는 않지만, 내용상의 연속성은 인정된다. 반잔은 농업의 생산에서 멀어진 무사를 농업에 다시 복귀시키는 것이, 일본의 대외적 방위를 다하면서 무가사회의 틀 속에서 번영을 도모하기 위해서는 반드시 필요하다고 믿었다. 그의 현실주의의 시선에서는 일하지 않는 무사의 수가 일하는 농민에 비해 상대적으로 늘어나면, 국력이 피폐해지는 것은 당연한 것이었다. 이러한 시선을 철저히 고수하면, 대개 직접적으로 농사에 종사하지 않는 자는 모두 잘못이며, 직접 경작하는 자만이 올바르다는 과격한 직접 생산주의가 된다. 쇼에키가 주장한 '직경(直耕)'사상은 반잔의 '농병(農兵)'사상의 연장선상에 있다.

또 반잔은 성인의 가르침을 유일한 정당성의 근거로 보는 유교의 학문체제에서, 성인의 말을 형식적으로 다루는 것이 아니라, 시대(時), 장소(所), 사회적 입장(位)에 걸맞게 취사하는 궁리를 해야 한다는 해석 방법을 제안했다. 이에 대해 쇼에키는, 성인의 가르침이 근본적으로 잘못되었다는 입장에 서지만, 이러한 입장을 경전 근본주의의 붕괴 과정으로서 고찰하면, 여기에서도 반잔과 쇼에키는 하나의 선 위에 나란히 선다.

반잔은 삼림을 보호하고 쌀의 수확을 늘린다는 원칙에서 정책을 결정한다. 그러나 쌀의 수확을 늘리기 위해서 새롭게 농토를 개발한다든지, 금전을 얻기 위해 요업, 염전을 개발하는 것에 반대한다. 일본의 경제사학자들은 이와 같은 반잔의 태도를, 근대화를 적대시하고 자연주의적인 농법을 고집하는 단순한 보수주의자로밖에 평가하지 않았다. 그러나 삼림의 재생을 유지할 수 있는 한도에서만 개발해야 한다는 한계 설정에서 드러나는 합리성은 지구 규모에서 보면 철저히 옳다.

현대적인 자연보호의 시점에서 보아 뛰어난 동양사상은 재평가해야 할 것이다. 그러나 서양사상의 한계를 극복하고, 동양의 천인일체사상을 되찾는 일 없이 자연보호는 불가능하다고 하는 정신주의의 주장이 옳다고 한다면, 인류는 영원히 자연보호에 성공하지 못할 것이다. 문제는 자연보호의 합리적인 기준을 어떻게 정할 것인가 하는 것이다.

나는 환경윤리학의 원칙으로서 다음 세 가지의 항목을 제안한다. ① 지구의 생태계라는 유한한 공간에서는 원칙적으로 모든 행위가 다른 사람에 대한 위해의 가능성이 있으므로, 윤리적 통제의 토대에 두며, ② 미래 세대의 생존조건을 보증해야 한다는 책임이 현재의 세대에 있는 이상, ③ 자원, 환경, 생물의 종, 생태계 등 미래 세대의 이해에 관련된 것에 관해서 인간은 자신의 현재 생활을 희생해서라도 보존해야 할 온전한 의무를 진다.

인간 이외의 생물을 보호하는 것에는, ① 장래의 이용을 위한 보호, ② 인간을 위협하는 위험의 접근을 알리는 지표로서 보호(카나리아주의), ③ 지능이 높은 생물을 인격(person)으로서 보호, ④ 모든 생물의 종을 무조건적으로 보호하는 사고방식이 있다.

① 장래의 이용, ② 인간에 대한 위험의 접근을 알리는 지표, ③ 지능이 높은 생물이라는 관념은 인간중심적이다. 여기서는 자연을 인간에게 좋은 조건을

제공하는 '이용가치(instrumental value)'로 평가하고 있다. 반면에 ④ 모든 생물의 종을 무조건적으로 보호하는 사고방식에는 자연은 그 자체로서 지켜야 하는 소중한 것이라는 '내적 가치(intrinsic value)'의 관점이 있다.

예를 들면 시장경제 체제는, 처음에는 '국부(wealth of nations)'를 풍부하게 하는 '이용가치'로 평가되지만, 이윽고는 '내적 가치'를 가지는 보호대상이 된다. "누구나 정의의 법을 위반하지 않는 한, 자기 자신의 방식으로, 자기 자신의 이익을 추구하고, 자신의 노동과 자본을 다른 누구의 것과도 완전히 자유롭게 경쟁할 수 있다."[6] 이런 의미의 '완전한 자유'가, 이용가치에서 내적 가치로 전환되어 간다. 자기 자신의 방식으로 자기 자신의 이익을 추구하는 완전한 자유가, 국가의 부를 증대시키는 수단이기 때문에 좋다고 인정하는 단계에서, 그런 자유가 인간이 살아가는 방식으로서 아무래도 필요하다고 인정하려는 단계로 나아간다.

같은 현상이 자연에 관해서도 일어난다. 요즈음 인간은 자연이 손상되면 인간의 건강을 해칠 수도 있다는 이유로 자연보호를 호소하고 있다. 이것은 자연의 이용가치를 인정하는 입장이다. 이 사고방식은 아무리 해도 '자연 그 자체가 소중하다'는 관점으로 보지 않고 결국 '인간을 위한 자연'이라는 이용가치의 관점에 머물고 만다. 이 한계에서 벗어나서 자연의 가치를 이용가치로부터 내적 가치로 전환하는 것이, 이후의 지구 규모의 문화에 부여된 과제이다. 자연이 그 본래의 생명력을 발휘하여 생기 있게 살아가는 것이 인간에게 도움이 되기 때문에 좋다는 인식의 단계로부터, 그 자체로 소중하기 때문에 설령 자신의 이익을 희생해서라도 지키지 않으면 안 된다고 하는 인식의 단계로 나아가는 것이 자연을 지키는 데 꼭 필요하다.

---

6 A. 스미스, 『국부론』

동양사상이 자연보호에 좋은 영향을 준다면, 그 사상을 서양사상을 배격하기 위해 사용하는 것이 아니라, 동서의 사상 모두가 인간에게 자연이야말로 내적 가치를 가진다는 것을 설득하기 위한 힘을 발휘한다는 점에 있을 것이다.

제2장

안도 쇼에키 자연사상의 현대적 의의

이즈미 히로유키(일본)

오늘날 자연과 인간의 모순은 날로 심각해지고 있다. 그 원인인 합리주의와 자본주의는 계몽시대라고 불리는 18세기에 기원을 둔다. 이 사상과 경제에서의 두 가지의 원인은 유럽에서 생겨났는데, 그 모태가 된 그리스도교의 인간관이 인간의 자연에 대한 특권적인 위치를 보증해 주었다.

르네상스 시대에 싹터 18세기에 본격화된 인간의 신으로부터의 독립과 과학주의의 대두는 자연을 객관화시켜 종속·지배할 수 있다는 교만한 착각을 한층 가속시켰다. 시험 삼아 세계의 사상가들의 출생과 사망연도를 일람표로 정리해 보면, 18세기에 가장 집중되어 있다는 것을 알 수 있다. 이것은 인간의 신으로부터의 자립이라는 정신혁명의 일익을 담당했던 사상가들의 존재를 전제로 하며, 또 18세기부터가 '철학의 세기'라고 불리는 사실의 근거가 되기도 한다.

18세기를 시작으로 극동의 한편에서도 특이한 사상가가 나타났는데, 일본의 안도 쇼에키(安藤昌益,1703~1762)이다. 그는 자본주의나 그것을 비약시킨 산업혁명 이전에, 빠르게 그 위험성을 직감하고 인간의 해방과 자연과의 공생이라는 관점을 근간으로 하여 자신의 사상을 구축했다. 사실 그 후 그가 걱정하고 두려워했던 대로 역사적·경제적으로 발달하여 자연과 인간과의 모순이 극한 상태에 이르러 오늘날 다시 그의 급진적인 사상이 주목받고 있다. 이 논문에서는 동양의 전통적인 환경사상 중 하나의 상징으로서 안도 쇼에키의 자연사상을 소개하고 그 현대적 의의에 관해 생각해 보고자 한다.

1. 쇼에키와 그 시대: 쇼에키 사상의 배경

도쿠가와 막부가 시작된 게이쵸(慶長)8년(1603)부터 쇼에키가 태어난 엔로쿠(元祿)16년에 이르는 100년 동안은 오닌(応仁)의 난(1467)에서부터 시마바라(島原)의 난(1638)에 이르는 오랜 내란[이 기간 동안 분로쿠(文祿)·게이쵸(慶長)의 역이라는 조선에 대한 해외침략도 있었다]이 끝나고 드디어 얻은 평화와 간에이(寬永)16년(1639)의 쇄국정책의 완성으로 국내에 국민적 에너지가 넘치고 경제활동이 활발하게 전개된 시기였다.

이른바 엔로쿠 시대는 이런 경제성장이 그 정점에 이른 시대이다. 이 엔로쿠 시대는, 농업 생산력의 향상이나 상업적 농업의 발달에 의해 상품경제가 발달하고 상인계급이 대두한 시대이다. 상인계급의 대두와 그들의 사회적 지위의 향상은 도시의 형성과 발전을 가져왔으며, 그것을 가능하게 한 화폐경제와 유통기구의 발달은 농촌의 자급자족하는 경제를 파괴하고 농민의 빈곤과 경제의 공동화를 가져왔다.

에도 시대 초기의 100년 동안에 얼마나 고도성장이 일어났는지는 이 시기 동안 인구의 급증으로 미루어 짐작할 수 있다. 당초 1,000만 명이었던 일본의 인구가 이 시기인 100년 동안 세 배인 3,000만 명으로 급증한 것이다. 그 전제로서 경제와 생산력의 눈부신 성장이 있었던 것은 당연한 일이다. 이 시기에 대규모의 토목기술에 의해 추진된 새로운 농지 개발은 그 정점에 도달했으며, 중요한 비료인 풀로 만든 비료를 확보하는 일조차 어려워졌다. 또한 무분별한 개발은 여러 가지 자연재해를 유발하고 사회의 혼란을 조장했다. 1666년[(칸분(寛文) 6], 막부는 결국 '산천법[山川掟]'으로 불렸던 개발금지령을 발표하기에 이르렀다.

또한 이 시기에 행해진 바다와 육지 유통망의 개발과 정비는 화폐경제의 발달과 서로 어울려서 면화·양잠·쪽(藍)·홍화·연초·채소의 씨앗 등 상품작물의 생산과 특산지화를 촉진했다. 이런 먹지 못하는 농산물의 생산 증대는 결과적으로 식료품 생산의 감소와 자급자족 경제의 붕괴를 가져왔다. 그 결과, 기근 때에는 많은 기아자가 발생함과 동시에, 일상에서는 빈부격차가 확대되었고, 농촌은 피폐해지고 도시로 인구가 유입되는 현상이 초래되었다. 또한 이 시기에 일본 각지에서 빈번하게 일어난 금, 은, 동 광산의 개발로 인한 심각한 피해가 농촌 지역에 발생하고 있었다.

이와 같이 에도 시대 초기 100년 동안, 히데요시가 행한 무사 이외의 사람, 즉 농민 등으로부터 무기 몰수에 의한 병농분리(兵農分離), 고쿠다카제(石高制)[1]의 도입, 도량형의 통일 등 천하통일에 의해 사회와 경제 체계가 구축되었다. 그 위에 이에야스(家康)[2]에서 쓰나요시(綱吉)[3]에 이르는 역대 쇼군에 의해 실현

1 [옮긴이 주]: 근세 일본에서 토지의 생산성을 쌀의 생산력으로 환산하여 표준화한 제도

2 [옮긴이 주]: 일본의 전국시대(戦国時代)에 몇 개 군 또는 몇 개국의 규모의 영역을 지배한 다이묘(大名), 즉 센고쿠다이묘(戰國大名)인 에도막부의 일본 영외군(令外官)의 장군직 중 하나인 초대 정이대장군(征夷大将軍)이었던 도쿠가와 이에야스(德川家康)를 말한다.

3 [옮긴이 주]: 도쿠가와 쓰나요시(徳川綱吉)를 가리킨다.

된 막번체제의 확립, 지배자들 사이의 항쟁의 종결, 쇄국체제의 확립 등으로 국내 자급 체계가 완성되었다.

이 시기에 그때까지는 각지의 토호와 토호에 예속되어 있던 농민들이 무사로서 성 아래의 마을에 거주할 것인지 또는 농민이 되어 마을에 거주할 것인지를 강제로 양자택일(병농분리)을 하지 않으면 안 되었으며, 농촌과 도시, 농민과 무사, 생산자와 소비자가 명확하게 구분되었다. 게다가 그때까지는 토호에 예속되어 있던 농민이 부부와 아이들을 단위로 하는 자영농으로서 독립한 것, 또 골짜기와 산구석의 작은 규모였던 전답이 대규모 농지 개발에 의해 비옥한 평야로 바뀌어 농지가 확대된 것, 이 두 가지가 서로 맞물려서 농업 생산량이 비약적으로 증대했다. 이 시기가 되어서 이윽고 농민의 생활에도 여유가 생기기 시작했다. 한 마디로 말한다면 이 시대는 농민이 탄생한 시대였다. 또한 중세 이후의 소손(惣村)[4]에 의해 자치적 전통이 발전되고, 일본적인 촌락공동체에 의해 자치조직이 확립·운영된 것도 이 시기이다. 쇼에키가 말하는 '농촌자치조직[邑政]'도 지배계급에 의한 부당한 착취를 철폐하면 금방이라도 실현될 수 있는 토대가 이 시기의 농촌에 존재하고 있었던 것이다.

결론적으로 말하면, 도쿠가와 막부의 성립으로부터 쇼에키 탄생에 이르는 100년 동안은 사회적·경제적·문화적으로 큰 격동기였으며, 쇼에키가 탄생한 시대는 이런 역사의 전환점에 위치하여 그 모순이 여러 가지 형태로 드러난 시대이다.

쇼에키는 이 시대에 나타난 자연과 인간 사이의 모순이나 인간사회의 문제점을 종합적으로 검토하고, 예부터 전해오는 전통적인 학문 하나하나를 도마 위에 올려놓고 모든 것을 부정했다. 그리고 새롭게 탄생한 독립자영농민의 입

---

4 [옮긴이 주]: 소손은 중세 일본에서 백성의 자치적이고 자연적인 결합에 의해 형성된 촌락 형태를 의미한다.

장에 서서, 예로부터 전해져 온 것을 바꾸는 새로운 자연, 경제, 사회 그리고 문화관의 구축을 목표로 하며, 자연과 인간의 통일적 세계관인 '자연진영도(自然眞營道)'를 제시했다.

2. 쇼에키의 자연관: 순환과 상호작용에 토대한 조화

쇼에키는 그의 주요 저서인 『자연진영도』라는 책명이 나타내는 것처럼, '자연'을 그의 사상의 키워드로 하고 있다. 여기에서는 먼저 쇼에키에게 자연이란 무엇인가에 관해 검토하고자 한다.

쇼에키에 의하면 근원적인 존재인 토(土)는 크게 작게 앞으로 나아가고 뒤로 물러나는 자기운동(自己運動)을 발생시키고, 자기운동으로 인해 목·화·금·수라는 네 가지의 원소가 탄생한다. 또한 이 네 가지 원소가 서로 변화하면서 작용하여 여덟 가지의 기가 되며, 이 여덟 가지의 기의 순환과 상호작용에 의해 우주와 자연이라는 삼라만상이 조화와 유기적 관계 아래에서 운행된다. 쇼에키는 만물을 생육하고 분해하고 재생시킴으로써 만물의 존재 기반이 되는 토의 작용과 만물의 발성고장(發盛枯藏)을 담당하는 춘하추동의 사계절이라는 자연현상에서 목·화·금·수라는 사행을 체험적으로 이미지화한 것이다. 음양오행설에 영향을 받고, 그것에 의거한 것으로 보이는 쇼에키의 자연관은 전근대성의 한계를 잘 지적한다. 그러나 오늘날의 합리주의와 과학주의의 입장에서 쇼에키의 자연관을 받아들여 비판한다 하더라도 이렇다 할 의미는 없다. 오히려 쇼에키가 그런 시대적 제약 속에서 본래는 변증법적 성격을 가지고 있던 음양개념을 왜곡시켜 차별의 근거로 만든 지배적 이데올로기의 작위와 기만성을 지적한 것, 그리고 방향성을 달리하는 동등한 존재로서의 '진퇴'라는 개념을 새롭게 제시한 것 등 그의 진보성이야말로 높게 평가하지 않으면 안 된다.

또 오행설에 관해서도 견강부회한 속설을 배제하고, 오행설이 본래 가지고 있던 유물론적인 성격을 회복한다. 구체적으로는 진보개념을 더욱 발전시키고, 만물에 내재한 상호 변화와 상호작용[互性]이라는 뛰어난 변증법적인 개념을 확립한다. 그리고 이 호성개념을 오행설로 적용하고, 토에 다른 사행을 통괄하는, 보다 근원적인 존재로서의 지위를 부여했다. 오행설을 사행설로 바꾸어서 변증법적으로 재구축한 것이다. 이것은 단지 수를 맞추는 조작이 아니라, 분명히 매우 중요한 질적 변화이다. 다시 말해서, 쇼에키는 당시 황당무계한 사변에 빠져 있던 음양오행설에, 본래 가진 변증법적·유물론적인 성격을 회복시키고 부여한 것이다. 이것이 쇼에키가 사상사에서 완수한 중요한 역할 중 하나이다.

그런데 근원적 물질인 토활진(土活眞)이 진퇴와 퇴진이라는 자기운동을 하고, 우주, 전정(轉定; 하늘과 땅을 나타내는 쇼에키의 용어), 만물이 형성되고, 삼라만상이 운행된다고 하지만, 이 '토활진'의 생성활동을 쇼에키는 '직경(直耕)'이라고 부른다.

그런데 쇼에키는 '남녀는 작지만 전정(轉定)이다'라는지, '사람은 자연의 전체이다'라고 말한 것과 같이, 전정(대우주)에 비해, 인간을 작은 전정(소우주)이라고 받아들였다. 또한 전정과 소전정인 인간은, 단지 대소 관계에 있는 것뿐만 아니라 서로 작용하고 규정하고 있다고 했다. 전정과 소전정은 상관관계가 있으며, 전정에서 '토활진'과 그 전개로서의 사행(四行)의 작용, 요컨대 전정의 직경(자연의 움직임)은 소전정인 인간 누구나 일상에서 확인할 수 있다고 한다. 모든 존재가 '토활진'이라는 근원적 존재에서 생겨났다고 하는 쇼에키의 일원론은 필연적으로 만물은 등가이며 동등한 것이라는 관점을 이끌어 낸다. 쇼에키는 이 본래의 등가·동등한 것을 인위적으로 차별하는 것을 '이별(二別)'이라 명명하고 신랄하게 비판한다.

이런 얼굴과 내장에서의 인간의 동일성은, 또한 생물로서의 인간의 먹는 행동에 관해서도 확인된다. 인간이나 동물에게 빼놓을 수 없는 음식물의 획득이 틀림없이 인간과 동물의 '직경'이다. 쇼에키가 인간의 직경, 즉 음식물을 생산하는 농업이나 그것에 종사하는 농민에게 지존한 위치를 부여하는 것은 당연하다. 쇼에키는 음식물을 얻기 위한 직경 외에, 자손을 남기기 위해 남녀가 관계를 하는 것도 직경이라고 생각한다. 쇼에키는 개체를 유지하기 위한 음식을 먹는 행위와 종족을 존속시키기 위한 생식활동을 가장 중요한 것, 근원적인 것이라고 생각한 것이다. 이상을 정리하면 다음과 같다.

쇼에키의 자연관의 특징은 첫 번째로 기일원론(氣一元論)이다. 쇼에키는 근원적 물질인 '토활진'이 시작도 끝도 없는 자기운동을 전개하여 우주의 삼라만상이 나타난다고 보았는데, 그는 이것을 '전정의 직경'이라고 부른다. 전정우주의 모든 존재는 그 토대가 일기(一氣)의 발현과 변화가 유기적으로 결합하여 구성된 것이다. 따라서 그것들에 우월과 차별은 없다고 하는 것이 쇼에키의 사고방식이며, 여기에서 철저한 평등주의를 이끌어 낼 수 있다.

두 번째로, 우주인 대전정에 대해 인간을 소전정으로 받아들이고, 농업과 남녀의 교합을 인간의 직경으로서 그 사상의 근간에 위치를 부여했다. 이것은 어느 것이나 개체와 종의 유지에서 빼놓을 수 없는 것이다. 바로 이 식(食)과 성(性)의 중시가 급진적인 농본주의와 인간관의 근거가 되는 것이다.

3. 쇼에키의 사회사상: 차별과 지배의 근절을 목표로

앞에서 말한 바와 같이, 쇼에키는 우주와 만물은 '토활진(土活眞)'이라는 일기(一氣)가 전개된 것으로, 모든 존재는 등가이며 동등하다고 보았다. 요컨대 현상으로서 확인되는 여러 가지의 변화와 차이는, 근원적인 일기가 발현되는 방식의 차이일 뿐 본질적인 것이 아니다. 쇼에키는 이 상호 관련하여 변화하는 자발적이고 유기적인 관계를 '자연', 그 자연을 전제로 한 사회를 '자연세(自然世)'라고 불렀다. 이 자연세에서 전정(轉定)의 운행에 따라 인간 본래의 운행인 직경(농업)에 애쓰고, 자연과 일체가 되어 생활하며, 이곳에는 계급과 지배 등의 부당한 차별은 없다고 한다. 한편 이런 자연 상태를 왜곡하고, 차별과 지배를 정당화하는 작위를 '사제(私制)'나 '사법(私法)'이라고 하며, 그 사법에 토대한 사회를 '법세(法世)'라고 불러 대치시킨다.

그렇다면 자연에 따라 직경에 애쓰며 지배와 착취가 없는 평등한 자연세가, 불평등한 법세로 바뀐 것은 어째서인가? 쇼에키는 그 원인을 '성인(聖人)'이라고 불리는 지배계층과 그 이데올로기에서 찾는다.

성인은 화폐제도를 창시하여 인간사회를 욕망의 세상으로 만들어 불평등과 기만을 확대했다. 그리고 쇼에키는 성인과 함께 '성석(聖釋)'이라고 일괄되는 석가모니를 바롯한 종교 지도자나 지배계층에 봉사하는 학자들도 지배와 착취를 정당화하는 '불경탐식(不耕貪食)'자라며 지탄한다.

요컨대 본래 인위적인 차별[二別]이 없는 자연을 왜곡하고 자연에 반하는 작위(사법·사제)에 의해 지배와 착취를 정당화하고 제도화한 성인이나, 이런 시배계급에 봉사하고 중인(민중)의 눈을 현혹시키는 종교 지도자나 학자 등의 불경탐식자의 기만을 쇼에키는 철저히 파헤친 것이다. 쇼에키는 이런 불경탐식자의 가르침이나 악행에 대한 부정을 '파사현정(破邪顯正)'이라고 하고, 『통도진전(統道眞伝)』이나 원고본 『자연진영도』 전반의 「학문총괄부분」에서 이런 여러 학문의 기만과 본질을 폭로하고 신랄하게 공격했다.

쇼에키는 모든 인간이 자연과 인간의 본래 관계인 '자연진영도'를 인식하고 '직경'에 애쓰며, 자급자족의 생활을 하면 착취와 차별이 없는 자연세와 같은 생활을 실현할 수 있다고 보았다. 쇼에키는 다른 사람으로부터 이익을 빼앗는 상업과, 자연을 약탈하고 파괴하는 광공업을 부정하였으며, 인간에게 필요불가결한 식료품을 생산하고 진정한 가치를 만들어 내는 산업인 농업을 중심으로 하는 제1차 산업만을 인정했다.

쇼에키는 자연을 파괴하지 않고 자연과 조화하는 삶의 방식은 농업, 임업, 어업뿐이며, 그것이야말로 기본이며, 다른 산업은 유해무익한 것이라고 주장했다. 이런 자연과의 조화와 공존을 목표로 하는 쇼에키의 사상은 현재의 핍박한 환경문제와 그것을 불러일으킨 근대화론에 대한 안티테제로서 매우 중요한 의미를 가진다. 쇼에키의 주장을 표면적 가치 그대로 받아들여, 쇼에키의 사상을 '자연으로 돌아가라, 원시로 돌아가라는 야만사상'이라고 부정하는 경향도 있지만, 쇼에키는 '자연과 인간의 관계의 원점[自然眞營道]으로 돌아가서, 인간의 원점[직경]으로 회귀하라'고 외치고 있다. 그것은 '자연과 인간의 조화와 공감이며, 지역 자연과 밀착한 인간의 영위[자급자족]의 사고방식이다.

인간의 진정한 풍요로움은 무엇인가라는 질문이 던져지고 있는 요즈음, 쇼에키 사상의 의미를 열린 마음으로 한번 다시 응시할 필요가 있지 않을까? 과학기술의 진보라든지 경제발전이라는 측면에서 본다면, 결국은 환경을 파괴하는 스스로의 목을 매고 무덤을 파고 있는 것에 지나지 않는다. 문명의 진보라는 측면에서는, 남(南)의 부(富)를 북(北)의 인간이 수탈하고 보물(자연)을 빼앗아 쓰레기로 바꾸고 있을 뿐인 것이다.

안도 쇼에키가 말하는 이별(二別)과 불경탐식의 규모가 지구적 규모로 확대되어 심각함을 더하고 있는 요즈음, 그의 사상이 현대에 던지는 질문, 즉 쇼에키의 사상이 현대에서 가지는 의미를, 오늘날이야말로 우리 한 사람 한 사람이 다시 생각해 보지 않으면 안 된다. 그리고 인간의 생활(문화)이 자연(지역·현실·생산)으로부터 멀어지고, 세계화·가상화·대량화의 정도가 심화하고, 쓰고 버리는 나쁜 풍조가 널리 퍼지고, 외적 자연뿐만 아니라 인체라는 내적 자연(마음과 몸)까지 파괴되는 현실 속에서, 우리 한 사람 한 사람이 생활 속에서 쇼에키의 직경(자아·자립·자급)의 정신을 회복하고, 새로운 자연과의 관계(자연진영도)를 구축하고, 의식과 생활 방식의 변혁(귀농·자연과의 관계 회복)을 하지 않으면 안 된다.

안도 쇼에키는 오늘날 우리가 직면한 환경문제를 250년 전에 일찍부터 예리하게 통찰하고 그 해답을 이끌어 냈다. 그것은 쇼에키의 '전인일화(轉人一和)의 직경', 곧, '자연과 인간의 조화'이며, 그리고 그것을 실현하는 길은 직경, 즉 농업을 제외하고는 없다고 했다. 그렇기에 쇼에키는 "농업의 길은, 만국·인륜·자연을 모두 갖춘 뛰어난 도로서, 천하의 큰 근본이다"라고 갈파한 것이다. 정말 쇼에키는 농업생태학의 주도자이며, 자연과 인간의 조화라는 기본 문제에 과감하게 도전한 선구자였다.

참고문헌

『安藤昌益全集』 農山漁村文化協會刊

제3장

일본 촌락의 독특한 민주주의와 환경사상

하라다 신(일본)

1. 주객합일의 감성

나는 오랫동안 일본의 농촌을 돌아보고, 농민의 이야기를 듣는 것을 직업으로 삼고 살아왔다. 먼저 그런 많은 농민의 이야기 중 몇 가지를 아주 조금이지만 소개하려고 한다.

홋카이도의 낙농가들은 말한다. "10마리이든 100마리이든 각각의 소의 기분이 되지 않으면 소를 키울 수 없습니다. 어떤 한 마리에게도 적어도 일곱 가지의 버릇은 있기 때문입니다."

야마가타(山形)현의 벼농사를 짓는 농가는 말한다. "논의 색의 농담을 보고, 그 논의 벼가 비료가 필요한지 또는 비료를 너무 많이 준 것인지 판단할 수 있습니다. 그것이 가능해야만 겨우 벼농사를 짓는 시작입니다."

시가(滋賀)현의 임업을 하는 사람은 말한다. "삼나무의 가지치기를 하다 간혹 가지치기를 잘못해서 나무껍질을 벗기거나 하면 삼나무가 '아프다'고 하는 소리가 들립니다."

그런 바보 같은 이야기가 있느냐고 말해버리면 거기서 이야기는 끝난다. 그러나 나로서는 인간과 인간이 키우는 대상물인 소와 벼와 삼나무와의 사이에 왕래하는 어떤 종류의 교류가 있다는 것에 주목하고 싶다. 그것이 키운다는 행위의 근거에 있는, 변함없는 규칙처럼 생각된다.

삼나무가 아프다고 외칠 리는 없다. 그러나 가지를 잘못 쳐서 가지의 껍질이 벗겨졌을 때 분명히 '아프다'고 하는 외침은 나온다. 삼나무로부터가 아니라, 부러뜨린 인간 쪽에서 가지를 잘못 친 순간에 그의 마음에 삼나무의 마음이 감정 이입되는 것이다. 그 자신이 아프다고 느낀다.

'소의 기분을 안다', '벼와 말할 수 있다', '삼나무가 아프다고 말한다' 이것들은 비유가 아니다. 애정의 토로에 지나지 않는다고 가볍게 말하는 것도 아니다. 키우는 사람과 그 대상물과의 사이에 투영과 재이입의 커뮤니케이션이 성립하고 있는 것이다.

이상 예시한 일본 농민의 자연에 대한 감성의 특질은, 주관과 객관과의 사이, 혹은 주체와 객체의 사이에 명확한 구별이 없다는 것이다. 자연을 대상화하여 그것을 정복한다는 서구적인 자연관과는 전혀 다르다. 대상화라는 방향과 반대로 동일화라는 방향이 작용하고 있는 것이다. 주객합일이다.

2. 자연의 자원과 그 분배

그렇다면 어째서 이렇게 되는 것일까. 그것은 일본 자연의 특질에서 유래한다고 생각할 수 있다. 일본의 농촌을 구성하는 자연적 요소는 산, 강, 바다 그리고 강물이 끌어들여진(관개된) 전답이다. 산은 보통 침엽수와 활엽수가 섞여 있으며, 물을 보존하는 능력이 높고, 또한 건축자재, 장작과 숯의 자원, 비료 자원으로서 풍부하다. '세 발자국만 걸으면 강'이라고 전해지고 있는 것처럼 일본의 강은 그 분포 밀도가 높고, 또한 '일본의 강은 폭포이다'라고 전해지는 것처럼 그 흐름이 매우 빠르다. 그 강은 삼림의 양분을 논밭으로 날랐다. 바다는 강을 매개로 하여 산의 양분을 받으며, 연안의 해산물을 풍부하게 한다. 에도 시대로부터 일본에는 어부림(魚付林)[1]이라는 보호된 산이 있었다. '산은 바다의 어머니'였던 것이다.

산-강-바다라는 순환이 농업, 임업, 어업을 영위하기 위한 기본적인 환경이며 자원이었던 것이다.

이 자원을 어떻게 서로 나눌까. 거기에 일본 문화의 발생 단계가 있다. 환경은 자원으로 이용됨으로써 보존되었다. 여기에서 자원의 상황이 다르기 때문에 지역마다 문화의 특색이 나타났던 것이다.

3. 분배와 노동의 민주주의

자원 분배의 방법에서 일본 농촌의 전통적 민주주의를 볼 수 있다. 마을의 산림은 근세(에도 시대)에서는 대부분 마을 사람들의 공유재산이었으며 공동으로 이용되고 있었다. 그와 같은 산(임야)을 '이리아이치(入会地)'[2]라고 부른다.

---

1 [옮긴이 주]: 보안림 가운데 하나를 가리킨다. 어류의 번식과 보호를 목적으로, 벌채가 제한 또는 금지되고 있는 해안 근처의 삼림을 말한다. 나무에 붙어 있는 벌레와 미생물이 물속에 들어가 먹이가 되며, 또한 수면 위에 커다란 그림자를 드리워, 어류가 선호하는 어두운 장소를 만들어 준다.

2 [옮긴이 주]: 입회권이 설정되어 있는 산림, 개척되지 않은 들판 또는 어장을 말한다.

또한 공동으로 이용할 수 있는 권리를 '이리아이(入会)'라고 부른다.

입회에는 일정한 규칙이 있었다. 예를 들면 다음과 같다.

1. 이용 기간의 규제
2. 채취 방법의 규제
3. 채취물의 매매 금지
4. 분배의 평등
5. 공동 작업의 방법

첫 번째, 이용 기간의 규제. 이것은 예를 들면 산의 풀을 베어 논의 비료로 활용하는데, 5월 5일까지는 산에 들어가서는 안 된다는 것과 같은 의미이다. 반대로 말하면, 5월 5일에는 마을 사람 전체가 산에 들어가 풀을 베는 것이다.

두 번째, 채취 방법의 규제. 이것은 특별하게 능률이 좋은 기구로 특정한 사람이 많이 가져가서는 안 된다는 것이다. 예를 들면, 낫 이상의 능률이 좋은 도구를 사용해서는 안 된다. 벤 풀을 모아서 산에 쌓아두어서는 안 된다. 이것은 또한 가족보다 많은 사람의 수, 말하자면 임시고용 따위로 사람을 고용하여 풀을 많이 베어서는 안 된다는 것이다. 또 산에서 풀을 나를 때 말 한 마리 이상을 사용해서는 안 된다는 규칙도 있다.

세 번째, 채취물의 매매 금지. 이것은 당연한 일이지만, 그 산은 공동으로 이용하는 산이기 때문에 그 자원은 마을 사람들의 공유물이다. 구성원에 의해서만 분배되고, 이용할 수 있으며, 개인의 사유물로 해서는 안 되는 것이다.

네 번째, 분배의 평등. 예를 들면, 산의 나무를 베어 장작을 만들어 그것을 마을 전체에 분배할 때 제비뽑기로 한다. 모두가 공동으로 노동하고 작업해서 만든 장작을 마을 사람 수로 나누어 어느 것이 누구 것인지를 제비뽑기로 정하는 것이다.

다섯 번째, 공동 작업의 방법. 이것은 둘로 나뉜다. 하나는 이른바 마을의 공공사업으로, 예를 들면 도로를 보수하거나 수로를 준설하는 경우에 호별로 사람 수를 할당한다. 또 하나의 공동 작업은 '모야이'[3]라든지 '유이'[4]로 전해지는 것으로, 특정 집단이 서로 노력을 제공한다. 예를 들면, 어떤 집의 지붕을 보수할 때는 몇 사람이 함께 도와주러 간다. 그리고 보수하는 순서가 금년에는 누구 집의 지붕을 수리할 것이며, 내년에는 당신의 집이다, 내후년에는 그의 집이라는 식으로 미리 결정되어 있어 그곳에 여럿이 도우러 가는 것이다.

협동조합의 국제적인 슬로건으로 "한 사람은 만 사람을 위해, 만 사람은 한 사람을 위해"가 있다. 이 슬로건은 일본에서는 에도 시대 이후부터 계속되어 왔다고 해도 좋다. 그 외 여러 가지의 규칙이 있어, 그것들은 결과적으로 환경보호에 도움을 주고 있었다.

의식적으로 의도적으로 환경을 보전하려고 해온 것은 아니다. 그런 것이 아니라, 삶을 모두가 공동으로 꾸려가는 것에 의해 환경이 보존되었던 것이다.

4. 부조와 의무에 의해 성립되는 자립사회

일상적인 문화는 근원적으로, 그 지역의 자연과 인간의 관계에 의해 형성되고 작용한다. 따라서 지금 말한 것과 같은 규칙이란, 결코 보편적인 것은 아니며 지역마다 다르다. 그 차이야말로 문화의 표현이다.

서양에서는 인간은 신의 토대에서 평등하지만, 동양에서는, 적어도 일본에

---

3 [옮긴이 주]: 공동으로 한 가지 일을 하거나 한 가지 물건을 소유하는 것을 말한다.

4 [옮긴이 주]: 동네 사람들끼리 서로 힘을 도와 하는 노동 관행, 또한 그것을 하는 사람을 가리킨다. 모내기, 벼 베기 등을 그 예로 들 수 있다.

서는 인간은 자연의 토대에서 평등하다고 나는 생각한다. 일상적인 문화는 근원적으로 그 지역에서의 자연과 인간의 관계성에서 성립한다. 자연과 인간의 관계성은 서양과 동양에서 이처럼 다른 것이다. 일본에서는 신은 하늘에 있는 것이 아니다. 산에는 산의 신이, 밭에는 밭의 신이, 바다에는 해신이 있으며, 우물에도, 부뚜막에도, 변소에조차 신이 있다. 그리고 마을에는 진수(鎭守)의 숲이 있어, 거기에 우지가미(마을의 신)가 있다. 이처럼 진수의 숲은 마을의 결합의 상징이었다. 일본의 마을은, 인간은 자연의 토대에서 평등하다고 하는 원리의 토대, 부조와 의무에 의해 성립되고 있는 자립된 사회이며, 이러한 결과로서 환경이 보존된다. 그것을 나는 일본 촌락의 독자적인 민주주의라고 하는 것이다.

사람과 사람의 관계는 자연을 매개로 하여 성립한다. 그것이 일본의 독자적인 민주주의를 낳았다. 다수결, 인권이라는 개념이 없어도 민주주의는 존재한다. 농촌이 부조와 의무에 의해 성립되고 자립한 사회였다면, 도시란 무엇인가? 그것은 관리와 권리로 성립하는 분업사회이다. 사람과 사람이(자연이라고 하는 매개 없이) 제도(법)에 의해 직접 관계하고 있는 것이다.

5. 시간을 공간화하는 공업

이상과 같은 논리의 전개에는 언제나 하나의 의문이 따른다. 농경사회였던 근세(에도 시대)에서는 통했겠지만, 공업화된 현대에서는 통용되지 않는 것은 아닐까 하는 의문이다. 그러나 공업에는 공업의, 농경에는 농경의, 각각 독자적인 논리 구조가 있어, 공업화된 사회에서도 농경에는 농경의 논리 구조가 지속한다. 그것을 생각해 보고 싶다.

요즈음의 자동차는 엔진은 엔진, 바퀴는 바퀴, 철도차량 따위의 차체를 지탱

하는 부분은 또 그것대로, 차체는 차체로 각각 만들어진다. 엔진을 만드는 것 자체에서는 수백 개의 부품을 따로따로 만든다. 그렇게 되면, 한 대의 자동차는 시간의 변화에 따라 관찰하여 얻은 값의 계열에 따라 만들어진 것이 아니라, 필시 수천 가지가 넘는 부품을 제조하는 다른 장소에서의 동시 진행에 의해 만들어진다. 절대시간(시간의 자연적인 흐름)을 가로로 잘라서 옆으로 나란히 세워놓은 것이라고 해도 좋다. 이것은 시간의 공간화이다. 이는 분업을 한층 추상화하여 받아들여 본 것이다. 그렇게 하지 않으면 공업과 농업의 차이를 원리적으로 받아들일 수 없다.

6. 공간을 시간화하는 농업

못자리에서 벼의 나락이 생장하는 동안에, 논을 직접 갈거나 대신 갈아서 모내기를 준비할 수 있다. 육묘와 흙을 파 일구는 것을 혼자 다 하는 것이 아니라 분업하여 할 수 있다. 여기까지는 자동차의 부품을 동시 진행으로 만드는(시간을 공간화하는) 것과 비슷하다. 그러나 결정적인 차이는, 자동차는 부품의 조립으로 완성되지만, 벼는 모를 논에 심는 것으로 쌀을 수확할 수 있는 것은 아니다. 생물이 생장하는 데 필요한 절대시간이 없으면 쌀을 수확할 수 없다. 부품을 조립하는 것으로 완성하는 기술은, 생물의 생산에는 있을 수 없는 것이다. 시간을 옆으로 세워버린다고 하는 의미로의 시간의 공간화는 생물의 생산에서는 성립하지 않는다. 반대로, 이 과정은 공간의 시간화로써 실현한다.

공간의 시간화란 과거에 투하된 노동이 현재에 살아 있다는 것이다. 할아버지 시대에 개간된 밭이 아버지의 정성에 의해 지금, 비옥한 경지로 존재하고 있다. 그 경우, 할아버지나 아버지의 공간은(즉, 과거는), 비옥한 경지로서 현재와 동시에 존재한다. 혹은 60년 후의 벌채를 예상하고 산에 삼나무를 심는다.

이 경우 현재라는 공간은 절대시간을 거쳐 찾아오는 미래의 공간과 동시에 존재한다. 과거와 현재, 혹은 현재와 미래의 동시존재, 이것이야말로 농업에서 공간의 시간화이다.

공업은 시간을 병렬시키는 것에 의해 시간을 공간화하고, 농업은 공간을 쌓아올리는 것(혹은 공간에 시간을 담는 것)에 의해 공간을 시간화한다. 이와 같은 농경의 논리는 농경이 어떤 본질적인 변질을 일으키지 않는 한 계속될 것이다.

그런데 공간의 시간화는 지금 목표로 간주되고 있는 '지속적 개발'과 '환경보전'을 보증한다. 왜냐하면 지속적이든 보전이든, 모두 절대시간의 개념이기 때문이다. 마찬가지로, 시간의 공간화가 지속과 보전을 파괴한다. 그리고 공간을 시간화하는 운영을 하는 사람들에게 '기다린다'라는 철학이 생기는 것 또한 당연하다.

7. 결어

다시 농경사회인 에도 시대로 되돌아가자. 이 시대에 엄청난 수의 '농사 관련 서적'이 집필되며, 어떤 책은 전국에 유포되고, 혹은 지역 내에서 읽혀지고, 혹은 이른바 '가훈'으로서 대대로 계승되었다[농산어촌문화협회에서는 그것들을 그대로 인쇄하여 출판하고 현대어로 번역한 것을 병기하여 계속 간행하고 있는데, 그 권수는 70여 권(3만 쪽), 문서 수는 300여 점에 이른다].

내용은 농업기술(임업, 축산, 어업, 토목을 포함), 가공기술, 농사일지, 농촌진흥, 개발과 보전, 재해와 부흥의 기록, 본초구황(本草救荒), 가사 등 다채롭다. 어느 것이나 '기다림'의 철학, 공간의 시간화의 기법이 충만하다.

1776년, 쓰가루(津輕)[현 아오모리(青森)현]의 농부인 나카무라 요시도키(中村喜時)가 70세에 저술한 『농사짓는 이야기(耕作噺)』는 주로 벼농사에 관한 농사

서적이다. 이 책은 "여름의 일은 겨울에 있고, 가을의 일은 봄에 있다"라고 말하고, "아오모리는 봄이 늦고, 가을은 이르며, 게다가 여름은 철이 아닌 찬 기운이 발생하는 지역이기 때문에, 풍토를 잘 아는 것이 필요하다"라고 하며, 오랜 시간의 관찰에 의한 지식과 견해를 기록한 것이다. 이 책의 결어는 다음과 같다.

> 몇 년이나 그 토지의 마음(성질)을 알 수 없는 밭도 있었지만, 경작하고 비료를 주고, 작물이 자라는 것에 마음을 주며 해가 지나는 동안, 점점 그 마음을 알 수 있었다. 작황이 나쁜 밭을 마음을 다해 좋게 만들어 가는 것만큼 재미있는 일은 없다.
> 토지마다 좋아하고 싫어하는 것도 차츰 알 수 있게 되었으며, 해마다 좋은 수확을·할 수 있는 정도의 즐거움이 이 세상에 있을까. 잠이 들어도 잠에서 깨어도 농사짓는 이야기는 질리는 법이 없으며, 노인의 부끄러움, 글을 잘 못 쓰는 것도 잊고 농사짓는 이야기를 기록으로 남긴다.

또 앞의 글은 다음과 같은 것이다.

> 일본 전국을 돌아다녀도, 꽃의 도시 교토, 꽃의 에도, 오사카, 나고야라도, 태어나 살고 있는 곳보다 좋지 않으며, 또한 나라의 여기저기를 돌아다녀도, 성 아래의 마을[弘前]이나 큰 마을[鰺澤]의 시끄러움도, 태어나서 자란 곳으로 삼는 일 없다. 나라의 곳곳을 구경하러 돌아다녀 보았지만, 어떤 곳의 절의 본당은 파괴되어 있었으며, 새가 사는 기둥의 뿌리는 썩고, 마을에서 떨어진 곳의 집들도 가난한 것처럼 보인다. 내가 사는 마을도 사람들이 보면 이와 같을 것이다. 그렇다고 산속의 제사를 모시는 곳에서 법회를 개최하고, 술을 올려 마을 전체의 번창과 안전을 기원하고, 다른 것은 생각할 여념 없이, 법회를 할 때마

다, 논이나 밭의 경작 방법을 서로 의논하고, 서로의 생각을 이야기한다.

여기에서 볼 수 있는 것은 근세 서민의 열려진 토착주의이다. 수도와 도성 아래가 아무리 활기차다 한들 역시 태어난 곳이 제일 좋다. 다른 곳의 사람들이 보면 가난하게 보이지만 사실은 우리가 다른 곳을 보면 역시 궁색한 것처럼 보이기 때문에, 마찬가지로 다른 곳의 사람도 '태어난 곳에 미치지 못한다'고 생각하고 있을 것이다. 그런 이유로 이 토착주의가 나오는 것이다.

여기에서는 지역주의에 입각한 환경사상의 근원과, 그것을 지탱하는 민주주의를 볼 수 있다. 이와 같은 의식구조는 '공간의 시간화'와 '기다리는 철학'에 기인하며, 거기에 주객합일의 세계가 성립하는 것이다.

제4장

일본의 자연관과 현대 환경사상

이마니시 킨지의 자연관 검토를 중심으로

오제키 슈지(일본)

1. 서언

이 소논문에서는, 전통적인 일본적·동양적 자연관을 적극적으로 현대의 환경사상으로서 활용하는 경우, 우리가 어떤 시점에서 접근해야 할 것인지 생각해 보고자 한다. 필시 대부분의 전통사상에서 볼 수 있는 자연과 인간의 합일이라는 자연관과 인생관을 적극적으로 강조하더라도 그것만으로는 다음과 같은 반론이 제기될 것이다. 요컨대, 그것들은(전통적인 일본적·동양적 자연관) 근대과학 이전의 것으로 과학적 시점에서 이미 극복된 것이며, 설령 문학적이나 시적 가치는 있어도 과학적이나 사상적 가치는 없는 것이 아닌가라는 반론이 있을지도 모른다. 혹은 전통사상을 강조하는 것은 근대 이전으로의 회귀를 칭찬하게 되는 것으로 발전에 역행하는 자세이며, 근대과학의 적극적인 면에 입각하여 미래를 전망하는 현대 환경사상을 구상하지 않으면 안 되는 것이 아닌가 하는 의문이다.

따라서 이런 비판이나 의문을 고려해서 결론적으로 말하면, 나는 일본적이며 동양적인 자연관을 서구적 자연관에 대치하여 자연과의 친화성 등을 칭찬하는 데 그치는 것이 아니라, 다음과 같은 태도가 필요하다고 생각한다. 일본적이며 동양적인 자연관에서 축적된 실제적이고 합리적인 발상을 과학적 사고와의 긴장 관계 속에서 음미하면서, 서구 근대 자연관의 원리적 문제점이나 한계를 극복해 나가는 데 기여할 수 있게 함과 동시에, 자연과 인간의 공생을 가능하게 하는 탈근대적인 새로운 자연관의 형성에 도움이 되게 하는 태도가 중요하다고 생각한다. 그래야 과학의 발전에도 기여할 수 있다고 생각한다. 이것을 다음에서 이마니시 킨지(今西錦司)의 연구를 예로 들어 생각해 보고자 한다.

현대 일본의 저명한 생물학자인 이마니시 킨지는, 일본의 고도인 교토 서진(西陳)의 상인 집안에서 태어나, 소년 시절부터 나비를 좇아 교토의 북산(北山)을 돌아다녔다. 그리고 나중에 히말라야 원정을 다녀오고 아프리카까지 탐험의 영역을 넓혔다. 그는 당시 대장 역할을 할 수 있을 정도의 등산가이기도 했다. 그는 등산이나 낚시 등의 실천적 체험을 통해 자연, 특히 일본의 자연과 매우 친했다. 등산과 낚시 등을 실천하는 체험을 통해 그는 자연을, 특히 일본의 자연을 이해하기 시작했고, 이는 나중에 구미 과학자들의 관점을 비판하는 배경을 이루고, 또한 그의 자연관을 형성했다. 20세기가 끝나려고 하는 오늘날에는, 서구 근대 자연관의 상대성은 이른바 상식에 가까운 것이 되었지만, 이마니시의 최초 저서인 『생물의 세계』가 집필된 1941년 무렵에는, 과학 이외의 사상과 문화의 영역에서는 말할 것도 없이 과학적 논의의 영역에서는 작은 부분까지 구미의 근대적 자연관의 틀 속에서 연구가 행해지고 있었다. 이마니시 킨지의 다양한 업적은 그의 독특한 자연관을 배경으로 하여 이루어졌다고 말할 수 있지만, 때때로 지적되는 것처럼 그것은 일본적 자연관의 특징이 강하게 드러난 것이었다.[1] 소위 일본적이나 동양적인 자연관이 과학적 자연관과 대치되며, 거기에는 비합리적 요소가 적지 않게 있다고 생각하는 사람들도 많다. 그러나 이마니시 킨지의 경우에 단적으로 나타나는 것처럼, 그런 사상은 근대 과학의 배경인 서구 근대 자연관의 단면적인 합리성이나 한계성을 초월함과 동시에, 과학의 발전에 공헌할 수 있다.[2] 그는 바로 이런 기초에서 독특한 의미를 가진 일련의 모든 개념('거주지 분리', '유추', '종의 사회', '주체성' 등)을 생각해냈다. 이런 개념들은 이른바 전통적인 일본적 자연관으로부터 양분을 얻음과 동시에, 과학적 사고의 엄격한 검증을 거쳐 생겨나고 발전했다는 점에서 주목받는다.

따라서 현대 환경문제의 심각성과 함께 등장한 환경사상, 특히 환경철학에서 탈근대적인 자연관과 인간관의 형성이 문제가 되고 있지만,[3] 이 점에서 이마니시 킨지의 자연관, 특히 생물적 자연관과 그 구성 개념은 중요한 현실적 의미가 있다는 것은 의심할 바 없다.

그의 생물적 자연관을 검토하기 전에, 먼저 일본적 자연관과 가까운 관계에 있다고 생각되는, 이마니시의 '유추(類推)'와 '의인주의(擬人主義)'라는 인식 방법[4]에 관해 살펴보기로 하자.

---

1 丹羽文夫『日本自然觀的方法』農文協, 1993

2 大串龍一『日本的生態學-今西綿司及其周邊』東海大學出版會, 1992年 池田清彦『構造主義和進化論』海鳴社, 1989年

3 詳見尾關編『環境哲學的探究』大月書店, 1996年

4 筱原徹『共感與類推的民俗自然志-從擬人法中看柳田國男與今西錦司』,『神奈川大學評論』, 23號, 1996年

2. '유추'와 '의인주의'

이마니시 킨지의 자연관에 의하면 우리의 세계는 무생물, 생물로 구분되며 그중 생물은 식물, 동물, 인간이라는 여러 가지로 성립되어 있지만, 원래는 하나의 사물에서 분화되고 발전된 결과로 생겨난 것이다. 따라서 이것들은 '유연(類緣)'관계를 통해 묶여 있다고 생각한다. 여기에 우리가 세계를 인식할 수 있는 가능성이 있으며, 이마니시의 경우, 이 인식은 '유추'로 간주된다. 그러나 그의 관점에서, 유추는 단순한 사고 작용이 아니라, "우리가 사물의 유연관계를 인식할 때 나타나는 우리 주체 반응의 표현이다."[5]

그의 '관찰'의 특징은 근대 생물학의 관찰과 같이 생물을 마치 '자동기계'인 것처럼 객체화하고 '의물화(擬物化)'하여 분석하는 것이 아니라, 어디까지나 자신과 같은 생물로 다루고, 의사소통을 통해 가까이 지내며, 그 속에서 직관과 유추를 작용시키는 것에 있다고 할 수 있다. 그것은 일본인이 옛날부터 살아 있는 것과 접촉해 온 자연적 태도의 연장이라고도 말할 수 있다.[6] 그러나 전통적인 자연관이 무생물을 포함한 무한정한 '의인화'였던 것에 비해, 그의 경우는 인간과 가까운 관계에 있는 생물로 한정하고, 어떤 종의 '의인화'의 과학적 유효성을 '유추의 합리화'라는 시점에서 판단하려고 했다.

> 유추의 생물학을 부인하면 다시 비참한 기계주의로 돌아가는 것 외에는 별다른 선택이 없다. 오직 유추의 합리성만이 새로운 생물학의 생명이라고까지 말할 수 있을 것이다.[7]

---

5 『生物的世界』『今西錦司全集』講談社, 1993年, 15頁

6 『日本村落中獨特的民主主義和環境思想』『自然與人類的關係』農文協, 1998年 1月號, 第40頁

이마니시는 생물, 특히 원숭이 등의 유연동물(유인원)은 사물에 대한 경우와 같은 객체적인 시각으로는 정말 이해할 수 없다고 생각한다. 절도가 있는 의인화(이마니시는 이것을 의물주의와 의인주의에 상대하여 '의생물주의'라고도 한다)에 의한 유추를 통해서만 좀 더 깊이 과학적으로 이해할 수 있다고 생각하는 것이다. 그에게 지도를 받은 원숭이학 연구는 세계의 연구를 선도하고 많은 국제적인 학자들을 배출한 것으로 잘 알려져 있다. 이 경우에도 서구 과학자들에게서 볼 수 없었던 독자적인 개체 식별의 관찰 방법의 배경에는 위에서 말한 생물관이 있었다. 유추와 의인주의에 관련된 철학적 의의에 관해서는 나중에 한 번 더 다룰 것이다.

3. 생물의 '주체성'

이마니시는 후년 자신의 진화론을 '주체성의 진화론'이라고 부르며 책의 표제로도 사용했지만, 이미 『생물의 세계』에서 생물의 '주체성'을 강하게 주장했다. 이것이 또 그의 자연관, 생물관의 큰 특징이라고 말할 수 있다. 근대 이후, 통상적인 이해에서는 '주체성'이란 인간에게만 고유한 것으로 간주되었기 때문에 도전적이라고도 말할 수 있는 표현이다. 이것이 생물 기계론에 대한 근본적인 비판이다.

> '주체성'이야말로 생물이 생물로서 이 세계에 나타나기 시작하면서 생물에게 갖춰진 성격이며, 이런 주체성은 우리가 볼 수 있게 하는 의식이나 정신의 근

---

7 『生物的世界』『今西錦司全集』講談社, 1993年, 19~20頁

원에 존재한다.[8]

이와 같이 분명히 이마니시는 생물의 '주체성'은 인간에게는 정신이나 의식이 되는 것이라고 했는데, 이것을 바로 일본의 전통적인 자연관인 애니미즘 등에 관련시키는 것은 배경으로서는 인정할 수 있다고 해도, 안이하게 이마니시의 진의를 받아들여서는 안 될 것이다. '정신'이나 '의식'이 아니라, '주체성'으로 표현한 것에 주목해야 한다고 생각하기 때문이다.

그런데 이마니시는 인간 이외의 생물도 환경에 일방적으로 규정되는 것이 아니라, 환경에 작용하는 '주체성'을 가진다고 생각했다. 그리고 동시에, 생물과 환경을 이원적으로 대치해서 생각하는 것이 아니라, 환경은 생물 자신의 '신체의 연장'이고, 반대로 신체는 '환경의 연장'이며, 원래는 하나의 사물이 분화했다는 시점에서 종합적으로 받아들일 것을 주장한다.

따라서 생물은 환경으로부터 규정되는 것뿐만 아니라, 오히려 환경에 주체적으로 관련되어 있다는 것에 주목해야 할 것이다. 이마니시에게 '환경의 주체화'란, 앞에서 말한 바와 같은 의미이며, 인간의 경우처럼 주체성의 발휘라고 간주되는 '자연의 변혁'이나 '자연의 사회화'라고 말할 수 있는 사태와 구별할 필요가 있을 것이다. 생물은 인간처럼 자연을 마음대로 바꿀 수는 없기 때문이다.

> 분명히 생물은 환경을 자유롭게 만들거나 바꾸거나 할 수 없는 것이다. 그러나 그렇다고 해서 생물은 결코 환경에 지배되고, 환경이 규정하는 대로 모든 자유를 잃은 것이라고는 말할 수 없다. 오히려 생물의 입장에 서서 말한다면, 끊임

---

8 『生物的世界』『今西錦司全集』講談社, 1993年, 65頁

없이 환경에 작용하고, 환경을 스스로의 지배 아래 두려고 노력하는 것이 생물이다. 환경이 그대로 흘러가는 것이라면, 우리는 거기에서 자율성이나 주체성을 인정할 필요가 없다. 그렇다면 단순한 기계에 지나지 않는다.[9]

여기에서 볼 수 있는 것처럼, 이마니시가 '주체성'으로 생각하고 표현하고 있는 것은, 인간의 입장에서의 주체성이 아니라, 어디까지나 생물의 입장에서 본 '주체성'이다. 이와 대조적으로 데카르트에게서 볼 수 있는 것처럼, 서구 근대의 인간관과 자연관은 기계론적 자연관과 주체지상주의적인 인간관이다. 즉 한편에서는 자연으로부터는 모든 주체성의 계기를 놓치고, 다른 한편에서는 인간에게는 한없는 주체성이 부여된다는 양 극단적인 방식으로, 하나의 세트가 되어 있다는 것을 생각해 내면 흥미 깊을 것이다. 이런 자연과 인간의 이원론이야말로 생물 고유의 '주체성'을 보이지 않게 하여, 생물을 자동기계로서 받아들이게 하고 있는 것이다.

데카르트의 코기토의 영향도 있어, '주체성'이라고 말하면 의식성과 바로 연결시켜 버리지만, 이런 생물의 '주체성'을 둘러싼 이마니시의 논의는 신체성과의 관련에서 주체성을 생각했다는 점에서 흥미 깊을 것이다. 인간의 주체성을 생각하는 경우에서도 생물로서의 사람의 주체성도 생각하지 않으면 안 된다고 생각하기 때문이다.

이마니시는 이와 같이 생물의 '주체성'을 강조했지만, 적어도『생물의 세계』에서는 환경의 결정성에 대해 단순히 생물의 주체성을 대치한 것이 아니라, 환경과 생물의 복잡한 상호작용을 좀 더 받아들이려고 한 것이다. 즉, 그는 환경을 생물 주체가 동화해 가는, 요컨대 '환경의 주체화'는 동시에 생물이 환경에

---

9 『生物的世界』『今西錦司全集』講談社, 1993年, 68~69頁

적응해 가는, 곧 '주체의 환경화'라고 받아들였기 때문이다.

> 환경의 주체화는 항상 주체의 환경화, 신체의 환경화였다. 생물 자체는 자유로운 창조성을 가지고 있다고 해도, 그 창조성을 제한하는 것은 환경이었다. 그런 의미에서 말하자면, 피창조물로 간주하는 환경이 거꾸로 생물을 만들 수 있다고 생각할 수 있다. 그리고 이와 같이 만들어진 생물은 이러한 환경을 가장 쾌적한 생활의 장으로서 추구했을 것이다. 환경과 생물과의 이러한 상호작용이 진행되면 진행될수록, 혹은 신체가 특수하게 되면 될수록, 그 장에서 벗어나기 어렵게 되며, 점점 그 방향으로 깊이 들어가게 될 것이다.[10]

환경과 생물은 신체의 상태에서도 서로 영향을 받아, 주체성의 발휘가 주체성의 한정을 초래하고, 생활의 방향이 형성된다고 받아들이고 있는 점은, 후에 진화의 파악 방식과 관련해서 흥미로운 지점이다.

지금까지 살펴본 것처럼, 이마니시는 생물을 '주체성'을 가진 것으로서 받아들이고, 생물과 환경을 주체, 객체라는 이원론이 아니라, 주체와 객체의 상호규정을 이른바 변증법적인 관계성에서 파악했다. 그렇다면 생물 개체의 상호관계도 주체와 객체로서 이마니시는 받아들였던 것일까. 다음에서 이 점에 관해 살펴보고자 한다.

---

10 『生物的世界』『今西錦司全集』講談社, 1993年, 136~137頁

4. 주체-객체 관계와 주체-주체 관계

먼저 유연관계의 친하고 소원한 정도에 따라 '주체의 반응'은 달라진다는 이마니시의 생각을 다루고자 한다. 여기에서 내가 흥미로운 것은 인간과 가까운 종, 특히 원숭이 등과의 관계에서는 일종의 '교섭'관계가 성립하게 된다고 생각하고, 주체 반응의 복잡함은 주체와 객체 관계와는 질적으로 다른 관계를 생성한다고 이마니시가 생각하고 있다는 점이다.

> 유연(類緣)의 가까운 관계끼리 만난 경우를 생각해 보면, 한쪽이 다른 쪽을 인식하려고 하면, 또 한쪽도 다른 쪽을 인식하지 않으면 안 된다. 그리고 그 한쪽이 그 인식에 대해 나타내는 주체적 반응과 비슷한 반응을, 다른 한쪽 또한 나타내지 않으면 안 된다. 그러면 상호인식, 나아가서는 그 주체적 반응의 결과로서, 여기에 일종의 관계 내지는 일종의 교섭이 성립하게 될 것이다. 인식에 대한 우리의 주체적 반응이란, 인식에 대한 우리의 작용이지만, 이와 같은 관계의 성립을 인정하는 경우에는, 그것은 아마도 단순한 우리의 행동이 아니라, 우리의 행동에 대한 예상을 뛰어넘는 우리의 행동일 것이다.[11]

따라서 인간이 원숭이 등의 활동을 관찰할 경우에는, "우리의 행동에 대한 예상을 뛰어넘는 우리의 행동"은 배제해야 하고, 소위 '유추'는, 한쪽 입장에서의 단순하고 평범한 유추로서는 불충분하며, '교류'관계를 마음에 둔 복잡한 유추여야 한다.

여기에 중요한 철학적 논점이 있다. 다시 말해, 그의 표현을 빌린다면, '주체

---

11 『生物的世界』『今西錦司全集』講談社, 1993年, 16頁

와 객체 관계'와 '주체와 주체 관계'(상호주체성)의 패러다임이 가지는 의의의 차이에 대한 통찰이다.

물론 기계론을 토대로 대상을 객체로 보는 것 같은 분석주의는 '주체와 주체 관계'에 대해 아는 것이 없을 뿐만 아니라, '주체와 객체 관계'에 관해서도 그 변증법적인 관계성을 이해하지 못하고, 주체와 객체 관계를 고정화하여 주객의 이원론에 그친다고 말할 수 있다. 그러나 주체와 객체 관계의 변증법을 받아들인다고 해도, '주체와 주체 관계'가 가지는 독자적인 의의를 이해할 수 없는 인식 방법에 토대해서는, 그 인식은 불충분한 것이 될 수밖에 없다. 관찰대상이 관찰자와 같거나, 혹은 유연의 주체인 경우에 관찰자와의 복잡한 '교류'관계가 형성되는 것이며, 이런 '주체'를 대상으로 인식하기에는 '유추'가 유효하다고 생각한 것이다. 앞에서 전통사상에서의 의인주의가 재평가된 것은 이런 심오한 사색의 문맥에서이다.

분명히 뉴턴의 물리학으로 대표되는 근대과학이 '과학'으로서 성립하기 위해서는, 먼저 '주체와 객체 관계'를 명확하게 일관하여 성립시키는 방법론적 태도가 필요하며, 그것을 토대로 하여 분석주의와 환원주의가 확립될 필요가 있다고 말할 수 있다. 그것을 위해, 아리스토텔레스적인 목적론적이며 생기론적인 자연관을 씻어내고, 데카르트에게서 볼 법한 기계론적인 자연관의 확립이 요청되었다. 그리고 이것은 '동물=자동기계론'에까지 철저해짐으로써, 과학적 인식이란 주체와 객체 관계를 항상 전제하는 것이라는 관념이 확립되고 절대화되었다고 말할 수 있다. 그러나 주체와 객체가 변증법적인 관계에 있는 경우나 주체와 주체의 '교류'관계에서 과학적인 인식이 수행되어야 할 때에는, 이미 이것은 불충분한 것이 되지 않을 수 없다.

앞에서 언급한 것은, 인식론의 시점에서 '주체와 주체 관계'의 중요성을 다루었지만, 사실은 존재론적이라고 말할 수 있는 관점에서도 이 중요성을 파악할 수 있으며, 이마니시가 이 점을 직관한 것이 독특한 '거주지 분리'이론을 창출하게 되었다고 생각된다. 그의 생물학의 원점이라고 말할 수 있는 '거주지 분리'이론이란, 정말 생물 상호의 '주체'로서의 관계, 다시 말해 이른바 '상호주체성'의 관계에서 착안한 것이기 때문이다. 그리고 이것은 그의 독창적인 '종(種)' 이해와 연결되어, 이마니시 진화론의 기초가 된 것이다.

5. '거주지 분리'와 '종(種)의 실재성'

그런데 이마니시에게 '종'이란 많은 개체로부터 추상화된 단순한 보편이 아니라 그야말로 실체적인 것으로 '종의 사회'라 불린다. 이 식견은 정말로 이미 다룬 것처럼 젊은 이마니시 킨지가 하루살이 유충의 연구를 통해 얻은 '거주지 분리'이론에 토대한 것이다. 그는 일본의 특유한 산골짜기에 흐르는 시냇물에서 네 종류의 하루살이목이 물이 흐르는 속도에 따라서 종마다 거주지 분리를 하는 것을 발견했으며, 이것은 그 후 그의 사색의 원점이 된다.

이런 점을 염두에 두고 앞의 환경론과 연관해서 이마니시의 논의 전개를 『생물의 세계』에서 살펴보기로 하자. 먼저 개체 종류의 관계이지만, 앞의 주체성 이론으로부터 개체끼리의 관계는 주체성을 가진 생물 개체의 관계라고 생각된다. 그리고 환경이란 생물의 연장이며, 생물이 주체화하고 생물이 지배하는 장소라고 생각된다. 여기에서 생물 주체끼리의 힘의 균형이 '거주지 분리'를 가져온다고 생각할 수 있다.

> 두 마리의 생물이 그 생활력에 있어서 균형을 이루는 것은 각 개체가 환경을 고려한 결과이다. 두 마리의 생물이 서로의 환경에 대해 서로 침입하지 않는 것과 같은 상태에 놓여 있다고 볼 수 있으며, 거기에 환경을 주체의 연장이라고 본 경우의 생물 개체의 독립성도 인정된다.[12]

따라서 '거주지 분리'란, 주체와 객체(환경) 관계에 매개된 주체와 주체 관계를 의미하게 된다. 이 거주지 분리는, 개체 관계의 수준과 종과 종 사이의 수준과 겹치게 되지만, 동일한 종의 개체 사이의 관계를 만드는 한 가지 요소로서, '지연적(地緣的) 관계'가 발생하게 된다고 간주한다. 이런 개체의 지연적 관계는 개체의 생활공간에 유비되는 '종의 생활공간'을 형성한다.

> 동일한 종의 개체분포를 조사해 보면, 어떤 동물에게도 일정한 분포지역이 있어, 마치 하나의 생물에 필요로 하는 생활공간이 있는 것처럼, 종에도 종의 생활공간이 있다는 것을 알아차리게 되는 것은 아닐까 하고 생각하게 한다.[13]

이마니시는 이 '종의 생활공간'에서 이루어지는 개체들의 공동생활이야말로 '사회'개념을 적용시킬 수 있다고 생각한다.

> 지금 만약 생물의 세계에 사회 혹은 사회생활이라는 말을 적용시킨다면, 나는 가장 먼저 우선 이런 종의 세계는, 같은 종의 공동생활이든 그 말을 적용시켜야 한다고 생각한다. 공동생활이라는 것은, 반드시 의식적이고 적극적인 협력을 의미하는 것은 아니지만, 같은 종의 개체가 상호작용한 결과, 거기에 지속적인 일종의 평형상태가 만들어지는 것이다. 게다가 그 상태 속에 있는 것이 아니라면 이미 각 개체는 그 생존이 보증되기 힘들다고 말하는 데 있어서는, 동종의 개체의 모임은 단순한 모임이 아니라 공동생활인 것이다.[14]

---

12 『生物的世界』『今西錦司全集』講談社, 1993年, 77頁

13 『生物的世界』『今西錦司全集』講談社, 1993年, 80頁

14 『生物的世界』『今西錦司全集』講談社, 1993年, 82~83頁

이마니시에게, 개체 상호 관계의 기본은 생존투쟁이라기보다 오히려 공생·공동의 주체- 주체 관계이다.

이마니시는 '종'은 '종의 사회'이며, 그리고 이런 종의 사회는 유연의 종의 사회와 거주지 분리를 통해 '동위사회(同位社會)'를 형성한다고 생각한다. 또 이런 동위사회는 또한 복합동위사회를 형성하고, 이 종 사회의 총체가 '생물 전체 사회'를 형성한다고 생각한다. 이와 같이 해서 앞에서 말한 것과 같이, 생물적 자연은 개체, 종 사회, 생물 전체 사회라는 세 가지 종류의 구조를 이루고 있다고 보는 이마니시의 생물세계에 대한 사회구조론적 이해는 독창적인 것이라고 말할 수 있다.

그런데 진화론과 관련하여 중요한 것은, 이마니시가 개체의 주체성뿐만 아니라 '종의 주체성'도 언급한 점이다.

> 그런데 이와 같은 개체를 그 구성요소로 하는 종의 사회라는 것은, 개체에 대한 하나의 기체(基體)라고 생각되지만, 원래 개체가 먼저 있던 것이 아니다. 그러면 개체와 종의 관계도 역시 부분과 전체와의 관계로서, 그것은 자기 동일적인 구조를 나타내는 것이라고 말할 수 있을 것이다. 따라서 종의 전체성에는 이미 종의 주체성이라고 하는 것과 같은 것을 생각해도 좋다고 생각한다. 종 역시 스스로를 만들어 가는 것이 아니면 안 된다. 종의 기원은 종 자신이 아니면 안 된다.[15]

알다시피, 인간사회에 관해서도 개인과 사회의 관계와 관련되어 여러 가지 논의들이 있다. 사회계약설과 같이 사회를 유명론(唯名論)적으로 생각하는 것

---

15 『生物的世界』『今西錦司全集』講談社, 1993年, 122頁

부터, 사회유기체설처럼 사회를 극단적으로 실체화하는 것까지 말이다. 또한 사회의 실재성의 이해에 관해서도 여러 가지의 뉘앙스의 차이가 존재한다.

이마니시의 종 사회론은, 분명히 다윈 이래의 종의 유명론적 이해를 비판하고, 종의 실재성을 인정하려는 것이다. 그러나 나의 견해에 의하면, 종 사회의 실재성에 관해서 그는 개체를 세포와 서로 유비하는 유기체로 본 것이지, 종의 실재성을 강조한 것은 아니다. 그리하여 이런 실재성이 약해지는 경향이 있다. 관계에 비교되는 것과 같은 유기체적인 것으로서의 그 실재성을 엄격하게 생각하는 경우와 그렇지 않고 엄하지 않게 생각하는 경우라는 방식에서 이마니시에게 흔들림이 있으며, 이것이 진화의 이해에 관해서도 영향을 준다고 말할 수 있다. 따라서 다음에서는 이 점에도 유의하여 진화론을 둘러싼 이마니시의 논의를 다루고자 한다.

이마니시는 진화를 생존투쟁에 의해 개체가 자연 도태된 결과라고 생각하는 다윈의 진화론은 너무도 기계론적으로 생물의 주체성을 무시한 것이고, 개체중심주의적이라고 생각한다. 이마니시는 곧 다른 종의 탄생이란, 앞선 종의 사회가 주체적으로 분화하여 환경에 적응한 결과로 형성된다고 생각하기 때문이다. 그의 유명한 말로 표현하면, 진화란 '종 사회의 거주지 구분의 밀도화'이다. 요컨대 자연도태에 의한 개체변이의 반복에 의해 새로운 종이 탄생하는 것이 아니라, 거주지 구분에 의한 종의 사회의 분화의 반복이 새로운 종을 만들어 내고, 그때 같은 종의 개체는 일제히 변화해 간다고 생각한다. 이런 스스로 '주체성의 진화론'이라고 부르는 이마니시 진화론의 핵심 부분은 나중에 언급하는 것처럼 논의되어야 할 현대적 의의를 여전히 많이 가지고 있다고 생각한다.

그런데 만년의 이마니시 킨지는, 다윈에 대해 예리한 비판을 하는 동시에, 진화 과정의 이해에서 생물학적 자연 전체를 일종의 '하나의 큰 괴물'이라고 비유적으로 말하면서, '개체발생은 계통발생을 반복한다'를 바꾸어서 '계통발생은 개체발생을 반복한다'고 주장하고, 생명의 기원에 관해 '창세의 신화' 등을 언급했다. 분명히 거기에는 이후 탐구해야 할 사상이 많이 함축되어 있긴 하지만, 만년의 그는 서양적 자연관에 동양적 자연관을 대치시킨 나머지, 점차 과학적 사고와의 긴장관계를 잃고 의식적으로 과학적 사고에서 멀어져 간 측면도 보이게 되었다고 생각한다.

이 점은 이미 다룬 것과 같이, '종의 주체성'이 개체의 주체성의 집합적인 힘에서 유래한다고 생각할지, 아니면 앞의 '하나의 큰 괴물'이라는 방식으로 표현되는 듯한 생물 전체 사회의 주체성에서 유래하는 것인지, 이 중 어느 쪽을 강조해야 하는지에 관해서는 이마니시에게는 당초의 『생물의 세계』에서 흔들림이 있었지만, 만년에는 후자를 결정적으로 이행한 것으로 생각할 수 있다.

6. 현대 환경사상과의 연관

이상 자세하게 이마니시 킨지의 자연관, 특히 생물을 '주체'적 존재로 받아들이려고 하는 생물관을 중심으로 살펴보았는데, 이제 이것의 현대 환경사상에 주는 의의를 생각해 보고자 한다.

이마니시가 강조하는 '생물의 입장'에서 보는 생물의 '주체성'의 사상은 현대에서의 인간과 자연 관계의 문제를 생각하는 데 시사하는 바가 크다고 생각할 수 있다.

인간 존재가 사람으로서의 생물을 포함한 것으로 본다면, 먼저 인간의 경우에는 주체성은 이중의 위상으로 보여질 것이다. 다시 말해, 하나는 다른 생물과 공통적인 생물적 존재로서의 주체성이며, 또 하나는 인간에게 고유한 의식적인 문화적 존재자로서의 주체성이다. 후자의 주체성은 도구나 언어를 통해, 또한 근대 이후는 과학과 기술을 통해서 확대되고 강화되어 왔다고 말할 수 있다. 그리고 현대에 이르러 자연을 사회화하고 인공화하는 데 그치지 않고, 자연과 인간과의 사이에 확대된 인공적 세계를 형성해 왔다고 말할 수 있다. 이것은 인간의 주체성에 어떻게 관련되고 있는 것일까.

근대 이후, 인간은 과학기술에 의해 자연을 변화시키고 지배해 왔다는 점에서 그 이전에 없던 주체성을 발휘해 왔다고 말할 수 있지만, 반대로 거대한 인공적 세계를 구축함으로써, 이마니시 킨지가 주목한 생물학적 존재로서의 주체성을 약화시키고 있던 것은 아닐까 하는 의문을 가지게 된다. 이마니시의 말로 표현하자면, '환경의 주체화'가 인간 이외의 생물과 같이 신체의 직접적인 매개에 의해 행해지는 일이 거의 없어졌기 때문이다. 그리고 인류가 호모사피엔스로서 탄생한 이래, 신체적인 특징이 거의 변화하지 않는다고 전해지는 것처럼, '주체의 환경화'도 거의 멈춰 있는 것 같다.

그러나 이것은 '환경'을 주로 자연환경이라고 이해한 경우이다. '환경'을 비자연적인 환경, 즉 사회적·문화적 환경, 특히 최근 문제가 되고 있는 정보환경을 중심으로 이해하면, 이마니시가 말하는 '환경의 주체화'와 '주체의 환경화'는, 자연환경의 경우와 반대의 현상을 이루고 있는 것같이도 보인다. 예를 들어, 이 '환경'이라고 하는 것으로 '정보환경'을 이미지로 본다면, '환경의 주체화'는커녕 환경에 농락당함과 동시에, 때때로 아이들에게서 볼 수 있는 것처럼 지나친 '주체의 환경화'가 일어나고 있다고 말할 수 있다.[16] 상징적인 표현법으로 하면, 정보기계와의 의사소통은 도모할 수 있지만, 자연과의 의사소통을 꾀할 수 없게 되는 것이다. 인간은 기계문명 속에서 너무 기계의 리듬에 맞추느라 스스로의 생명의 리듬을 억누르고 있는 것은 아닐까 하는 의문이 드는 것이다.

즉, 일반적으로 말하면 근대 이후, 인류의 의식적·문화적 주체성의 확대와

16 『現代交流與共生, 共同』 青木書店, 1995年, 第5章

발휘가 인간의 기초적인 생물적 주체성의 약화와 상실을 결정적으로 초래하고 있는 것은 아닐까 하는 점이다. 원래부터 인간이 문화 없이는 존재할 수 없는 이상, 과학기술 등도 포함하는 넓은 의미의 문화, 그 본연의 문제인 것이다. 이 논문에서는 이제 와서 자세히 말할 수 없지만, 현재 탈근대라고 하는 경우, 그것은 문화의 대안이 추구되고 있으며, 인간의 생물적 주체성을 억압하지 않는 문화양식은 인간 이외의 생물에 대해서도 억압성이 적은 문화양식이라고 말할 수 있다.

그런데 또한 이마니시 킨지는 진화론의 재평가와 관련해서 다윈의 생존투쟁설을 초기부터 만년에 이르기까지 일관되게 비판한다. 그에 따르면, 생물의 기본적인 생존양식은 생존투쟁이 아니라 '거주지 분리'에 의한 공생과 공동이기 때문이다. 그리고 최근의 진화론 연구에서, 진화의 동인으로서 생존투쟁보다 공생이 주목받고 '공진화(共進化)'가 이야기되고 있는 것은 이마니시의 견해의 선구적인 성격이 드러나는 대목이라고 할 수 있을 것이다. 이런 견해는 현대의 환경사상을 구축해 가는 데 매우 중요한 관점이라고 말할 수 있다.

근대 이후에는 자본주의 시장경제의 발전과 함께, 경쟁이 인간본성에 적합한 것이라는 듯한 사상이 깊이 침투해 있는 상황이다. 가끔 지적되는 것처럼, 다윈의 생존투쟁 또한 이런 자본주의적 경쟁사회의 반영이라고 전해진다. 그리고 오늘날 많은 환경과 생태학 사상이 인간끼리의 공생과 공동생활을 곤란하게 하는 경쟁주의가 자연과 인간의 공생을 방해하고 자연파괴를 초래하고 있다고 주장하고 있다는 사실을 고려해 보면, 이마니시의 사상의 의의는 크다고 생각된다.

또한 환경문제와 관련된 현대의 철학사상에서, 자연의 가치란 인간이 외적으로 부여한 경우에만 있는지, 그렇지 않으면 자연 고유의 내적인 가치는 인정될 수 있는지를 묻는 '자연의 내적 가치'를 둘러싼 논의가 있는데, 이마니시가 앞에서 언급한 '주체성' 사상은 이 관계에서도 흥미로운 관점을 제시한다고 말할 수 있다. 다시 말해서, 자연에서 여러 가지 생명체가 어떤 주체성을 가지고 종의 사회를 형성하고 있다는 것을 인정하는 것은, 그 존재를 자기목적성을 가진 목적론적 존재로 인정하는 것이며, 그것은 또, 생명 주체의 목적을 실현하는 것과 관련된 수단과 대상에 '생물의 입장'으로 어떤 가치를 인정하는 것이 된다. 그것이 인간적인 가치가 아니라고 하더라도, 인간을 포함한 생물의 생명적 가치라고 말할 수 있다. 그러면 자연은 생명적 가치로 가득차게 될 것이다. 이 입장에서 보면, 자연의 내적 가치가 인정되는 것은 당연할 것이기 때문이다.

그런데 이상에서 생각하면, 이마니시의 이런 '주체성' 사상에서 중요한 점은, 전통적인 일본적 자연관의 애니미즘 사상에서 많은 영향을 받았다는 점이 아니라, 과학적 사고와의 긴장관계에서 과학적 합리성의 망을 빠져나가고 있다는 점이다. 즉 이마니시의 자연관은, 전통적인 일본 자연관을 현대 환경사상에 매개하는 것으로서 많은 결실을 맺었다고 말할 수 있다.

이마니시 킨지의 업적은, 근대 이후의 과학적 사고의 적극적인 면을 계승하면서도, 현대에서는 그 과학적 사고의 발전에 제약으로 작용하고 있는 서구 근대 자연관의 소극적인 면과 한계를 일본적 자연관에 포함된 실질적이고 합리적인 발상에 의해 초월하는 것으로 이루어진 것이라고 할 수 있다.

따라서 처음에 말한 것과 같이, 오늘날에는 일본적이고 동양적인 자연관을 서구적 자연관에 대치시켜 칭찬하는 데 머무를 것이 아니라, 일본적이고 동양적인 자연관에서 실제생활에 토대하여 축적되어 온 실질적이고 합리적인 발상을 과학적 사고와의 긴장관계 속에서 음미하고, 서구 근대의 자연관의 원리적 문제점이나 한계를 그것에 의해 구체적으로 극복해 가야 한다고 나는 생각한다. 그리고 이 과정에서 생겨나는 의미 있는 여러 관념을, 자연과 인간의 공생을 가능하게 하는 탈근대적인 자연관의 구축에 도움이 되도록 하는 태도가 중요하다.

7. 덧붙이는 말

중국의 항주대학에서 개최된 이번 회의 "동양 전통 환경사상의 현대적 의의" 국제학술대회에서, 논의된 논점에 관해 한마디 덧붙이고자 한다. 몇 사람의 발표자가 강조한 것과 같은 방식으로, 서구의 근대 사상은 주객분리로, 동양사상은 주객합일로 나누어 생각하는 것만으로는 불충분하며, 경우에 따라서는 오해를 초래하게 될 것이다. 인류가 노동과 언어활동을 통해 원숭이로부터 분리되어 간 과정에는, 동일성뿐만 아니라 이미 어떤 인간 수준의 주객분리의 계기가 내포되어 있다고 생각해야 할 것이다. 이런 주객분리의 계기가 분열과 대립으로까지 이르러 자연과 인간의 공생과 순환을 불가능하게 하는 차원이 되었음을 알아차리는 것이 중요하다고 생각한다. 즉 신석기혁명 이전의 인류에게, 그 이후부터 근대 이전의 인류에게, 또 근대 이후의 인류에게 주객분리의 상태에서 각각의 성격 차이를 간파하는 것이 중요하다고 생각한다. 왕수화(王守華)가 지적했던 것처럼, 서구 근대의 성격은 '주객양극의 대립'에 있다는 점에서, 그 이전부터 결정적으로 이반하고 있다는 점에 있는 것이다.

제5장

일본 지역사회연구의 형성

쇼와 초기 ≪농촌교육연구≫의 사상 구조

니시무라 슌이치(일본)

쇼와(昭和) 초기 농촌교육연구회가 발행한 ≪농촌교육연구≫[주재: 오니시 고이치(大西伍一)]는, 지금은 거의 뒤돌아보지도 않지만, 지역사회의 문제에 관심을 가진 사람에게는 매우 귀중한 사료이다. 이 잡지는 쇼와3년(1928) 6월 10일에 창간되어, 쇼와5년 8월 1일에 발행된 제3권 6호를 마지막으로 폐간되었다. 즉, '경제공황'의 어려움 속에 통산 제25호가 간행되었다. 이 보고서에서는 이 연구 잡지를 예로 들어, 그것이 일본의 지역사회연구사에서 차지하는 위치와 구체화된 사상의 구성을 아키타 사람과의 관계에도 유의하면서 검토하고자 한다.

제2권 1호(쇼와4년 1월)에 게재되어 있던 연구회 조직에서 알 수 있는 것처럼, 당시의 저명인사로 구성된 연구회의 고문 18명 속에 와세다대학 교수인 오다우라 미치토시(小田內通敏), 아키타(秋田)현의 다카노스(鷹巣)농림학교 교장인 가타오카 쥬스케(片岡重助)라는 두 명의 아키타 사람이, 또한 마찬가지로 회원 44명 중에는 고다마 쇼타로(兒玉庄太郎), 나카무라 지로(中村次郎), 곤 사쿠노스케(今作

之助), 스즈키 마스오(鈴木眞州雄) 등 4명의 아키타 사람이 포함되어 있었다. 또 잠깐 같은 호의 목차를 살펴보면, 13명과 다섯 학교의 집필자 중, 오다우라 미치토시, 「향토사상의 함양과 그 방법」, 나라 타마노스케(奈良環之助), 「초등학교에서 향토실의 내용」, 하다케야마 카죠(畠山花城), 「높이 평가한다고 말할 수 있는 향토관이 있으면 좋겠다」, 니시다키자와소학교(西瀧澤小學校), 「향토교육에 임하며」라는 4편이 아키타 사람이 쓴 것이다.

쇼와4년 7월 4일(목요일)부터 3일 동안은, 농촌교육연구회와 아키타현 사범학교의 제2대용 부속초등학교의 공동주최로, '농촌교육강습회'(아키타시 공회당) 또한 개최되었다. 강사는 농학자인 오노 다케오(小野武夫)와 신교육연구가인 시가키 히로시(志垣寛)였으며, 수업료는 1엔이었다. 일정에는 유전, 제유소 및 이시카와 리키노스케(石川理紀之助) 옹의 출생지 견학 등이 포함되었으며, 250명이 넘게 참가 신청을 했다. 여기에는 오니시 자신도 도쿄에서 달려와 단상에서 인사를 했다.

이 ≪농촌교육연구≫의 구독자(회원)는 한때 일본 각지에서 조선, 대만 등 국외로까지 확산되어, 그 수는 500명 내외까지 이르렀다. 그러나 그 후 회비 미납으로 인한 자진 탈퇴가 이어지며, 점차로 재정난에 빠지게 되어 결국 속간의 전망이 불가능해졌다. 그 사실을 전하는 제3권 2호(쇼와 5년 3월)의 「본 회의 실상을 호소하며」라는 오니시의 글에는 그의 안타까운 마음이 드러난다. 그렇다고는 하지만, 오니시가 처음부터 끝까지 변함없이 버틸 수 있었던 것은, 역시 와세다대학 교수인 오다우라 미치토시나 도쿄제국대학도서관의 사서인 하다케야마 카죠 등의 아키타 사람 덕분이었다.

그렇다면 ≪농촌교육연구≫는 일본의 지역사회연구에서 어떤 위치를 차지하고 있었는지, 또한 그 속에서 아키타 사람들은 무엇을 말하고 있었는지 살펴보기로 한다.

1. '향토회'의 창설과 ≪향토연구≫의 간행

일본 지역사회연구사에 차지하는 ≪농촌교육연구≫의 위치에 관해 생각할 때, 문제가 되는 것은 지역사회연구란 도대체 무엇인가 하는 것이다. 예를 들면, 아키타현은, 에도 시대의 분카 시기(文化年間, 1804~1818)와 분세이 시기(文政年間, 1818~1831) 스가에 마스미(菅江眞澄)의 민속학적 답사기록인 『유람기』나, 메이지 시대에 나이 든 농민이었던 이시카와 리키노스케가 쓴 방대한 역사기록인 『경지적산조(耕地適産調)』 등 중후한 역사유산을 가지고 있다. 그것들을 초탈한 정신, 왕성한 행동력, 정확한 관찰력, 장대한 성과 등의 면에서 보면, 후세에서도 그런 업적을 쉽게 찾기는 힘들 것이다. 따라서 오랫동안 전해진 풍토기와 명소의 그림을 모아 엮은 책의 종류는 제외할 수 있다고 해도, 이런 종류의 유산을 제외하는 것은 많이 주저할 수밖에 없다.

그러나 일반인에게 이 방면의 연구 시작은, 메이지43년 12월 니토베이 나조(新渡戶稻造)가 자택을 모임 장소로 하여 '향토회'를 조직한 데서 찾는 경우가 많다. 예를 들면, ≪농촌교육연구≫ 제2권 제11호(쇼와4년 1월)에 게재된 야마무라 겐이치(山村建一)의 논문인 「우리나라에서의 향토연구의 응시」나 미네치 미쓰시게(峰地光重)와 오니시 고이치의 공저인 『신향토교육의 원리와 실제』(인문서방, 쇼와5년 간행)의 제3장 「우리나라에서의 향토연구」도 대체로 똑같이 파악하고 있다. 그런 이유로 인해서, 여기에서는 우선 '향토회'에 따라서 초창기의 움직임을 거슬러 올라가 보고자 한다.

유일한 사료는, 야나기타 쿠니오(柳田國男)가 편집한 「향토회기록」(다이쇼14년)이다. 그것에 의하면 당초, '향토회'에는, 야마기타 쿠니오, 오다우라 미치토시, 나카기리 가쿠타로(中桐確太郞), 야마구치 다카시(山口剛), 이시구로 타다아쓰(石黑忠篤), 오카무라 치아키(岡村千秋), 오노 다케오, 나스 시로시(那須皓), 아리마 요리야스(有馬賴寧), 오사다케 다케키(尾佐竹猛), 다카기 토시오(高木敏雄)

등이 모였다. 이 모임에서는 니토베이 자신도 '마을연구회'나 '산본기촌흥립(三本木村興立)' 등의 보고를 하였으며, 이 보고에서 출자와 ≪향토연구≫와의 연관의 필연성을 엿볼 수 있다. 또 주목되는 것은 쇼와4년 9월 27일의 모임에서 신슈(信州)의 수와(諏訪)중학교의 미사와 가쓰에(三澤勝衛)가 「산국의 향토지리」라는 보고를 한 것이다. 에도 데키레이(江渡狄嶺)는 저서 『지용(地涌)의 모습』(청년서방, 쇼와14년 10월)에서, 미사와 가쓰에를 '일본 학술계의 위인들 중의 한 사람'이라고 많은 칭찬을 했다.

이 동안, 다이쇼2년 3월에는, 다카기 토시오와 야나기타 쿠니오가 의논하여, '향토회'를 중심으로 ≪향토연구≫를 창설했다. 이것이 '향토연구'라는 말이 유행하는 계기가 되었으며, 전국 각지에서 향토연구가들을 배출하게 되었다. 그러나 다카기가 도중에 편집에서 손을 떼게 된 것이나, 기고 논문에 대한 입증 절차가 확실하지 않거나, 단순히 신앙심을 표현한 것이나, 자칭 새로운 학설에 속하는 것도 많아 차츰 독자들이 멀리하게 되어 다이쇼6년 3월의 통산 48호를 마지막으로 폐간할 수밖에 없었다. 야나기타는 마지막 호에 「≪향토연구≫의 휴간」이라는 글을 게재하고, 그 서운하고 초조한 심경을 솔직하게 고백했다.

덧붙여 말하자면, '향토회'에서는 다이쇼7년 8월 15일, 사가미노쿠니 추구이(相模國 津久井) 군내의 시골을 답사했다. 오다우라 미치토시(小田內通敏)의 기록에 의하면, 이 답사에 참가한 사람들은 야나기타 쿠니오(柳田国男), 쿠사노 슌스케(草野俊助), 마사키 스케지로(正木助次郎), 마키구치 쓰네사브로(牧口常三郎), 나카기리 가쿠타로(中桐確太郎), 사토 코이치(佐藤功一), 곤와지로(今和次郎), 다나카 노부요시(田中信良), 오다우라 미치토시 등 9명이었다. 그 성과는, 야나기타 쿠니오의 「향토지론」, 곤와지로(今和次郎)의 「일본의 민가」, 오다우라 미치토시의 「취락과 지리」 등의 여러 논문으로 발간되었다. 또 이 답사에서 「교화 및 위생」을 담당한 마키구치 쓰네사부로는 나중에 창가학회(創價學會)를 창립하게 된다.

2. 야나기타 쿠니오의 '일본민속학'과 '상민'

그런데 이 '향토회'의 활동을 통해 '일본민속학'의 학통을 쌓아올린 것은 야나기타 쿠니오이다. 그는 시모나카 야사부로(下中弥三郎)나 오니시 고이치와 마찬가지로 효고(兵庫)현에서 출생했지만, 도쿄제국대학 법학부에서 공부한 다음, 농정학의 전문가로서 독립하여, 농상무성, 내각의 법제국, 귀족원(서기관장)이라는 출세코스를 순탄하게 걸어왔다. 그러나 사실 이것은 단지 겉보기에 지나지 않았다. 그는 마치 자신이 몸을 둔 관료세계에 대한 위화감과 의견을 양보하지 않아 생기는 불화에서 벗어나려고 하는 것처럼 농촌조사와 농민계몽을 핑계로 하여 오랫동안 지방으로 여행을 계속했다. 이 기간 동안 그의 내면생활의 미묘한 갈등에 대해서는, 후루모토 다카아키(古本隆明)도 저서 『야나기타 쿠니오의 논집(柳田國男論集成)』(JICC출판국, 1990)에서 흥미로운 해석을 시도하기도 했다. 일약 명성을 떨치게 된 『도오노모노가타리(遠野物語)』(메이지43년)는 그의 여행의 산물이 틀림없었다.

그러나 야나기타 쿠니오는 다이쇼6년에는 조선과 대만 그리고 만수로 여행을 하지만, 다이쇼7년에는 관심을 남도로 바꾸는 등, 그 심경에 변화의 조짐을 나타내고 있었다. 그리고 다이쇼8년, 44세의 나이로 귀족원(서기관장)의 직을 사임하고, 결국 재야민속학연구자로서 자립한 것이다. 오구마 에이지(小熊英二)는, 그의 저서인 『단일민족신화의 기원: 〈일본인〉의 자화상의 계보』(신조사, 1996)에서, 이 시기를 "보통과 다른 모습의 사람들이 사는 산의 나라에서, 동질의 평화로운 고향인 섬나라로"의 '일본관의 전환'기로 받아들이고 있다. 그것은 '한일합방' 이후, 그것에 대한 정책적 요청에 응하는 형태로 세력을 늘리고 있던 '혼합민족'론에 대한 강한 저항감을 감춘 것이며, 그 후로는 이른바 '상민(常民)'이 야나기타 쿠니오의 중요한 개념으로 부상하게 된다.

3. 오다우라 미치토시 등의 「향토지리연구」

마찬가지로 '향토회'의 활동을 통해 야나기타 민속학과는 다른 「향토지리연구」의 구축을 목표로 한 또 다른 사람은, 아키타의 높은 집안의 후손인 오다우라 미치토시였다. 앞서 게재한 야마무라 겐이치의 논문 「우리나라에서의 향토연구의 일별」에 의하면, 그는 '향토연구'에는 지리학적 관찰을 주로 한 현지답사가 필요하다고 주장했지만, 다이쇼5년에는 오쿠라 하쓰미(大倉發身)에게 자금 지원을 받아 '무사시노(武藏野)'를 연구할 수 있는 기회를 얻게 되고, 그 성과인 『제도(帝都)와 근교』(다이쇼7년)를 발간했다. 또 다이쇼11년과 12년에는 그를 위해 와세다대학의 문학부 내에 '취락지리학'이라는 선택과목이 개설되고, 다이쇼11년 11월부터 14년 10월까지 10회에 걸쳐서 연구회가 개최되었다. 그리고 다이쇼15년에는 ≪인문지리≫의 간행도 시작했으나, 2권을 끝으로 폐간되었다. 그는 동시에 문부성 사회교육과에도 열심히 다니며 하청으로 맡은 일을 하며, 돌파구를 찾고 있었던 것이다.

그 후 쇼와3년에는 외국 여행에서 돌아온 가타오카 쥬스케가 코이데 만지(小出滿二)와 이야기하여 오다우라 미치토시, 아오키 세이시로(青木誠四郎), 오타나베 이치로(渡邊庸一郎), 구마가야 다쓰지로(熊谷辰治郎) 등과 논의하여 '촌락사회학회'를 창립했다. 이것은 당시 미국에서 유행하고 있던 '농촌사회학'에서 영향을 받은 것으로 생각되며, '촌락사회의 조사연구'의 목적을 달성하기 위해 "이 나라에서 촌락사회의 본질, 요인, 조직, 기능 및 시설 등 촌락사회에서의 교육, 산업, 자치, 교통, 사회생활의 개선에 투자해야 할 기초적인 연구를 시도하며, 또 나아가서는 해외에서 같은 종류의 학회와 연락을 유지하여 연구를 발전시킨다"는 것을 표방한 것이었다.

이와 같은 오다우라 미치토시의 움직임에서는, '향토지리'를 학교의 교과영역으로 포함시키려고 했던 악전고투의 흔적을 엿볼 수 있다. 그러나 그러한 목적을 따른다면, 근대과학적인 추상, 분석, 실증 절차가 요구되었을 것이며, 결과적으로 그만큼 현실의 농촌과 농민 문제에 대한 감수성은 훼손된다는 근본적인 모순을 내포하게 된 것으로 추측된다.

4. ≪농촌교육연구≫가 차지하는 위치

'향토회'에서 파생한 야나기타 쿠니오의 '일본민속학'과 오다우라 미치토시의 '향토지리연구'는 어느 것이나 농촌과 농민 문제에 대한 대응을 모색하는 가운데 만들어진 것임은 의심할 바가 없다. 그러나 그것들을 구태여 스가에 마스미(菅江直澄)와 이시카와 리키노스케(石川理之助)와 비교하면, 야나기타는 스가에 마스미의 유산을 발전시켜 계승하고 있으며, 오다우라는 이시카와 리키노스케의 유산을 축소시켜 계승한다고 말할 수 있을 것이다. 실제로 야나기타는 스가에 마스미라는 이해할 수 없는 인물에 대해 많은 관심을 나타내고, 열심히 그의 내력을 조사하기도 했다. 야나기타에게 중요한 것은 전통적인 영웅과 사건을 중심으로 한 역사관에 대한 원리적인 이의 제기가 성립하는지 않는지에 관한 것이었으며, 학계의 일각에서 입장을 확보할 수 있는지 그렇지 않은지에 관한 것은 아니었다. 이에 비해 오다우라에게 중요한 것은, 빠르게 근대과학으로서의 인지를 획득하고, 그것을 발판으로써 지역사회를 개선하는 것이지, 주민의 생활을 회고적(懷古的)인 취미로 탐색하는 것은 아니었다.

그러나 ≪농촌교육연구≫는 그와 같은 방책의 차이는 어찌되었든, 농촌과 농민 문제에 대한 대응을 모색하는 한, 그것을 소중하게 계속 육성하려고 했다. 제2권 제3호(쇼와4년 3월)에 오니시 고이치가 실었던 권두언인 「폭풍을 듣는다」 등을 읽어보면, 오니시에게는 자신은 이대로 좋을까 하는 강박관념이 항상 따라다녔다는 것을 엿볼 수 있다. 그것이 자신을 번거로운 편집업무로 내모는 채찍이 되었으며, 농촌교육연구회 구성원의 활동에 대한 절실한 기대의 표현도 되었다. 평범사(平凡社)의 시모나카 야사부로(下中弥三郎)는, 이 잡지의 창간에서부터 열 달 동안, 필요한 모든 경비를 계속 지원해 왔는데, 제2권 5호(쇼와4년 5월)에는 「촌민의 생활과 교육 생활과의 괴리를 어떻게 해야 할까」라는 논문을 싣고, 높은 급료를 받는 교원이 농촌현실에는 무관심한 현실을 매우 비난하며, 대담하게 급여를 삭감할 것과 여가에는 농사지을 것을 독려했다.

그들 중 정기적인 기고자들 가운데 한 사람이었던 오다우라 미치토시는, 예를 들면 제2권 제4호(쇼와4년 4월)에 「향토지리연구의 기운」이라는 논문을 게재하고, ① '향토지리'는 '일본지리'가 도시의 기술에 치우치고 있는 결함을 보완할 수 있다, ② 농촌에서 풍토와 생활과의 상관관계를 실증적으로 받아들일 수 있는 것은 '향토지리'뿐이다, ③ 사범학교의 전공과의 신설에 따라 '향토지리연구'로의 관심도 급속하게 높아지고 있다 등의 견해를 피력했다. 그것은, 그 한계에 있어서는 틀리지 않는다. 다른 한편, 야나기타 쿠니오도 때때로 기고했지만, 제2권 제11호에 게재된 「범인사의 성찰」이라는 담화에서는, '향토연구'에서는 첫 번째 조건으로 대상을 일정한 토지로 제한하는 것, 두 번째 조건으로 평민생활을 연구하는 것이 필요하며, 그 연구를 진행하는 데 즈음하여 파벌을 형성하는 것은 바람직하지 않다 등의 뛰어난 주장을 전개했다.

그 외, ≪농촌교육연구≫의 기고자로서는, 쓰치다 쿄손(土田杏村), 오카모토 리키치(岡本利吉), 호리이 료호(堀井梁步), 노구치 쥬타로(野口援太郎), 코이데 만지, 오노 다케오, 사가야마 요리(嵯峨山与里), 야리타 겐이치(鑓田研一), 미네치 미쓰시게, 이케다 타네오(池田種雄), 히라다노부(平田のぶ), 사사키 키센(佐佐木喜善) 등의 이름도 인정할 만하지만, 여기에서 주목해야 할 것은, 제2권 제11호에 게재된 시가키 히로시의 논문 「종합적 향토인식으로」이다. 그도 정기적인 기고자들 중 한 명이었지만, 그 논문의 서두에서 "우리는 교육의 지방화가 아니라, 지방주의 교육을 제창한다. 지방주의 교육이란 교육의 중앙집권적,

도시중심적인, 상공자본주의적인 운영에 반대하는 것이다. 따라서 물론 농본주의이다"라고 하며, "지방주의의 교육에서는 지방부락—혹은 향토—을 종합적으로 인식하는 교육을 목적으로 한다"라고 주장했다. 그리고 첫 번째로 향토의 자연, 두 번째로 향토의 인간 활동, 세 번째로 향토의 위치(여기에서 그는 구태여 "지리적이 아니다—경제적인 위치다"라고 덧붙이고 있다)를 충분히 이해함으로써, '종합적 인식'에 가까이 다가갈 수 있다고 했다. 이것은 오다우라가 그 연구를 너무 과학적으로 꾸미는 데 사로잡혀서, 그만큼 현실의 농촌과 농민 문제를 다루는 것을 소홀히 하고 있다는 데 대한 불만을 나타낸 것이라고 말할 수 있다.

시가키 히로시의 논문과 함께 주목되는 것은, 제3권 제6호(쇼와5년 8월)에 게재된 에도 데키레이(江渡狄嶺)의 권두언「보이지 않는 것과 보이는 것」이다. 그 역시 정기적으로 기고했던 사람이었지만, 농촌교육연구회가 행한 사이타마(埼玉)현에 있는 이루마군(入間郡)의 야마구치촌(山口村)의 조사에서, 우선 "촌락의 지리와 사회연구도 좋지만, 아무쪼록 그것이 홍미와 서론적인 조사만으로 끝나지 않도록" 주문했으며, 또한 "촌락의 지리든지 사회든지 간에 그것을 조사, 연구하기 위해 마을 사람들을 만날 때에는 충분한 예의와 그들의 생활에 대한 존경심을 잃어서는 안 된다"라고 주문했다. 그리고 그다음에 "자연과학에서는 관찰자가 피관찰자가 될 수 없지만, 사회과학에서는 어떤 점까지 보이지 않는 것이 또 동시에 보이는 것이 될 수 있다. 사회과학에서 말하면 경험이 가장 중요하다"라고 지적하고, 본래 있어야 할 '기초적인 마을연구'는 '보이는 것'과 '보이지 않는 것'의 '공동 작업'에 있는 것은 아닐까 하고, 그의 기본적인 입장을 표명했다. 그는 그 후 자신의 집을 '마을 연구의 집'이라고 칭했는데, 그것은 자신의 일은 스스로 연구한다는 태도의 표명이기도 했다.

뒤돌아보면, 원래 '향토회'의 정신은, 그 자체로 이른바 원추형의 입체구조를 이룬 것이었다고 말할 수 있다. 요컨대 그것은 지역사회에 입각하여, 그 뿌리로부터 분출된 좌절감을 첨단에 집중시켜, 이의를 제기하는 정신적 활동체였던 것이 틀림없다. 이의를 제기하는 상대는 말할 것도 없이, 미야케 세쓰레이(三宅雪嶺)가 저서 『위추악일본인(僞醜惡日本人)』(메이지14년)에서 조롱하고 또한 니토베이 나조(新渡戶稻造)가 저서 『내적외망(內的外望)』(실업지일본사, 쇼와8년)에서 고백한 것처럼, 자신의 사려 분별이 없음을 변명할 수 없는 직역사상(直譯思想)과 그것에 난무하는 도시사회이다. 분명히 근대과학의 기호를 빌리면, 원추의 끝 또한 날카롭게 보이고, 상대에 대한 위협도 효과가 있지만, 세공은 그만큼 어려운 것이 아니다. 오히려 원추형의 입체구조를 계속 유지하는 것 자체가 힘든 일이다. 왜냐하면 그것은 농촌과 도시의 대립이 내포하는 이율배반적인 모든 문제들을 한 몸에 계속 짊어지는 것을 의미하기 때문이다. ≪농촌교육연구≫는 명쾌하게 결론짓는 것을 떳떳하다고 하지 않고, 그 '향토회'가 지고 온 무거운 짐을 인계한 것이다.

그 구체화된 의미를 이해하기 위해서는, 오늘날의 상황에 눈을 돌리지 않으면 안 된다. 사회학은 지리학 등과 함께 학문적 지위를 확립하고, 그런 다음 변덕스러운 세분화를 다했다. 예를 들면, 도쿄대학의 다카하시 토오루(高橋徹)는 딱딱한 현실주의의 사회학자이며, 그 언설은 마르크스주의자와 그 추종자들이 즐겨 인용해 왔던 부분에도 있다. 그러나 『코뮌을 살아가는 젊은이들』(신조사, 쇼와62년)의 저자인 곤 사키모리(今防人)의 불행은, 원래 다카하시에게 배운 것에 있다고 말하지 않을 수 없다. 그는 '대항문화(對抗文化)' 같은 빌려온 개념을 꾸며 유유히 '코뮌'(공동체)연구에 임하지만, 방법론을 만들어 주장하는 '대화'의 대상도 일종의 병적인 폐쇄성을 띤 인공물밖에 없으며, 결국 애는 많이 쓰고도 구제되지 못하는 허우적거림에 빠져 있다. 그것은 외견상으로는 에도 데키레이가 말하는 '보이지 않는 것'과 '보이는 것'의 '공동 참여'와 같지만, 이미 대개 언뜻 보아 비슷한 것이 되지 않으면 안 된다.

5. ≪농촌교육연구≫와 아키타 사람들

그렇다면 아키타 사람들은 ≪농촌교육연구≫의 속에서 무엇을 말하고 있었을까. 마지막으로 오다우라 미치토시 이외의 사람들에게 시선을 돌려보기로 한다. 그때 먼저 주목해야 하는 것은 그와 같이 정기적으로 기고했던 한 사람인 하다케야마 카죠일 것이다. 그는 제2권 제5호에 실은 「자격이 없는 것」이라는 소논문을, 의외로 다음과 같이 쓰기 시작하고 있다.

> 가끔 생각하는 것이 있다. 나는 농촌에 태어나서, 풀과 못이 있는 곳에서 자라고 지금은 도쿄에서 생활하며, 게다가 관리로서 부르주아 출신이 많은 대학생들을 상대로 책이 중심인 일을 하고 있는데, 과연 농촌 문제를 논할 자격이 있을까라고.
> 부모들이 바라는 대로 시골에 살 수 있어 좋은 것인지 어떤지는 별문제로 하고, '농촌의 반역자인 주제에 건방지다'고 혼이 나도 할 말이 없고, 대면할 낯이 없다. 허락된 것은 '도대체 농촌은'이라고 말할 수 있는 의리일 것이다.

또 그는 제2권 제11호에 실은 「아키타의 향토문화연구계」라는 소개문에서도, "나는 고향 아키타현의 향토문화 자료에 관해 지금은 말할 수 있는 자격을 거의 잃고 있다"라고 반복해서 말하면서, 후반부에 다음과 같은 소개를 한다.

> 이런 의미에서 아키타현이 배출한 뛰어난 새로운 연구자는 오다우라 미치토시일 것이다. 그는 아직은 직접적으로 향리인 아키타의 연구는 그다지 하지 않고 있다. 그것은 하나는 그의 입장이 일본적으로 확대되고 있으며, 또 학자로서 개척해야 할 천지가 너무 많기 때문이다. 그래도 그는 현재 아키타현 남아키타군사(南秋田郡史)의 편찬을 주재하고 있다. 그를 도와주는 역으로서 무엇이든

지 처리하고 있던 사람으로 나라 타마노스케(奈良環之助) 씨가 있으며, 그 사람의 연구가 현재의 속도로 진행된다면, 아키타의 향토문화연구에 획기적인 업적을 거둘 것이다.

이와 같은 기술은 하다케야마의 경지, 오다우라의 움직임, 그 고장 아키타의 상황 등을 엿볼 수 있는 훌륭한 단서가 된다. 하다케야마는 고향을 잊지 않았다. 그렇기는커녕 항상 향토에 대한 콤플렉스를 가지고 있었다. 당시는 도쿄제국대학의 교직원이나 학생들 가운데에도, 하다케야마와 같은 땅에서 막 솟아나온 살아 있는 물과 같은 사람들은 상당히 있었으며, 에도 데키레이가 법학부를 중퇴하고 일반 평민이 된 것도 그 때문이었다. 이에 비해 오다우라의 경우는, 니토베이 나조가 정말로 그랬던 것처럼, 고향에 대한 콤플렉스를 차츰 잊어버리고, 오히려 도시사회와의 타협을 지향했다. 그렇다고는 하지만, 앞에서 다른 이른바 '원추형의 입체 구조'를 성립시킨 것은, 사실은 이런 여러 가지 유형의 '경계인'들이 가지고 있던 땅에서 막 솟아나온 물과 같은 살아 있는 사상이었다고 생각할 수 있다.

덧붙여서 말하면, 여기에서 이름을 예로 든 나라 타마노스케도, 서두에서 다룬 것과 마찬가지로, 이 잡지에 「초등학교에서 향토실의 내용」인 글을 기고했다. 그는 그 잡지에서 "나는 교육은 잘 모르지만"이라고 말하면서도, '향토실'이 '현재에서 그 간판에만 머물러 있다'는 것은, 교육자가 "향토 그것에 파고들어갈 정도의 흥미도 성의도 진지함도 없기 때문이다"라고 단언하며, 그것을 나타내는 에피소드를 다음과 같이 말한다.

금년 가을, 아키타에서 오래된 향토연구의 권위자인 스가에 마스미 대인의 백년제를 거행했다. 그때 현재 일본에서 향토연구의 제1인자인 야나기타 쿠니오 선생의 강의가 있었다. 그때 모인 사람들 중에는 초등학교 교사는 몇 명 없었지만, 그들은 철학이든지 사회학이든지의 강의라면 큰 소란을 피우며 모이는 사람들이다. 그 한 가지 일에 의해서도 현대 교육에서 교육자의 진정한 경향과, 향토실의 설치의 형식과 내용을 거의 알 수 있다고 생각한다. 한 가지의 점에 관해 지식인이 한번 생각해 보도록 성가시게 하고 싶다고 생각한다. 그리고 향토실의 설치의 사명을 다할 수 있게 하고 싶다고 생각한다.

여기에서 말하는 '금년 가을'은 당연히 쇼와3년 가을을 가리키지만, 쇼와4년 7월의 '농촌교육강습회'가 예상외로 성공적으로 끝난 것을 보면, 나라 씨의 상황 인식은 지나치게 과장되었던 것일지도 모른다. 그러나 당시는 아키타에서도 오히려 용감한 마르크스주의의 혁명사상에 광산 노동자나 학교 교사의 마음이 끌리기 시작하고 있었다. 그 때문에 아키타의 '향토교육'도, 단순한 '사상지도'의 수단으로 전락해 버릴 위험을 내포하고 있었다. 일본의 지역사회연구의 주요 기반이어야 할 아키타에서 그렇다고 한다면, 다른 지역의 바람직하지 않은 상태는 가늠할 수 있을 것이다.

이 외에도, 제1권 제1호에 호리이 료호의 「성교분리운동」, 제1권 제3호(쇼와3년 8월)에 가타오카 쥬스케의 「농촌사회생활과 자연현상」, 제1권 제5호(쇼와3년 10월)에 나카무라 지로의 「굶주리는 고통」 및 요시다 사부로(吉田三郎)의 「삼남(三男)으로서의 관찰」, 제2권 제6호(쇼와4년 6월)에 고다마 쇼타로의 「이시카와 리키노스케 옹의 약전」, 제2권 제10호(쇼와4년 10월)에 사쿠노스케(今作之助)의 「나의 『서수행학사(瑞穂行學舍)』에 관해」, 제3권 제1호(쇼와5년 1월)에 시바타 료이치(柴田良一)의 「설국일기(雪国日記)」 등이 기고되었으며, 이것들은 거의 아키타 사람들의 손에 의한 것이다. 각각의 내용은 그 제목에서 어느 정도 추측할 수 있을 것이라고 생각한다.

6. 맺는말

필자는 수년 전 곤 사쿠노스케의 남동생인 곤 다메스케(今爲助)의 집[현 당주 곤 코이치(今耕一)]을 방문해, 그곳에서 에도 데키레이가 쓴 족자나 오니시 고니치에게서 온 엽서 등이 남겨진 것을 보았다. 곤 다메스케는 메이지41년에 아키타현립 사범학교를 중퇴한 후, 산업조합 전무이사, 현의회 의원, 촌장 등을 역임하고, 저서로서 『마을과 나』(쇼와4년)와 『고향의 기록·갓바위』(쇼와50년), 유고 가집(歌集)으로 『엄나무가 있는 산』(쇼와61년) 등을 남긴 인물이다. 그는 형으로부터 교화와 훈육을 받았으며, 또한 에도 데키레이나 오니시 키이치와도 교류하면서 향토를 지켜온 지역의 유력한 지도자 중 한 사람이었다. 따라서 그의 집에 그런 종류의 유품이 남아 있는 이유도 금방 이해할 수 있을 것이다.

전쟁 후의 추방이라는 회오리바람은 곤 사쿠노스케와 타메스케 형제에게도 닥쳤다. 그러나 그것의 옳고 그름은 각자 별개의 문제이다. 오늘날 우리는 남북문제, 환경문제, 민족문제 등의 심각한 여러 문제에 직면해 있는데, 여기에 올바로 대응하려면, 전면적이라고는 말하지 않지만, 이 ≪농촌교육연구≫가 유지한 자세의 재평가는 이루어져야 한다. 이 잡지의 제2권 제10호(쇼와4년 10월)는 '국민고등학교운동'을 특집으로 다루지만, 그것을 둘러싼 좌담회에서는, 예를 들어 시모나카 야사부로는 "일본에 현재 있는 30여 개의 학교, 그것은 반동적이고 이지적이 아닌 감정을 억누르고 있는 것 같다"라고 발언하고, 또 오니시 키이치도 "황국운동이라는 기묘한 체조가 여러 지역의 국민고등학교에서 유행하고 있으나, 이런 일이 농촌 청년의 유력한 교화방법의 하나라고 생각하는 것 같은 시대착오에 빠지고 싶지 않다"라고 발언했다. 그리고 이와 같은 발언에 대해, 다른 동석자는 어떤 이의도 표명하고 있지 않다. 왜냐하면, 그들은 일본 전통의 농민민주주의의 우수한 계승자들이었기 때문이다.

만약 그들 중에 '국체'를 논한 사람이 있다고 해도, 그것은 단지 '민족동일성'

에 대한 내적 욕구를 나타내는 경우가 많아서, 반드시 아시아 지역에 대한 자본주의의 침략에 적극적으로 가담하고자 하는 성격의 것이 아니었다. 그것은 야나기타 쿠니오의 '상민(常民)' 개념이나 에도 데키레이의 '장(場)'의 사상이 주장하는 자립자존의 취지에서도 알 수 있는 부분이다. 오히려 당시의 '혼합민족론'이나 오늘날의 '다문화주의'의 논조야말로, 영악한 자본의 경계 없는 활동에 대한 요청에 대응하는 것이라는 점에서, 다른 사람이나 다른 민족의 문화적 해체라는 결과를 초래하는 위험한 성격을 갖추고 있다고 말할 수 있다. 그것은 미국의 식민지 지배를 경험한 필리핀의 사회학자인 R. 콘스탄티노가 '신식민지주의의 동일성'이라는 말을 사용하여 주의를 환기시킨 바 있다.

이와 같은 견해로 본다면, 어느 것이나 많은 사료를 섭렵한 후의 역작이지만, 야나기타 쿠니오의 '상민' 개념에 끌려 출발하면서 결국 '교육과학연구회'의 칭찬으로 함부로 줏대 없이 영합하는 고바야시 치에코(小林千枝子)의 논문 「교육과 자치의 심성사: 농촌사회에서 교육과 문화운동의 연구」(후지와라서점, 헤이세이9년)는 말할 필요도 없이, 현상학적인 '생활세계'의 개념 등을 연구방식으로 가리면서 결국은 통속적인 '파시즘'사관을 넘지 못한 이와자키 마사미쓰(岩崎正弥)의 논문 「농본사상의 사회사-생활과 국체의 교착」(교토대학학술재단, 헤이세이9년) 등도, 유감이지만 제대로 된 논문이라고 할 수 없다. 이와 같은 '붉은 깃발(赤旗)'적 수준의 하나의 패턴인 논문을 읽게 되면, 대학이나 학문의 존재 이유에 대해 근원적인 의문이 생기는 것을 억누를 수 없게 된다.

아키타가 낳은 대사상가인 안도 쇼에키는 "학문은 하려고 하는 바의 부름이다"라며 고집 있는 강인함을 갖추고 있지만, 이미 일본은 그런 인물을 탄생시킬 수 있는 조건을 거의 상실해 버린 것처럼 생각된다. 그것은 지역사회연구를 진정으로 이끌어 갈 수 있는 사람을 거의 잃었다는 것이며, 따라서 당면한 심각한 남북문제, 민족문제, 환경문제 등의 연구를 진정으로 수행할 학자를 거의 얻을 수 없다는 것이기도 하다. 신기한 말이 난무하는 대학의 개편 붐의 와중에서, 과거의 촌스러운 ≪농촌교육연구≫ 따위를 그리워하는 것은 시대착오적인 것일까.

제6장

일본 민중의 자연관과 근현대화

후쿠시마 다쓰오(일본)

1. 서론: 녹나무와 붓꽃

나는 발언석에 항주대학 캠퍼스에서 꺾어온 향기로운 녹나무 가지와 붓꽃을 종이컵에 꽂았다. 일본의 봄은, 항주와 마찬가지로 온통 초록 일색의 계절을 맞고 있다. 특히 관동 이남의 해안을 따라 눈에 띄게 선명한 신록이 짙어가는 커다란 나무는 녹나무이다. 그 녹나무를 항주의 거리에서, 그리고 대학캠퍼스에서 보았다. 그리고 그림자가 생긴 그 나무 아래에는, 내 집 뒤뜰에서 본 붓꽃이 피어 있었다. 그 나무나 꽃에서 '동양의 자연'의 확산을 느낀 것이다. 심포지엄이 끝난 다음 한 바퀴 돌아본 서호(西湖)를 둘러싼 호반에도, 가까운 산에도, 향기로운 녹나무가 우거져 신록이 짙어가고 있어, 호수의 수면을 가로지르는 훈풍을 맞고 있었다.

녹나무와 붓꽃을 발견하고, 항주대학에 모인 각국의 연구자들과 나를 잇는 자연관의 토대를 느낀 것이다. 왕용(王勇) 항주대학 교수는, 책상 위의 식물을 보고, "생화입니까"라고 유창한 일본어로 말했다. 일본인은 독특한 꽂꽂이[華道]를 만들어 왔다. 거기에서 일본인의 자연관을 고찰할 수 있다.

2. 현대 일본 국가의 자연관

이어서 나는 주머니에서 여권을 꺼내 뒤표지에 금색으로 인쇄된 국화 문장을 보여주었다. 그 국화 문장은 중국을 침략한 대일본제국 군대의 병사가 가지고 있는 총에 새겨져 있었다. 병사들이 든 깃발의 장대 끝부분에도, 금색의 국화의 문장이 달려 있었다. 나는 이번 외국 여행에서, 내가 일본인인 것을 증명하는 여권에 천황가의 국화 문장이 붙어 있다는 것을 처음 알고는 깜짝 놀랐다. 나는 그 여권을 가지고 항주에 왔다. 그리고 일본이 저지른 전쟁의 책임의 문제를 가지고 중국과 한국의 연구자와 심포지엄에 참가하고 있다.

나는 천황제의 속박에서 벗어나고 있는 것일까라고 여권을 보면서 생각했다. 일본인의 사상과 자연관은 천황제와의 관련에서는 어떨까.

현재의 일본 국가의 자연관은, 환경행정 관련 법규나 『환경백서』에서 볼 수 있듯이, 어디까지나 행정적이고 정치적이다. 일본 국가, 즉 역대 일본정부의 국가상과 국민상이 가장 명확하게 공적으로 표명되어 있는 것은, 문부성의 교육정책문서일 것이다. 나카소네(中曾根) 내각은 전쟁 후의 교육을 청산하기 위해, 1984년에 임시교육심의회를 설치하여, '교육개혁에 관한 답신'을 요구했다. 동 심의회는 1985년부터 1986년에 걸쳐 네 차례에 걸쳐 답신을 받았다. 그 가운데 일본인에게 요구된 자연관은 '생명이나 자연에 대한 외경의 마음'을 키우는 것이었다. 이에 대해 일본의 교육사가인 나카우치 토시오(中內敏夫) 당시 히토쓰바시(一橋)대학 교수는 중일전쟁이 확대된 1937년에 문부성이 발표한

『국체의 본의』의 자연관의 계승이고, 국학의 자연관이며, 주자학에 바탕을 둔 것이라고 지적했다. 나카소네 내각은, 일본의 문화연구센터로서 국제일본문화연구센터를 설립했다. 동 센터는 1990년도와 1991년도에 '일본인의 자연관'을 테마로 공동연구를 한 후, 그 성과를 1995년 8월에 요약했다. 현대 일본 국가가 의거하는 자연관은, 그 안에 있다고 보아도 좋을 것이다.

그러나 이 자연관 연구에서는 본 심포지엄의 참가자들이 깊은 관심을 보이고 연구해 온 안도 쇼에키의 자연관에 관해서는 전혀 다루지 않고 있다. 그 일본 내지는, 국립기관의 자연관 연구가 무시하고 있는 안도 쇼에키 등의 또 하나의 '일본인의 자연관'의 계보를 어떻게 거슬러 올라갈 것인가 하는 것이 나의 발언의 중심이 되는 논점이다. 그것은 '일본 민중의 자연관'이며, 여권과 같이 보였다 안보였다 하는 천황제에 구애받는 국가의 '일본의 자연관'에 비해 다른 자연관을 모색하는 길이다.

3. 후쿠자와 유키치(福澤諭吉)의 『문명론의 개략』

나는 여권을 본 다음에 일본에서 가장 고액권인 만 엔짜리를 보고, 거기에 그려져 있는 인물상을 보았다. 그 후쿠자와 유키치는 메이지8년(1875)에 『문명론의 개략』을 출판했는데, 그는 이 책에서 탄생한 지 얼마 되지 않은 천황제 정부국가를 통렬히 비판했다. 그것은 갑자기 만들어진 메이지의 천황제 국가가 진행시켰던 문명정책에 대한 비판이었다. 그 문장 속에는 자연관과 관련된 부분이 포함되어 있다. 나는 『국체의 본의』가 발표된 해에 초등학교에 입학하고, 소년기에 철저한 천황제 교육을 받았다. 그런 나에게 있어 후쿠자와의 책은 천황제에 대한 놀랄 만한 말들이 정리되어 있는 것이었다.

그와 같은 후쿠자와가, 중국 지폐의 모택동 등 4명, 영국 지폐의 여왕, 달러

지폐의 워싱턴과 같이, 그 국가를 상징하는 인물로서 어떻게 일본정부에 의해 선택되었을까. 그것은 후쿠자와는 초기에는 그런 계몽적인 저서를 집필하고, 언론가로서 여론의 형성에 커다란 영향을 미쳤지만, 수십 년 후에는 '탈아입구(脫亞入歐)'론을 주창하고, 천황제 정부가 저지른 아시아 침략에서 전쟁의 협력을 역설하기에 이르렀기 때문일 것이다. 후쿠자와는 천황제 국가에 대한 비판자로부터 일본 근대국가의 공로자가 된 것이다.

후쿠자와의 초기 저작은 천황제 국가의 문화정책을 비판하고, 일본의 전통적인 문화의 위기를 표명했다. 근대국가의 성립과 발전은 일본의 전통자연관을 어떻게 바꾼 것일까.

4. 메이지 근대국가의 확립과 민중의 자연관

국제일본문화연구센터의 연구자들은 '근대의 정복적인 자연관은 조몬(繩文) 이래 일본 고유의 자연관을 심화하여 초월할 수 있을까'라는 과제를 정해 공동연구를 했다. 이것은 현대 일본의 자연관은 '정복적인 자연관'이라는 전제에 입각한 연구이다. 그것을 초월하기 위해 조몬, 『고사기(古事記)』, 『일본서기(日本書紀)』의 창세신화로 거슬러 올라가는 연구를 하고, '일본 고유의 자연관'을 찾아 그 '현대적 의의'를 찾는 방식을 취하고 있다.

조몬이나 고대와 중세 시대의 고전까지 거슬러 올라가지 않아도, '근대'를 구체적으로 연구하는 것만으로 '정복적인 자연관'을 초월하는 길이 보인다. 나는 1960년대의 고도 경제성장기에, 지역개발정책에 의해서, 가장 지역적인 변모를 가져온 몇 가지의 영역을 조사했다. 거기에는 개발하는 측의 자연관과 지역주민의 자연관이 대립했으며, 다소의 주민운동이 전개되었다. 그 지식과 견문에 의하면, 현대 일본인의 자연관을 '정복적인 자연관'으로서 한데로 묶어 추상화할 수는 없다.

일본의 근대는, 메이지유신에 의해 성립된 천황제 국가의 탄생에서 시작한다. 당시 일본인의 80% 정도가 농민 혹은 어민이거나 임업 등의 1차 산업에 종사하는 사람이었다. 메이지정부는 '지조개정(地租改正)'에 의해 농지와 산림의 토지 소유를 명확히 했다. 어민에 대해서는 어업권 제도를 만들어 바다를 이용할 수 있는 권리를 나누었다. 그때까지 공동으로 이용하는 지역이었으며, 입회지였던 미개척지 산림에 대해서도 소유를 명확히 하는 '관민유규분(官民有區分)'을 했다. 토지 소유를 명확히 함으로써 토지라는 자연이 분단되고, 사람들은 소유권을 가지는 이외의 토지로부터는 배제되었다. 이 토지제도의 확립은 민중과 자연과의 관계를 크게 변화시켰다. 이 메이지정부의 토지정책에 대해, 국유지로 정한 산림을 되돌려 받고자 하는 주민운동이 각지에서 전개되었다. 과거에는 깊은 산속이라 할지라도 주민은 관개용수의 수원으로서 숲을 보전관리하고, 건축과 토목용재를 갖추고자 육성해 왔다. 그 산림이 관유지와 천황가의 숲[御料林]이 되고, 들어갈 수 없게 된 곳에서는 주민이 벌채를 하면 도벌로서 처벌받게 되었다. 이 도벌을 단속하기 위한 산림경찰이 배치될 정도였다. 자신들의 산림이 다른 사람들로부터 배제되는 산림이 되었다. 이때, 민중의 자연에 대한 사고방식, 즉 자연관이 바뀌었다.

그 사례를, 일본에서 가장 높고 또한 그 산의 모습이 외국인에게도 잘 알려진 후지산 북쪽 기슭에서 볼 수 있다. 관유지가 된 메이지 시대부터 지금까지 100년이 넘게, 그 고장에서 되돌려줄 것을 요구하는 운동이 계속되고 있다. 관유지로 구분된 산야로부터 주민이 배제됨에 따라, 그 산림을 되찾으려는 운동이 일어났던 것이다. 그러나 정부는 그 산야를 천황가의 숲으로 지정해 버렸다. 그럼에도 불구하도 주민들은 예전과 마찬가지로 임야에 들어가 나무를 베었다. 그러면 그것이 도벌로 간주되어 산림경찰의 단속을 받았다. 조상 대대로 나무를 심고, 관리해 온 산이 국가라는 타자의 소유가 된 것이다. 주민은 도벌

죄로 처벌되는 것을 두려워하지 않고, 다른 사람의 소유가 된 나무를 베고, 가지와 낙엽을 방치하고, 그 자리에 묘목을 심지 않았다. 여기저기에 방치된 마른 낙엽들에 불이 붙어서 산불이 발생했다. 민중은 다른 사람의 산에 난 불을 끄러 가지 않았다.

이렇게 해서 후지산의 광대한 산야는 황폐해지게 되었다. 거기다가 비가 오면, 북쪽 산기슭의 호수에 수위가 비정상적으로 증가하여, 하천은 대홍수를 발생시켰다. 결국 메이지정부는 치수를 위해, 1911년(메이지44)에 치산이 필요하다는 것을 인정하고, 황실의 숲을 야마나시(山梨)현의 현유림으로 변경했다. 현재에는 '은사림(恩赦林)'이라는 명칭이 붙어 관리되고 있다. 그곳에는 자위대의 훈련 연습장이 있으며, 미군도 실탄사격훈련을 하고 있다. 일본이 세계에서 풍경미를 자랑하는 후지산을 세계유산으로 등록하려는 주민운동이 있었으나, 후지산의 현실은 그 산기슭에 살고 있는 주민들이 등록운동을 막았다는 것이다. 이와 같은 후지산의 북쪽 기슭의 사례에서도, 민중의 자연관과 근대에서 현대까지의 국가의 자연관과의 차이가 선명하게 반영되어 있다.

5. 국가 신도와 민중

나는 신 앞에서 결혼식을 올렸으며, 부모의 장례식은 불교식으로 거행했고, 딸의 결혼식은 그리스도 교회에서 했다. 후쿠자와는 "일본에는 종교가 없다"고 말했다. 내게도 특정한 종교는 없다. 일본인의 대부분은 지금도 불교와 신사신앙을 받아들이고 있다. 메이지정부는 천황가의 의식을, 그때까지 불교식이었던 관례를 바꾸어서 신도식으로 했다. 동시에 신불분리령(神佛分離令)을 발표하고, 신사신앙을 국가신도로 통합하여, 불교보다도 우위에 세우고, 폐불훼석(廢佛毁釋)정책을 취했다. 그래도 지금 한층 더 많은 민중들은 신불혼효(神佛混

淆)이다.

일본의 신사신앙에는, 메이지정부가 정책적으로 추진한 국가신도와, 민간의 우지가미(氏神) 신앙[1]이 있다. 메이지정부는 신사를 국가신도로 통합하고 계열화하여, 800만의 신들도 기기신화(記紀神話)[2]에 나오는 신의 이름으로 바꾸었다. 800만의 민중신들은 신화와는 관계가 없는, 나무이기도 하며, 동물이기도 하며, 또 산이나 거석과 폭포나 태양과 달, 불과 물이었다. 민중신의 신앙은, 민중의 자연관에 깊이 뿌리내리고 있었다. 메이지정부의 종교정책은 일본인의 신앙과 함께 자연관을 크게 바꾸었다.

민중이 신앙의 대상으로 삼고 있는 우지가미들을, 국가신도를 토대로 계열화하고 통합하기 위해, 1906년부터 몇 년 동안 신사를 합사(合祀)했다. 청일전쟁(갑오중일전쟁, 1895~1896)을 거쳐 러일전쟁(1904~1905)이 끝난 직후의 시기이다. 일본의 신사의 본전 주위에는, 통합되고 폐기된 신을 제사 지내는 작은 사전(社殿)들이 늘어서 있다. 각각의 우지가미에게는 진수(鎭守)[3]의 숲이 있었다. 통합되어 신사를 잃은 진수의 숲의 토지가 처분되었다. 이 신사합사에 반대한 인물로, 와카야마(和歌山)현의 재야 생물연구자인 미나카타 쿠마구스(南

---

1 [옮긴이 주]: 우지가미(氏神)는 일본에서 같은 집단부락에 사는 사람들이 공동으로 제사를 지내는 신도의 신을 말한다. 우지가미의 주변에 함께 살면서 그 신을 신앙하는 사람들을 가리켜 '우지코(氏子)'라고 한다. 진수(鎭守)·우부스나카미(産土神)와 거의 같은 의미로 다루어지는 경우가 많다.

2 [옮긴이 주]: 고사기와 일본서기에 담겨 있는 신화

3 [옮긴이 주]: 진수(鎭守)는 토지에 신이 진좌하여, 그 토지와 그 토지를 경작하는 사람들을 지키는 것으로 알려진 신을 말한다. 헤이안 시대 이후가 되면, 장원제가 형성되고 귀족과 무사, 사원 등의 사적 영지가 확립되어, 씨족사회가 붕괴되고 우지가미 신앙도 희박해진다. 그 대신에 장원영주에 의해 장원을 진호(鎭護)할 목적으로, 토지의 수호신을 제사 지내게 된다. 이것을 진수라고 하며, 무로마치 시대 무렵에 장원제가 붕괴함에 따라 쇠퇴하여 우지가미에 합사되어 오늘날에 이르는 경우가 많이 있다.

方熊楠)가 있다. 진수의 숲의 자연적이고 환경적인 가치를 지키고 동시에, 우지가미 신앙에 의한 민중의 도덕과 윤리관을 지키기 위해 이 신사합사 정책에 반대했다. 미나카타 쿠마구스의 운동을 지원한 것은 일본의 민속학의 창시자인 야나기타 쿠니오(柳田國男)였다.

미나카타 쿠마구스는 일본 최초의 생태학자로 알려졌다. 근대국가의 종교정책은 당시까지 생태적이었던 일본인의 전통적 자연관을 바꾸게 되었다.

6. 근대화와 민중의 환경보호운동

일본의 근대화 시기에, 아시오(足尾), 히타치(日立), 벳시(別子) 등의 광산의 제련소에서 광물을 채굴하거나 제련할 때 생기는 폐수나 매연 등에 들어 있는 독으로 인한 피해사건이 발생했다. 히타치의 제련소는 주민의 호소를 받아들여 높은 굴뚝을 세워 피해를 줄이려고 노력했다. 벳시구리광산의 제련소는 멀리 떨어져 있는 섬 사판도(四板島)로 옮겼지만, 오히려 피해가 확산되어, 탈(脫)유황장치를 갖춰서 공해에 대한 피해대책을 강구했다. 그러나 아시오(足尾)구리광산의 제련소는 연기의 피해를 호소한 마쓰무라촌을 폐촌으로까지 몰아, 탄광의 오염된 물과 홍수로 황폐해진 와타라세(渡良瀨)강의 유역에 대한 대책으로써, 계곡 안의 마을을 유수지(遊水池)로 하고 마을 사람들은 다른 곳으로 이주시켰다. 아시오구리광산의 독 사건은 근대 일본의 환경파괴의 전형적인 사례이다. 일본의 패전 직후에, 무시당한 와타라세강 유역의 주민들은 광산에서 나오는 독을 근절시키기 위해 주민운동을 일으켰다.

일본의 환경파괴가 공해라는 말로 받아들여지게 된 것은, 1960년대에 고도경제성장기로 들어갔기 때문이다. 그 당시 정책에 의해 일본은 중화학공업국의 지위를 확보했다. 그러자 1차 산업에 종사하는 사람들이 줄어들고, 생산을 통해 자연과 직접적으로 접촉하는 생활에서 멀어지게 되었다. 고도경제성장의 정책이 '지역을 지방화한다' 그리고 '생활을 추상화한다'라고 예견한 이는 세계사가인 우에하라 센로쿠(上原專祿)였다. 고도경제성장은 자연관도 추상화했다.

그 고도성장정책이 추진한 '지역개발' 사업에 대해, 지역 주민은 생산과 생활을 지키기 위해 주민운동을 전개했다. 일본정부는 1967년에 공해대책기본법을 제정했지만, 그 법안 심의의 논점은 환경과 경제와의 관계였다. 이 법률은 1970년에 경제보다도 환경을 우선시하는 것으로 개정되었다. 1960년대의 공해 문제와 공해에 관련된 민중의 행동을 보면 일본인의 환경관과 자연관을 '침략적 자연관'이라고 할 수는 없다.

근대화와 고도경제성장 이후의 현대화에 의해, 일본인의 생활은 자연과의 직접적인 관계가 희박해지게 되었다. 일본의 자연과 구체적으로 마주하며 생활해 온 일본 민중의 자연관도 바뀌었다. 그러나 지속적인 환경보전의 전통적 자연관은 민중생활에 계승되어 온 그 속에 여전히 남아 있었다.

그런 민중생활에 전통적인 관념을 찾으려고 한 것은 야나기타 쿠니오가 창시한 민속학이다. 문자로 기록하지 않았던 민중의 전통적 생활관을 일상생활의 습관이 된 풍속에서 찾았다. 이 심포지엄에서, 민속학자인 미야모토 쓰네이치(宮本常一)의 저작인 『잊힌 일본인』을 소개하고, 참가자로부터 많은 관심을 받았다. 좀 더 말하자면, 기근에 시달리던 민중의 생활에서 자연관을 고찰한 한 '잊힌 사상가'인 안도 쇼에키가 있다. 안도 쇼에키는 자신이 경험한 기근 시대에 눈이 많이 쌓이는 지대인 월후(越候)[니가타(新潟)현]에서, 스즈키 복쿠시(鈴木牧之)는 설국의 자연과 민중의 삶을 기록한 『북월설보(北越雪譜)』를 출판했다.

조몬문화나 고대사회가 만들어 낸 고전에서 추구하는 자연관과 달리, 자연과 구체적이고 직접적으로 마주한 민중의 자연관이 있다. 근대와 현대 일본의 발전에 의해 추상화되어 민중생활에 뿌리내린 자연관이야말로 지속적인 발전으로 이어지는 자연관이다. 그리고 나는 미나카타 쿠마구스, 야나기타 쿠니오, 미야모토 쓰네이치, 그리고 에도 시대의 안도 쇼에키, 스즈키 복쿠시 등의 저서에서 일본 민중의 전통적인 자연관의 물줄기를 알아차릴 수 있다.

[이 보고 내용에 토대하여, 『와코대학인간관계학부기요(和光大學人間關係學部紀要)』(1998년 3월, 1999년 3월, 이후)에 논고로서 계속 집필하여 연재하고 있다]

제7장

니노미야 손도쿠(二宮尊德)의 자연관

증빈(중국)

니노미야 손도쿠에 대해 관심을 가진 것은 1996년부터이다. 일본에 유학했을 때 알고 지내던 노도예가의 공방에 가끔 놀러간 적이 있었다. 어느 날, 그가 니노미야 손도쿠의 책 한 권을 선물로 주었다. 그때 나는 마침 대학원에서 환경교육에 관한 공부를 막 시작했던 무렵으로, 그 책을 읽으면서 바로 나의 관심사와 관계가 있다고 느꼈고, 근세 일본의 환경사상의 하나로 니노미야 손도쿠의 환경관에 관한 연구가 중요하다는 것을 직감했다. 그 이후로부터 자료를 조사하고, 그가 탄생한 곳인 니노미야 손도쿠 기념관이 있는 오다와라(小田原)를 방문하고, 손도쿠의 자손인 니노미야 세이죠(二宮精三)의 이야기를 들었다. 그에 의하면, 이전에 북경대학의 연구자가 찾아온 적이 있다고 한다. 그러나 중국에서는 니노미야 손도쿠에 관해서는 거의 모른다. 또한 연구발표도 찾을 수가 없다.

1997년 4월, 후쿠시마 다쓰오(福島達夫) 선생과 함께 항주대학 심포지엄에 참가하여 니노미야 손도쿠에 관해 이야기를 나누게 되었다.

니노미야 손도쿠(1787~1856)는 도쿠가와 시대 말기의 농민 출신의 인물이다. 그의 소년 시절에 사카와(酒匂)강이 가끔 범람하여 집과 전답 모두 피해를 입었고, 집은 몰락했다. 천재(天災)를 계기로 하여 그는 천지자연에 관심을 가지게 되었고, 자연과 인간사회와의 관계에 관해 공부했다. 그의 사상은 농촌 부흥을 실천하는 과정에서 꽃핀 것이다.

메이지26년(1893)부터, 일본이 패전한 쇼와20년(1945)까지, 초등학교의 도덕 교과서에 손도쿠가 거론되었는데, 손도쿠는 법률에 충실하고 윗사람의 명령에 순종적인 인물상으로 그려졌다. 그리고 소년 시절에 가족을 위해 고생했으며, 잠시의 틈도 아깝게 생각하며 공부했다는 내용이 주로 다루어졌다. 그러나 패전 이후, 민주주의의 정신에는 맞지 않는다는 이유로 교과서에서 삭제되었다. 일본에서 니노미야 손도쿠의 평가는 시대에 따라 변화되었으므로, 그 진실을 되찾는 것이 니노미야 손도쿠 연구의 과제이다. 나는 그의 자연과 인간의 관계에 관한 생각에 주목하고 싶다.

20세기가 끝나가는 오늘날, 자연환경의 파괴가 세계 각지에서 진행되고 있다. 물리적인 환경뿐만 아니라, 인간의 내면적인 정신환경까지 황폐화되고 있다. 천지 속의 인간의 좌표를 생각하면 손도쿠의 사상이 매우 가치가 있다고 생각한다.

손도쿠의 사상에는 자연으로부터 배우고, 노동을 실천하고, 일정한 한도에서 남을 추천하며 스스로는 사양하는 특징이 있다. 그의 사상이 형성된 기초는 그의 행정에서의 실천에서 찾아볼 수 있다. 그는 책에는 저자의 의견이나 편견 등이 있다고 생각했다. 그래서 동물, 식물과 강이나 지형 등을 관찰하고, 그런 다음 책을 읽고 인간의 생활과 일을 분석하는 것이 중요하다고 생각했다. 자연과 인간사회의 관찰에 의해 그의 '탈도(奪道)'와 '양도(讓道)' 사상이 생겨났다. 즉 "자연세계에서는 서로 양보하는 일이 없으며, 빼앗는 것으로 살고 있다(탈도). 인간세계에서는 서로 양보하지 않고서는 살아갈 수 없다(양도). 또한 인간은 반은 자연에 따르며(天道), 반은 자연에 거스르지 않으면 안 된다(人道). 천도에 의해 생명을 유지한다. 인도에 의해 건강을 유지한다"라고 하며, 자연과 인간의 대립과 통일관계를 생각했다. 그리고 이와 같은 관계 속에서 인간이 취해야 할 행동이, 그의 사상의 핵심이 되었다.

손도쿠의 사상은 유학자와 같은 위정자를 위한 '치세의 학문'도 아니고, 불교 수행자와 같은 세속을 버린 염세적인 '깨달음의 학문'도 아니었다. 유교도 불교도 노동을 경시했지만, 손도쿠의 경우는 그가 말하는 상대가 언제나 생산자로서의 농민이었다. 그의 발전하는 순환론은 '지속가능한 발전'의 원형이라고도 말할 수 있을 것이다.

또 니노미야 손도쿠의 천도와 인도의 관념은 그의 자연관의 근저가 된다. 둘의 관계로부터 '탈도'와 '양도'의 사회관이 생겨나고, 니노미야 손도쿠의 사상을 구성하는 기본이 되었다. 그것이 그의 농정실천에서의 '계획성'과 '사회 환원'의 이념에도 반영되었다. 그의 사상은, 근대 서양의 합리주의와 같은 논리라고 할 수 없다. 오히려 '일본적 합리주의'라고 칭하는 쪽이 타당하다고 생각한다. 왜냐하면 손도쿠의 자연관에 내재되어 있는, 서양과는 다른 생활과 생산의 문명양식에 의해 규정된 일본인의 독자적인 사고방식이 오늘날의 근대화된 일본사회의 심층에도 존재하고 있기 때문이다. 예를 들어, 전후 일본의 고도경제성장기에 일어난 민간교육운동 속에서 '환경권' 사상을 가진 공해교육이 탄생했다. 그것은 일본의 환경교육의 하나의 원류가 되기도 했다. 그 사상의 형성 과정을 보면, 근대 이전과는 관계가 없다. 그러나 그 사상의 수맥은 결코 일본의 전통과 단절되지 않는다는 것을 간과할 수 없다. 그 의미로서 니노미야 손도쿠의 자연관에 관한 이해는, 현대 일본의 환경교육사상의 형성을 이해하는 하나의 열쇠라고 생각한다.

제4부

동양 전통종교 환경사상의 현대적 의의

제1장

일본 신도 환경사상의 현대적 의의

왕수화(중국)

신도(神道)는 일본 고유의 민간신앙이며, 자연숭배와 조상숭배를 기원으로 한다. 거의 모든 신사가 산악, 하천, 만과 해안, 호수와 늪, 삼림, 폭포, 바람과 비, 천둥과 번개, 얼음과 눈 등의 자연현상과 관련되어 있다. 예를 들면, 이세(伊勢)신궁과 카미지야마(神路山), '옛날에는 도끼를 들고 들어가지 않았다'는 신궁림과 맑디맑은 이스즈(五十鈴)천, 센겐(淺間)신사와 일본 제일의 영산인 후지(富士)산, 시오가마(鹽竈)신사와 일본 3경의 하나인 마쓰시마(松島)만, 수와(諏訪)신사와 수와호(諏訪湖), 카마노(熊野)신사와 나치(那智)폭포, 무나카타대사(宗像大社)와 바다 등 특정한 환경과 연관되어 있다. 만약 특정한 지역과 환경에서 멀어진다면, 이 신사는 그 특정한 의의를 상실하게 된다. 오늘날 일본에서 생태환경이 비교적 잘 보전되어 있는 것은 신사 소유의 토지가 매우 큰 부분을 차지하고 있기 때문이며, '신사는 자연보호의 종교이다'라고 이야기되고 있다.

1. 신도의 자연관

『고사기(古事記)』, 『일본서기(日本書紀)』 등의 문헌에 기록되어 있는 천지개벽, 국토생성, 모든 신의 생성 등의 신화·전설에 의하면, 신도에서는 국토, 산과 바다, 하천 및 인간을 포함한 생명이 있는 것은 모두 신에게서 태어났다고 생각한다. 큰 신이 작은 신을 낳고 또 만물을 생성한 것이다. 신과 자연과 인간이라는 삼자는 고립한 타자 혹은 인연이 없는 자가 아니라, '생'을 매개로 한 친자관계 또는 동포관계에 있다. 다시 말하면 신과 자연과 인간의 삼자는 조화롭고 일체화한 관계에 있는 것이다. 신·인간·자연이라는 삼자는 동일 세계를 구성하는 불가결한 요소이다. 신이 인간을 포함한 전체 세계를 만들어 내고, 인간은 자연에 의지하여 생활하므로, 신에 의해 만들어진 자연계도 어떤 신성성을 가지고 있다. 신도에서는 자연과 자연현상도 신으로서 숭배되며, 자연과 인간을 낳은 모태인 신은 사람들의 숭배와 존경에 의해 비로소 신의 권위를 가진다. 신도의 제사는 신과 자연과 인간이 일체화의 관계를 가지게 하는 수단이며, 신과 자연과 인간의 일체화의 관계를 이어주는 끈이 된다.

우리는 신도가 주장하는, 신이 인간을 포함하는 만물을 낳았다는 이론을 '생성론'이라고 명명할 수 있다. 이것을 그리스도교가 주장하는 '조물주'가 만물을 창조했다고 하는 '조물설(造物說)'과 비교하면, 『기(記)·기(紀)』와 『성서』에서의 용어상의 차이뿐만 아니라, 신도와 그리스도교의 사고방식과 자연관의 차이가 나타난다. 전자는 조화일체화의 친화관계이며, 후자는 주체와 객체 양극이 대립한, 결정과 피(被)결정, 창조와 피창조의 관계이다. 전자는 자연생태환경을 보호하는 데 비교적 유리하며, 후자는 주체의 욕망을 만족시키기 위해 자연생태환경을 파괴하기 쉽다.

2. 일본의 '녹색문화'

예부터 전해오는 신도제사에서 상록수는 신성한 것으로 간주되며, 상록수에 둘러싸인 '히모로기(神籬)'[1]는 신령이 머무는 장소이다. 옛날에 숲과 신사는 모두 '숲'으로 이해되었다고 전해진다. 삼림은 신사와 마찬가지로 신령의 '바구니[籠]'(신이 머무는 곳)로 간주되었고, 마음대로 들어가면 안 되는 신성한 영역이며, '진수(鎮守)의 숲'이라고 전해져 왔다. 넓은 영역에 걸쳐 자라는 소나무, 노송나무, 삼목나무, 떡갈나무, 녹나무 등의 상록교목으로 이루어진 삼림은 신사의 건물을 둘러싸며 울창하고 무성하여 훌륭한 생태환경을 만들고 있다.

예를 들면, 이세신궁(내궁)의 영역은 5495헥타르에 이르며, 그중 신사 건물 부근의 95헥타르는 신성한 곳으로 칭해지며, 진좌(鎮座)한 이래(약 2000년 전부터) '옛날에는 도끼를 들고 들어가지 않았다'는 금지된 구역이며, 벌채는 절대로 허용되지 않는다. 그 바깥쪽은 1000헥타르에 달하는 제1의 궁역림이지만, 경관을 좋게 하거나 말라 죽은 나무를 바꿔 심을 필요가 있을 경우 등을 제외하고 역시 벌채가 허용되지 않는다. 또한 바깥쪽은 4400헥타르의 제2의 궁역림인데, 여기에서는 이스즈천의 오십 곳의 수원을 지키며, 신궁지구 전체의 환경과 기후를 개선하는 역할을 하고 있다. 숲속에는 130종 이상의 양치식물, 140종 이상의 이끼식물, 24종의 포유동물, 80여 종의 조류, 21종의 어류가 서식하고 있으며, 오늘날에는 이세신궁을 중심으로 하여 면적 5만 2036헥타르에 이르는 이세시마(伊勢志摩)국립공원으로 지정되었다.[2]

고대 산간지역에서 행해지고 있던 신도제사에서 돌을 쌓아 올린 이와사카

---

1 [옮긴이 주]: 고대 일본에서 신령이 머무르는 산이나, 나무 둘레에 상록수를 심거나 울타리를 친 곳을 말한다. 훗날에는 널리 신사를 일컫는 의미로 사용되었다.

2 『伊勢參拜』 改訂第2版, 1995年 8月.

(磐境), 이와쿠라(磐座)는 신령이 머무는 장소로 여겨졌다. 산에는 조상을 매장한 묘가 있으므로 조상의 혼령이 사는 곳이며, 신성한 다른 세상이다. 또 주로 논에 물을 대어 벼농사를 짓던 농경사회에서 물은 농업을 유지하게 하는 명맥이며, 산은 수원을 공급하는 곳이므로 산에 대한 친근감과 신령감은 한층 깊어진 것이다. 산의 짙은 안개, 천둥, 눈사태, 화산 폭발 등도 산에 대한 신비감과 공포심을 더하게 했다. 또한 산은 영산으로 여겨지고 산에 있는 큰 돌은 신의 몸으로도 여겨졌다. 이것을 신체산(神体山)[3] 신앙이라고 한다. 신체산은 흔히 '칸나비(神奈備)신앙', '다카네(高嶺)신앙', '아사마(淺間)신앙'이라는 세 가지 유형으로 나뉜다.

'칸나비신앙'은 1000미터 이하의 삿갓모양[笠形]의 산을 신의 몸으로서 숭배한다. 이 산은 높지는 않지만, 상록수가 무성하고 울창해서 신령이 사는 곳이다. 예를 들면, 미와(三輪)산은 산 전체가 오미와(大神)신사의 신체로서 숭상의 대상이 된다.

'다카네신앙'은 1000~2000미터에 달하는 원추형의 높은 산을 신의 몸으로서 숭상한다. 이 산들은 대부분 사화산 또는 휴화산이다. 그 예로는 후지산과 이와테(岩手)산이 있다.

'아사마신앙'이란, 활동 중인 화산을 신체로서 숭배한다. 일본은 태평양 서쪽 해안의 화산지진대에 위치하며, 전국에 200여 개의 화산이 있으며, 그중 60개는 활동 중이다. 고대로부터 중세에 이르기까지 화산의 폭발은 사람들에게 커다란 충격을 주었지만, 사람들은 그 원인을 모르고 신에 대한 숭배가 충분하지 못했거나 또는 신이 분노한 결과일 것이라고 생각했다. 그래서 이 산의 기슭과 중턱에 신사를 세우고 불타고 있는 화산의 신령을 제사하고, 아사마신앙이라

3 [옮긴이 주]: '신체(神体)'란 신도에서 신이 머무는 물체로, 예배의 대상이 된다.

고 칭했던 것이다. 아소(阿蘇)산, 아사마(淺間)산 등이 이에 해당한다.

예부터 전해온 진수의 숲과 신체산을 '옛날에는 도끼를 들고 들어가지 않았다'는 신성을 바탕으로 침범해서는 안 되는 성역으로 여긴 것은 객관적으로 자연생태의 보호에 공헌해 왔다. 오늘날 세계의 원시림은 급격하게 감소하고 있으며 얼마 남아 있지 않지만, 일본에서는 신사의 보호에 의해 많은 원시림이 보존되어 왔다. 통계에 의하면, 일본의 삼림면적의 약 60퍼센트를 차지하는 상록교목지대에 현존하는 원시림의 대부분이 신사의 토지이다. 거기의 '진수의 숲'은 신사와 같은 씨족 신을 모시는 사람들이 성심성의를 다해 보호하고 관리해 온 결과이다. 예를 들면, 오이타(大分)현의 시라히게(白鬚)신사의 숲은 에도시대부터 같은 씨족의 신을 모시는 사람들에 의해 매년 2회 정비, 제초, 간벌 등의 정성 어린 관리가 이루어지고 있다.

경제개발을 위해 숲을 파괴해야 할 필요가 있을 경우에 신사는 산림보호의 입장에 서서 법정에서 다투는 일도 있었다. 1965년, 중앙고속도로가 '옛날에는 도끼를 들고 들어가지 않았다'는 나가노(長野)현의 수와대사(諏訪大社=上社本宮) 신체산의 원시림을 통과하게 되었을 때, 신사 측의 격렬한 반대에 부딪쳐 계획은 변경될 수밖에 없었으며, 삼림은 보호되었다. 같은 해, 국도를 확장하기 위해 건설성과 토치기(栃木)현은 닛코토쇼궁(日光東照宮)의 신목(神木)인 고목을 베어내려고 했지만, 신사 쪽의 반대에 부딪쳐 소송이 벌어졌다. 최종적으로 신사 측이 승리하고, 수령이 수백 년이 된 태랑삼(太郎杉)은 보존할 수 있게 되었다. 1960년대에는, 가마쿠라에 있는 쓰루가오카하치만궁(鶴岡八幡宮)의 뒷산에 주택을 건립하려고 한 사람이 있었으나, 작가인 오사라기 지로(大仏次郎) 등이 '가마쿠라 경치보존회'를 결성하여 모금을 했고, 그 토지를 매입하여 하치만궁 뒷산의 산림경관을 보호했다.

유럽에서 산업혁명 이후 삼림을 파괴하여 초지로 만들어 버린 상황과 비교하면 일본 신사의 삼림보호는 그와 뚜렷한 대비를 이룬다. 독일의 식물학자인 슈미트 휴젠은 일본의 생태환경을 시찰하고 다음과 같이 말했다. "일본 신사의 숲을 보면, 그 조상들의 현명함에 경의를 표하게 된다." 오늘날 서방세계의 '그린피스(green and peace)' 등의 민간 환경보호단체와 비교하여 일본 신사의 '진수의 숲'은 민간의 환경보호운동의 선구라고 말할 수 있다. 영국의 저명한 역사학자 아놀드 토인비는 이세신궁을 두 번째로 참배하고 나서, 태고의 신궁림과 맑은 이스즈천을 보고, "나는 이 성역에서 모든 종교의 근원적인 통일성을 느꼈다"는 기록을 남겼다. 이것이야말로 일본의 '녹색문화', '나무문화'를 배경으로 하는 일본 신도문화의 본질일 것이다. 그것은 '돌의 문화', '철의 문화'를 배경으로 하는 그리스도교 문화와는 분명히 다른 것이다. 전자는 자연과 조화하는 문화이며, 후자는 자연을 정복하는 문화라고 말할 수 있다.

3. 무수한 자연환경의 신

논에 물을 대어 벼농사를 짓는 것은 고대 일본의 경제적 근간이었으며, 따라서 물은 벼농사에 특히 중요하다. 벼가 잘 자라기 위해서 태양은 반드시 필요하며, 안개, 서리, 저온이 벼의 성장에 미치는 피해도 막아야 한다. 벼가 개화할 때는 바람의 도움을 빌려 꽃가루가 흩어지게 할 필요가 있으며, 벼가 자랐을 때에는 바람의 피해를 막지 않으면 안 된다. 사람들의 생산 노동과 생활은 주위 환경과 밀접하고 불가분한 관계이며, 떼기 힘든 인연으로 맺어져 있다. 그래서 무수한 환경신이 생겨나서 숭배를 받게 되었다. 그 신들은 천상환경신(天象環境神: 태양신·달의 신·별의 신), 기상환경신(氣象環境神: 바람·비·번개·얼음·서리·안개 등의 모든 신), 지상환경신(地象環境神: 화산·지진·온천 등의 모든 신), 내륙지수환경신(內陸地水環境神: 산악·고개·절벽·지면·동굴·수원·하구·연못·강 복판의 섬·폭포·늪·우물 등의 모든 신), 해양 및 임해환경신(臨海環境神: 섬·해협과 해류·해식동

굴·곶·암초 등의 모든 신)의 다섯 계열로 나눌 수 있다.[4]

생산과 생활에 피해를 주는 환경요소와 투쟁하는 가운데 생긴 사람들의 소원이 신앙의 형태로 신사에 응집되어 축적된 것이, 앞에서 말한 여러 환경신의 신앙이다. 신도는 이 환경의 신에게 제사를 지내기만 하면, 자연환경 방면의 불리한 요소를 제외할 수 있으며, 자연 상태의 좋은 성격을 가진 순환을 확보할 수 있다고 주장한다. 신도의 이와 같은 사상은 객관적으로 보아 환경보호에 유리한 것이다.

4. 신사합사 반대운동

메이지유신 이후에 일본정부는 근대화를 추진하여 중앙집권을 강화하기 위해 행정 방면에서 전국의 시(市), 정(町), 촌(村)을 합병하여 효율을 높이고자 했다. 메이지 초기 전국에는 7만 8280개의 정과 촌이 있었지만(1874년), 개혁합병 후에는 6만 2460개의 정, 촌으로 감소했다(1889년). 즉 22퍼센트가 줄어든 것이다.[5]

이 행정 조치에 호응하여 국민 교화의 방면에서 신사를 국교화하는 정책이 추진되었다. 1871년, 전국의 신사를 관(官), 부현(府縣), 향(鄕), 촌(村), 무격(無格)의 다섯 등급으로 구분하고, 이세신궁을 선두로 하여 중앙집권제의 방식으로 조직한 것이다. 또 1906년에는 신사와 절의 합병과 합병적지(合併跡地)양도에 관한 칙령이 발포되었다. 이에 따라 하나의 촌에는 하나의 신사라는 원칙에 의해 쓸데없는 신사를 합사했다.

4 『別冊寶島 EX; 知神道之本』, 寶島社, 1994年 第3刷

5 龜挂川浩 『明治地方制度成立史』 第289頁, 300頁, 柏書房, 1967年版

합사 전 1906년에는 전국에 전부 19만 435개의 신사가 있었지만, 1911년까지 5년 동안에 대개 8만 개의 신사가 합사 또는 폐지되었다. 1919년까지 전국의 신사의 수는 11만 6193개까지 줄어들게 되었다.[6]

옛날부터 신사나 신사 주위를 둘러싸는 신사림은 신을 모신 곳으로 간주되고, 벌채는 엄격하게 금지되었다. 그 때문에 신사를 중심으로 한 삼림은 생기발랄한 멋진 생태환경을 이루고 있다. 그러나 신사를 합사하는 과정에서, 지방의 관리와 상인이 이익에 사로잡혀 서로 결탁하여 합사령을 남용하고, 합사 혹은 폐지된 신사의 숲을 벌채하여 팔고, 자연생태환경을 심각하게 파괴하는 일이 가끔 일어났다.

미나가타 쿠마구스(南方熊楠, 1867~1941)는 이전부터 신도에 관심을 가지고 있었으며, 『일본재기고(日本齎忌考)』(1897), 『신적고(神跡考)』(1900)를 발표했다. 미나가타는 생태학과 민속학의 입장에서 다음과 같이 주장했다. 즉, 신사림을 파괴하는 행위는 삼림을 소실시키며, 그 속에 서식하고 있는 조류를 멸종시키게 된다. 조류가 감소함에 따라 해충이 늘어나서 농작물이 피해를 입게 된다. 해변의 수림을 벌채하면 해안에 인접해 있는 지역은 해일 등 파도를 막는 기능을 상실하고, 물고기 떼가 해변에 접근하지 않게 되며, 어민들 또한 가난해지게 된다. 숲과 풀이 파괴되어 강의 흙이 유실되고 홍수와 풍해가 자주 발생하게 된다. 그래서 그는 먼저 신사합사 반대운동을 제창했다. 그리고 폐지된 신사에 조사하러 가서, 신사의 수목과 주변 식물에 의해 구성되어 있는 '식물생태(ecology)'를 보전할 것을 주장했다. 쿠마구스의 행동은 식물학자인 마쓰무라 진조(松村任三), 시라이 미쓰타로(白井光太郎), 민속학자인 야나기다 쿠니오(柳田國南), 중의원 의원인 나카무라 케지로(中村啓次郎) 및 농민, 어민, 직원들

6 村上重良『國家神道岩波新書』第168頁, 岩波書店, 1986年 第16刷

의 광범위한 지지와 원조를 받았다. 야나기다는 미나가타의 신사합사에 반대하는 의견서를 「남방이서(南方二書)」로 정계·학계의 관계자에게 배포했다. 나카무라 케지로는 미나가타가 제출한 자료를 기초로 하여, 중의원에서 한 시간에 걸쳐 신사합사에 관한 질문연설을 했다. 미나가타는 결과적으로는 신사합사운동을 저지하지는 못했으며, 대다수의 폐지된 신사의 삼림을 보전할 수도 없었다. 그러나 마지막에 카시마[神島=와가(和歌)현의 타나베(田辺)만에 있는 작은 섬]의 삼림은 지킬 수 있었으며(1911년), 이 삼림은 나중에 '사적명승 천연기념물'로 지정되었다(1934년).

신사합사 반대운동의 원인은 매우 복잡하지만, 미나가타의 주요 착안점은 '전체의 환경을 보호하기 위해 착상한다'고 하는 점에 있었다. 쓰루미 가즈코(鶴見和子)는 "미나가타가 신사합사에 반대한 것은 자연파괴를 막고 인간의 생존을 위한 최적의 조건을 지키기 위한 지역주민운동의 또 하나의 선구적인 일이었다"[7]라고 평가했다.

사람들이 신을 외경하고, '옛날에는 도끼를 들고 들어가지 않았다'는 금기를 지켜왔기 때문에, 신사의 삼림의 원시생태는 보전되어 왔다. 그러나 신사합사운동은 합사되고 폐지된 신사의 삼림을 파괴하고, 생태환경을 파괴했다. 그 때문에 미나가타 쿠마구스의 신사합사 반대운동은 다른 측면에서 보면 신도가 자연환경보호에 도움이 되는 종교라고 말할 수 있다.

---

7 鶴見和子『地球志向的比較學』見『南方熊楠全集』第4券第613頁.

5. 신도 환경사상의 현대적 의의

신도에서의 환경사상의 현대적 의의는 이론과 실천, 두 가지 방면에서 이해할 수 있다. 이론적으로 신도의 자연관은 신과 인간과 만물의 조화일치, 자연과 인간의 친화관계를 강조한다. 이 사상은 고대 중국에서 유학의 '천일합일'과 도가의 '인천통일관(人天統一觀)'과 고대 인도의 브라만 사상 체계 속의 '범아일여(梵我一如)' 등의 사상과 함께, 자연과 인간의 관계 문제에 있어서 동양 전통사상의 조화일치라는 특징을 나타낸다. 오늘날 우리가 이와 같은 자연과 인간의 조화일치의 논리에서, 쓸데없는 것을 버리고 정수를 취하고, 가짜를 버리고 진짜를 남기고, 나아가 현대적으로 해명하여 그것을 보편화하고 현대인의 환경의식에 맞게 결합시킨다면, 근대 이후 서양 전통사상의 주객(인간과 자연) 양극 대립의 사고방식으로 말미암아 발생한 환경문제의 폐해를 극복할 수 있을 것이다. 그런 이유로 이와 같은 조화일치의 이론은, 인간사회의 지속적인 발전 전략에 적응하기 위해 새로운 유형의 환경관과 환경윤리를 수립하는 데 있어서, 중요한 이론적 의의를 가지는 것이다.

실천 방면에서 보면, 신도의 '진수의 숲'과 '신체산'에 관계없이 같은 씨족신을 모시는 그 고장에서 태어난 사람들이 신을 외경하는 마음과 '옛날에는 도끼를 들고 들어가지 않았다'는 금기를 지켜왔기 때문에 객관적으로 환경보전의 역할을 다해온 것이다. 그러나 환경문제는 국가, 민족, 사회제도를 초월한 것이다. 우리는 똑같이 '지구촌'의 촌민이며, 지구 전체가 생태위기에 직면한 오늘날, 국가, 민족, 제도나 종교의 차이를 넘은 세계적인 환경보호운동의 통일전선을 결성해야 한다. 따라서 자연에 대한 신도의 보호 작용은, 환경보호운동의 추진력 및 그 중요한 일부가 되어야 할 것이다.

제2장

신도의 자연관

사람과 자연을 잇는 축제의 중심으로서

모토자와 마사후미(일본)

1. 서언

신도의 신을 제사 지내는 축제는 생활 속에서 길러진 자연의 혜택과 생명에 대한 경건한 신앙을 근본으로 한다. 예부터 일본인은 벼의 풍작을 기원하고, 태양과 비와 바람 그리고 물의 분배 등과 관련된 신들에게 제사를 지냈다. 에도 시대의 와카바야시 쿄사이(若林 强齊, 1679~1732)가 신도의 개요를 강의한 『신도대의(神道大意)』[1]의 서두에는 다음과 같이 말하고 있다.

두려운 일이긴 하지만, 신도에 관해 개략적인 것을 삼가 말씀드리면, 물을 한

1 谷省吾『神道原論』(1971, 皇學館大學出版部) 재인용

> 번 푼다고 하지만, 물에는 물의 신령이 계시기 때문에, 거기에 물의 신인 미쓰하노메(罔象女) 님께서 자리에 계시므로 물을 소홀히 해서는 안 된다고 생각합니다. 불을 하나 켜려고 하지만, 거기에 불의 신인 가구쓰치(軻遇突智) 님께서 자리에 계시므로 불을 소중히 해야 한다고 생각합니다. 나무 한 그루를 쓸 때에도 구쿠노치(句句廼馳) 님께서 앉아계시고, 풀 한 포기라도 가야노히메(草野姫) 님께서 계시고, 무언가에 이끌려 만지는 곳이나 어울리는 곳, 거기에도 계신다고 하여 받들어 신봉하고 숭배하여 재물을 바칩니다. 이것이 곧 신도이며 신도가 가진 힘입니다. 이렇게 소중하다고 하면서도 두려워하는 것이라고 말하지만, 사람들이 늘 가지는 사고방식으로, 널리 미치는 것입니다.

이처럼 일상생활에서 없어서는 안 되는 물이나 불, 나무를 신의 은총으로 여기고 감사해하며, 혹은 때로 미친 듯이 날뛰는 물과 불의 위협을 두려워하는 마음이야말로 신도의 신을 제사 지내는 사상이다. 이 사상은 자연파괴가 진행되고, 물질이 풍부한 오늘날이야말로 우리가 잊어서는 안 되는 생활의 지혜이며 가르침일 것이다.

따라서 일본의 젊은 사람들을 향한 "꽃을 짓밟지 말고, 자연에 대한 예의를 가지시오"[2]라는 질책의 소리도 들린다. 신도의 토대신앙을 자연계의 사물이나 현상을 성스러운 것으로서 숭배하는 '자연숭배'라고 받아들일 수 있다고 하더라도, 그것은 신앙일 뿐만 아니라 자연계의 사물이나 현상에 대한 두려움과 조심성을 가지고 행하는 '사람과 자연을 잇는 제사'도 함께 하고 있다. 현대에서 '자연에 대한 예의'[3]를 되찾기 위해서는 이와 같은 '자연의례'에 의해 계승되어

---

2 C·W·尼格尔, 座談會 "世界森林的現在" 『千年森林學術報告書』 57頁, 1996年, 千年森林集會編

3 原田敏明『「萬葉集」中表現出來的naturism』『日本古代宗教』1970年, 中央公論社

온 전통적 환경사상을 재확인할 필요가 있을 것이다.

일본인이 옛날부터 거행해 왔으며 현재도 계승되고 있는 '자연의례' 가운데 토지 개발, 벌채, 가옥 건축에 관한 의례를 소개하고, 그 의례에서 볼 수 있는 신도의 자연관을 명확히 하며 그 현대적 의의를 생각해 보고자 한다.

2. 개발과 진제(鎮祭)[4]

인간은 중심도 경계도 명확하지 않은 혼돈의 공간에서는 살 수 없다. 다시 말해서, 인간이 이 땅 위에서 생활을 영위하기 위해서는 토지를 개척하지 않으면 안 되며, 주거 공간의 건축을 위해서는 한 그루의 살아 있는 나무를 베어내는 일부터 시작하지 않으면 안 된다. 이른바 인간의 삶의 영위 자체에는 자연을 파괴하는 위험성이 내포되어 있는 것이다. 그와 같은 자연파괴를 최소한으로 그치게 한 것이 '자연의례'의 실천이 아닐까 생각한다.

고대 일본에서는 새로운 토지를 개발하기 위해, 혹은 자연재해가 발생했을 때 날뛰는 토지의 신들을 진정시키기 위해 '진제'가 거행되었다. 특히 궁과 도읍을 조영하는 데에는 엄청난 자연파괴가 뒤따랐다. 이때 먼저 토지의 신에게 개발의 허락을 구하는 '진제'가 거행되었다.

사자를 보내 신익경(新益京)에서 지진제를 지내게 하였다[『일본서기』 지통천

---

4 [옮긴이 주]: 지진제(地鎮祭)는 토목공사나 건축 등에서 공사를 시작하기 전에 행하는, 그 토지의 신[우지가미(氏神)]을 진정시키고, 토지를 이용할 수 있도록 허락받는 것을 말한다. 신도식과 불교식이 있으며, 일반적으로는 신을 제사 지내 공사가 무사히 끝날 수 있기를 기원하는 의식으로 알려져 있다.

황5년(691년 10월 27일)]

정광진(淨廣肆), 난파왕(難波王) 등을 보내 등원궁(藤原宮)의 땅에 대한 진제가 거행되었다(동 6년 5월 23일)

평성궁(平城宮)의 땅에 대한 진제가 거행되었다[『속일본기』 원명천황, 화동원년(708년 12월 5일)]

이와 같이 '진제'는 미지의 공간(카오스)을 성역화하고 질서를 부여한 공간(코스모스)으로 전환시키는 의례라고 해석할 수 있을 것이다. 한편 사람의 힘으로는 가늠할 수 없는 태풍과 지진 등의 자연재해가 일어났을 때에도, 그 원인을 날뛰는 신의 짓이라고 두려워하여 '진제'를 거행하였다.

태재부에서 관내의 모든 나라의 산과 언덕이 붕괴된 곳에서 지진제를 지내라고 령을 내렸다(令太宰府, 鎭祭官內諸國山岡崩壞處)[『속일본기』 효겸천황, 천평승보6년(745년, 윤10월 20일)]

3. 조영과 야산의 신에 대한 제사

궁전을 조영하기 위해 쓸 목재를 벌채할 때에는 신성한 도끼가 사용되고, 또한 수목의 뿌리나 줄기의 끝은 신에게 바쳐졌다. 『연희식(延喜式)』[927년 태진(秦進), 다만 '축사'는 더 오래된 것이 그대로 담겨 있다]에 수록되어 있는 천황의 어전의 안태를 비는 '대전제(大殿祭)'의 축사에는 다음과 같이 천황의 어전 조영의 순서를 말하고 있다(기년제의 축사에도 거의 같은 내용이 보인다).

하늘도 태양도 알고 있는 스메미마(皇御孫) 님의 어전을, 깊은 산의 골짜기에 있는 나무들을 제사와 제기를 맡는 부서의 솜씨 있는 사람이 도끼로 벌채하여, 뿌리와 가지는 산의 신에게 바치고, 줄기만을 가지고 와서, 좋은 호미로써 훌륭한 기둥을 세우고, 스메야마 님의 하늘의 그늘, 즉 태양의 그늘을 만들어 받드는 미아라카나무치야후네(御殿汝屋船) 님에게 먼저 하늘에서의 영묘한 말씀을 지킴으로써 이 말을 감사히 받아들이고 진정하시도록 말씀을 올린다.

여기에서 나타나는 것은, 나무 한 그루를 벌채하여 이용할 때에도 성스러운 일로서 그것을 행하고, 벤 나무를 산의 신의 제물로써 감사드리는 신앙이다. 이와 같은 신앙의 지지를 받아 일본의 숲은 지켜져 온 것이라고 말할 수 있다. 또한 그와 같은 수목으로 만들어진 가옥도 '옥선명(屋船命)'으로 신격화하여 축복하고, 진정시키는 대상으로 삼고 있는 것을 볼 수 있다.

이와 같은 신앙은 헤이세이(平成)5년(1993)에 제61회 이세신궁인 시키넨센궁(式年遷宮)에서 잇달아 행해진 여러 가지 제의에서도 볼 수 있다. 사용할 재목을 벌채할 때는, 먼저 신사의 새로운 건물에 쓸 재목을 벌채하는 미소마야마(御杣山)의 '산의 입구에 계시는 신'에 대한 제의인 '산구제(山口祭)'를 이세에 있는 제사 장소에서 거행하는 것을 시작으로, 정전(正殿)의 마루 아래의 중앙에 세워지는 '심어주(心御柱)'로 쓸 재목을 벌채할 때는 그 '나무의 뿌리에 계시는 신'을 제사 지내는 '목본제(木本祭)', 또한 실제로 노송나무를 벌채하는 나가노(長野)현의 제사 장소에서는 '어산시제(御杣始祭)'[5]가 옛날 방식 그대로 거행되며, 산의 신에게 제사를 지내는 것과 함께 신의 몸을 담는 그릇을 만드는 재목 '어통대목(御樋代木)'이 벌채되었다.

여기에서 주의해 두어야 할 것은, 신궁인 시키넨센궁에서는 대량의 노송나

---

5 [옮긴이 주]: 어신체(御神体)·어령대(御霊代)라고도 하는 신의 몸을 가리키는 신체(神体)를 담기 위한 그릇(御樋代)을 만들기 위한 御料木(御樋代木)을 벌채하는 축제를 말한다.

무를 사용하지만, 신궁의 궁역림에서는 수백 년 후까지 장기적으로 사용할 나무를 확보하기 위해 식수나 간벌 등을 통해 숲을 지키고 나무를 기르는 작업이 계속되어 왔다는 것이다. 환경보전적인 면에서 신사의 진수의 숲의 역할과 의의에 관해서 가끔 지적되고 있지만, 그 전형적인 모습은 이세신궁에 '살아 있는 형태'로서 전해지고 있다.

한편 천황의 즉위 후의 다이죠사이(大嘗祭)를 거행하는 임시 제장인 대상궁(大嘗宮)을 조영할 때에도, 지붕을 잇기 위한 풀을 베거나 나무를 벌채할 때 먼저 들이나 산의 신을 제사하는 모습이 다음에 예로 드는 『의식(儀式)』(859~876년경 성립) 「천조대상제의(踐祚大嘗祭儀)」에서 보인다.

> 다음으로 대상궁어전의 재목를 벌채한다. … 산에 음식을 차려놓고, 산신에게 제사를 지낸다. … 제사를 마친 후, 술을 붓고 동녀(童女)가 도끼를 들고 나무를 벌채한다. 일이 끝나면 옮겨서 설치한다.
> 다음으로 밭의 풀을 벤다. … 들에 음식을 차려놓고, 들의 신에게 제사 지낸다. … 제사를 마치고, 술을 붓고 나서 동녀가 낫을 들고 풀을 벤다. 마치기를 기다려서 재계(齋戒)할 장소로 옮겨 설치한다.[6]

4. 지진제와 기공 의식

또한 건축물을 조영할 때에는 토지를 정화하고, 제사장, 물건, 지역 따위를

6 次各爲採大嘗宮御殿料材, … 向卜食山, 祭山神. 其料 … 祭畢, 造酒童女執斧伐樹, 夫等終之運置, 次各爲艾同殿料萱, … 向卜食野, 祭野神, 其料 … 祭畢, 造酒童女執鎌艾之, 夫等終之, 運置齊場.

구별하고, 토지의 신에게 바치는 진물(鎭物)을 쌓아 수납하고, '물기(物忌)'[7]라는 아이에 의해 기공 의식이 성스러운 도구 '낫[忌鎌]'과 '호미[忌鋤]'를 사용하여 거행된다. 신궁 시키넨센궁에서 옛날에는 '궁지진사(宮地鎭謝)' 혹은 '지예(地曳)'라고 일컬었으며, 오늘날에는 '진지제'라고 칭해지고 있다. 그 절차는 『황태신궁의식장(皇太神宮儀式帳)』(803년 撰進) 등에 의하면 다음과 같다.

1. '기물(忌物)' 등의 준비: 철, 인형, 거울, 창, 큰칼, 긴 자루의 낫[奈岐鎌], 낫, 호미, 괭이, 도끼, 작은칼, 오색의 얇고 성긴 견직물, 견, 목면, 마
2. '제사 음식[神饌]' 등의 준비: 술, 쌀, 잡어, 가다랑어, 포, 미역, 소금, 닭, 달걀, 도자기, 하지키[土師器][8]
3. 고도(告刀)[9](=祝詞)를 아뢴다: 지진제 기물을 받든다.
4. 배례(拜禮)와 음식 물리기[撤饌]
5. 지진제 기물인 '낫'으로 궁의 땅의 풀을 베기 시작한다.
6. '호미'로 궁의 땅을 파기 시작한다.
7. 신주가 대물기(大物忌)를 알맞게 하여 '기둥을 세우기 시작한다'
8. 모든 일꾼들이 기둥을 견고하게 세운다.
9. 땅에 기물을 묻는다.

거의 같은 의례를 대상궁을 조영할 때의 '진제'에서도 찾아볼 수 있다(『의식』).

---

7 [옮긴이 주]: 신사(神事) 등을 위해 일정 기간, 음식, 언행 등을 삼가고 목욕재계를 하는 등 심신이 더러워지는 것을 막는 것

8 [옮긴이 주]: 고분 시대부터 헤이안 시대에 걸쳐 사용된 토기이다. 적갈색 또는 황갈색으로, 문양이 없다. 대부분은 물레와 가마를 사용하지 않고 만들어 굽는다. 음식을 조리거나 굽기 위한 그릇으로 사용되었다.

9 [옮긴이 주]: 의식 등의 격식 있는 장소에서, 신을 제사할 때 신 앞에서 읊는 옛날 투의 말

진제에서도 '사카쓰코(造酒童女)'라는 여자아이가 진물의 수납과 의식 등에서 중요한 역할을 한다.

세계적으로 보면, 이런 토지 개발과 건축과 관련된 의례들 가운데, 특히 신궁의 '진물' 중에서 '철로 만든 인형' 등에서 고대 중국의 도교 의례의 영향을 볼 수 있으며,[10] 이 '진물'의 매납의례(埋納儀禮)도 불교의 사원 건축에서의 의식에서 볼 수 있다. 또 기공(起工)을 성스러운 일로서 거행하는 의식은 세계 각지 여러 나라의 전통문화에서도 볼 수 있으며, 그 방법은 다르지만 토지의 성스러운 것과 보통의 것을 구별하는 것, 기공의식, 진물의 매납 등에서 공통의 의례 요소를 볼 수 있다.

그렇지만 일본에서는 건축과 관련된 의례의 기원이 『고어습유(古語拾遺)』에 있는 신화와 『연희식』의 축사인 「대전제(大殿祭)」에서 전해지고 있으며, 그 규범적인 힘에 의해 의례의 영원성이 보증되는 특징이 있다. 그 신화적 기원을 가지는 여러 가지 의례가 20년에 한 번 이세신궁, 시키넨센궁과 천황의 즉위 이후의 대상제(大嘗祭)[11]에서 옛날의 의례 그대로 재현되는 데 의의가 있다.

한편, 이와 같은 가옥을 건축할 때의 의례는 역사적으로 거슬러 올라가면 '지제(地祭)', '지예(地曳)', '지진제(地鎭祭)' 등으로 불렀다. 에도 시대에는 여러 가지 방식으로 행해졌지만, 다이쇼(大正) 4년의 메이지신궁(明治神宮)의 지진제를 거행할 때 행해진 행사의 절차가 기준이 되어 신궁과 궁중의 옛 의례를 모방한 절차로 행해지게 되었다.[12] 현대의 일본 사회에서도 주택을 지을 때의

---

10 『延喜式』四時祭, 六月晦日大祓中

11 [옮긴이 주]: '대상제'는 매년 11월 나라와 국민의 안녕과 풍년을 기원하며 지내는 궁중 제사이다. '신상제(新嘗祭)'는 즉위 후 처음으로 대규모로 치르는 것으로, 왕위 계승에 따른 일생에 한 번 있는 중요한 의식이다.

12 安江和宜『神道祭祀論考』"地鎭祭和地鎭法"(1997, 神道史學會)

지진제나 각종 토목공사에서의 기공식은 일반에서 널리 행해지고 있던 것이다. 오늘날의 지진제의 절차는 다음과 같다.

1. 굿을 하는 의례
2. 강신(降神)의 의례
3. 제사음식[神饌]을 바친다.
4. 축문을 읽는다.
5. 제주(齊主)가 땅[敷地]의 부정, 재난 따위를 없애려고 공양물을 뿌린다.
6. 낫으로 풀을 처음 베는 의례
7. 호미로 구멍을 처음 파는 의례
8. 지진제의 기물을 묻는 의례
9. 다마구시(玉串)[13]를 바치고 배례
10. 제사음식을 물린다.
11. 승신(昇神)의 의례

특히 1995년의 한신(阪神)대지진의 복구공사를 할 때, 한신 지방에서는 날뛰는 토지의 신을 진정시키고, 부흥에 대한 절실한 소원을 담아 이르는 곳마다 '지진제'가 거행되었다. 그 신앙과 사상은, 『일본서기』 스이코(推古)천황7년(599) 4월 27일에 "지진이 있어 가옥이 모두 파괴되었다. 그래서 전국에 명하여 지진의 신에게 제사를 지내게 하였다"라고 기록되어 있는 것처럼, 고대 사람들의

13 [옮긴이 주]: 다마구시(玉串)는 신도의 신사(神事)에서 참배자나 신을 받들어 제의를 거행하는 신직(神職)이 신 앞에 바치는 시데(紙垂: 특별한 방식으로 잘라 매달아 늘어뜨리는 종이)나 유(木綿: 닥나무 껍질로 만든 흰 천이나 끈)를 단 상록수 나뭇가지를 말한다.

자연에 대한 태도와 공통되는 것이다. 현대인도 평소에는 겉으로 나타내지 않지만 그 심층에서 '자연에 대한 의례'를 마침 갖고 있으며, 지진으로 생긴 재앙과 같은 위기 상황에서 그것을 표면화한 것은 아닐까.

5. 결론

지구 전체에 영향을 미치는 여러 환경문제의 해결에는 한 사람 한 사람의 자연에 대한 의식의 혁명이 필요하다고 생각된다. 그러나 신도가 현재에 전해온 '사람과 자연을 연결하는 제(祭)'의 힘에 의해, 와카바야시 쿄사이이가 말하는 '받들어 제사를 모시며 두려워하고 삼가는' 마음이 이미 인간의 마음속 깊은 곳에 잠자고 있다. 그렇기 때문에 '자연에 대한 의례'의 각성을 기대해 볼 수 있는 것은 아닐까. 일본에서의 지진제를 시작으로 하는 자연과 사람을 잇는 제사를, 단순한 습속이나 형식적인 관례라고 받아들일 것이 아니라, 인간의 생명과 자연의 생명과의 일체감을 자각하는 중요한 의례로서의 문화적 의의와 현대적 가치를 인정해야 한다고 생각한다. 요컨대, 인간이 다시 자연에 대한 두려움과 신중함을 되찾기 위해서는, 역사상에 존재하는 자연에 관련한 사상을 재발견하여 그 현대적 의의를 논하거나 교육하는 것도 물론 중요하지만, '자연의례'를 통해, 즉 자연을 두려워하며 삼가는 '자세'를 먼저 실천함으로써 그 '자세'에 담긴 '마음'으로 현대인을 이끌어 가는 방법도 있을 수 있지 않을까 생각한다.

제3장

일본의 전통적 자연관과 환경사상

생명주의적 자연관 해체의 사상적 계기

가메야마 스미오(일본)

1. 전통적 자연관에 대한 기본 관점

현대에서 요구되는 환경사상은, 그 필요성이 제기된 1980년대와 같이 유럽의 환경사상을 보편화하는 것으로는 불충분하다는 것은 이미 분명해진 사실이다. 그렇다고 해서 동양사상을 보편적 사상으로 보는 것 역시 마찬가지의 과정을 거친다. 필요한 것은 각 나라나 각 지역사회와 문화, 인간과 자연의 관계라는 현실에 입각하여, 각 나라나 지역사회의 주민이 주체적으로 이해하고, 자신의 것으로 삼는 환경사상이다. 그런 의미에서, 아시아에서 생활하는 인간이 각자의 문화적 전통에서 환경사상의 의의를 발굴하고 재평가하는 것은 중요한 의의를 가진다.

그때 나는 다음과 같은 점에 주의할 필요가 있다고 생각한다. 즉 현대로부터 봐서, 전통사상 중에 서양의 근대화사상에 없는 환경사상의 논점이나 내용을 발굴할 뿐만 아니라, 그것이 가지는 역사적 규정이나 근대화 과정에서 수행한 역할에 관해서도 함께 검토하는 것이다.

특히 현대 일본에서 21세기 환경사상의 패러다임으로서 칭송받는 전통적인 자연관이나 불교적인 생명사상은 결정적으로 중요하다. 분명히 어느 면에 있어서는 거기에서 강조되는 생명평등주의나 자연과 인간의 순환사상이 근대 서양의 수단을 중시하는 자연관의 막다른 곳을 타개할 단서를 주는 것처럼 보인다. 그러나 그 전통사상은 근대 일본의 심각한 자연파괴를 막지는 못했다. 때때로 유럽 사람들로부터 그만큼 뛰어난 전통적 환경사상을 토대로 하였음에도 불구하고, 어째서 전 세계적으로 보기 드문 환경파괴와 '공해'를 발생시킨 것일까[1]라고 비웃음을 받는 이유이다.

그 점에 관해서 나는, 일본의 전통적인 자연관은 자연과의 융화나 생명주의의 관념과 함께 그것을 실천적으로 해체하고 공동화(空洞化)하는 논리를 불가분하게 내포하고 있던 것은 아닐까하는 의문을 갖고 있다. 그렇다고 한다면, 현대의 관점에서 이른바 긍정적인 면인 자연융화주의와 생명중심주의만을 떼어내어 단순히 평가하는 것은 전통적 자연관에 대한 단순한 정서주의적인 찬미에 그치며, 반대로 현실의 자연파괴와 환경파괴를 은폐하는 결과를 불러오는 것은 아닐까? 그것을 회피하기 위해서는 동시에 전통적인 자연관의 부정적인 측면(자연파괴를 용인하는 윤리)도 냉정히 살펴보고, 또한 긍정적이고 부정적인 두 가지 측면의 매개관계를 명확히 해두는 것이 특히 필요하다고 통감한다.

다음 부분에서는 일본의 전통사상이라는 틀에 큰 영향을 미친 중세 정토교(淨土敎)의 자연관에 관해 말하고자 한다.

---

1 A·貝克『風土的日本』築摩書房, 1988年.

2. 살생금단사상의 형성과 그 자연보호적인 측면

정토교사상의 환경사상적인 의의라는 점에서 먼저 주목되는 것은, 불교 논리의 기본인 오계의 첫 번째인 '불살생계(不殺生戒)'의 보급이다. 정토교의 의의로서 통설적으로는 악인왕생(惡人往生), 즉 민중의 종교적 구제를 예로 들 수 있지만, 그와 동시에 불살생계 등 불교의 윤리를 민중에게 정착시킨 것뿐 아니라, 민중에게 악인의식을 심어준 것에도 있었다.[2]

'불살생계'는 잘 알다시피 생명이 있는 존재에 대한 공격과 파괴를 금지하는 윤리원칙이며, "산천초목은 모두 불성이 있다"는 말로 유명한 생명평등주의적인 자연관에 기초하고 있다. 이 원칙과 자연관은 중국의 천인합일사상이나 인도의 아힌사(ahinsa) 원리[3] 등과 함께 현대의 환경윤리와 전면적 생태보호운동(deep ecology) 등에 의해 높이 평가받고 있다.

일본사상사에서 고대로부터 중세로의 전환기에서의 전란이 계속되었고, 이 '불살생계'는 주로 전투 살육을 죄악시하는 논리로 이해되었다. 그러나 최근의 연구에 의하면, 그 함의는 자연에 대한 인간의 간섭이나 자연 개발에 대한 윤리적인 부정을 의미하는 것에 국한된 것이 아니었다.[4] 일본의 중세사회는 최초의 대규모 산림자연 개발의 시대인지라 민중의 왕성한 개척(장원 형성) 동향에 대해 지배층이나 사찰과 신사가 이를 방어하는 이데올로기로써 살생 금지령을 제정하고 '불살생계'를 강조한 것이었다. 그러므로 '불살생계'는 단순히 인간의 생명을 존중하는 의미뿐 아니라, 물고기, 새 그리고 동물을 살생하는 어업과

2 佐藤弘夫 日本中世的國家與宗教 吉川弘文館 1987年

3 [옮긴이 주]: 'hinsa'는 폭력, 살생이라는 뜻이고 'a'는 부정을 뜻하는 접두어이다. 즉, 아힌사(ahinsa)는 비폭력, 살생을 하지 않는 것을 의미한다.

4 保立道久 『中世山野河海的領有與支配』(『日本的社會史』 第2卷, 岩波書店, 1987年).

수렵의 금지와 나무의 벌채 금지, 또한 뱀과 땅속의 벌레를 죽이는 것의 금지를 의미한다. 즉 하천과 대지에 인간이 손을 대는 행위를 금지하는 것을 의미한다.

이와 같이 '불살생계'는 지역적인 제한을 가지고 있던 태고 이래의 자연(산, 들, 강 그리고 바다)숭배나 애니미즘 정신을 불교사상에 의해 보편적이고 일반적인 윤리원칙으로 내세운 것이라고 말할 수 있다. 그리고 이 원칙은 불교의 인과응보사상과 연관되어, '불살생계'를 범하면 지옥에 떨어진다는 공포의 이미지와 함께 중세의 민중들에게 넓게 수용되었다. 이와 같은 정토교는 그 후 근세를 거쳐 근대에 이르기까지 일본의 종교계에 커다란 위치를 차지해 왔다. '불살생계'에 토대한 살생금단사상은 토착의 자연숭배나 애니미즘 관념과 융합되어 민중 사이에서 생명존중과 자연보호의 전통적 관념을 형성해 온 것이라고 말할 수 있다.

3. 살생금단사상의 공동화(空洞化)와 해체

그러나 정토교사상은 동시에 살생금단사상과는 반대로 생명이나 자연의 파괴, 산, 들, 강과 바다의 개발을 긍정하고 촉진하는 두 가지 논리를 가지고 있었다.[5]

하나는 불국토형성의 논리이다. 불국토를 이 세계에서 실현하기 위해서라면 자연물의 살상과 파괴, 산, 들, 강과 바다의 개발은 오히려 선행으로 바뀐다는 것이다. 이는 자연물과 인간의 평등원리를 토대로 하는, 산천초목은 모두

5 『自然開發與殺生禁斷思想』(東京農業大學『人間與社會』第8號, 1997年).

부처가 된다는 논리에 의해 자연과 생명의 개발 그리고 살상이 불국토형성이라는 목적을 위해서 정당화되는 것이다. 즉 인간이 물고기, 새와 짐승 등의 자연물을 살상하고 파괴하는 것은 자연물 자신이 다시 태어나기 위한 행동이나 중생제도의 보살도의 실천으로, 자진하여 자기희생을 하고, 또는 자진하여 부처의 장엄과 부처의 공물로 스스로의 생명을 바친다는 논리이다. 다른 한편으로는, 각지의 자연신이 모든 신과 보살에 귀의하여 복종한다는 논리 혹은 각지방의 자연신이 모든 신과 보살을 본지(本地)로 한다고 하는 본지수적사상(本地垂迹思想)[6]의 논리에 의해 자연물의 살상과 파괴가 정당화되었다. 정토교에서는 이와 같이 자연물이 자기희생을 하고 자연신이 귀의하는 모든 신과 보살은 결국 아미타불의 화신으로 간주하는 논리구조를 취했다. 예를 들면 중세에 전국적으로 장원 개발을 전개한 도다이지(東大寺), 코야(高野)산의 본존인 비로자나불(毘盧舍那佛), 대일여래(大日如來), 천태종의 장원개발의 이데올로기의 기수가 된 히요시산왕[日吉山王] 등이 아미타불의 화신으로 간주되었다. 그중에서도 특히 구마노(熊野)의 신들은 아미타불의 화신으로서 민중신앙을 결집했다.[7]

다만 이와 같은 불국토형성의 논리는 자연신에 대한 신앙을 받아들임으로써 한편으로는 여전히 자연의 전체성의 파괴를 방지하는 역할을 했다. 다른 한편으로는, 정통파 사원의 지배에 복종하지 않는 민중을 앞에서 말한 '불살생계'나 부처가 내리는 벌 때문에 지옥으로 떨어진다는 공포로 협박하여, 민중의 독

---

6 [옮긴이 주]: 불교가 융성한 시대에 나타났던 토착신앙과 불교신앙을 절충하여, 하나의 신앙체계로서 재구성한 신부쓰슈고[神仏習合: 신부쓰콘코(神仏混淆)라고도 함]사상의 하나로, 일본의 800만의 신들은, 사실은 각각의 부처[보살과 天部(텐부: 불교의 신들) 등에 포함된다]가 화신하여 일본 각지에 나타난 곤겐(権現)이라고 생각하는 사상이다. 즉, 일본의 신과 부처는 한 몸이라는 설

7 櫻井好郎『衆神的變貌』(東京大學出版會, 1976年).

자적인 개발을 억제하는 역할도 했다.

정토교사상에서 개발을 인정하는 또 하나의 논리가 악인왕생론(惡人往生論)이다. 이것이 정토교사상 고유의 개발을 인정하는 논리이며, 현대에까지 계속 영향을 미치는 논리이다. 악인왕생론은, 호넨[法然]의 선택본원염불설(選擇本源念佛說)에 의해 악인정기설(惡人正機說)로 전개되고, 악인이야말로 아미타불의 구제 대상이므로 악행을 저지르는 것을 두려워하지 않는다는 조악무애론(造惡無礙論)의 사상을 낳았다. 그것은 고대 이후의 신기(神祇)숭배를 거부하고 불살생계를 어기는 것을 정당화함으로서, 민중의 산, 들, 강, 바다의 개발을 인정하는 논리이며, 천태종과 진언종과 같은 큰 사찰의 장원지배에 대한 저항논리가 되었다. 그것은 법연계의 정토교단이 국가와 정통파 불교의 연합세력에 의해 심한 탄압을 받았던 가장 큰 이유인, 영신(靈神)과 제불(諸佛)을 숭배하지 않고 파괴했던 것에서도 나타난다. 『사석집(沙石集)』(1권의 10)은 그 사정을 잘 전해준다.

> 농부의 '살생금단의 계율' 위반에 신의 벌을 받도록 신에게 저주했더니, 신의 토지를 범한 법연계의 정토교 신자가 다음과 같이 모르는 척하였다고 한다. "아무리 저주를 하든지 간에, 정토의 행인(行人), 신명(神明) 따위, 뭐든지 생각하지 않는다."

악인정기설을 둘러싼 이와 같은 대립은 어느 면에서는 불교와 정토교 내부에서 개발을 위한 권리와 토지지배권을 둘러싼 지배층과 민중의 대립이었다. 동시에 주목하고 싶은 것은 악인정기설의 논리에 의해 자연신의 숭배가 이차원적인 위치로 폄하되고, 산, 들, 강, 바다의 불가침성이 이데올로기적으로 해체된 것이다. '불살생계' 자체는 기본적인 불교논리로서 그대로 남아 있으면서, 초월적인 아미타불의 위력에 의해 '불살생계'를 범해도 구원받는다는(허용된다는) 정신적 태도를 종교적으로 합리화한 것이다. 또한 생명평등주의에 의해 살상된 자연과 생명도 이미 왕생성불하고 있다고 하는 관념이 이것을 매우 쉽게 만들었다.

4. 전통적인 '자연' 관념

앞에 기록된 두 가지의 생명주의적 자연관을 공동화하고 해체한 정토교 논리의 배경은 현대 일본의 전통적 자연관을 생각하는 데 있어서 중요한 두 가지 요점이 된다.

하나는 정토교사상의 직접적인 모태인 천태본각론(天台本覺論)에서 유래했으며 중세불교의 공통적인 기본이념 중 하나였던 '자연의 논리'이다.[8] 이것은 '자연법이(自然法爾)', '법이자연(法爾自然)', '법이도리(法爾道理)'로, 법(부처의 움직임)이 인간의 작위를 초월하고 있는 것, 그것이 나타남으로써 사물이 저절로 그렇게 된다는 식으로 존재하는 모습을 의미한다. 주목해야 할 것은 자연이란 사물의 생성에 관한 형용사이며, 그 핵심은 단순히 인간의 작용과 움직임이 거기에 존재하지 않는 것이 아니라, 인간 고유의 계략과 의도가 관여하지 않는 의미에서의 무위자연에 있었다.[9] 중요한 점은, 이것이 천지자연을 의미하는 환경적 자연에 관해서뿐만 아니라, 오히려 종교적 행위나 역사적 성쇠 등의 인간의 행위나 사회적 관계의 생성에 관해서도 이야기되었다는 것이다. 더군다나 환경적 자연의 현상과 인간의 행위 현상을 동일한 차원 내지는 혼연일체의 것

---

8 田村芳明『日本思想史中的本覺思想』(相良享他編『講座日本思想1, 自然』, 東大出版會, 1983年).

9 『親鸞的自然觀』(東京農業大學『人間與社會』第9號, 1998年).

으로서 자연이라 보고, 거기에서 가치와 규범성을 발견해 내는 자연관이 있었다. "대방(大方)은 상하(上下) 사람의 운명도, 삼세(三世)의 시운(時運)도, 법이자연(法爾自然)으로 옮겨져 간다"[10]에서나 '법이자연'을 자기의 이름으로 한 법연의 다음 말은 그것을 전형적으로 나타낸다. "불꽃은 하늘로 오르고 물은 내려오는 모양으로 흐른다. … 이것들은 모두 법이도리이다. … (죄악을 저지른 중생이) 다만 염불 따위 조금도 외우지 않는다면, 부처가 맞아들이러 오는 것은 법이도리에서 갖추어야 할 것이다."

여기에서도 밝혀진 대로, 살생금단사상을 해체한 악인정기설은 '자연(법이)'의 논리가 뒷받침되었다. 그것은 아미타불의 절대타력성(絶對他力性)의 이미지와 겹쳐 '자연의 이치'에 따르는 것(무위자연)을 규범화함과 동시에, 반대로 수렵 어로나 산과 들의 개발 등 인간의 자연에 대한 활동과 사회생활의 상태도 자연법이로서 그대로 받아들이고 인정한다는 모순적 자연관을 가지게 되었다. 이와 같은 자연관이 옛날부터 전해져 온 애니미즘 관념과도 깊이 관련되어 있다는 것은 여러 학자들이 지적하는 대로이지만, 여기에서는 그것이 정토교를 비롯한 불교사상에 의해 자연이라는 중요한 용어의 내용으로써 고정화되고, 근대에 이르기까지 자연에 대한 전통적인 관념을 형성한 것에 주목해 두고 싶다.

이와 같은 전통적 자연 관념은 유럽어인 자연(nature)의 번역어로 채택되어 한층 복잡해지면서도, 현대 일본의 자연 관념에도 많은 영향을 미치고 있다.[11] 현대 일본의 환경사상의 커다란 문제점은, 한편으로는 자연보호나 생명평등사상을 강조하면서, 다른 한편으로는 환경적 자연에 대한 인간의 간섭과 욕망도 자연으로서 긍정하는 모순적 태도이다. 자동차사회[12]를 묻지 않고 '친환경적

10 『우관초(愚管抄)』 5권

11 柳父章『翻譯語成立事情』岩波書店, 1982年.

인' 자동차에 대해 칭찬하거나, 자연의 권리나 자연불가침의 원칙에 대해서는 반자연이라는 반발 등이 그것이다.

5. 애니미즘과 자연에 대한 관용

일본의 전통적인 자연관이 자연파괴에 관용적인 또 하나의 요점은 환경적 자연을 모성적 존재라고 받아들이는 '응석의 구조'에 있다. 이는 중세 정토교에서도, 예를 들어 신란(親鸞)[13]에게서 전형적으로 나타난다. 신란은 때때로 악인이 아미타불에게 구제되는 것을 두고, 더러운 하천의 물도 큰 바다에서 맑고 깨끗해진다는 이미지로 설명했다. "아미타불의 여러 방면에 방해받지 않고 두루 비치는 광명의 대비대원(大悲大願)의 바다에, 번뇌에 사로잡힌 중생이 흘러 들어가면, 번뇌는 부처의 지혜와 같은 것이 된다"[14]와 같이, 더러움도 물에 흘려보내면 깨끗해진다는 옛날부터 전해진 목욕재계 관념을 계승한 것이다. 여기서 공장폐수도 물로 흘려보내면 결국 태평양과 동해의 바다와 동일화하여 청정해진다는, 마치 공해를 용인하는 것으로 이어지는 발상을 알아채는 것은 그렇게 곤란한 것은 아니다.

산, 바다, 물을 청정시하는 일본에서 예부터 전해지는 자연신앙의 특징적인 관념의 배경에는 애니미즘의 관념이 있다. 그것은 신의 영역인 자연에 대한 인

---

12 [옮긴이 주]: 대중들이 자동차를 많이 소유하거나, 많은 구성원이 자동차로 이동하는 사회를 의미하는 말

13 [옮긴이 주]: 신란(親鸞)은 일본의 가마쿠라 시대 초기의 승려이다. 정토진종(浄土真宗)의 개조로서 알려져 있다. 메이지9년(1876) 11월28일에 메이지천황으로부터 견신대사(見真大師)라는 시호를 받았다.

14 『화찬집(和讃集)』「고승화찬(高僧和讃)」

간의 침입이나 간섭은 옳지 않다는 관념과도 결합된다. 그런 의미로 현대에도 계승되고 있는 신도나 자연신앙이 '진수의 숲'의 보호운동과 같이, 자연보호의 관념에 일정한 역할을 다하는 면이 있다는 것은 분명하다. 그러나 반면에, 동시에 산, 들, 강, 바다에 대한 인간의 침입, 간섭을 규범적으로 긍정하는 논리도 포함되어 있다.

종교사회학에서는 일본인의 전통적 정신의 기층을 이루는 애니미즘 관념은 '앙화'와 '원은(原恩)'이라는 두 가지 상반된 관념의 복합이라고 말한다.[15] 그런 이유로 인해 신도와 자연신앙에서 종교적 의례는 자연물의 '앙화'를 가라앉혀, 인간에게 은혜를 베푸는 친절한 신으로의 전환['황혼(荒魂)'으로부터 '화혼(和魂)'으로의 전환][16]을 가져오는 행위(진혼제)이며, 그들에 대한 보은의 행위(감사제)인 것이다. 이와 같이 자연에 대한 애니미즘적인 신앙이 '원은'의 관념에 특징을 부여한 점에서도 자연계에 대한 '응석구조'를 알아챌 수 있다.

이와 같은 자연신앙이 근대의 지진제에서도 전형적으로 나타나는 것처럼, 오히려 자연개발에서 불가결한 의례로서 존속됨과 동시에, 자연파괴를 규범적으로 긍정하는 역할을 다했다. 즉 앙화를 불러일으킨 죽은 사람의 신기한 정신력을 진정시키는 의례만 개입된다면, 자연계와 자연물에 대한 침입과 간섭은 무한하게 허용된 것이다. 이와 같은 관념이 무제한적인 자연파괴에 사람들이 둔감해지는 데 많은 공헌을 했다는 것은 쉽게 이해할 수 있을 것이다.

---

15 大村英昭, 西山茂『現代人的宗教』有斐閣, 1988年.

16 [옮긴이 주]: 荒魂(아라타마 또는 아라미타마)·和魂(니키타마 또는 니키미타마)란 신도(神道)의 개념으로 신의 영혼이 가지는 두 가지 측면을 말한다. 황혼(荒魂)은 신의 거친 측면으로 재난을 일으켜 질병 등으로 많은 사람들을 죽게 한다. 이것에 비해 화혼(和魂)은 신의 상냥하고 평화적인 측면으로, 인애, 겸손 등을 의미한다.

6. 전통적 자연관의 현대화

일본의 전통적 자연관의 '자연에 따르는 규범적 원리와 생명평등주의(生命平等主義)'에 주목하고, 그것의 사회사상적 복권을 꾀하는 것은 현대의 환경사상에서 의미가 있다. 반면에, 정토교 사상에 관해 주로 살펴본 것처럼, 그것이 동시에 내포하는 무제한적인 자연 개발과 자연 파괴를 용인하는 논리는 엄격하게 반성하지 않으면 안 된다.

자연 보호와 파괴의 세트라는 사상적 약점을 극복하기 위해서 첫째로, 인간과 환경적 자연의 대립적인 면, 특히 현대의 거대한 과학기술 문명이 자연계의 생태계 체계 전체를 파괴할 수 있는 가능성을 가지게 되었음을 냉정하게 인식하는 것이 중요하다. 둘째로, 자연에 대한 '무위자연'은, 현대에서는 오히려 반자연적이라는 것을 생각할 필요가 있다. 마르크스가 일찍이 시사했던 것처럼, 자연계나 자연물에 대한 현대인의 무의식의 감정과 욕망은, 이미 자본주의의 고도소비사회의 논리에 깊이 규정되어 있다. 그래서 모든 개인이 반성하지 않고 (즉 '자연'에) 욕망의 만족, 쾌적한 생활을 추구하는 것은, 결국 자본 본위의 낭비 체제에 대한 맹종이며, 자연 파괴에 동조하는 것임이 틀림없다.

과학기술 문명에 의존하는 현대의 고도소비사회에서는 자연에 따른다는 전통적인 규범은 오히려 인위적인 노력을 의미하지 않으면 안 된다. 그 점에서 동양의 전통적인 조원사상(造園思想)에 주목하여 자연에 따르는 것을 천연자연의 미를 인공적으로 재현하는 것이라고 강조하는 와쓰지 테쓰로(和辻哲郎)의 『풍토』에서의 지적은 중요한 힌트를 주는 것처럼 생각된다.

제4장

지구가 몇 개 더 있다면 어떨까

불교문화와 환경보호

방광창(중국)

1. 들어가면서

최근 수십 년 이래 여러 가지 환경문제가 잇달아 출현하게 되었다. 이 환경문제들은 인간사회의 안정을 점점 해치며 인간 생존을 직접적으로 위협하는, 회피할 수 없는 문제가 되었다. 이 때문에 환경보호의식은 전 지구적 규모로 확대되고 있으며, 사람들은 '인류에게는 단 하나의 지구밖에 없다. 지구라는 인류 공동의 고향을 지키지 않으면 안 된다'라고 외치기 시작하고 있다.

환경문제를 경시하고 있던 상태에서 환경보호의식을 가지게 된 것은 물론 커다란 진보이다. 그러나 우리는 '만약 인간이 그 외에 몇 개의 살 수 있는 지구를 가지고 있고, 우주비행 기술의 급속한 발전에 의해 가까운 장래에 지구보다 더 풍부한 다른 별로 이사할 수 있게 된다면, 우리는 헌 집을 버리듯이 이 만신

창이의 지구를 버리고 환경문제의 고민으로부터 완전히 도망칠 수 있지 않을까'라는 질문을 스스로에게 묻지 않으면 안 된다.

오늘날 여러 가지 환경문제가 생겨나고 있는 것은, 요컨대 지금까지 인간이 자연을 지나치게 약탈해 온 행동양식이 가져온 나쁜 결과이다. 인간의 행동양식은 인간의 사고양식에 의해 결정된다. 그러면 인간의 어떤 사고양식이, 인간의 자연에 대한 지나친 약탈이라는 행동양식을 이끌어 낸 것일까. 이것은 주객분리라는 사고방식의 탓이라고 말해야 할지도 모른다.

근대의 공업사회에서 이와 같은 사고방식이 인간을 주도하고 인간과 자연계의 관계를 잘못 이끌어 와서 오늘날과 같은 나쁜 결과를 초래하게 된 것이다. 그런 이유 때문에 이와 같은 인간의 사고방식을 바꾸지 않는 한, 인간에게 설령 몇 개의 지구가 주어진다고 해도 인간은 그것들을 모두 짓밟아 버려 환경문제의 수렁에서 탈출할 수 없을 것이다.

2. '자연을 정복한다'는 기독교적 자연관

정신은 물질로부터 생겨나며, 물질과는 뗄 수 없는 것이다. 생명은 자연계로부터 생겨나서 역시 자연계와는 불가분의 관계를 가진다. 인간은 우리가 현재 알 수 있는 자연계가 낳은 여러 가지의 생명 중 최고의 표현 형태이다. 소위 '만물의 영장'이다. 그러나 인간이 아무리 높은 계급이라고 해도, 자연계를 떠나 독자적으로 생존할 수는 없다. 그럼에도 불구하고 인류가 문명사회로 진입한 후 인류의 자아의식은 날마다 강해지고 있으며, 자신을 낳아준 자연계를 점점 자신과 다른 객체로 보게 되었다. 마치 아이들이 부모에게서 태어났음에도, 사춘기가 되면 자아의식과 독립의식이 갑자기 높아져서 부모를 자신의 성장을 억누르는 장애로 간주하게 되는 것과 마찬가지이다. 일부 아이들은 강한 반항

의식조차 가지게 되며, 많은 가정의 비극이 여기에서 생겨난다. 그 의미를 말하자면, 아이는 부모와 다른 몸이고, 인간은 자연계를 소외화한 것이다. 물론 소외는 사물의 변화된 형태 중의 하나이며, 자연의 법칙이다. 소외 자체는 따로 가치를 포함하고 있지 않으며, 가치는 외부에서 더해진 판단에 지나지 않는다.

고대인들은 자신을 자연계 속에 내포시키고 있었으므로, 만물유령론(萬物有靈論)의 기초 위에 세워진 자연신교(自然神教)는 여기에서 생겨난 것이다. 사람들은 자연에 복종하고 경솔하게 자연을 훼손하지 않았으므로, 여러 가지 풍습과 풍속이 생겨났다. 오늘날의 사람들의 시선으로 본다면, 그 관념이나 풍습과 풍속은 매우 어리석어서 웃음거리가 될 만한 것이다. 그러나 그것은 고대인의 사상 속에서는 자연과 인간 사이에 강력한 연대의 끈이 존재하고 있었음을 말하고 있다.

그 후 인류의 성장에 따라 점차로 자연계를 자신과 다른 객체로서 보게 되었다. 그리고 '자연에 복종한다'는 필연적으로 '자연을 정복한다'로 바뀌어 갔다. 이것은 현재에도 일부 사람들에게는 여전히 매우 유력한 슬로건이다. 자연에 복종하는 것에서 자연을 정복하게 된 것은 분명히 인류의 커다란 진보이다. 이 점을 부정하면 수천 년의 인류문명의 모든 성과를 부정하는 것이 되어버린다. 그러나 현재의 시점에서 본다면 '자연을 정복한다'는 슬로건에도 일정한 치우침이 있다. 자연에는 내재적·필연적인 법칙이 있기 때문에 자연의 법칙에 따라 일을 행한다면 누구나 성공을 거둘 수 있다. 반대로 자연의 법칙을 거스르고, 자연에 간섭하며, 자연을 정복하고, 자연을 무한히 착취한다면 반드시 자연의 벌을 받게 될 것이다. 간섭에 쓰는 힘이 크면 클수록 최후에 받게 될 벌도 커진다. 이것이 오늘날 우리가 직면한 여러 가지 환경문제의 근본 원인이다.

인류의 근대 공업화문명은 서양에서 그 근원이 시작된다. 자본주의의 비약적인 발전도 서양문명 덕분이다. 막스 베버는 자본주의는 서양이 사회문화와 종교본성의 산물이라고 주장했다. 근대 서양문명의 기본적인 특징 중 하나는 주관과 객관의 분리이며, 이로써 인간은 자연계를 자기와 분리된 다른 객체로, 자기를 이 객체를 훨씬 상회하는 주체라고 간주하고, 이 객체를 지배·개조하며 혹은 이 객체를 무한히 착취했다.

종교의 관점에서 근원으로 거슬러 올라가면, 이 사상은 기독교의 『성경』에까지 거슬러 올라갈 수 있다. 신은 세계를 창조하고, 세계만물의 주인이다. 자연과 인간은 어느 것이나 신의 창조물이지만, 인간은 신이 자신의 모습에 비추어 창조한 것이며 신의 권한을 받아서 만물을 관리하므로, 자연과 인간은 본질적인 차이가 있다고 규정해 버린 것이다. 인간의 지위는 신이 창조한 그 외의 모든 것보다 높고, 인간은 세계만물을 통치·지배할 수 있다. 자연의 만물은 인간이 그 사용을 누리도록 신이 창조한 것이다.

이와 같은 사고 방법에 토대하면, 인간은 자연에 대해 그리고 세계만물에 대해 당연히 원하는 대로 행동할 수 있으며, 인간의 자연계에 대한 무한한 착취도 경험에 앞선 정당성을 가지게 된다. 근·현대문명은 이 노선을 따라 걸어왔으며, 또 현재도 계속 걸어가고 있다. 물론 우리는 서양에도 사람과 하늘이 대응하는 사상이 있다는 것을 부정하지는 않는다. 그러나 이와 같은 사상은 서양의 전체적 사상체계 속에서는 주도적 지위를 차지하고 있지 않다. 주도적인 지위를 차지하고 있는 것은 주객분리의 기초 위에 세워진 '자연을 정복한다'는 사상이다. 이것은 마치 동양에도 사람과 하늘이 대립하는 사상이 있지만, 역시 주도적인 지위를 차지하지 못한 것과 마찬가지이다. 인간이 자연을 자기의 대립물로 보고, 하고 싶은 대로 행동한다면, 자연도 당연히 그것에 따라 인간을 벌하게 될 것이다.

오늘날 인간은 이 노선의 잘못에 관해 이미 인식하고 있을까. 적어도 현재 환경보호운동의 가장 인기 있는 "인류는 단 하나의 지구밖에 없다"라고 하는 선전 슬로건을 보는 한, 우리는 아직 이 문제에 관해 거의 반성의 기미를 발견할 수 없다. 일반적인 경제학의 원리에 관해 말하면, 사람들이 부를 늘리거나 유지하는 방책은 자원을 개발하거나 또는 자원을 절약하거나의 두 가지 방법밖에 없다. 그리고 이른바 "인류는 단 하나의 지구밖에 없다"는 종류의 선전 슬로건은 자원개발에 희망이 없다는 정황 아래에서, 자원을 가능한 한 절약할 것을 주장하고 있는 데 지나지 않는다. 이 슬로건은 앞에서 말한 오늘날의 환경문제를 초래한 원인을 다루고 있지 않으며, 자연과의 관계를 처리하는 문제에서 잘못된 입장을 반성하도록 사람들을 이끌 수도 없다. 물론 우리는 각 방면에서 환경보호운동을 추진할 수 있으며, 일반 사람들이 그것을 접하고 이해하기 쉽도록 경제학의 일반적인 원리에서 자연자원을 절약하지 않으면 안 된다고 선전하는 것을 결코 비난할 수 없다. 그러나 환경문제의 근원이 자연과 인간의 상호 관계 속에 있는 이상, 진정한 환경보호는 인간의 사고방식을 바꾸는 것에서부터 그리고 자연과 인간의 관계를 바꾸는 것으로부터 시작하지 않으면 안 된다는 것을, 한 사람 한 사람이 확실히 알게 하지 않으면 안 된다. 그렇지 않으면 설령 인류에게 지구를 몇 개 더 준다고 해도 역시 똑같은 전철을 밟아, 아무런 도움도 되지 않게 될 것이다.

3. '인과업보'의 불교적 자연관

자연과 인간의 상호 관계의 잘못된 관념을 바꾸는 것에 관해 말하면, 동양사상, 특히 고대 인도에서 발생하여 고대 중국에서 유행했던 불교가 우리에게 많은 사상적 자원과 도덕적 자원 그리고 많은 유익한 계발을 줄 수 있다.

불교는 인과업보의 이론으로서 모든 것에 대응하며, 또한 모든 것을 분석한다. 지금까지 사람들은 자주 인과업보를 단순히 윤회전생과 연관시키고 이것을 비판해 왔다. 사실 인과업보는 인연이법(因緣理法)에 의해 만사만물을 관찰하는 것으로 합리적 일면을 가지고 있다. 자연과 인간의 관계에 관해 말하면, 불교는 인과업보의 입장에서 한 사람 한 사람의 행위는 두 가지 업을 만들어 낸다고 주장한다. 하나의 업은 그 사람 자신의 수명을 결정하는 정보(正報)라고 하고, 또 하나의 업은 다른 사람과 같은 종류의 업이 함께 조합되어 인간이 생활하고 있는 이 세계의 좋고 나쁨을 결정하는 의보(依報)라고 한다. 즉, 불교는 인간이 생활하고 있는 이 세계는, 사실은 인간의 의보공업(依報共業)이 만들어 낸 것이며, 공업(共業)의 선악이 세상의 좋고 나쁨을 결정하며, 그럼으로써 인간이 생존하는 환경과 인간 자신의 행위를 관련시키고 있다고 주장하는 것이다. 이와 같은 이론은 어느 정도 합리성을 갖추고 있다고 말해야 할 것이다.

이 이론에 따르면, 모든 사람의 선업은 이 세상을 보다 훌륭하게 하며 또 모든 사람의 악업은 이 세계를 더 추하게 만드는 것이 된다. 즉 세상이 현재와 같은 상태에 있는 것에 관해 한 사람 한 사람이 모두 일정한 책임을 지지 않으면 안 된다는 것이다. 세계의 환경문제를 해결하는 것에 대해, 한 사람 한 사람이 모두 피할 수 없는 책임을 지고 있는 것이다. 불교의 이와 같은 업보이론은 의보공업에 의해 만들어진 세계가 이런 의보적인 한 사람 한 사람을 만들었다고 주장한다. 즉 이 세상에 사는 누구나가 자신 및 타인의 선(善)의 공업에 의해 만들어진 아름다운 환경을 향수할 수도 있고, 또 자신 및 타인의 악(惡)의 공업에 의해 만들어진 나쁜 환경에 빠지는 것도 회피할 수 없는 것이다. 인과는 틀림없이 업을 행하기 전에 선택할 수 있지만, 해버린 다음에는 선택할 수 없다. 그런 까닭에 한 사람 한 사람은 선업으로 자신의 행위를 규제할 책임이 있는 것뿐만 아니라, 다른 사람도 선업을 행하게 하지 않으면 안 된다. 그렇게 해서 비로소 멋진 세계를 만들어 내고, 그것을 향유할 수 있다. 이상의 관점은 종교적 요소를 제외하면 우리들이 현재 제창하고 있는 사회도덕과 기본적으로 합치한다고 말할 수 있으며, 정말로 우리들이 현재 환경보호를 선전할 때 많이 제창할 필요가 있는 일이기도 하다.

이론적으로 불교는 세상의 만사만물은 모두 다 무궁무진한 관계의 망 속에 공존한다고 주장한다. 그 망 속에서는 어떤 사물도 그 외의 사물과 무궁한 인연 관계로 서로 연관되어 있으며, 어떤 사물도 단독으로 존재할 수는 없다. 불교는 사물의 존재의 본질이 실제로는 그 사물을 제약하는 여러 가지 인연과 관계를 가진 존재에 지나지 않는다고 주장한다.

따라서 앞에서 말한 명제는 어떤 사물도 예외는 없으며, 그 탄생, 존재, 변화는 모두 그 외의 사물로부터 영향을 받는다고 하는 것과 같이 이해하기 쉽게 말할 수 있다. 현대의 혼돈학(混沌學)이론은, 북경에 있는 나비가 날개를 팔랑팔랑하면 워싱턴에는 큰 비가 온다고 생각하지만, 고대의 불교이론 속에 이미 비슷한 관점이 있었음을 우리는 발견할 수 있다. 세계는 이와 같이 전체적인 존재이므로, 어떤 부분의 손해도 불가피하게 다른 부분에 영향을 준다. 환경보호라는 명제를 불교의 시점에서 말하자면, 환경과 인간은 서로 밀접하여 뗄 수 없으며, 환경에 대한 어떤 손해도 결국은 인간 자신에 대해 손해이다. 이와 같은 관점은 '하나밖에 없는 지구'라는 사고방식보다 나은 것임은 틀림없다.

또한 불교는 자연계와 인간이 같아서, 어느 쪽이든 불성의 완전한 체현이라고 주장한다. 중국 불교인 선종은 "푸른 대나무는 반드시 불성을 가지고 있으며, 향기를 찌르는 국화꽃은 모두 반야이다"라고 말하고, 벽돌, 기와, 개똥도 모두 불성을 가진다고 했다. 천태종이 '무정유성(無情有性)', '의정불이(依正不二)'라고 하며, 화엄종이 '사사무애(事事無碍)'라고 하는 것도 각기 말하는 방식은 달라도 기본적인 도리는 서로 통한다. 자연과 인간은 모두 내재적인 통일성을 가지고 있으며, 그 본질에서 양자는 완전히 일치한다고 주장하고 있는 것이다. 대승불교의 최고 목적은 자기인격의 완성, 즉 성불(成佛)을 추구하는 일이다. 그리고 성불은 중생을 제도한다는 기초 위에서만 이루어지는 것이다. 그러한 의미에서 나아가 제도해야 할 중생이 있어야만 완성될 부처가 있는 것이다. 그런 이유로 '부처가 중생을 제도하고, 중생이 부처를 제도한다'라는 설법이 있다. 마찬가지로 자연과 중생은 불일불이(不一不二)이므로, 불교는 한 사람 한 사람의 불교도가 자기수양, 자기완성을 하는 동시에, 장엄한 국토를 잊어서는 안 된다고 강조한다.

불교의 관점으로 보면 부처가 더러운 국토에서 생활하는 일 따위는 상상할 수 없다. 이것은 아미타불의 마흔여덟 가지 큰 소원 중에 '장엄국토(莊嚴國土)'의 소원이 있기 때문이기도 하다. 그 속의 종교적 요소를 배제하고 이와 같은 '인간이 생존하는 환경을 인간 자신과 밀접한 관련이 있는 일체적인 존재로 보는 것이 인간을 높이고, 인간이 생존하는 환경을 완전한 것으로 만든다'는 사상은 의심할 여지도 없이 우리가 오늘날 환경보호운동을 펼칠 때 대대적으로 제창할 만한 것이다.

4. 동서 문화의 융합에 의한 새로운 사상의 창조

동양의 전통사상 중에 이렇게 훌륭한 환경보호사상이 있음에도 불구하고, 어째서 현재 동양 각국의 환경이 심각하게 파괴되어 심각한 환경문제에 직면했는가라고 질문하는 사람이 있을지도 모른다. 이것은 분명히 생각해 볼만한 문제이다.

동양의 전통적인 환경보호사상은, 그 자체가 일종의 농업사회이론[1]이며, 어떤 것은 농업사회에 뿌리내린 종교이론이다. 전자는 농업사회의 발전과 긴밀하게 관련되어 있으며, 후자는 하나의 이데올로기로서 그 하부구조와 밀접하게 연관되어 있다. 동양 농업사회에서는, 비록 일부에 국한해서 말하자면, 과

1 徐遠和『〈月令〉圖式的 傳統環境思想及其價值』

도한 삼림벌채, 식생파손이 벌어지고, 토석유실 등의 환경문제를 발생시키고 있다. 그러나 전체적으로 보면, 환경과 인간은 기본적으로 균형을 유지하고 있다. 예를 들면, "국화꽃을 따는 동쪽 사립문 아래에서, 천천히 남산을 바라본다" 또는 "시든 등나무, 오래된 나무, 황혼의 까마귀, 작은 다리, 흐르는 물가, 인가" 등의 문인아사(文人雅士)의 미의식이나 생활의 풍취는 이런 정황을 묘사한 것이라고 말할 수밖에 없다.

여기에서 동양의 전통사상이 환경보호의 면에서 일정한 역할을 다하고 있다는 것을 말해두지 않으면 안 된다. 물론 우리는 동양의 전통적인 환경보호사상은 어렴풋한, 자각되지 않은 상태에 지나지 않고, 확실한 환경보호이론 및 그것에 대응하는 정책이나 법률 등은 완성되어 있지 않다고 지적하지 않을 수 없다. 그 이유는 생산력이 낮은 동양의 농업사회에서 환경과 인간은 기본적으로 균형을 유지하고 있고, 환경문제는 현저하게 나타나지 않아 어렴풋한 환경보호사상이 확실한 환경보호이론으로 바뀌기에는 현실적인 가능성이 부족하기 때문이다.

근대 서양문명의 전래는 동양적 농업사회의 와해를 재촉하고, 공업사회의 탄생은 사회의 발전과 진보를 촉진했다고 하는 공적은 부정할 수 없다. 그러나 마찬가지로 부정할 수 없는 것은 서양의 근대 과학기술 문명의 전래와 함께 서양의 주·객관 분리의 사고양식의 기초 위에 세워진 자연을 정복하는 사상이 동양에 전래되었고, 과학적 이론으로서 사람들이 신봉하게 되어, 그 이론의 불합리한 부분은 간과되었다. 그리고 동양의 전통적인 환경보호사상은 그 애매한 성격 때문에 경시되고, 농업사회의 성격 때문에 경시되었다.

사회적 생산력이 향상됨에 따라, 사람들의 자연에 대한 간섭과 개조의 힘은 점점 커졌으며, 환경문제는 나날이 심각해졌다. 동양의 여러 나라들을 둘러보면, 서양의 영향을 가장 크게 받아 발전의 시작이 가장 빨랐던 일본이 환경문제의 발생도 가장 빨랐다. 중국은 발전의 시작이 늦었기 때문에 환경문제의 발생도 비교적 늦었다. 환경문제가 발전과 같이 걸음을 취하는 것은 이미 하나의 법칙이 되었다. 이것은 세계의 환경문제는 서양의 주·객관 분리의 사고방식에 따른 서양의 과학기술 문명의 전파로 인해 생겨난 일종의 전염병이라는 것을 여실히 말해주고 있다.

인류는 진보하지 않으면 안 되며, 사회는 발전하지 않으면 안 된다. 우리는 잘못을 저지르는 것을 두려워하고, 해야 할 일까지 하지 않고 내버려둘 수는 없다. 환경보호를 위해 발전을 거부하고 원시로 되돌아가야 한다는 따위의 일은 불가능하다. 유일한 방법은 과학기술의 진보와 완성을 촉진함과 동시에, 그 속에서 결함을 보완하고 개선하는 일이다. 여기에서 불교를 포함한 동양의 전통사상은 우리에게 많은 본보기를 줄 것이다.

불교는 하나의 종교로서, 역사상 적극적인 역할을 해왔으며, 또한 좋지 않은 영향도 주었다. 하나의 문화 형태로서, 동양 세계의 2000년 남짓의 지혜를 비축하고 있다. 인류가 근대화, 후기 근대화 사회로 나아가는 시대에서, 불교가 축적하고 있는 이 지혜들은 우리가 새로운 생활을 창조하는 데에 적극적인 작용을 다할 수 있으며, 또한 필연적으로 그렇게 될 것이다. 이런 입장에서, 오늘날 인류의 생존환경을 지키기 위해 분투하는 과정에서 우리는 전통적인 불교사상이 우리들에게 제공해 준 풍부한 사상적 자원과 도덕적 자원을 소중히 해야 하며, 이 자원들을 진지하게 총괄하고 이용함으로써, 보다 멋진 미래를 창조하지 않으면 안 된다.

물론 불교를 포함하여 동양의 전통적인 사상에도 불합리하고, 현대사회의 수요에 맞지 않은 부분도 있다. 과거에 그것은 뒤처지는 것으로 간주되어 버려졌지만, 오늘날에도 우리는 그것을 그대로 사용하면서 우리가 직면한 환경문제를 해결할 수는 없다. 거기에는 하나의 전환이 필요하며, 부정의 부정이라는 나선형으로 상승해 가는 지양(止揚) 과정이 필요하다. 이 과정 속에서 우리는 동서 문화의 모든 뛰어난 요소들을 흡수하고 서로 융합하고 보완하여 새로운 보다 멋진 미래를 창조해 가지 않으면 안 된다. 이런 의미로 우리의 이번 심포지엄은 실제로 모두가 다 함께 위대한 사업에 종사하고 있는 것이다.

물론 우리는 오늘 여기에서는 단지 사상관념적인 면에서 문제를 언급하고, 약간의 문제에 대한 사고방식을 탐색하고 제공함으로써 선택에 기여하고 있을 뿐이다. 진정한 전환을 위해서는 체제, 법률, 정책, 기술 등의 각 수준에서도 언급될 필요가 있다. 그러나 인류 공동의 노력에 의해, 우리는 반드시 인간사회와 대자연이 조화하고 함께 나아갈 길을 발견할 수 있을 것으로 확신한다.

제5장

이슬람교의 환경사상과 그 현대적 의의

채덕귀(중국)

이슬람교는 일종의 종교이기도 하며, 생활양식이기도 하며, 행동양식이기도 하며, 위대한 문화체계이기도 하다. 거기에는 우리가 참고할 만한 많은 사상이 포함되어 있다. 또한 환경과 깊은 관련이 있는 사상도 있는데, 그것을 세 가지 종류로 구별할 수 있다. 즉 천인일치관, 조화론과 중용의 도, 균형론, 이 세 가지이다.

천인일치라는 사상은 동양사상이 보편적으로 가지는 것으로 이슬람교 속에도 같은 사고방식이 포함되어 있다. '이사란(伊斯蘭)'이라는 한자 세 글자의 아라비아어의 원래의 의미는 평화, 청정, 귀순, 복종으로, 알라의 의사에 순종하고 그 계율을 따르는 것을 의미한다. 인간을 포함한 만물은 모두 알라가 창조한 것이며, 알라는 스스로 창조물을 자애한다. 인간은 일단 알라의 계율을 따를 것을 선택하면, 자신과 자연계 사이에서 또한 모든 알라의 의사에 복종해야 하는 만물과의 사이에서 조화로운 관계를 가지지 않으면 안 된다. 그렇게 하면 자연과의 관계를 올바르게 유지할 수 있게 된다. 자연과 전체적인 물질세계는 이슬람교도가 탐구하려고 하는 대상이며 동시에 그 은혜를 향수할 수 있는 대상이다. 그들이 의무라고 생각하는 것은 자연계의 여러 가지 원소를 적절하게 이용하고, 그 존엄함과 위대함을 깨닫고, 알라의 자비라고 생각하고 유지해 가는 것이다. 인간이 자연을 이용하는 것은 실용적인 목적을 위해서든, 단순한 즐거움을 위해서든, 그 어느 것이든 낭비와 정도가 지나친 것을 금해야 한다. 그리고 자신과 함께 이 세계를 공유하는 다른 사람과 장래의 후손들에 대한 배려를 잊어서는 안 된다고 생각한다.

알라는 정도가 지나친 것을 싫어한다고 생각하는 것이 이슬람교가 제창하는 '중용의 도'이다. 중용의 도를 걷기 위해서는 두 가지 방법이 제시된다. 하나는 인간의 욕망을 제한하는 것이며, 또 하나는 빈부를 균등하게 하여 인간의 평등을 실현하는 것이다.

이슬람교의 도덕원칙은 양세설(兩世說)에 토대를 둔다. 두 가지의 세상 어느 것도 소홀히 하지 않고, 내세에서 영원한 행복을 얻는 것을 금세의 최종목적으로 여긴다. 이것은 이슬람교 전체의 도덕생활의 출발점이라고 간주된다. 이 목적을 다하기 위해서 현세에서 물질과 정신, 육체와 영혼의 관계를 어떻게 조화시킬 것인가라는 것이 최대의 과제이다. 현세의 생활에서는 물질도 정신도 동등하게 중요한 것이며, 이슬람교는 금욕주의, 극단적인 향락주의, 자기를 방임하는 것과 같은 물질주의, 그 어느 것도 강하게 금한다.

깨끗한 마음과 정직한 생각을 유지하기 위해서는 성의 있는 마음가짐과 건전한 육체는 필수이며, 그것을 위해서는 음식에 대한 특별한 배려가 요구된다. 이 때문에 이슬람교에서는 인간이 말로 해도 좋은 것과 나쁜 것을 확실히 구별한다. 또 먹을 수 있는 것이라고 해도 너무 많이 먹는 것은 엄격하게 금지한다.

인간의 물질적 욕망을 제한하기 위해 이슬람교는 라마단을 정하고 있다. 이것은 제계(齊戒)로, 주인의 명령에 따르고, 사사로운 욕심을 버리고, 성실하고 편안한 마음을 가지며, 인내, 충족, 강건한 의지, 근면이라는 미덕을 육성시킨 것이다. 인간은 물질적인 향락만을 추구해서는 안 된다. 내세에서의 정신과 혼의 왕생이야말로 중시해야 한다. 이슬람교의 이와 같은 내세의 영혼의 존재에 관한 사고방식은, 사람들의 마음에 용기를 주고 현세의 생활에서의 물질적인 욕망의 속박에서 벗어날 수 있게 기여한다. 왜냐하면 물질주의는 '하룻밤을 보낼 돈을 가지고 있지 않다'는 그날그날을 근근이 살아가는 사고방식이 있기 때문에 내세의 존재는 의식하지 않기 때문이다.

공정한 사회를 실현하기 위해서는 욕망을 억제하는 것뿐만 아니라 인간의 평등을 실현해야 한다. 인간은 평등하다. 즉 피부색이나 성별, 강자와 약자, 그리고 능력의 차이와 관련 없이 똑같다. 인간은 마음대로 세계의 여러 가지 물질자원을 사용할 수 있다. 그것은 알라가 준 것이며, 우주의 모든 것은 알라에 속해 있다. 이런 사상에 토대하기 때문에 이슬람교는 부자의 착취를 일체 인정하지 않으며, 노동자도 농민도 상인도 평등하게 이익을 얻을 수 있게 해야 한다고 말한다. 부자의 재산은 가난한 사람들에게 나누어 주어야 하는 것이며 그것은 베푸는 것이 아니라 당연한 권리인 것이다.

부자의 재산에서 가난한 사람에게 속하는 권리는 두 가지가 있다. 하나는 장기간에 걸친 '천과(天課)'이며, 또 다른 하나는 액수도 시기도 정해져 있지 않기 때문에, 이것은 내세에서 천국으로 가는 선행에 해당된다고 생각될 수 있다. 이와 같은 평등관은 두 가지 필연적인 결과를 이끌어 낸다. 하나는 경제의 평형화이며, 또 하나는 남녀평등화이다.

경제의 균형은 환경보호의 문제와 직접 관련되어 있다. 가난한 사람은 스스로를 타자와 평등한 위치로까지 높이기 위해 함부로 나무를 베어내어 전답으로 만들고 삼림과 열대림을 소멸시켜 갔다. 물욕과 사리사욕에 눈이 어두워 사회적인 협조를 잊고, 후예에 대한 배려가 부족해진 것이다. 그렇기 때문에 빈부의 차이를 없애는 것이 자연환경의 보호에도 도움이 되는 것이다. 자연의 위대함은 알라의 위엄과 은총의 표현이다. 자연의 만물은 이슬람교도가 숭배할 만한 신성함으로서 존중되고 보호되어야 하는 것이다. 이것은 자연환경의 보호에 직접적으로 관련되는 사고방식이라고 말할 수 있다.

이슬람교의 이와 같은 평등관은, 모든 사람은 알라의 창조물이며 같은 조상을 가진다는 사고에 뿌리내리고 있다. 알라는 어떤 사람에게도 어떤 종족에게도 치우치지 않는다. 인간은 태어나면서부터 평등하며, 벌거벗은 채로 이 세상에 태어나서 떠날 때에도 역시 맨몸인 것이다. 어떤 부도 재산도 내세에는 가져갈 수 없다. 그렇기 때문에 인간은 사후에서도 평등한 것이다. 인간은 알라 앞에 모두 평등하며, 최후에는 모두 알라가 있는 곳으로 돌아간다. 살아 있는 동안에는 자신과 자기 종족뿐만 아니라, 다른 사람들과 다른 종족, 나아가 인류 전체에 대해서도 생각해야만 한다. 이와 같은 인간 전체가 평등하고 일체라는 사고방식은 전체 세계 수준에서의 환경보호대책에 기여한다.

남녀가 완전히 평등하다는 의식은 여성의 가치관, 특히 어머니의 사심 없는 애정을 새로운 지혜로 하여 자연자원에 관한 정책결정에 도움이 되게 할 수 있다. 장기간에 걸친 세계의 환경문제에 대한 대책의 일환으로서, 이와 같은 세계에 대한 새로운 인식과 새로운 가치관이 추구되어야 한다. 이슬람교의 '이슬람교도는 모두 형제이다'라는 사고와 인류평등이라는 사고는 분명히 세계는 하나의 가족이라고 여기는 사고와 일치하는 것이다.

역사에서 아라비아의 이슬람교도는 생태환경을 항상 의식해 왔다. 이슬람의 교의에서 '천인일치'의 사상, 조화론과 중용의 도, 균형론은 어느 것이나 세계 환경정책을 검토할 때 유효할 것이다. 이 인식을 전 세계에 심어주고 싶다고 생각한다.

제5부

생산·생활 중의 전통 환경사상의 현대적 의의

제1장

『월령』 도식의 전통적인 환경사상과 그 가치

서원화(중국)

중국에서는 옛날부터 월별 행사달력으로서 '월령'이 만들어지고 있었다. 『사기(史記)』 「하본기(夏本紀)」에서는, "공자가 하나라 때에 역서(曆書)를 바로잡아, 학식이 높으면 『하소정(夏小正)』을 잇게 한다"라고 기록되어 있다. 하나라 시대에 쓰인 것으로 전해지는 『하소정』은 열두 달의 순서에 따라 대자연을 포괄하는 하늘의 별자리와 지상의 생물의 변화를 자세히 기록한 것으로, 중국의 상고시대 사람들의 계절과 기후에 대한 인식을 구체적으로 나타내고 있다. 전국시대 말기에 여불위(呂不韋)의 식객이 편찬한 『여씨춘추(呂氏春秋)』 12기(紀)의 각 기의 첫 장이 각 달의 월령이다. 거기에는 해당 월의 계절·기상(氣象)·천상(天象)·물후(物候: 사물과 계절의 관계)·농사·정령(政令) 등이 기술되어 있으며, 또 그것을 오행상생의 체계에 포함시켜 『하소정』에 비하면 한층 더 내용이 풍부하고 계통적이다. 한나라 시대가 되면, 원래는 『여씨춘추』 12기의 첫 장, 예가(禮家)의 좋은 일을 모아 합쳐서『월령』이라고 이름 붙이고『예기』에 편입시켰다. 이렇게 이른바『월령』 도식이 만들어진 것이다.

『월령』은 중국 고대 농업사회의 실천 경험을 모은 것이며, 풍부한 환경사상을 갖추고 있다.

『월령』 도식을 보면, 중국 고대의 '환경' 개념에는, 천·지·인이라는 세 가지의 기본적 요소가 있다. 하늘과 땅의 조합은 자연계의 2대 기본요소이며 그 위에 '인(人)', 즉 사회라는 요소를 더하면, 사람들이 그 안에서 생활하고 있는 객관적인 환경이 된다.『월령』 도식에서는 자연적 요소로서의 천지와 사회적 요소로서의 사람은 하나의 계통, 즉 천인계통을 구성하고 있다. 천·지·인은 정말로 동일계통 속에 있으므로, "위로는 천문(天文)을 따라 헤아리고, 아래로는 지리(地理)에 따라 살피고, 가운데로는 인사(人事)에 따라 미루어 짐작한다"[1]라는『월령』 도식이 환경문제를 다룰 때의 중요한 준칙이 되고 있는 것이다.

『월령』은 자연환경의 관측과 기록을 매우 중시한다. 천상, 기상, 물후에 관한 관측 기록을 살펴보자.

맹춘(孟春)

천상: 정월의 태양은 영실(營室: 28宿의 室의 별자리)의 위치에 있으며, 저녁에는 28수의 삼성(參星: 28수의 별 이름)의 남쪽 중앙에 위치하고, 아침에는 미성(尾星: 28수의 별 이름)의 중앙에 나타난다.

기상: 양기인 하늘의 기운이 하강하고, 음기인 땅의 기운이 상승한다.

물후: 동면하고 있던 벌레들이 움직이기 시작하며, 기러기가 북쪽으로 날아간다.

---

1 上揆之天, 下驗之地, 中番之人,『여씨춘추』「서의」

중춘(仲春)

천상: 태양은 28수의 규성(奎星)에 위치하고, 저녁에는 호성(弧星)의 중앙에 있으며 아침에는 건성(建星)의 중앙에 있다.

기상: 낮과 밤의 길이가 같다. 천둥이 치기 시작한다.

물후: 비가 내리고, 복숭아꽃과 자두나무의 꽃이 피기 시작하며, 겨울잠을 자던 벌레들이 기어 나온다.

계춘(季春)

천상: 태양이 28수의 위성(胃星)에 있으며, 저녁에는 칠성(七星)의 중앙에 있고, 아침에는 견우성(牽牛星)의 중앙에 있다.

기상: 생기가 왕성해지며, 양기가 흩어져 퍼지는 달이다.

물후: 오동나무가 처음 꽃을 피우기 시작하고, 무지개가 나타나며, 부평초가 뜨기 시작한다.

맹하(孟夏)

천상: 태양이 28수의 필성(畢星)에 있으며, 저녁에는 28수의 익성(翼星) 중앙에 위치하고, 아침에는 무녀성(婺女星)의 중앙에 있다.

기상: 양기가 계속 자라며 더욱 증가한다.

물후: 개구리가 울며, 지렁이가 흙 속에서 나오며, 하눌타리가 달리며, 씀바귀가 핀다(제 맛을 낸다).

중하(仲夏)

천상: 태양은 28수의 정성(井星)의 동쪽에 있으며, 저녁에는 28수의 항성(亢星)의 중앙에 위치하고, 아침에는 28수의 위성(危星)의 가운데에 있다.

기상: 낮의 길이가 길어지고, 음양이 서로 다투며, 살고 죽는 것이 나뉜다.

물후: 사마귀가 나오고, 때까치가 울기 시작하며, 끼무릇[半夏]이 나며, 무궁화 꽃이 활짝 핀다.

계하(季夏)

천상: 태양은 28수의 유성(柳星)에 있으며, 저녁에는 화성(火星)의 가운데 위치하며, 아침에는 규성(奎星)의 중앙에 있다.

기상: 따듯한 바람이 불기 시작한다.

물후: 귀뚜라미가 처마 밑에서 울고, 매는 나는 법을 배우며, 나무들이 무성해진다.

맹추(孟秋)

천상: 태양은 28수의 익성(翼星)에 있으며, 저녁에는 건성(建星)의 중앙에 있고, 아침에는 필성(畢星)의 중앙에 있다.

기상: 선선한 바람이 불어오고, 백로(白露)가 내려오며, 천지가 어쩐지 쓸쓸해진다.

물후: 가을 매미가 울고, 매가 새를 잡아서 늘어놓는다.

중추(仲秋)

천상: 태양은 28수의 각성(角星)에 있으며, 저녁때에는 견우성(牽牛星)의 중앙에 있고, 아침에는 자휴성(觜觿星)의 중앙에 있다.

기상: 낮과 밤의 길이가 같아지고, 천둥소리가 비로소 잠잠해지며, 음기가 바야흐로 왕성해지고, 만물의 왕성한 기운[陽氣]이 차츰 쇠퇴한다.

물후: 물이 마르기 시작하며, 철새인 기러기가 돌아오고, 제비는 남쪽으로 돌아간다.

계추(季秋)

천상: 태양은 28수의 방성(房星)에 있으며, 저녁에는 허성(虛星)의 중앙에 있고, 아침에는 유성(柳星)의 중앙에 있다.

기상: 서리가 내리기 시작하며, 한기가 모든 곳에 미친다.

물후: 노란 국화가 피고, 초목은 누렇게 시들어서 떨어진다.

맹동(孟冬)

천상: 태양은 28수의 미성(尾星)의 위치에 있으며, 저녁때에는 위성(危星)의 중앙에 있고, 아침에는 칠성(七星)의 중앙에 있다.

기상: 하늘의 기운[양기]은 올라가고, 땅의 기운[음기]은 내려오고, 하늘의 기와 땅의 기가 서로 통하지 않아 모두 막혀 겨울이 된다.

물후: 물이 얼기 시작하며, 땅도 얼기 시작하고, 무지개는 감추어져 보이지 않는다.

중동(仲冬)

천상: 태양은 28수의 두성(斗星)의 위치에 있으며, 저녁에는 동벽성(東辟星)의 중앙에 있고, 아침에는 진성(軫星)의 중앙에 있다.

기상: 낮이 가장 짧아지며, 음기는 위에 있고 약한 양기가 움직여 오르기 때문에 음양이 다투고, 겨울잠을 자는 모든 생물이 동요한다.

물후: 유채가 피기 시작하고, 여주가 나며, 지렁이가 흙 속에서 꿈틀거리고, 사슴뿔이 부러지며, 샘물이 움직인다.

계동(季冬)

천상: 태양이 28수의 무녀성(婺女星)의 위치에 있으며, 저녁에는 누성(婁星)의 중앙에 있고, 아침에는 저성(氐星)의 중앙에 있다.

기상: 일 년이 장차 다하고, 다시 새로운 해가 시작된다.

물후: 기러기는 북쪽 고향으로 돌아가고, 까치가 둥지를 만들기 시작한다.

이상의 관측 기록으로부터 『월령』 도식은 천상, 기상, 물후 등의 자연현상을 하나의 동태적인 운행 과정으로 보고 있다는 것을 알 수 있다. 이 과정은 한 번 돌아 제자리로 돌아오며, 조화되어 순서가 있으며, 인간이 의지해서 생존하는 객관적 환경을 구성한다.

중국의 고대인들은 실천하면서 자연환경과 자원을 잘 이용한다면 인간에게 무궁한 이익을 가져다주지만, 그렇지 않으면 자연은 파괴되어 인간에게 커다란 재해를 가져온다는 것을 알고 있었다. 그래서 자연환경과 자원을 어떻게 유효하게 개조, 이용, 보호할 것인가 하는 문제가 생긴다. 『월령』은 역사적 경험을 총괄한 기초 위에 자연환경과 자원을 개조, 이용, 보호하는 일련의 조치를 제기하고 있다.

다음으로 정령(政令) 및 환경보호에 관한 기술을 살펴보기로 한다.

맹춘(孟春)

정령: 왕은 농사를 명하고, 군사를 일으키는 것을 금한다.

환경보호: 나무를 벌채하는 것을 금지하고, 새의 둥지를 허물어서는 안 되며, 어린 벌레나 막 날기 시작한 어린 새를 죽여서는 안 되고, 사슴의 새끼를 잡거나 알을 주워서는 안 된다.

중춘(仲春)

정령: 감옥을 다스리는 관리에게 감옥을 살펴서 죄인의 수갑과 족쇄를 풀어주도록 하고, 사형이나 태형 등의 옥사를 중지시킨다. 도량을 동일하게 하며, 저울추를 균일하게 하고, 열 되 여섯 되 등 되를 만들어 계량을 정확

히 하며, 저울추와 평미레[2]를 바로 잡는다. 농사일을 잠시 쉬도록 명한다.

환경보호: 강과 늪이 마르지 않게 하고, 저수지 등의 물이 헛되이 흘러나가게 하지 말며, 산림을 불태워서는 안 된다.

계춘(季春)

정령: 배에 관한 일을 관장하는 관리[舟牧]에게 명하여 배를 뒤집어 살피게 하고, 담당관리[有司]에게 명하여 창고의 쌀을 꺼내어 가난한 사람과 먹을 것이 떨어진 사람에게 나누어 주며, 제방을 수리하고, 도랑을 잘 치게 하며, 도로를 개통시키며, 양잠을 장려하도록 한다.

환경보호: 뽕나무를 베어서는 안 된다.

맹하(孟夏)

정령: 가벼운 형은 감형하고, 사소한 죄는 없애주며, 가벼운 죄로 갇혀 있는 사람은 풀어주고, 토목공사를 해서는 안 되며, 백성을 동원해서도 안 된다.

환경보호: 큰 나무를 베어서는 안 되며, 대규모의 수렵을 해서는 안 된다.

중하(仲夏)

정령: 관리에게 백성을 위해 명산과 대천에서 제사 지내고, 성문과 마을 어귀의 문을 닫지 않고, 관문과 시장에서는 세금을 거두지 못하게 하고, 말 관리에 관한 정령을 반포하고, 중죄인의 벌을 경감해 줄 것을 명한다.

환경보호: 숯을 굽지 못하게 하고, 암말을 따로 유목한다.

---

2 [옮긴이 주]: 말이나 되에 곡식을 담고 그 위를 평평하게 밀어 고르게 하는 데 쓰는 방망이 모양의 기구

계하(季夏)

정령: 어류를 관장하는 관리[漁師]에게 바다뱀과 악어와 거북과 큰 자라 등을 잡을 것을 명하고, 산과 못을 관장하는 관리[澤人]에게 늪 주변의 갈대를 벨 것을 명한다. 토목공사를 일으켜서는 안 되며, 제후들을 모아서도 안 되고, 군사를 일으켜 백성을 동원해서도 안 된다.

환경보호: 산림을 관장하는 관리[虞人]에게 산에 들어가 순찰케 함으로써 나무를 베지 않도록 명하며, 풀을 베어 태우고 난 뒤에 빗물에 젖게 하면 풀을 썩히는 데 이롭다.

맹추(孟秋)

정령: 장군에게 병사를 뽑게 하고, 병졸을 독려하며, 관리에게 법제를 고치게 하고, 감옥을 수리하게 하며, 차꼬와 수갑 등의 형구를 갖추게 한다. 사건의 전말을 철저히 살피어서 죄인은 형벌에 처하고, 형을 엄격하게 재판하게 한다. 궁실을 수리하고 개축하며, 성곽을 보수하도록 명한다.

환경보호: 제방을 만들고, 물이 잘 빠지도록 하여, 큰 비에 넘치지 않도록 준비한다.

중추(仲秋)

정령: 관리에게 모든 형벌을 엄하게 하고, 참살할 때에도 마땅한지 공정하게 살피도록 명한다. 성곽을 쌓고, 수도와 읍리를 건설하며, 동굴과 저장소를 만들고, 움막을 파고, 쌀 창고를 다시 수리한다.

환경보호: 백성을 재촉하여 수확하게 하고, 보리를 심도록 권장한다.

계추(季秋)

정령: 영(令)을 엄하게 하며, 백관과 신분의 귀천에 관계없이 안으로 들어와서

일에 힘쓰고, 농사의 수확에 대비하도록 명한다. 오곡의 모든 수입은 문부(文簿)에게 기록하도록 하고, 천자가 친히 경작하는 농지[籍田]에서 나는 곡식을 필요한 양만큼 거두어 황제의 창고[神倉]에 넣고, 들판에서 사냥을 자주하여 다섯 병기(刀, 劍, 矛, 戟, 矢)를 다루는 법을 익히게 하고, 옥에 갇혀 있는 죄수의 형 집행을 재촉하여 죄 있는 자를 남기지 않도록 한다.

환경보호: 초목이 시들어 떨어지면 땔나무를 베어 숯으로 만든다.

맹동(孟冬)

정령: 제후영지의 경계를 견고히 하고, 변방의 경계에 대비하고, 요새를 굳건하게 지키며, 나라를 위해 죽은 이들에게 은혜로운 상을 내리고, 고아와 과부를 구제하고, 농사짓느라 고생하여 지친 농민들을 쉬게 한다.

환경보호: 샛길을 막는다.

중동(仲冬)

정령: 토목공사를 해서는 안 되며, 집 안의 광에 달린 문을 열지 못하게 하고 대중을 동원하지 말 것을 명한다.

환경보호: 대나무를 베어 대나무 화살을 만든다.

계동(季冬)

정령: 어류를 관장하는 어부에게 고기잡이를 시작하게 하고, 백성에게 오곡의 종자(種子)를 내놓게 하고, 농업을 관장하는 관리[司農]에게 농사계획을 세우게 하고, 쟁기와 괭이를 수리하여 농구를 준비하게 하고, 나라의 법전을 바로잡는다.

환경보호: 사시(四時)의 정령을 논하여 오는 새해에 마땅함을 대비한다.

이상 기재된 내용에서, 『월령』 도식이 중국 고대사회의 정치와 농사활동의 역사적 경험을 비교적 체계적으로 정리하여 정령과 환경보호의 조치를 제정함으로써 일 년 농사활동이 순조롭게 진행되게 하여 풍작을 얻기 위해 노력했다는 것을 알 수 있다.

『월령』은 중국 고대의 농사활동을 지도하는 법전으로서, 동양 농업문명의 이정표이며, 중국 고대 환경관의 이론적 승화라고 말할 수 있다. 특히 주목해야 할 것은 『월령』 도식의 환경관에는 하나의 중심사상이 있다는 것이다. 그것은 '자연에 맡긴다[因任自然]'는 것이다. 즉, 천인관계에서 인간활동은 천지, 자연에 순응해야 하며, 『여씨춘추』 십이기총서(十二紀總序)의 「서의(序意)」에서 말하고 있는 것처럼, "그 술수를 실천하는 것은 그 이치를 따르고 사욕을 버리는 것이다"[3]와 같이 하지 않으면 안 되는 것이다. '수(數)'란 사물발전의 필연적 추세이며, '리(理)'란 사물발전의 법칙성이며, '사(私)'란 사람들을 만족시키는 이익이다.

『여씨춘추』는 '귀인(貴因)'을 특히 강조하고, "삼대(三代)가 소중하게 여긴 것은 자연에 순응(順應)하는 것보다 더한 것은 없으니, 자연에 순응하면 천하에 적(敵)이 없다. 우왕(禹王)이 삼강오호(三江五胡)[4]를 통하여 이궐(伊闕)의 도랑을 터 육지로 돌려 동해로 유입하게 한 것은 물의 힘에 순응한 것이다. … 천문(天文)에 소상(昭詳)한 사람은 수많은 별들의 운행을 살펴 사시(四時)를 아는 것은 수많은 별들의 위치에 순응하여 알 수 있는 것이요, 역법(曆法)을 미루어 헤아리는 사람이 달의 운행을 보고 그믐과 초하루를 아는 것은 달이 운행하는 궤

3 行其數 順其理 平其私

4 [옮긴이 주]: 오호(五胡)는 중국의 동한(東漢)에서 남북조 시대에 이르기까지 서북방으로부터 중국 본토에 이주한 다섯 민족인 흉노(匈奴), 갈(羯), 선비(鮮卑), 저(氐), 강(羌)을 말한다.

도(軌道)에 순응하여 알 수 있는 것이다. … 그러므로 순응을 잘하면 공교(工巧)하고 순응을 잘못하고 전집(專執)하면 졸렬(拙劣)하다"[5]라고 말했다.

'인(因)'이란 천인관계로부터 보면 두 가지 의미가 있다. 하나는 '번천(審天)'으로, 예를 들면, '별의 단계를 추측하여 사계절을 알 수 있다', '달의 운행을 보고 그믐과 초하루를 안다'는 것으로, 자연현상의 법칙성을 인식하고 파악하는 것이다. 두 번째는 '인간의 힘'으로, 예를 들면, 우왕의 치수(治水)는 '물의 힘에 순응한다', 배와 수레의 이로움은 '그 기계에 순응한다'라는 것으로, 자연을 이용하여 산하를 개조하는 것이다. 한편으로는 인간은 바깥세계의 변화의 법칙을 적극적으로 인식, 존중, 복종해서 사물발전의 필연적 추세에 순응해야 하며, 또 한편으로는 인간은 주체성을 충분히 발휘하여 객관사물의 성질과 법칙을 이용하고, 세에 순응하여 이로움을 이끌어 사업의 성공을 거두어야 할 것이다. 즉 "성(性)에 따라 사물을 맡겨서 마땅하게 맞지 않는 것이 없다"[6]이다. '인천자연(因天自然)'이라는 사상은 인간을 소극적으로 자연의 지배에 맡겨 자연의 노예가 되라고 말하는 것이 아니며, 또 인간을 자연과 대립시켜 자연의 적이 되라고 말하는 것도 아니다. 이 사상이 나타내고 있는 진정한 의미는 인간과 만물은 일체이고 자연과 인간은 친구이며 인간이 자연을 이용하고 개조하여 이치에 맡는 이익을 얻도록 장려하는 것이다. 다시 말해서 '천'의 객관 법칙성을 중시하고, 또 '인'의 주관 능동성도 중시하고 있는 것이다.

『월령』 도식의 이 사상은 매우 심오한 것으로, 중국인에게 자연과의 교류에서 조화와 질서를 아울러 '천일합일'의 극치를 이루는 것을 추구하게 한다. 이것은 바로 『월령』 도식이 인간에게 보여주는 환경사상의 가치이다.

중국 고대에 이와 같은 풍부한 환경사상이 있었음에도 어째서 현재에 환경

5 『여씨춘추8람(呂氏春秋八覽)』 제15권 「신대람(愼大覽): 귀인(貴因)」
6 『여씨춘추8람(呂氏春秋八覽)』 제17권 「번분람(審分覽): 집일(執一)」

오염이 심각한지 의아해하는 사람이 있을지도 모른다. 대략적으로 말하면 두 가지 원인이 있다.

첫 번째로, 중국 고대의 환경사상은 농업사회의 실천경제의 총괄이며 근대 이전의 사회에서는 유효한 것이었다. 농업사회가 공업사회로 바뀐 것과 함께, 원래의 환경사상도 변화해야만 현대 공업사회의 요구에 적응할 수 있었다. 그러나 근대 이후, 중국의 전통적인 환경사상은 이론 형태의 변혁을 성취할 수 없었다. 앞선 환경이론의 지도가 없었기 때문에, 현대의 공업이 만들어 낸 오염을 효과적으로 예방하지 못했던 것이다.

두 번째로, 자본의 본성은 무한하게 자기를 팽창시키는 것이다. 이익에 사로잡힌 사람들은 때때로 눈앞의 이익에만 얽매여서 장기적인 이익을 잊고, 이윤의 획득만을 생각하여 환경보호를 경시해 버린다. 이미 발생한 환경오염은 지금까지의 환경이론을 무시한 것, 새로운 환경이론을 조성하지 않은 것, 그리고 실천에서 환경보호를 소홀히 한 데 대한 역사적인 벌이다.

중국의 공업화 과정에서 출현한 환경오염은 우리에게 경종을 울리고 있다. 우리는 환경문제를 특히 중시하고, 환경이념의 근대화로부터 근대로의 전환을 실현시키는 것뿐만 아니라, 실천에서도 많이 노력하고, 우리 자신을 위해 또 자손을 위해서도 훌륭한 나라를 창조하지 않으면 안 된다.

제2장

중국 풍수의 매력

이홍찬(중국)

❁ ❁ ❁

풍수는 '감여(堪輿)'라고도 하며, 거주환경을 평가하고 선택하는 하나의 학문이다. 중국의 풍수는 오랜 역사를 가지고 있다. 풍수에 관한 서적은 매우 많다. 풍수 가운데에는 어려운 무술(巫術)이나 미신이 섞여 있어 많은 비판을 받고 있지만, 중국 대부분의 농촌에서는 오늘날에도 여전히 그 맥이 끊이지 않고 이어져 전해지고 있다. 오늘날 건물을 세우는 장소를 선정할 때도 때때로 무의식 속에서 풍수사상이 운용되고 있다. 또한 예로 더 들어야 하는 것은 외국의 많은 학자들이 중국 풍수를 칭찬하여 '풍수 붐'을 불러일으키고 있다는 것이다. 그렇다면 풍수의 매력은 대체 어디에 있는 것일까. 나는 그 속에는 반드시 합리적인 의미가 있다고 생각한다. 본 논문은 환경보호의 문제와 관련시켜 실제로 약간의 탐색을 하는 것이다.

1. 환경보호에 유익한 풍수의 자연과 인간의 조화적 관점

고대에는 생산력은 높지 않고 인간이 자연을 개조하는 힘도 크지 않았기 때문에, 자연과 인간의 관계도 기본적으로 서로 적응하고 있었다. 과학기술의 진보나 사회의 발전, 특히 18세기 서양의 산업혁명 이후 생산력이 급속히 발전함에 따라, 사람들은 자연을 개조함으로써 자연으로부터 대량의 부를 착취하고 인간의 물질적 문화수준을 향상시켰다. 그와 동시에 인간이 사는 지구를 환경오염, 생태파괴 등으로 만신창이로 만들어 버렸다. 기후의 온난화, 오존층의 파괴, 산성비, 삼림의 감소, 사막의 확대, 멸종위기에 처한 종 등 지구 전체에서 환경문제가 출현하게 되었다. 그래서 사람들은 '지구는 하나', '우리의 생존환경을 지키자'라고 호소하게 되었다. 중국 고대의 풍수는 자연과 인간의 조화라는 관점에서 틀림없이 현대의 환경보호 기원과 합치하며, 경제의 지속적인 발전에도 도움이 된다.

중국의 풍수는 전통적인 '천일합일'의 우주관을 계승하였으며, 천지인과 만물은 하나의 근원, 즉 태극에서 나온다고 생각한다. 노자는 "도는 하나를 낳으며, 하나는 둘을 낳고, 둘은 셋을 낳으며, 셋은 만물을 낳는다"라고 말했다. 그 속의 '하나'란 곧 태극이다. 태극은 또 음양이기(陰陽二氣)로 나뉘며, 음양이기는 교감하여 중화(中和)의 기를 형성하고, 이것에 의해 만물을 만들어 낸다. 천지인, 만물이 하나의 근원에서 나오고 있기 때문에 천지인, 만물 사이에는 상호 관련이 있고 서로 감응하는 것이다. 자연과 인간은 조화 공존하며, 협조 발전해야 한다. 이와 같은 사상의 가르침을 토대로, 고대 중국인은 생태환경을 보호하는 것을 매우 중시했다. 일단 풍수가 좋은 땅으로 정해지면, 누구의 파괴도 허용되지 않으며, 그렇지 않으면 재앙을 초래하게 된다고 생각했다. 현재의 하늘을 찌르는 많은 큰 나무들과 광대한 삼림은 '풍수'에 의해 보존되어 온 것이다.

그러나 인간은 수동적으로 자연에 적응해 온 것이 아니다. 풍수의 요구에 맞지 않는 부분에 대해서 중국 풍수는 '구제'의 대책을 가지고 있다. 예를 들면, 흙으로 산을 쌓고, 수목을 심고, 수도를 끌어 들이고, 연못을 파서 다리를 놓고, 진탑(鎭塔)[1]을 세우는 등 사람들이 사는 환경의 요구를 만족시키고 있다. 그 때문에 중국 풍수는 보호를 강조함과 동시에 개조하는 데에도 주의를 기울였던 것이다. 이 관점들은 의심할 바 없이 올바른 것이며 현재의 환경보호를 위한 계시를 제공해 준다.

2. 현대 생태환경 건설의 모델로서 풍수의 거주환경

현재, 이미 오염되고 파괴되고 있는 생태환경을 회복시키기 위해서, 사람들은 생태학이나 생태경제학의 원리에 토대하여 생태집, 생태마을, 생태읍 혹은 생태모델지구의 시험 건설을 대대적으로 전개하고 있다. 중국 풍수의 거주환경모델은 현재의 생태환경 건설의 모형이라고 말할 수 있다.

중국 풍수는 주택, 촌락, 도시의 생태환경에 관해 전체적인 모델이나 기준을 만들고 있으며 단지 규모가 다를 뿐이다. '대개 경성부현(京省府縣)의 땅은 광대하다', '대개 도시의 부지는 비싸다'. 이들의 공통점은 '음을 지고 양을 안고 있으며' '산을 베개로 삼고 물과 인접하다'는 것이다. "대개 집 왼쪽에 흐르는 물이 있으면 이것을 청룡이라고 하며, 오른쪽에 긴 길이 있으면 이것을 백호라고 하며, 앞에 깨끗하지 못한 못이 있으면 이것을 주작이라고 하고, 뒤에 구릉이 있다면 이것을 현무라고 한다. 이런 것이 가장 귀한 땅으로 만든다." 그 의

1 [옮긴이 주]: 터의 기를 진정시키기 위해 세우는 탑. 지진탑(地鎭塔)이라고도 한다.

미는 다음과 같은 것이다. 택지는 북에 위치하고 남향이며, 뒤에는 산을 끼고, 좌우에 모래 산이 지지해 주고, 앞에는 흐르는 물이 둘러싸고 있다. 마주 보는 곳에는 안산(案山: 긴 탁자와 같은 산)이 있으며, 조산(朝山: 아침에 절하는 산)이 감싸안는 것같이 지켜주며, 중간의 지형은 평탄하고 산에는 임목이 울창하다. 이것이야말로 좋은 풍수이다.

평원지구의 모델은 '넓고 큰 강이 흐르는 땅은, 햇빛이 잘 비추며 그늘이 적고, 사면의 물이 돌아서 흘러 한곳으로 모이기만 한다면, 물을 용맥(龍脈)으로 하며, 물이 호위한다', '넓고 큰 강은 용(龍)을 물어서는 안 되며, 물의 흐름은 참다운 자취다.' 즉 평원지구는 물이 주위를 돌아 흘러야 하고, 임목이나 대나무가 가리고 있다면 그것으로 좋다는 것이다.

중국 풍수는 또 택지는 '요업(窯業)에는 가까이 가지 말라', '풀이 자라지 않는 곳에는 살지 않는다', '흐르는 물이 정면을 향하고 있는 곳에는 살지 않는다', '산이 배후로 막혀 있는 곳에는 살지 않는다' 등을 언급하며, '대개 집 앞이 낮고 뒤가 높다'와 '왼쪽이 내려가고 오른쪽이 올라간 것'은 길하다고 하며, '대개 집의 우물은 대문 쪽을 향하면 안 된다', '뒷간[厠]이 마주하고 있으면 종기가 끊이지 않는다' 등과 같은 말은 모두 어느 정도 과학적이다. 따라서 중국의 거주환경모델은 모두 산은 푸르고 물은 수려하며 풍경이 아름답고 환경이 매우 아름다운 땅이다. 이를 '풍수보지(風水寶地)'로 칭하며, 현재의 생태환경 건설에서 본보기 및 참고할 만한 역할을 다하고 있다.

3. 일정한 실용성을 갖춘 풍수의 주거환경 평가와 선택

중국 풍수가 주거환경을 평가하고 선택하는 내용은 대기, 지형, 물, 방위 또한 현장답사의 방식을 포함하여 우리가 오늘날 전개하고 있는 환경의 질 평가 및 환경영향평가와 비슷한 부분이 있다. 단지 오늘날의 측정수단 쪽이 발달해 있으며, 평가 방법이 보다 과학적인 것뿐이다.

중국 풍수가 주거환경을 평가하고 선택하는 내용은 다음과 같은 것이다.

하나는 '기(氣)'를 논하는 것이다. 중국 풍수에서는 택지는 '생기'가 없어서는 안 되며, '기가 맑고 기이하다면 길하다'는 것을 특히 중시한다. '풍수보지'의 기를 가진 장소는 기후학의 원리에 합치하며, 수평과 수직의 교감이 어느 것이나 활발하게 이루어진다. 겨울에 북쪽의 찬 바람을 막고, 여름에 남쪽의 따뜻한 바람을 받아, '바람을 재우고 기를 모은다[藏風聚氣]'의 목적을 이룬다. 언제나 산과 계곡의 바람을 교대로 받아, 대기의 확산 보충에 유리하다.

두 번째는, '형태'를 구별하는 것이다. 용맥산(龍脈山)을 찾고 사산(砂山)을 조사하는 것이다. 산맥이 멀리까지 이어지고, 기세가 장대하고 길게 이어지며, 산형이 아름다운 것을 중시한다. 좌우에 호위하는 사산이 있으며, 전면에는 낮은 안산(案山)과 조산(朝山)이 옆에 나란히 있으면 안전의 역할을 다한다.

세 번째는 '물'을 보는 것이다. 물은 재산과 부를 담당한다. 물의 흐름이 물굽이를 방향을 바꾸어 주위를 돌아야 하는 것이 요구되며, 물의 저장을 중시하여 '물을 끌어 들이거나 흘려 내보내는 곳이 쭉 곧아서 물이 담아지지 않는' 것을 방지한다. 물은 아름답지 않으면 안 되며, '물맛은 냄새가 중요하다', '맑은 것을 기뻐하고 탁한 것을 싫어하며, 겨울에는 따뜻하고 여름에는 차가워야 한다'고 하여 물의 질이 좋은 점이 요구된다.

네 번째는 '혈(穴)'을 지정하는 것이다. 다시 말해 부지를 확정하는 것이다. "지세는 평탄한 것을 기뻐하며, 국면은 광대하고 앞은 부숴 깨지지 않아 네모반듯하고, 생길 때부터 네모나고 반듯하며, 산을 베고 물을 안거나 혹은 왼쪽에 산, 오른쪽에 물이 있는 것이 좋다". 부지는 단단해야 하며, 흙은 적, 황, 백을 뛰어난 것으로 하며 주택을 짓는 데 적합한 것으로 간주된다.

다섯 번째는 '방향'을 정하는 것이다. 자석과 나침반을 사용하여 북에 위치하며 남향 또는 동남의 방위를 측정하고, 또 집 안 입구의 방향을 측정한다. 이는 중국의 실제의 상황과 맞다. 그러나 방위를 정하는 것과 인간의 운명을 관련시키는 것은 채택해서는 안 된다. 요컨대 내용은 상당히 일정한 범위 전체에 걸치는 것으로 어느 정도 실용성이 있다.

중국 풍수가 주거환경을 평가하고 선택하는 방법은 현장답사를 중시하는 것이다. '일반적으로 산을 보기 위해서는 산이라는 장소에 가서, 먼저 물을 찾는다'. 수십 리를 답사할 때에도 역시 한 걸음 한 걸음 걸어서 도착하는 곳을 주의해서 관찰하고, 높은 곳, 낮은 곳, 향하는 쪽, 측면 등의 각각 다른 각도에서 주의 깊게 몸으로 느끼고, 그 후에 결론을 내지 않으면 안 된다. 이와 같은 '실사구시'의 조사 방법은 매우 소중한 것이다.

이상을 정리하면, 틀림없이 중국 풍수는 사람들의 오랜 생활과 활동 속에서 대기, 산맥, 하천, 토지에 대해 어느 정도 알고 차츰 형성된 것이지만, 역사적인 한계 때문에 신비스러운 베일을 쓰고 있다. 역사발전의 관점에서 보면, 중국 풍수의 자연과 인간의 조화라는 관점 강조, '풍수보지'의 모델, 주거환경을 평가하고 선택하는 내용, 방법 등은 모두 어느 정도 합리성을 가지고 있으며, 현재 세계의 환경문제를 해결하기 위해 유익한 사고방식을 제공할 수 있다. 그렇기 때문에 국민으로부터 중시되고 세상 사람들이 관심을 갖고 보는 것이다. 나는 이것이야말로 중국 풍수의 매력이라고 생각한다.

참고문헌

1. 『風水-中國人的環境觀』 劉沛林著 上海三聯書店

2. 『風水深源』 何曉昕編著 東南大學出版社

3. 『風水理論硏究』 王其亨主編 天津大學出版社

4. 『古代風水術注評』 王玉德著 北京師範大學廣西師範大學出版社

제3장

현대 일본 풍수의 유행과 환경사상

나카오 카쓰미(일본)

1. 서언

1990년대에 들어와 일본에서는 풍수사상이 유행하고 있다. 나는 중국의 사회와 문화에 관한 강의에서 중국의 풍수를 다루고 있다. 처음에는 '풍수란 무엇인가'라는 주제로 강의를 시작했다. 1990년대 후반에 "다음 강의는 풍수에 관해 말한다"라고 알렸더니 학생들의 웃음소리가 터지기도 했는데, 학년말 시험이나 졸업논문에는 풍수를 다루는 학생이 많아졌다. '풍수'라는 말을 듣고 웃음을 터트린 학생에게 무엇이 이상한가 물어보니, "여성잡지의 점보기 코너에서 풍수를 다루고 있기 때문에 대학수업에서 점을 다룬다는 것이 재미있다"라고 대답했다. 그 학생에게 부탁하여 '풍수 점'을 게재한다는 잡지를 빌려보았다. 패션을 중심으로 편집된 이 잡지에는 색채 점으로서 '금주의 풍수'가 매호마다 게재되고 있었다. 그때까지 학술적 연구 주제로서 풍수를 여러 전문가와 함께 연구해 왔지만 일본에서 '점보기'로서 유행하고 있다는 것을 알고 놀랐다. 이번 발표에서는 일본에서의 풍수사상의 수용이 학술연구에서 시작하여 '새로운 점'으로서 민간에 널리 퍼진 과정을 발표하고자 한다.

2. 풍수의 학술연구

일본의 풍수연구는 일찍이 중국 사상사와 의학사 그리고 종교사로부터의 연구가 있었다. 예를 들면, 드 그룻(De Groot)의 『중국의 종교체계(The Religious System of China)』(1892~1910, Vol.6)에 있는 제3권의 풍수를 마키오 료카이(牧尾良海)가 번역한 『중국의 풍수사상』은 최근의 풍수연구에 중요한 역할을 하고 있다. 중국 사상사의 분야에서는 『역경』이나 주자학의 연구로부터[야마다(山田), 1978], 또한 의학사에는 음양오행설과 경락의 관계로부터[이시다(石田), 1992] 풍수에 관심을 가지게 되었다.

풍수의 학술연구는 1989년부터 문부성과학연구비가 지급되었고, 풍수에 관심을 가진 역사학과 사상사 그리고 인류학 분야의 연구자를 조직한 공동연구회가 시작되었다. 주요 구성원은 와타나베 요시오[渡邊欣雄(사회인류학)], 미우라 쿠니오[三浦國男(중국 사상사)], 쓰즈키 아키코[都築晶子(중국사)]로, 그 외에도 민속학, 지리학, 건축학 등 많은 분야의 연구자들을 모아 학문 간의 경계를 아우르는 구성으로 시작되었다. 처음에는 열 명이었던 소규모의 연구회로, 중국 연구자가 자신들의 연구대상 지역에서 풍수가 매우 중요한 지식이며, 풍수에 대한 이해 없이는 연구가 진전될 수 없기 때문에, 공동연구를 함으로써 이해를 깊게 하려는 목적이었다. 그러나 연구를 거듭함에 따라 풍수에 흥미를 나타내는 연구자가 참가하기 시작하여 연구영역이 건축사, 고고학, 일본사, 산림과학, 도시계획과 인문과학뿐만 아니라, 자연과학의 연구자도 다수 참가하게 되었다. 또한 대상지역도 중국과 오키나와뿐만 아니라, 일본, 한국, 동남아시아, 인도 등의 연구자들이 참가하여, 풍수가 아시아 전체에서 비교할 수 있는 주제라는 것이 판명되었다. 4년간 계속된 이 연구모임은, 최종 심포지엄에서 300명을 넘는 청중이 모일 정도의 규모가 되어 연구회의 주최자를 놀라게 했다.

이 정도로 풍수사상이 강한 관심을 끈 것은 몇 가지의 요인이 있다.

먼저 첫 번째로, 동양적 환경사상으로서의 풍수가 가지는 자연과 인간이 조화하는 풍수사상에 대한 공감이다. 그리고 현재의 환경문제를 해결할 가능성을 시사하는 것으로 받아들여진 점이다. 서양철학의 기초는 자연이 문화의 외재적 존재이며, 자연을 인간 혹은 문화와 대립하는 것으로 받아들이고 있다. 특히 근대 서양사상은 자연을 극복하는 것이 문화의 역할이라고 생각하고 있다. 그러나 자연환경의 파괴가 인간에게 미치는 영향이 사회문제가 되었고, 환경문제가 심각해짐에 따라 '서양적 근대화' 자체에 대한 의문, 그리고 자연을 문화와 대립하는 것으로 받아들이는 기본사상에 의문이 생기게 되었다. 그 시점에 풍수사상은 인간을 자연 속에서 살아가는 존재로 받아들이고, 자연과 인간을 조화시키며, 자연의 '생기'를 어떻게 인간의 신체에 받아들일 것인가 하는 발상이 서양 근대화가 가지고 있는 사상과는 근본적으로 다른 체계로서 주목받았다.

두 번째로, 일본이 중국의 풍수사상을 받아들여 도시건설을 한 것이, 구체적인 역사자료로부터가 아니라 상황증거로서 명확해졌다. 예를 들면, 일본의 교토(京都)나 나라(奈良)라는 도시가 만들어진 것은 중국의 도시를 모방하여 만들어졌다는 것은 잘 알려져 있다. 그러나 그 도시건설의 기본구상은, 음양오행설이 토대가 된 양택풍수(陽宅風水)이다. 흔히 고대의 도시건설에서는 계획입안은 역사자료로서 남는 성질의 것은 아니다. 특히 도시의 풍수 판단에 관해, 도시국가의 성쇠와 매우 밀접한 관계가 있다고 생각되었기 때문에 최고기밀로서 문서로 남아 있지 않다. 그러나 에도성의 구축과 에도의 개발(바다를 매립하는 공사나 사원건설) 원리가 풍수의 이해에 의해 해명할 수 있었다. 또 도쿄 근교에, 다이세이 천황과 쇼와 천황이 묻혀 있는 천황릉이 있는데, 그 분묘의 지형, 형식과 방위가, 고대 조선의 분묘형식과 같으며, 또 풍수이론에 적합한 입지라는 것이 명확해졌다.

세 번째로, 풍수연구가 여러 가지 전문 영역을 넘어 토론할 수 있는 학제적 연구 분야라는 것은 중요한 특징 중 하나이다. 일본에서는 세계 학술계에서의 유행의 영향으로 1970년대에 구조주의와 기호론이 전문영역을 넘어 논의할 수 있는 학제적인 연구주제가 되었다. 1980년대가 되어서 반드시 구조주의가 부정된 것은 아니지만, 각각의 전문영역에서 구조주의의 사고방식이 상식화되어 감에 따라, 전문영역을 초월하는 공통 논의를 할 수 없게 되었다. 그리고 1990년대에 풍수연구를 통해 사회과학·인문과학과 자연과학, 이론연구와 실증연구, 역사학과 장래구상 등, 전문영역의 범위 내에서는 교류할 수 있을 것 같지 않던 다른 분야의 연구자가 만나 서로 계발할 수 있던 점이 풍수연구의 매력이 되었다.

3. 풍수의 유행

이런 연구회의 활동이 일부 신문이나 잡지에 보도되었다. 나는 1989년부터 풍수를 대학에서 강의하고 있지만, 처음에는 풍수에 관한 수업을 해도 학생은 해설을 듣고 중국의 종교사상으로서 이해했다. 그러나 1990년대 중반부터는 매스컴에서 자주 다루어지게 되었으며, 일반에게도 풍수는 알려지게 되었다. 그래서 시민강좌로부터도 풍수에 관한 강의 의뢰를 받거나, 또 앞에서 말한 것과 같이 '풍수'라는 말을 듣고 웃음을 터트리는 학생도 나타났다.

풍수가 일본에서 일반적이게 된 것은 아라마타 히로시(荒俣宏)의 소설 『데이

토모노가타리(帝都物語)』이며, 이 소설을 바탕으로 한 영화나 텔레비전 게임이 최초일 것이다. 아라마타 히로시는 환상소설과 비학(祕學; occult)뿐만 아니라, 박물학의 연구자로서 활약하고 있으며, 그는 1994년에 『풍수선생: 지상(地相)[1] 점술의 경이(驚異)』를 출판했는데, 이것은 1990년부터 1994년에 걸쳐 신조사(新潮社)의 잡지 ≪03≫이나 집영사(集英社)의 ≪주간플레이보이≫에 풍수관계의 연재기사를 모은 것이다.

또 1994년은 교토시의 사업으로 헤이안(平安) 건도(建都) 1200주년의 기념식전을 개최하고, 그것을 기념하여 NHK교토에서 교토의 마을 만들기를 풍수로 해명하려고 하는 기획이 진행되었다. 이 프로그램은 홍콩의 풍수사를 교토로 불러 교토의 풍수를 보게 하면서 도시설계를 해명하는 내용이었다. 이 프로그램이 방영되자, 프로그램 제작에 협력한 오사카대학 건축학과 대학원에 소속된 대만에서 온 유학생이 NHK를 저작권 침해로 고소했다. 그 이유는 자신이 풍수자료를 제공했음에도 불구하고 프로그램 협력자로서 이름을 표기하지 않았다는 것과, 홍콩에서 풍수사를 교토로 불러 그 풍수사의 말로써 교토의 풍수를 말하게 한 부분이 그의 자료에 기초하고 있다는 것이었다. 취재 방법에서 이런 소송이 생겨도 어쩔 수 없는 부분이 있지만, 매스컴이 성급하게 풍수를 다룬 결과 연구자 쪽에서도 매스컴에 대한 대응을 잘하지 못한 것도 또 하나의 요인이라고 생각한다.

이런 일은 나 자신도 다소 경험한 적이 있다. 나도 「포스트모던으로서의 풍수사상: 풍수의 우주론」이라는 논문을 발표했다. 이에 관해 매스컴으로부터 풍수에 관한 해설을 의뢰받았다. 처음에는 풍수를 일반에게 알리기 위해, 또 매스컴의 관계자들을 계발하기 위해 이런 요구에 응했다. 예를 들면, 민간 텔

---

1 [옮긴이 주]: 집이나 건물을 지을 때에, 집터의 형세를 관찰하여 길흉을 감정하는 일

레비전에서 퀴즈프로그램에 풍수를 다루고 싶다고 하여 방송국 프로듀서에게 풍수를 해설한 적이 있다. 그러나 아무리 풍수의 역사와 원리와 사상을 알기 쉽게 설명해도 텔레비전에서 강조하여 다루어지는 것은 '점'과 '미신'의 부분이다. 그리고 방송국 프로듀서로부터 '홍콩의 풍수사를 소개해 주었으면 좋겠다'고 부탁받았지만, '홍콩의 신문광고를 보고 찾으라'고 거절했다. 그 프로그램에서는 독자적으로 찾아낸 풍수사가 등장했지만, 그가 출연한 것은 고작 2~3분이었다. 나중에 홍콩에서 들으니 그들은 30분에 100만 엔의 사례를 지불했다고 한다.

또 중국에서 건축을 수주하는 건설회사로부터의 문의도 있었다. 대련(大連)에서 대형백화점의 건축설계를 수주한 회사로부터 전화가 와서, 풍수에 토대한 설계를 하고, 동서남북의 장식을 음양오행설에 기초한 색채 배치와 모양(북의 현무, 남의 주작, 동의 청룡, 서의 백호)으로 하면 수주한 곳에서 기뻐하지 않겠는가 하는 질문이었다. 풍수란 생기를 불러들여 기운이 나는 것이므로, 장사가 잘되는 것과 관련해서, 풍수를 고려한 백화점을 건설하면 기뻐할 것이다. 그러나 중국공산당은 풍수를 미신으로서 금지하고 있다는 말을 덧붙였다.

수업이나 강연회에서 아무리 풍수가 동양적 환경사상이며, 서양 근대의 이성중심적인 과학기술과는 전혀 다른 체계로 현재의 환경문제를 생각하는 데 중요하다고 강조해도, 학생이나 청중들은 풍수가 가지고 있는 종교나 주술적 요소에만 관심을 나타낸다. 그래서 풍수사가 방위를 보기 위해 사용하는 나침반을 일본에서는 대형빌딩의 기초를 닦을 때 그 아래에 묻어 기초를 단단하게 하기 위한 부적으로 한다고 한다. 현재에도 일본의 건설회사는 근대적인 자동화빌딩의 기초에 묻기 위해 커다란 나침반을 대만계의 서점을 경유해 가져오고 있다. 또 풍수연구자회의의 공개 심포지엄에서는 점술 학교의 선생이나 점을 보는 사람이 청중으로 와서 질문하는 등, 심포지엄 주최자는 그런 질문의 대책에 고심하고 있다.

연구자들 가운데에는 '생기', '용맥', '혈', '명당' 등 풍수의 기본개념의 이해와, 그것이 어떻게 분묘와 가옥 그리고 도시를 둘러싸는 환경사상과 관련되는지를 논의했다. 그리고 풍수의 기본사상을 이해하면서도 음양오행과 미신과 관련된 부분은 이해할 수 없다고 생각하고 있었다. 그러나 일반 대중에게 풍수가 널리 퍼졌을 때 이 '미신'에 연관된 부분만이 강조되고 있는 것에 연구자는 당혹감을 느끼고 있다. 풍수사상은 귀납과 연역을 반복하고, 합리적인 요소와 비합리적인 요소라는 두 가지의 측면을 마침 갖고 있다. 그런 의미에서, 연구자를 학제적인 영역에서 매료시키면서 대중에게는 점으로서 유행한 것은 풍수사상의 본질에서 이끌어 내어진 것일지도 모른다.

4. 결론

풍수사상은 고대 중국에서 국왕의 이상적인 묘지를 찾기 위한 '지상술(地相術)'로서 발전했다. 그리고 중국의 과학기술은 기본원리로서 음양오행설에 토대하고 있다. 즉 풍수사상 자체에 합리적인 과학기술의 측면과 비합리적인 민간신앙의 측면이 떼려야 뗄 수 없을 정도로 연결되어 있어 하나의 체계를 만들고 있다. 그런 의미에서, 연구자가 풍수의 합리적인 측면을 강조해도 민간에게 널리 퍼질 때에는 점보기라든지 미신적인 부분이 과대하게 받아들여져서 유행하는 것은 일본뿐만 아니라, 1990년대에 들어와 풍수가 유행한 홍콩, 대만, 한국에서도 공통적인 현상이었다.

그러나 풍수가 유행한 것은 단순히 세기말의 불안으로 인해 신기한 풍수점이 일반에게 널리 받아들여졌기 때문만은 아니다. 일본의 한 신문의 작은 칼럼에 환경보호운동을 하는 화가의 이야기가 게재되었다. 그는 창작활동에 좋은 환경을 찾아 자연이 풍부한 시골로 집을 옮겼는데, 그가 집 근처를 산책하고 있을 때, 골프장 건설을 위해 파괴되는 산림을 보고 골프장 건설을 반대하는 주민운동을 시작했다는 기사였다. 그는 파괴되고 있는 자연을 보고 있으면 "창작활동을 하는 자신의 마음 안쪽의 소중한 무엇인가가 부서지는 기분이 들었다"라고 말했다. 이와 같이 자연을 심성 내부의 문제로서 받아들이는 사고방식이야말로 풍수사상의 원점인 것이다.

영국의 인류학자인 프리드먼 모리스(Freedman Maurice)는 홍콩인 친구와 수평선을 바라보았을 때 자신과 친구와의 반응의 차이에서 풍수의 본질적인 문제를 생각하고 있다. 아름다운 풍경을 볼 때, 서양인은 그 아름다움을 객관적이고 외재적인 것으로 본다. 그러나 홍콩인 친구는 우주적인 반응을 했다고 한다. 그는 '서복(舒服)'[2]이라는, 만족이나 차분함이라는 내적 반응을 나타냈다(Freedman, 1966: 23). 자연은 인간의 '기'의 에너지와 같은 원리로 움직인다. 신체의 소우주와 자연과 우주의 대우주의 구별은 없다고 생각하는 사상이야말로 풍수의 근원적인 발상법이다. 이것이야말로 자연을 극복해야 할 대상으로 보고 외재적 존재라고 받아들인 서양식 사고와 대조적으로 매우 동양적인 사고가 아닐까.

분명히 풍수사상은 점이나 미신이라는, 이성적으로는 이해할 수 없는 요소를 포함하고 있다. 그렇지만 자연을 내재적인 것으로 받아들이고, 문화는 자연을 모방하여 성립한 것으로 보고, 자연환경을 살아 있는 것으로서 생각하는 풍수사상 속에 현대사회가 안고 있는 환경문제를 해결할 수 있는 실마리가 있는 것은 아닐까. 또 이런 문제는 지구 규모에서 생각하기에는 너무나 지나치게 크기 때문에 좀처럼 구체적인 문제로서 실감할 수 없다. 그런 점에서, 풍수에는 자연환경을 인간의 신체로서 내면화하고 자연과 인간의 심정이 일체화하는

2 [옮긴이 주]: '육체나 정신이 편안하다'라는 의미

'기분 좋음'을 추구하는 가능성, 그리고 비합리적인 부분을 포섭하면서, 결과로서 합리적인 방향성을 나타내고, 그것을 마치 종교나 미신처럼 일반 사람들에게 보급할 가능성이 있다. 여기에 풍수가 동양적 환경사상으로서 주목되는 이유가 있는 것이다.

참고문헌

1. 荒俣宏『風水先生地相占術的驚異』集英社, 1994年.
2. 德·波洛德,牧尾良海譯『中國的風水思想』第1書房, 1986年.
3. Freedman, M, 1966, *Chiness Lineage and Society: Fukien and Kwang-tung*. The Athlone Press.
4. 石田秀實『中國醫學思想史』東京大學出版會, 1992年.
5. 中生勝美『風水宇宙論』(小倉一夫編輯事務所編), (風水與設計家)INAX, 1992年.
6. 中生勝美「香港的都市風水-陽宅風水的應用」(『宮城學院硏究所报』80號, 1994年.)
7. 渡边欣雄『風水思想與東亞』人文書院, 1990年.
8. 山田慶儿『朱子的自然學』岩波書店, 1978年.

제4장

속담에서 보는 중국 강남 '민가'의 생태신앙

여홍년(중국)

인간은 지구에서 생활하며 각각 크고 작은 생활환경에서 살아간다. 그리고 '거주지'의 생활환경은 가장 중요하며, 인간이 정주하는 곳의 환경은 그 사람의 일생에 영향을 줄 가능성이 있다. 윈스턴 처칠(Winston Leonard Spencer Churchill)은 "처음에는 사람이 집을 짓고, 그 다음에는 집이 사람을 만든다"라는 명언을 남겼다. 우리 동양의 전통적인 환경사상에도 역시 거주지 환경을 중요하게 생각하며, 자연에 순응하는 사람도 있고 자연에 맞서 건설을 하는 사람도 있다. 사람들은 자주 "안정된 주거가 있어야만, 비로소 즐겁게 일할 수 있다"라든지 "집은 주인이고, 사람은 손님"이라고 말한다.

동양의 전통적 환경사상은 고서와 문헌 속에 남겨진 것 외에, 대중의 관념과 신앙 속에도 광범위하게 나타나고 있다. 그리고 이 관념과 신앙은 세대를 지나 입과 귀로 전해져 온 속된 말이나 속담 속에 집중적이며 개괄적으로 반영되어 있다. 그것들은 때때로 심오한 도리를 포함하며, 소박한 유물론적 환경관을 가지고 있다.
본 논문은 중국 강남에서 토목건축을 할 때 서민이 계속 숭상해 온 신앙과 금기, 주술과 액땜으로부터 예를 들어서 검토를 더한 것이다. 전체는 다섯 부분으로 나눠져 있으며, 각각 하나의 전형적인 속담을 예로 들어 그 속에 포함되어 있는 신앙심과 환경의식을 해설한다.

1. 토지의 선택: "태세의 머리 위에서 땅을 움직이지 말라"

동양의 전통적인 환경사상에서 주택으로서의 건축물은 인간과 사물의 척도로서 공간에 두는 것뿐만 아니라, 인간에게 오랫동안 긍지를 느끼게 하는 것이다. 예를 들어 '집'이라는 개념을 '몸을 맡길 곳'이라고만 해석해도 역시 신선한 느낌과 우월성이 풍부해진다. 집이 이용하는 토지는 재생 불가능한 것이기 때문에, 서양문명의 발전과 같이 이전의 건축물을 무정하게 싹 밀어버리고, 순식간에 고도(古都)를 개조하는 과정의 쓰레기로 만들어 버리는 것을 바라지 않는다.

그 때문에 동양인, 특히 중국의 강남의 사람들은 '민가'를 세울 때에는 토지의 선택을 매우 중시하며, 주변의 지리적 환경에 신경을 쓴다. 집의 정면이 산, 마을의 성벽의 입구, 강, 도로 등을 향해 있어서는 안 되며, 만약 그것들에 향해 있다면 재앙이 닥칠 우려가 있다고 생각한다. 그리고 무슨 일이 있어도 산수에 둘러싸인 풍광이 아름다운 토지를 고르려고 한다. 이런 토지는 '복지(福地)', '용지(龍地)'라고 불리며, 그 반대인 토지가 '흉지(凶地)', '절지(絶地)'이다.

집을 세우는 택지는 지상의 환경을 보지 않으면 안 될 뿐만 아니라, 지하의 환경을 보는 것도 훨씬 중요하다. 지하에는 굴, 흐르고 있는 지하수, 방사성광

석 등이 있을지도 모르며, 또 기묘한 동식물이 기생하고 있을지도 모른다. 이것들은 인간의 생활에 직접적·간접적으로 영향을 미치게 된다. 중국 및 주변국가나 지역에서는, "태세(太歲)의 머리 위에서는 땅을 움직이지 말라"는 상투적인 문구를 때때로 듣게 된다. 이것은 서민의 신앙심 속의 일종의 금기이며, 문학작품 속에 자주 나오기 때문에 매우 폭넓게 사용된다.

이 "태세의 머리 위에서는 땅을 움직이지 말라"에서 '태세'란 대체 무엇일까. 원래 이것은 아주 오랜 세월 동안의 수수께끼였다. 중국인의 전통적인 환경관념에는 발전, 변화의 과정이 있다. 처음에는 고전 문학작품 속에 '태세'라는 말이 자주 나타났다. 예를 들면, 『수호전(水滸傳)』 제2회에는 "얼마나 대담한가. 갑자기 태세의 머리 위에서 땅을 움직이는 것은"이라는 말이 나온다. 또 『부폭한담(負曝閑談)』에도 "대장부인가, 태세의 머리 위에서 땅을 움직이는 것과 같지 않은가"라는 비슷한 표현법이 있으며, 소설 속에 나오는 악인을 '도락자인 태세', '단명한 태세'라고 말한다. 이 회화와 묘사에서 태세의 머리 위에서 땅을 움직여서는 안 된다는 것을 알 수 있을 뿐, '태세'가 무엇인지는 알 수 없다. 사실은 '태세'란 원래 천문역법상의 하나의 명사로, '세성(歲星: 목성)'을 의미하며, 12지의 방위에 의한 해를 세는 방식에 토대하여 기도사와 점술사는 모두 태세가 있는 방위를 흉한 방위로 간주했으므로 민간에서는 많은 금기를 낳게 된 것이다.

나중에 태세는 물상화한 '흉신'으로 바뀌고, 새 집을 짓기 위해 땅을 고를 때, 땅속에서 파낸 '육체의 덩어리'의 종류가 흉신 태세라고 생각하게 되었다. 금나라 시대에는 『속이견지(續夷堅志)』 속에 '토중육괴(土中肉塊)'와 '토금(土禁)'이라는 말이 실려 있다. 어느 말이나 흙 속에서 파내온 '육체의 덩어리'는 '태세'라고 말하고 있으며, 그것을 발견한 사람은 대흉이라고 간주하고 있다. 과학이 발달하지 않은 당시에는 당연히 바로 설명할 수 없었다. 1986년 12월 신화사(新華社)는 "감숙성(甘肅省) 영등현(永登縣)에 있는 연성촌(連城村)에서 농민 세 사람이 집을 짓기 위해 흙벽돌을 찍고 있을 때, 지하 1미터의 지점에서 미끌미끌한 것을 파냈다. 난주대학(蘭州大學) 생물학부의 감정에 의하면, "이것은 세계에서도 드문 백복균(白腹菌)의 신종이며 '태세균'이라고 정식으로 명명되었다. 그것은 지하의 하층에 있으며, 이미 백 살 이상인 것으로 전해지고 있다"라고 보도했다.

대개 흙 속에 '태세균'이 생기는 것은, 그 지층이 구멍이 뚫려 있고 부드러워서 분명히 집을 지을 수 없다는 사실을 증명한다. 사람들이 자주 말하는 속담 중에는 분명히 일정의 과학적 근거가 있는 것이다. 집을 세우기 위해 토지를 선택할 때 속담은 옛날부터 대중에게 신봉되어 왔다. 설사 현재와 같은 경제조건의 토대에서도 새 집을 한 채 짓는 것은 백년대계와 연관되는 중대한 일이다. 택지를 고를 때에는 당연히 일상생활에 유리하고 또한 위생과 안정적인 면에서도 문제가 없는 곳을 찾지 않으면 안 된다.

2. 방위: "남향의 집에는 복이 온다"

중국 강남 '민가'의 건축방식은 '양지, 공기, 녹지'를 항상 강조한다. 따라서 민간에서 집을 지을 때에는 집의 방위는 늘 남향이지 않으면 안 된다. 강남에는 "남향의 집에는 복이 온다"라는 속담이 있다. 이것은 움직일 수 없는, 의심할 여지 없는 금과옥조라고 전해지고 있다. 이 속담 또한 건축방식은 지리와 기후가 좋은 환경에 토대하며, 바람을 피하고, 남향이라는 것을 알 수 있다. 사람들은 집을 짓는다면 채광이 좋고, 바람은 피하며, 볕이 잘 드는 곳에 지으려고 한다.

동서남북의 네 가지의 방위는 태양의 움직임 및 그 활용과 불가분의 관계이다. 원시인은 최초에는 두 가지 방위밖에 몰랐다. 그것은 해가 뜨는 방향인 동쪽과 해가 지는 방위인 서쪽이었다. 일단 동, 서라는 두 가지 방위가 정해지면 남, 북이라는 새로운 두 방향을 식별하는 것은 상당히 간단하게 가능해진다. 두 방위의 공간감으로부터 네 방위의 공간감으로의 변화는 신석기 시대의 분묘유적에 반영되고 있으며, 동서 방향의 분묘양식 외에 남북 방향의 분묘양식도 출현했다. 하루 중 태양의 운행은 동, 남, 서의 세 방위를 경과하며, 북은 태양이 가지 않는 방위이다. 그 때문에 네 방위 공간의 관념이 처음 형성되었을 때, 이 방위는 명토지옥(冥土地獄)의 방위라고 생각되었다. 이로 말미암아 은나라와 상나라 초기의 묘혈이나 제사항(祭祀坑)의 남북 방향의 구조양식, 또한 후세의 문헌 속에서 모델화된 말하는 방식, 예를 들면, 『예기·예운』의 "따라서 죽은 자는 북쪽에 머리를 두고, 산 자는 남향이다"에 이르게 된다.

『설문(說文)』의 해석에 의하면, 동서남북의 네 가지 방위의 음, 형태, 뜻[義]은 우리의 조상들이 구체적으로 느낄 수 있는 자연의 사물의 형태에 의거하여 사방을 구별하고, 우리들을 위해 개념보다 앞선 직관적 표상을 남겨준 것이다.

동(東) 자는 해가 나무 안에 있으며 아침 해가 처음으로 뜬다는 의미이다. 주준성(朱駿聲)의 『설문통훈정성(說文通訓定聲)』에는 "동쪽 방향은 힘의 방향이다. 만물이 움직여 살아나기 시작한다"라고 말하고 있다.

또 서(西)라는 한자의 옛날 형태는 새가 둥지에 있는 모양이다. 즉, 태양이 서쪽으로 지고, 새가 보금자리로 돌아와 서식(棲息)한다는 것이다. 새가 둥지로 돌아오는 방위라는 의미로 글자가 '서(西)'가 된 것으로 이 글자는 동사 '서식하다'에서 빌려온 것이다.

그리고 남(南)이라는 자의 바깥 틀은 목(木)자의 변형이며 틀 안의 모양은 '지향한다'라는 의미를 나타낸다. 즉 초목이 남쪽의 햇볕을 충분히 받으면 나뭇가지와 잎은 무성해진다. 따라서 태양을 향하는 쪽이 남이다. 전천군(田倩君)의 『중국문학총석(中國文學叢釋)』에서는 남이라는 글자가 "방위의 남방의 명칭으로서 사용되는 것은, 소리에서 나온다. '남(南)', '난(暖)'이라는 두 글자는 소리와 운이 같기 때문에, 이 두 자는 공통으로 사용된다"라고 설명하고 있다.

북(北)은 옛날 사람 두 사람이 등을 돌리고 있는 모습을 쓴 것으로, 궁전은 대부분 북에 위치하고 남향이며 배후가 북쪽이다. 위소주(韋昭注)의 『국어(國語)』에는 "북은 옛날의 배(背)라는 글자로, 또 이것을 북방의 뜻으로 바꾸었다"라고 말하고 있다.

동양인은 북온대의 지리적 환경에 살고 있어, 그 가옥이 북쪽에 위치하고 남향인 것은 어떤 면에서는 남향을 존중하는 마음에서 나온 것이다. 남쪽을 향하고 앉는 것이 상좌이며, 군주는 남향이며, 남쪽의 왕이라고 칭했다. 북쪽을 향하는 것은 지위가 낮고, 신하가 북쪽을 향하며, 북쪽의 신하라고 칭했다. 그 때문에 저택의 중요한 건물은 정원의 정북향에 있으며, 주거공간과 정원을 나오면 직접 남산을 바라볼 수 있다. 또 한편으로는 최대한 햇빛을 받기 위해서이기도 했다. 남쪽은 햇빛이 충분하며 따뜻하고 기분이 좋고 따스한 산들바람이 이마를 쓰다듬어 주기 때문에 지금부터 6000년 전의 앙소[(仰韶)문화] 시대의 서안반파[(西安半坡) 유적]는, 집의 기본적인 방향은 북에 위치하고 남쪽을 향한다는 것이다. 이와 같은 건축의 기본적인 사고방식은 모계사회로부터 지금에 이르기까지 계속되고 있으며, 게다가 그 영향력을 계속 확대하고 있다.

그리고 중국인의 신비적인 '오행'사상 속에는, 동서남북 외에 또 하나의 방위인 '중(中)'이 있다. '중'의 방위에 서서 주위를 둘러보면 역시 태양의 움직임과 운행의 관계에서 그 색채는 각각 청, 백, 적, 흑, 황으로 나눠지고 그 물질의 속성은 각각 목, 금, 화, 수, 토로 나뉜다. 오행에는 '상생상극(相生相克)'이라는 표현법이 있으며, 그것을 성(姓)과 집에 응용하며, "집에 오음(五音)이 있고, 성에는 오성(五聲)이 있으며, 집은 그 성에 개의치 않는다"라고 했다. 오음은, 즉, 궁(宮), 상(商), 각(角), 치(徵), 우(羽)로, 각각 순(唇), 설(舌), 치(齒), 아(牙), 후(喉)라는 음이지만, 양자(兩者)는 실제로 내재적인 관계는 별로 없다. 이것은 미신으로서 지금까지 유물론자의 반박에 부딪쳐서 물리쳐지고, 근대에서는 이미 그다지 눈에 띄지 않게 되었다.

3. 구조: "문을 열어 길흉을 점친다"

중국인에게는 향토를 사랑하는 풍조가 있으며 자신의 고향에 대해서도 언제나 '낙엽은 뿌리로 돌아간다'고 하는, 계속 잇닿아 있는 감정을 가지고 있다. 이것은 실제로는 매일 하루 종일 일한 다음 자신의 현실의 집에 돌아가고 싶다는 감정 및 습관의 연장이다. 현실 속의 집은 사람이 매일 돌아가는 곳이다. 따라서 우리의 전통적인 환경사상에서는 언제나 인간의 주택에 대한 기분이나 느낌에 중점이 놓이며, 특히 미의 감각이 강조되고 배치가 잘 되어 있으며, 방이 정돈되고 보기에 깨끗한 것이 강조된다.

옛날 민가에서 집을 지을 때에는 구조에 많은 공을 들였지만, 자세히 탐구해 보면 사실은 길한 것을 원하고 흉한 것을 피하려는 미의식으로부터 연상된 것이다. 일반적으로 하나의 중정(中庭)과 네 채의 집이 정해진 구조이며 각각 본채, 곁채, 문루, 주방, 화장실이 정해진 위치에 배치되고, 이것을 어지럽혀서는 안 되었다.

저택 전체로서 좌우의 곁채는 넓은 키 모양[箕形]이 되어서는 안 되며, 풍습에 이런 형태는 운이 달아난다고 전해지고 있다. 그런 이유로 좌우의 곁채를 만들 때는 밖의 계단이 안을 향하게 하고 셋으로 나눠 받아들이듯이 배치하는 것이다. 그렇게 하면 재보를 불러들일 수 있다고 일반적으로 생각된다. 저택으로 가장 좋은 것은 사각형이고, 가장 꺼리는 것은 삼각형인데, 흔히 '다리가 세 개인 중정'이라고 이야기된다. 동서의 방을 만드는 방식에 관해서는 "청룡을 불러도 백호에게는 입을 벌리게 하지 말라"라는 표현법이 있다. 즉, 서쪽 집은 동쪽 집보다 칸수를 많게 해서는 안 된다는 의미이다. 그리고 집을 지을 때 칸

수는 일반적으로 짝수보다 홀수가 좋다고 생각되었으며, 흔히 짝수는 다툼을 해결하기 힘들다고 생각되었으며, "네 명은 결정하는 사람이 없다"라고도 말한다. 이것은 필시 표결의 습관을 집안일에 사용한 일종의 연상일 것이다. 요컨대, 집을 짓는 것은 중대한 일이기 때문에 사람들은 이미 완성된 여러 가지 문화적 요소를 농축하여 집을 지을 때의 신앙 및 금기로 삼은 것이다.

강남의 민가를 짓는 방식의 구조에는 높이가 옆집과 거의 같고 행랑방의 서까래가 자신의 택지로부터 나오지 않도록 하며, 하수도도 다른 사람의 택지를 지나지 않도록 한다는 등의 주의사항 외에 가장 중요한 것은 문을 세우는 방식이다. 강남에는 "문을 열어 길흉을 점친다"는 민간 속담이 있다. 문에 관해서는 문 앞의 환경에 영향이 미치며, 문 앞의 환경은 또 주택 전체의 배치와 밀접한 관계를 가지고 있다. 즉 다방면의 뜻을 포함하고 있는 길흉을 말한다.

일반적으로 말하면 집의 문은 강, 큰길, 골목, 큰 나무 등에 직면하고 있어서는 안 되며, 두 개의 문이 마주 보고 있어도 안 된다. 또 옆집의 높은 담, 행랑방의 서까래, 지붕의 용마루와 마주하는 것을 삼가며, 묘나 벽돌 아궁이와 마주하는 것은 더욱 피한다. 같은 저택 안에서 하나의 건물의 창이 다른 건물의 창과 마주하는 것도 피한다. 이렇게 하는 이유는 이 요소들이 모두 문 앞의 환경과 관계하고 있기 때문이다. 문 앞의 환경은 넓고 정돈되어 있으며, 남향이고, 장애물이 없어, 밖에서 안을 보았을 때, 따스함, 편안함의 느낌을 주어야 한다. 그리고 또 문은 집의 대명사이기도 하며, 독립해서 일가(一家)를 이루는 것을 흔히 '문호를 연다'고 하며, 민간에서는 '같은 문 안의 사람'이라는 표현법도 있는데, 이것은 한집의 사람을 말하는 것이다. 문이 있어야 비로소 한집 안에 우물, 아궁이가 있으며, 사람들이 일을 하지 않을 때 바람을 피하는 항구가 되는 것이다. 집은 비바람을 피하고 야수나 악인의 침입을 막을 수 있을 뿐만 아니라, 음식물이나 재산을 축적할 수 있으며, 밖에서 안을 본 경우 귀착과 안심이 되는 마음을 주는 것이다.

문은 집을 지을 때의 구조 속에서 중요한 지위를 차지하기 때문에, 옛날에는 '오사(五祀)' 가운데 문의 신에게 제일 먼저 제사를 지냈다. 이른바 '오사'라는 것은 문, 지게문, 우물, 아궁이, 토지를 제사 지내는 것이다. 문의 제사는 9월에 이루어졌다. 가을인 9월은 정말로 수확하는 황금의 계절이며, 일 년 동안 바쁘게 일하여 수확물을 창고에 저장하고, 겨울을 보낼 준비를 하고, 다섯 가지 곡식과 여섯 종류의 가축을 잘 비축한 후에, 사람들은 수호신이 나타나기를 비는 것이다. 이것이 '문신(門神)'의 유래이다. 문의 설치에 의해, 집안의 아이, 노인, 여자, 남자라는 순서가 가능하다. 그런 이유로 동양의 전통적인 환경사상에서 문에 대한 중시도 이해할 수 있을 것이다.

4. 울타리: "태산(泰山)의 돌, 맞서야 한다"

사람들은 원래 자연이나 사회에 대한 기대를 주거에 대한 기대로 바꾸어 놓기 때문에, 민가의 집 짓기에서는 생활을 고려할 뿐만 아니라, 동시에 이른바 '운명과 재수'를 고려하여 주택을 인생의 전당, 행복과 부귀를 가져다주는 전당으로서 구축하려고 한다.

이를 위해서는 민간의 집 짓기에서는 택지 주위에 울타리를 설치할 필요가 있다. 다시 말해서 담장을 쌓는 것이다. 이것은 도시 및 농촌의 건축공사에서 중요한 것으로 간주된다.

강남의 민가에서 담장을 쌓는 방식은 전통적으로 사용되어 온 재료에 따라 벽돌담, 나무 담, 게다가 해당 지역의 진흙으로 만들어지는 담, 돌담 등이 있으며 또 강가에서는 수마석으로 담을 쌓는다. 담을 쌓는 전통적인 방식으로는 진흙 담은 먼저 돌로 토대를 쌓고, 그 후에 나무판으로 틀을 만들어, 그 속에 진흙을 넣어 땅을 다지는 도구로 단단하게 만들고, 한층 단단하게 할 때마다 벽돌과 기와를 묻어 한 층 한 층 높은 담을 쌓아가며, 마지막으로 진흙에 짚을 섞어 담의 표면을 평평하게 발라 석회를 칠한다. 벽돌담, 돌담은 벽돌이나 돌을 재료로 사용하며, 점토와 시멘트를 접착제로 사용하여 하나하나 쌓아간다. 민간의 전통적인 담의 양식은 매우 많으며, 높은 담, 용의 비늘 모양의 담, 여러 모양의 담이 있다.

담을 쌓는 것에 관해서도 많은 신화적이며 오랜 풍속이 계승되고 있다. 가장 넓게 확산되고 있는 것은 담의 근본에 "태산의 돌, 맞서야 한다"라고 쓰인 작은 돌비석을 쌓아 집을 지키는 연기물(緣起物)로 한 것이다. 이 풍습은 북방에서 시작되어 북에서 남으로 매우 광범위하게 전해지고 있다.

어째서 민간에서는 담의 근본에 이런 "태산의 돌, 맞서야 한다"라고 쓴 작은 돌비석을 세운 것일까. 그 원류를 고찰하면 이것은 원시적인 산이나 돌에 대한 숭배가 그대로 남아 있는 풍속인 것이다. 서한(西漢)의 사유(史遊)의 『급취장(急就章)』에 따르면, 이른바 '돌, 용감하게 맞서야 한다[石敢當]'란 다음과 같은 의미였다. 상고에는 석씨라는 유명한 사람이 있었고 후세에서도 모두 명문 명가였다. '용감하게 맞서다'란 '맞서면 적은 없다'라는 의미이다. 이것은 석기시대의 기술이 뛰어난 장인으로부터 온 것이라고 말할 수 있다. 당시 많은 석공이 멋진 작품을 후세에 전했으며 석씨 일족이 된 것이다. '맞서면 적이 없다'란 정말로 돌 자체의 불가사의한 위력을 가리켜 말한 것이다.

원시인이 돌로 만든 무기를 사용하여 야수나 상대를 물리쳤을 때, 승자는 돌에 특별한 감정을 품고, 그 돌을 다른 돌과 구별하여 신의 돌 또는 돌이 신령을 가지고 있다고 간주했다. 『계고제총편(繼古齊叢編)』의 기록에 의하면, "오씨(吳氏)의 오두막집을 지킬 경우 반드시 석공을 구하고, 혹은 돌조각을 준비하여 '돌, 용감하게 맞서다'라고 새겨 이것을 진정시킨다"라고 했다. 이것은 분명히 돌을 숭상하는 신앙에서 이미 불길함을 없애는 연기물로 변화하고 있음을 나타낸다.

'돌, 용감하게 맞서다'에 관한 가장 빠른 기록은 『묵장만록(墨庄漫錄)』에 따르면 북송의 경력년간에 복건성(福建省)의 포전(蒲田)에서 관리였던 장위(張緯)라는 사람이 손에 석판을 들고 거기에 "돌 용감하게 맞서고, 귀신 백 명을 진압하며, 재앙을 물리치고, 관리는 복 받으며, 백성은 편안하고, 바람소리가 잦아, 예악이 번성한다"라고 새긴 것이다. 또 '대력오년(大歷五年), 현령정압자기(縣令鄭押字記)' 등의 문자가 있다. 이것은 서기 770년인 당대에 이미 '돌, 용감하게 맞서다'를 세워서 요사한 것을 물리치는 풍습이 있었음을 나타내고 있다.

'돌, 용감하게 맞서다'의 앞에 '태산'이라는 두 글자를 더한 것은 생각하건데, 황제(黃帝)가 태산에 올라 천지를 제사 지낸다는 전설에서 역대의 제왕이 태산에서 제사 지내게 되고 태산을 지고한 것으로 숭상하는 신앙에서 온 것일 것이다. 민간에서는 태산을 '오악(五嶽)의 우두머리'로 하고, '천하제일의 산'이라고 칭한다. 따라서 태산의 돌은 보통 돌과는 다르며, '사악한 것을 진압한다', '연기(緣起)가 좋다', '복을 부른다' 등의 신통력을 가지고 있다고 생각해 왔다.

말하자면, 이것은 실제로는 옛날 사람이 주택을 '사람의 근본'으로 간주하고 '음양의 교차점, 인륜의 규범'으로 여기며, 일반 서민이 인생의 운명을 바꾸는 꿈을 맡긴 것에 지나지 않는다.

5. 정원수: "식사에 고기가 없어도, 집에 대나무가 없어서는 안 된다"

중국의 강남 사람들은 주택의 조영에서 자연과 인간의 관계를 개선하기 위해 항상 뜰에 화초, 나무를 심고, 녹색식물 안에서 오래 생활할 수 있게 한다.

그러나 여러 가지 원인으로 정원수에 관해서도 많은 금기가 있다. 예를 들어, 민간에서는 "앞에는 뽕나무를 심지 않고, 뒤에는 버드나무를 심지 않고, 한 가운데에는 '유령의 박수'를 심지 않는다"라는 말이 있다. 정원 앞쪽에 뽕나무를 심지 않는 것은, '상(桑)'은 '상(喪)'과 같은 음이기 때문에, 문을 나올 때 桑(喪)을 보는 것은 불길하다고 생각했기 때문이다. 정원 뒤에 버드나무를 심지 않는 것에 관해서는 여러 가지 설이 있다. 하나는 죽은 자를 장례 지내는 것과 관계가 있다. '상주가 드는 지팡이', '초혼의 깃발'은 모두 버드나무로 만들며, 묘 뒤에도 버드나무를 심어 '요전수(搖錢樹)' 또는 '묘수(墓樹)'라고 했다. 그런 이유로 버드나무도 장례식을 연상시키기 쉬워 불길한 것이다. 또 하나의 설은 버드나무는 씨가 생기지 않기 때문에 집 뒤와 정원 뒤에 심으면 그 집에 자손이 생기지 않을 것을 두려워했다는 것이다. '유령의 박수'란 사시나무를 말한다. 바람이 불면 사시나무는 잎이 사각사각 소리를 내는데, 마치 '유령이 박수'를 치는 것 같다. 뜰에 사시나무를 심으면 도깨비와 물귀신을 불러들여 매우 불길하다고 두려워했던 것이다.

또 "집 뒤에 회화나무를 심지 않는다"라는 표현도 있다. 회화나무는 옛날에는 사람들에게 길상, 장수, 관직[『삼공(三公)』]의 상징으로서 숭상되어 왔다. 왜냐하면 회화나무는 무성하게 번성하여 씩씩하고 호방한 분위기가 있으며, '괴(槐)'는 '회(懷)'와 음이 같아서 '그리워 찾아온다'라고 해석되어 멀리 있는 사람을 돌아오게 하며 '대국의 아름다운 나무'로 간주된다. 민간에서 심지 않은 이유는 그 열매가 쓰기 때문일 것이다.

강남의 민가에서 즐겨 뜰에 심은 것은 대나무이다. 소동파의 시에 "식사에 고기가 없어도, 집에 대나무가 없어서는 안 된다"라는 구절이 있다. 이 구절은 널리 전해지고 있으며, 이미 누구나 알고 있어 속담과 같은 것이 되었다. 『중국언어집성(中國諺語集成)·절강권(浙江卷)』은 이 구절을 속담으로서 수록하고 있다. 소동파가 시를 쓸 때 민간에 전해진 속담을 사용한 것인지도 모른다.

강남의 민가에서 대나무를 즐겨 심은 이유는 중국인의 전통적인 관념에 따르면 대나무는 많은 사회적 미의 특질을 갖추고 있으며 현인군자로 간주되기 때문이다. 진(晋)나라 대개지(戴凱之)의 『죽보(竹譜)』에는 "강하지도 않고 부드럽지도 않은 것이 풀도 아니고 나무도 아니다"라고 기록되어 있다. 바꾸어 말하면, 대나무는 일종의 독특한 식물이다. 대나무는 화본식물이며 가늘고 흔들리면서 움직이며, 청초하다. 『화경(花鏡)』에는 "서리와 눈이 내려도 시들지 않으며, 일 년 내내 늘 무성하고, 요염함 따위는 전혀 없으며, 우아함과 속됨을 함께 감상할 수 있다"라고 적혀 있다. 사람들은 이와 같이 대나무에 풍부한 문화적 의미를 부여하고 있는 것이다.

옛사람들은 덕을 숭상하고 어진 것을 흠모하는 마음에서 친근함을 담아 대나무를 '그 님'이라고 불러왔다. 『진서(晉書)·왕휘지전(王徽之傳)』에는 "휘지의 기질은 시원스럽다. 당시 관중(關中)에 있는 사대부의 집에 좋은 대나무가 있었다. … 그래서 그 대나무를 감상하며 마음껏 즐기고 돌아갔다. 일찍이 빈집에 몸을 의탁하고 있을 때, 대나무를 심게 했다. 친구를 향해 시를 읊고 대나무를 가리키며 말하기를, '어떻게 하루를 이 님[君]없이 살 수 있겠느냐'"라는 기록이 있다. 대나무의 군자덕행에 관해 옛사람들은 네 가지로 정리했으며, 백거이(白居易)의 『양죽기(養竹記)』가 가장 자세하다. "대나무가 현자와 닮은 것은 왜일까. 대나무는 원래 단단하며, 그 단단함으로 덕을 수립한다. 군자는 그 뿌리를 보면 굳건히 서서 뽑히지 않는 것을 본받는다. 대나무의 본성은 올곧음이며, 그 올곧음으로써 몸을 세운다. 군자는 그 본성을 보며 중립하여 치우치지 않는 것을 본받는다. 대나무의 속은 비었으며, 그 비어 있음으로 도를 지킨다. 군자는 그를 보고 자기 생각을 비우고 다른 사람의 말을 받아들이는 것을 본받는다. 대나무는 마디를 굽히지 않으며, 그 곧음으로 뜻을 세운다. 군자는 그 마디를 보면, 이름과 행실을 갈고닦는 것을 생각한다. 대나무는 이와 같아 군자라고 부른다." 대나무의 이 고결한 덕행은 사람들에게 어짊을 느끼게 하고 예의범절이 바른 것을 생각하게 한다. 그래서 '사람은 많은 나무를 뜰에 심어라', '식사에 고기가 없어도 뜰에 대나무가 없어서는 안 된다'고 생각했던 것이다.

사람들이 대나무를 숭상하는 이유는 그것이 사람들의 일상생활과 밀접하게 관련되어 있기 때문이다. 대나무는 태곳적에는 사람들이 그것에 의해 생존하고 발전하는 물질자원이었다. 고대 사람들은 식물을 성(城)으로 하고 대나무를 활로 만들며 대나무로 다리를 놓고 대나무 통으로 물을 끌어들이고, 대나무 숯으로 쇠를 녹이는 일 따위를 했다. 대나무는 고대의 선조들의 생산·생활에서 반드시 필요한 중요 자원이었다. 강남지구에서도 대나무 문화는 매우 풍부하고 다채롭다.

우리는 민간의 속담에서 강남 민가의 생태신앙을 탐구하고, 사람들이 추구하는 주택의 이상은 영구성, 귀착감, 은폐성이 뛰어나고, 연기(緣起)가 좋고, 바람을 피할 수 있는 아름다운 항구라는 것을 알 수 있다. 이와 같은 전통적인 환경사상은 오늘날에도 우리가 계승하고 발전시켜 나갈 가치를 가지고 있다.

제6부

동서양 환경사상 비교 및 그 사고

제1장

동서 문화의 인간과 자연의 관계

황심천(중국)

영국에서 1770년대의 산업혁명 이후, 세계의 많은 국가와 지역에서 공업화가 진행되고 과학기술은 비약적으로 진보했다. 이와 동시에 인류의 생존환경은 위협받기 시작했다. 대량의 자원이 소비되고 토지와 대기가 오염되었으며 생태의 균형이 무너졌다. 오늘날 그 위해는 인류의 생존과 사회의 지속적인 발전에 직접적인 영향을 미치게 되었다.

이런 상황을 토대로 1992년 국제연합은 세계인간환경회의를 개최하였고, 1996년 6월에는 중국에서도 전국환경회의가 열려, 국내외 사람들에게 환경보호의 필요성을 호소함과 동시에 환경을 개선하기 위한 목표를 제시하였다. 현재 중국과 세계인들에 의해 보다 나은 생존환경을 획득하기 위한 투쟁이 진행되고 있다.

동서양을 불문하고 사상가와 과학자는 자연과 인간, 사회와 서로 관련하는 것을 통해서 여러 가지 환경보호에 대한 생각을 한데 모았다. 그러나 그 출발점과 기본적 태도에서 약간의 차이를 볼 수 있다. 그것은 구체적으로는 서양이 자연을 어떻게 정복할까 하는 생각에 입각하고 있는 데 반해서, 동양은 자연과 인간의 조화를 추구하려고 하는 점에 있다고 말할 수 있다.

서양 자본주의 문화의 발단은 17세기부터 18세기에 걸쳐 유럽에서 행해진 계몽운동이다. 이 운동에서는 많은 부르주아 사상가가 그리스도교의 교의를 비판하였으며 '자유·평등·박애'라는 인류의 이상적인 슬로건이 제창되었다. 요컨대 인간의 이성과 인문주의 정신이 강조되었다. 또 자연과학에서는 실증론이 중시되고 경험이나 지식이 끊임없이 사상화·계통화되었다. 그 결과 사람들은 세속적인 풍부함을 추구하게 되었으며, 동시에 자유경쟁과 시장경제법칙은 자본주의경제의 발전에서 요구되는, 이른바 철칙이 되어가고 있다.

자본주의의 발전 과정에 있어서 자연의 정복은 당시의 사상가나 과학자에게 중요한 과제였다. 그것은 오늘날에서 보면 의의 있는 일이었음은 말할 필요도 없다. 그들은 적극적으로 자연을 정복하는 일에 매달리고, 인간은 자연의 일부이며 자연을 개조함으로써 역사를 전진시켜 간다고 하는 생각을 실천했다. 자연은 인간에게 풍부한 결실을 주고 인간은 자연에 의지함으로써 생존하고 번영할 수 있었다. 이것은 부정할 수 없는 사실일 것이다. 바꾸어 말하면, 자연정복은 인류문명의 기초이며 그 본질 또는 특징이 나타난 것이라고 말할 수 있다. 따라서 현재 인류가 직면하고 있는 생태환경의 위기도 과학기술의 진보와 그것에 의해 자연을 바꾸려는 노력을 통해 극복할 수 있다고 말할 수 있다. 그러나 자본주의의 이상한 발전의 토대에서 인류는 어느 사이엔가 사회발전의 사상적 원동력인 이성을 왜곡시켜 버렸던 것이다.

생산양식과 생활양식의 기초는 이익, 돈이라는 물질적 욕구가 서로 겹치는 데 뿌리내리고 있다. 요컨대 수단과 목적 또한 이 욕구에 내포되어 버리며, 거기에서 종래의 이성은 '도구적 이성'으로 불리는 것에 의해 대체되고 사회는 그 소산으로 간주되었다. '도구적 이성'은 자본주의의 발전에 기여했다고 말할 수 있지만 한편으로는 자연과 인간, 인간과 인간의 관계를 비정상적인 것으로 바꾸어 놓았다. 자연은 지배하고, 약탈하고, 혹사시킬 대상으로 간주되었고, 자연과 인간의 관계는 점령할 것인가, 점령당할 것인가의 관계가 되어버린 것이다. 이런 자연에 대한 과도한 개발과 인정 없는 약탈에 의해 우리의 생존환경과 그 발전 또한 큰 피해를 입었고 이대로 간다면 뼈아픈 보복을 당하게 될 것이다.

과학기술과 공업의 고도의 발전은 많은 부를 생산함과 동시에 커다란 물질적 욕구를 낳았다. 그런 욕구에 사로잡힌 채로는 인간의 본성은 억압 내지는 파괴당하고, 자아를 상실하며, 인간이 사회의 도구나 기계가 되는 것과 마찬가지다. 따라서 자본주의가 발생시킨 여러 가지 모순과 사회적인 폐해를 극복하지 않으면 안 되는 것이다. 요컨대, 서양사회의 물질적 발전은 그 대가로서 인류의 생존환경, 자연과 인간의 조화적 관계를 파괴했다. 그래서 일부 사람들은 동양사상을 생각해 냈고, 거기에 회귀하려고 한 것이다.

18세기 전반까지 세계사의 저울은 동양으로 기울어져 있었다. 서양이 동양문화를 배운 것이다. 그러나 18세기 후반이 되면 그 균형은 깨진다. 그랬던 것이 20세기 1980년대 후반이 되어 동양이 재평가되고 동양을 다시 배우려고 하는 것이다. 그 이유는 동양의 오래된 문화 속에 풍부한 환경사상이 포함되어 있기 때문이다.

이 사상의 특징은 자연과 인간에게는 공통의 기반이 있으며, 인간은 자연의 일부이며 혹은 자연이 가지는 어떤 종류의 기본적인 요소와 속성이 결합한 것이다. 인간과 자연은 다른 조리에 있어서 종국적으로 합일하는 것이다. 따라서 인간은 자연에 순종적으로 대응하며, 적당하게 우호적인 태도로써 자연과의 조화와 통일을 최고의 이상으로 해야 한다. 이런 동양의 대동사상은 물론 상이와 대립이 있는 일도 있지만, 유교의 '하늘과 인간은 하나가 되게 한다[天人合一]', 도교의 '도법자연(道法自然: 도는 자연을 본받는다)'과 '인간은 도와 하나가 되게 한다[人道合一]', 장자의 '도통위일(道通爲一: 도는 통하여 하나이다)'과 '무이인멸천(無以人滅天: 인위로써 자연을 손상시키지 않는다)', 불교의 '만물과 마음은 상호 관계가 있다[心物緣起觀]', 인도 브라만교의 '우주와 나는 동일하다[梵我一如]', 수론파(數論派)의 '원초물질(自然)과 신과 나는 결합되어 있다[神我結合說]', 순세론(順世論)의 '네 가지 큰 것이 화합하여 나의 몸과 마음에 미친다는 설[四大和合爲我及身心說]'과 '삼덕설(三德說)', 일본 신도(神道)의 '사람과 자연의 친화설', 이슬람교의 '신과 인간은 하나이다[神人合一]' 등의 모든 사상에 공통적으로 나타난다. 이 사상들 중에서 특히 주의해야 할 것은 중국의 '천일합일'과 인도의 '범아일여' 사상이다. 이것은 인도와 중국이라는 동양의 오랜 역사를 가진 두 대국의 사상문화의 본류이며, 전통사상의 원천이다.

'천일합일' 사상은, 중국의 각 철학유파 및 유교 속에서도 여러 가지 형태로 논의되고 있다. 그중에서도 가장 전형적인 것은, 『중용(中庸)』에 있는 '천지가 만물의 생성과 변화를 이루는 것을 도울 수 있다'라는 사상이다. 『중용』에는 "오직 천하의 지극한 성(性)이어야, 그 성을 다할 수 있다. 그 성을 다하면, 다른 사람의 성을 다할 수 있다. 다른 사람의 성을 다하면, 만물의 성을 다할 수 있다. 만물의 성을 다하면, 그로써 천지가 만물의 생성과 변화를 이루는 것을 도울 수 있다. 천지가 만물을 생성하고 기르는 것을 도울 수 있다면, 그로써 천지와 함께 나란히 설 수 있다"라고 했다. 순자는 이와 달리, "하늘과 사람의 구분[天人之分]이 명확하다"라고 했다. "별들이 줄지어 따라 돌고 해와 달이 번갈아 비추며 사시가 잇달아 바뀌고 음과 양이 큰 변화를 일으켜 풍우가 널리 미친다. 만물은 각각 그 조화를 얻어서 낳고 각각 그 양육에 의해 성장한다"[1]라고 말했다. 이와 동시에 "천명(天命)을 제어하여 그것을 이용한다"라는 사상도 언

1 『순자(荀子)』「천론(天論)」

급되고 있다. 그는 공공연하게 종래의 종교사회의 천명사상에 도전하며, 천을 객관적인 존재로서의 자연계로 복원시켰다. 순자는 동시에 인간에게는 자연을 이기는 능력과 자연을 개조하는 능력이 있다고 말했다. 순자의 사상은 그 후 과학기술, 문예창작, 경제활동이라는 사회생활의 여러 방면에 걸쳐 철저하게 스며들어 갔다. 예를 들면, 육기(陸機)는 창작에 관해서 "천지라는 형태 안에 틀어박혀 앉아 있으면 만물은 바로 붓 끝에 있다"[2]라고 말했다. 순자는 이 사상을 곧 사회와 경제 영역에까지 도입시켜 강국부민(強國富民)의 조치도 했다. 예를 들면, "둑과 다리를 수리하고 도랑을 개통하여 고인 물을 흘려보내고 안전하게 물을 가두어 두었다가 때에 맞추어 보를 트거나 막아 작황이 비록 수해나 가뭄으로 흉년이 들더라도 백성으로 하여금 농사지을 데가 있게 한다. 불사르는 법령을 손보고 산림이나 수택의 초목, 물고기, 자라, 오만 가지 야채를 길러내어 때에 맞추어 금하거나 규제를 풀어 국가로 하여금 수요를 충족시켜 재물이 모자라지 않도록 한다"[3]라고 말한 데에서 볼 수 있듯이, 농업생산의 수요에 따라 자연환경을 개조할 수 있다고 인식한 것이다. 또한 동시에 자원이 부족하지 않도록 자원을 보호해야 한다고도 말했다. 예를 들면, 초목이 생장할 때에는 "도끼를 산과 산림 속에 들여놓지 않는다"라고 했으며, 그렇게 하면 "산과 숲은 벌거숭이가 되지 않고 백성이 쓰고도 남을 재목을 갖게 된다"라고 했다. 물고기, 새우 등이 번식할 때에는 "그물과 독약을 못 속에 놓지 않아 그 생명을 일찍 빼앗지 않으며, 그 성장을 중단시키지 않는다", "연못과 늪, 강에서, 철에 따라 고기잡이를 금하여, 물고기와 자라가 잘 자라 수가 늘어나 백성이 쓰고도 남음이 있게 한다"라고 말했다.

도가는 '인도합일(人道合一)' 사상을 주장하고 다른 각도에서 천도(天道)와 인

---

2 『문부(文賦)』

3 『순자(荀子)』「왕제(王制)」

도(人道)의 관계를 생각하며 천도에서 인도를 이끌어 냈다. 『노자(老子)』에 "그래서 도는 크고, 하늘도 크고, 땅도 크다, 사람도 크다. 우주에는 네 가지 큰 것이 있는데, 사람이 그중 하나이다. 사람은 땅을 본받고, 땅은 하늘을 본받으며, 하늘은 도를 본받고, 도는 자연을 본받는다"라는 말이 있다. 장자(莊子)도 "인위로써 자연을 손상시키지 않는다"고 말하며, 자연에 인력을 더하는 데 반대했다. 그것은 자연과 인간은 서로 균형을 취하고 조화해야 함을 표명하는 것이 틀림없다. 유가의 이런 '천일합일' 사상은 자연자원을 보호해야 한다는 농업경제의 요구를 반영한 것이며, 소규모 생산을 기초로 하는 농업경제에서의 대자연에 대한 인간의 무력함을 반영한 것이다. 또 이 사상은 자연을 제어, 이용하기 위한 목표와 방향성은 명확히 했지만, 그 목표를 어떻게 달성할까 하는 수단에 관해서는 말하지 않는다. 따라서 중국의 역사에서도 자연과 인간의 조화란 실현할 수 없는 공상이며, 생태환경의 파괴를 막는 장치는 되지 못했다.

브라만교나 힌두교의 '범아일여(梵我一如)' 사상은 일종의 종교적 해탈의 사상임과 동시에 교도들의 이상이며 따라야 할 생활규범이다. 그 이론에 따르면 인간에 내재하는 본질적인 자아(아트만)의 본성과 외재적인 우주의 궁극적인 근원인 범(梵: 브라만)은 동일한 것으로 간주된다. 요컨대 '소우주'와 '대우주'가 일치하는 것이다. 자아는 엄격한 수련을 통해 범이라는 깨달음의 경지에 도달한다. '존재-인식(예지)-희락(喜樂)'이란, 곧 '범아일여(梵我一如)'라는 최고의 경지 혹은 목표이다. 요컨대 자연과 인간의 관계는 조화적이며, 기쁨에 넘쳐 있다는 것이다. '범아일여'는 인도 종교철학의 사상적 근원이며 인도의 전통문화의 특징이고, 인도의 사회생활과 문예창작 등에 매우 중요한 영향을 끼쳤다. 유명한 시인이자 사상가인 타고르도 이 사상에 따라 문예창작을 했다. 그는 자연은 인간의 감각이나 행동의 '어머니'라고 했다. 또한 그는 "우리들의 바깥세계에서도 우리 안에 있는 이지(理智)의 경우에서도 그것은 동일한 힘에 의한 표현이며 그것을 깨닮음으로써 비로소 우리들의 정신과 자연 및 정신과 신의 통일성을 감지할 수 있다"[4]라고 기록했다. 또한 "자연과 정신은 음부(音符)와 화음처럼 서로 원하는 것이다"[5]라고도 말했다. 타고르의 입장에서 본다면 자연과 인간은 서로 의지하며, 원하고, 서로 조화하는 것이다. 이것은 동양사상에 공통된 특징을 선명하게 반영한 것이라고 말할 수 있다.

또한 타고르는 동서 문화의 융합도 역설했다. 서양 자본주의 문화의 퇴폐와 몰락을 날카롭게 비판함과 동시에 과학기술을 배우며 자연발전의 법칙을 파악하고, 인간들이 행복을 추구할 필요성을 인도 국민들에게 호소한 것이다. 또한 서양이 자연을 개조함으로써 많은 성과를 거둔 일도 평가했다. 그는 "우리들은 자연계의 규율을 배우기만 한다면, 자연의 힘을 지배할 수 있게 강해질 수 있다"[6]라고 말했다.

앞에서 말한 바와 같이 동양과 서양에서는 자연과 인간과의 관계에 대한 태도와 인식에 약간 차이가 있다. 동양은 형이상학적인 탐색을 하고 인간과 자연이 일치, 조화해야 한다고 강조한다. 이에 비해 서양은 실천적 경험을 중시하고 인간은 어떻게 해서 자연을 제어, 정복할까 하는 점을 강조한다. 그러나 양자가 절대적으로 서로를 용납하지 않는 것은 아니다. 일찍이 이것을 알고 있던 동서의 고대 사상가가 있다. 예를 들면, 고대 그리스의 유물론 철학자인 헤라클레이토스는 "자연은 대립을 원하며, 그 대립으로부터 조화가 생겨난다"라고 말했다. 중국의 순자는 '천인합일(天人合一)'의 명제로부터 정반대의 '천인지분(天人之分)'의 사상을 제기했다. 요컨대, 동서의 사상에는 대립도 있지만 서로 보완하는 부분 또한 있다는 것이다. 특히 오늘날과 같이 교통이나 정보의 왕래가 발달한 사회에서 서로의 전면적인 협력과 교류는 충분히 가능할 것이다. 서

4 『법(法)』
5 『생명의 친증(親證)』
6 『동서문화의 결합』

양은 유럽중심주의라는 한쪽으로 지나치게 기운 편협한 관념과 일방적인 '도구이성주의'로부터 탈피해야 할 것이다. 필요 이상의 이윤과 물질적인 욕구를 충족시키기 위해 생태환경을 파괴하는 것은 엄중히 삼가야 할 것이다. 동양사상에 있는 인간과 자연의 조화 관계에서 지혜와 교훈을 이해하여 현대 서양사회와 그 문명에서 볼 수 있는 폐해를 인식하고, 반성하며, 서로 비판해야 할 것이다. 동양은 자신의 문화에 있는 비이성주의적인 요소를 배제하고, 자연과 인간에 관한 합리적인 대처를 모색하지 않으면 안 된다. 동시에 서양의 앞선 과학기술과 고도로 발달한 공업화의 경험을 받아들여 가야 할 것이다. 그렇게 하면 인류가 직면한 생태환경의 위기를 피할 수 있고, 해결할 수 있으며, 지속적인 발전전략을 실현할 수 있지 않을까 생각한다.

제2장

중국 전통사상의 천인관계와 그 현대적 의의

이두(대만)

1. 서언

자연과 인간의 관계는 늘 서로 마주하지 않으면 안 되는 불가피한 것이다. 천지의 사이에서 살아가는 인간에게 자연이나 천지와의 관계는 불가피하게 생긴다. 이 인간과 자연이나 천지와의 사이에는 어떤 관계가 발생할까. 이 질문에 대한 답변은 인간이 자연을 어떻게 이해하는가에 따라서 가끔 다르며, 다른 의견이 존재할 수 있다.

중국의 전통사상에서 자연과 인간의 관계는 다음과 같은 것이다. 자연을 신격화하면 자연과 인간은 신령적인 관계가 되며, 자연을 현묘한 것으로 생각한다면 자연과 인간·천도(天道)는 심오한 관계라고 말할 수 있다. 요컨대, 자연에 관해 말하는 것이 자연과 인간의 관계가 어떤 것인지를 나타내는 것이 된다.

현대적인 이해로부터 전통적인 세 가지의 다른 자연과 인간의 관계를 말한다면, 종교와 현학(玄學)과 경험적 자연을 결합한 논조가 된다. 중국 전통사상에서의 자연과 인간의 관계가 어떤 것인가에 관해서는 이와 같은 각각 다른 설명을 할 수 있다. 그러나 나는 여기에서 종교나 심원한 도리의 문제를 논할 생각은 없다. 다만 경험에 근거한 학설이 된 중국 전통사상의 자연과 인간의 관계로 한정하여 서양철학의 관련 학설과 비교해서 논하고 그 현대적 의의를 논평할 것이다.

이상에 한정해서 말한다면 중국 전통사상의 자연과 인간의 관계에 관해서는 첫 번째, 조화융합한 자연과 인간의 관계설, 두 번째, 문학적인 자연계에 대한 동경설, 세 번째, 기계적 법칙의 인과관계설이라는 세 가지의 다른 설이 있다. 중국 전통사상에는 이 세 가지의 다른 자연과 인간의 관계의 어느 것이라는 설도 있지만, 특히 중시되는 것은 첫 번째와 두 번째 설이며, 세 번째 설은 그다지 중시되지 않거나 또는 발달되지 않은 상태이다. 중국 전통사상과는 반대로, 서양철학은 특히 세 번째 설을 중시하며, 첫 번째와 두 번째 설은 중요시하지 않는다.

2. 중국 전통사상이 중시하는 자연과 인간의 관계설

고전에 따르면 중국 전통사상이 표현하는 자연과 인간의 조화융합한 관계설은 천지로서 자연을 말하는 것이다. 이 자연의 천지는 매가 나는 곳이며, 물고기가 튀어 오르는 곳이며 또 인간이 생존하고 활동하는 곳이기도 하다. 인간은 자연의 천지 속에서 생존하며 그것이 전개하는 법칙에 토대하여 생활하고 있는 것이다. 인간은 자연자원을 흡수함으로써 살고 있다. "인간은 천지의 중화의 기에서 생명을 받는다."[1] 그리고 자연천지로 돌아간다. "혼(魂)인 기(氣)는 하늘로 돌아가고, 육체인 백(魄)은 땅으로 돌아간다."[2] 이렇게 자연천지와 혼연일체가 되어 있는 것이다.

이른바 조화융합은 자연천지의 이상 현상, 예를 들어 풍해, 수해, 가뭄 피해 등 자연과 인간의 알력을 전제로 하는 사고방식에 있다고도 말할 수 있다. 그러나 이런 비정상적인 현상들은 우발적으로 늘 발생하는 것은 아니다. 따라서 이런 우발적인 이상 현상으로 말미암아 자연의 항상적인 법칙성에 토대하는 조화융합하는 자연과 인간의 관계설을 바꾸는 일은 없다.

자연계에 대한 동경이라는 문학적인 자연과 인간의 관계설은 인간의 자연에 대한 일종의 아이들과 같은 동경에서 오는 표현이다. 이런 표현을 하는 철학자 중에서 예를 들면, 공자가 말한 "나는 너[점(點)]와 뜻이 같구나"가 있다. 증점이 말하기를 "늦은 봄에는 완성된 봄옷을 입고, 어른 5, 6명과 어린아이 6, 7명 데리고, 기(沂)[3]에서 목욕을 하고, 기우제를 지내는 높은 곳에서 바람을 쐬고 노래하며 집에 돌아오겠습니다"[4]라고 했다. 여기에서 이야기되고 있는 것은 자연계가 인간이 궁극적으로 동경하는 대상이며, 인간과 그 동경의 대상이 혼연일체가 되어 문학적인 자연과 인간의 관계설을 표현하고 있다고 말할 수 있다. 이 관계설은 그 후 장자에 의해 계승되며, '소요(逍遙)', '제물(齊物)'에 의해 표현되고 있다. 또 송대의 정명도(程明道)에 의해 계승되어 "구름은 엷어지고 바람이 살랑살랑 부는 한낮에, 꽃을 가까이 하고 버드나무를 따라가면 강이 흐른다. 사람들은 내 마음의 즐거움을 알지 못하고, 한가로운 틈을 타서 행락을 즐기는 소년이라고 하겠지"라는 시로써 표현되고 있다. 시인의 견해로는 예

---

1 『좌전(左傳)』 成公十三年

2 『예기(禮記)』「교특생(郊特牲)」

3 [옮긴이 주]: 기(沂)는 노(魯)나라 교외에 있는 온천지를 가리킨다.

4 『논어(論語)』「선진(先進)」

를 들면 도연명(陶淵明)의 "동쪽 울타리[東籬] 아래에서, 국화를 꺾으며 남산을 유연히 바라보니, 산기운이 저녁 해와 어우러져 아름답고, 나는 새들이 함께 어울려 돌아온다. 이런 자연 속에 진정한 의미가 있으니, 말하고자 하나 이미 말을 잊었노라"라는 표현이 있으며, 이상은(李商隱)의 "장자[莊生]의 새벽꿈은 나비에 길을 잃고, 망제(望帝)[5]의 춘심은 두견에게 맡긴다. 넓고 푸른 바다에 달이 밝게 비추는 것은 구슬이 눈물을 흘림이요, 남전(藍田)[6]의 햇볕이 따스한 것은 옥이 연기를 내뿜음이다. 이 마음 기다리면 추억이 될 수 있으련만, 지금은 오직 망연할 뿐", 유종원(柳宗元)의 "어기여차 한 가락에 산수는 푸르러진다", 정판교(鄭板橋)의 "손을 돌려서 창조하고 천지의 만물을 만드는 바깥에, 봄은 선생이 산보하고 있는 기분 속에 있다"라는 표현들이 있다. 문학자로는 소동파가 "하루살이의 삶을 천지에 부치니, 끝없이 넓은 푸른 바다에 한 톨 좁쌀과 같도다. 나의 인생의 이 짧고 덧없는 것을 슬퍼하여, 장강(長江)이 끝없음을 부러워하노라. 비선(飛仙)을 만나 즐겁게 놀고, 밝은 달을 안고 영원히 끝나지 않았으면 하노라. 쉽게 얻을 수 없다는 것을 아니, 떠도는 울림[遺響]을 서글프게 부는 바람에 실어 보내네"라고 했다.

기계적 법칙의 인과관계에 토대한 자연과 인간의 관계설은 인간의 자연우주에 대한 경험과 이성적 이해에 의해 '어째서인가'를 탐구하는 관계설이다. 이 관계설은 앞에서 말한 철학자, 시인, 문학자들이 표현하는 궁극적인 자연계에 대한 기대 관계가 아니며, 자연과 인간에 의해 나타난 조화융합의 삶과 삶의 관계도 아니고, 자연우주와 인간은 기계적인 인과법칙으로부터 벗어날 수 없는 관계이다. 다시 말해, 근대과학이 말하는 과학적인 자연과 인간의 관계이

---

5 [옮긴이 주]: 주나라 말엽 촉(蜀)나라의 군왕 두우(杜宇)의 호칭

6 [옮긴이 주]: 중국 섬서성 서안시의 현의 동쪽에 있는 아름다운 옥이 생산되는 산을 가리킨다.

다. 그러나 앞에서 말한 것과 같이 중국 전통사상은 이 관계설을 중시하지 않거나 또는 아직 발전되지 않은 상태이다.

3. 서양철학이 중시하는 자연과 인간의 관계설

서양철학의 자연과 인간의 관계설은 처음에는 중국 사상에서의 조화융합의 자연과 인간의 관계설이었다고 생각할 수 있지만, 그리스적 전통을 주류로 하는 서양철학은 이 설을 중시하지 않고 자연을 인간과 대립하는 것으로 보고 자연을 객관화하여 지(知)의 대상으로 여겼다. 여기서 주관대립형(a mode of the opposition of subject and object)의 자연과 인간의 관계설이 나타난다.

이 설은 탈레스(Thales)로부터 시작된다. 탈레스 이후 아낙시만드로스(Anaximander), 아낙시메네스(Anaximenes), 헤라클레이토스(Heraclitus), 엠페도클레스(Empedoclas), 아낙사고라스(Anaxagoras) 등은 모두 이 설을 신봉하고, 이 설에 의해 자연이란 무엇인지를 이해하며, 이설에 의해 자연과 인간의 관계를 주장했다. 아낙사고라스 이후 레우키포스(Leucippos), 데모크리토스(Democritos)는 이에 토대하여 원자론의 자연주의설을 발전시키고 완성했다. 이 설이 형성되는 가운데 자연우주와 이 우주에 생존하는 인간은 완전히 수량화된 것이다. 둘 모두 원자의 다른 분화결합으로서 나타났으며, 이와 다른 표현의 이론은 없어졌다. 이로써 앞에서 말한 서양철학의 기계적 법칙의 인과관계에 의한 자연과 인간의 관계설이 나타난 것이다.

탈레스가 창설한 주객대립의 학설 외에, 탈레스보다 조금 뒤에 등장한 피타고라스(Pythagoras)도 주객대립식의 설로 자연과 인간의 관계를 주장했다. 그러나 그는 탈레스와 같이 직접 자연으로써 자연이란 무엇인가를 말하지 않고 수(數)로써 자연이란 무엇인가를 말했다. 이것에 의해 또 하나의 다른 방식인

주관대립식에 의한 자연과 인간의 관계설이 나타난 것이다. 이 설은 나중에 데모크리토스의 원자론과 연관되어 하나의 설이 된다. 이 설은 훗날 서양철학에서 자연과 인생을 이해하는 방식을 계속 규정하게 되며, 근대에 이르기까지 과학의 우주인생설이 되었고, 또한 앞에서 말한 과학적인 인과관계설이 되었다.

앞에서 말한 서양철학이 중시한 자연과 인간관계설 외에, 중국철학이 말하는 문학적 자연과 인간의 관계설에 관해 서양 철학자에 의한 같은 학설이 있을까. 내가 아는 한에서는 그들에게는 이런 학설은 없는 것 같다. 서양의 에피쿠로스(Epicouros)의 은둔적인 자연생활은 장자와 가까운 점이 있다고 말하는 사람이 있는 것 같다. 이 설은 어쩌면 올바른 것인지도 모른다. 그러나 에피쿠로스는 데모크리토스(Democritos)의 설을 계승한 원자론자이며, 그의 자연에 대한 이해는 장자와는 완전히 다른 것이다. 철학자 외의 시인, 문학자에게는 문학적인 자연과 인간의 관계설이 있을까. 그에 대한 답변이 있을지도 모른다. 그러나 나는 서양의 시나 문학적인 저작은 그다지 읽지 않았기 때문에 논할 수는 없다.

4. 중국 전통사상과 서양철학의 자연과 인간의 관계설의 현대적 의의

중국 전통사상이 중시하는 자연과 인간의 조화융합의 관계설은 인간이 그 생명의 근원인 구극(究極)과 화합하는 것에 대한 기대와 합치하며, 중국인의 자연천지와 인간이 합해서 하나가 된다는 소원을 만족시키는 것이다. 그러나 이 '합치'나 '만족'은 현대적으로 이해해서 말하면, 인간의 원시적 감성에 토대한 이해에 의한 표현일 수밖에 없다. 인간에게는 이 원시적인 감성의 표현 외에도 또한 문학적 감성을 높이려고 하는 표현이 있다. 즉 인간은 문학적인 궁극의 세계에 대한 동경심을 가지고 있다. 이 두 가지 외에 인간은 본래 이성에 토대한 이해에 의한 탐구심도 가지고 있다. 이 탐구심은 이른바 감성이나, 감성을 높이는 것에 의해 이해된 자연으로써 자연이란 무엇인가를 말하는 것이 아니라, 자연에 대해 이성적인 탐구를 하도록 요구하며, 자연으로써 자연을 말하는 설로 돌아가는 것이며, 자연으로써 자연을 말하고 감성적 이해만으로 충분하다고 하는 것이 아니다.

세 가지 자연과 인간의 관계설은 인간이 인간인 까닭이나 인간의 생명적 요구 전체로부터 말하면 완결무결하다는 일은 있을 수 없다. 그러나 앞에서 말한 것과 같이, 중국 전통사상이 중시하는 것은 첫 번째와 두 번째 설이며 세 번째 설은 별로 중시하지 않거나 혹은 발전시키지 않았다. 그렇기 때문에 개인에 관해서 말하면 인간의 이성의 법칙적인 표현은 당연히 있어야 할 발전을 아직 보이지 않았다. 그런 까닭에 현대에서 이른바 과학적인 이해는 발전하지 않았다. 바꿔 말하면, 체계적인 형식과학—논리학, 수학, 기하학—을 발전시키고, 체계적인 경험과학—물리학, 화학, 생물학 등—을 발전시키며, 그것들을 서로 연관시킨 근대적 지식 또한 경험적인 자연우주란 무엇인가, 우주와 인간의 관계란 무엇인가 하는 사상은 성장하지 않은 것이다. 사회문화의 관점에서 말하면, 인간의 이성적 법칙성의 이해는 당연히 있어야 할 만한 발전을 보이지 못하고 있으며 근대적 과학은 확립되어 있지 않다. 즉, 근대사회를 확립하고 근대문화를 발전·형성하지 못했다. 근대사회는 근대과학을 응용해서 수립되고 유지되는 것이며, 또 근대적 자연과학을 응용하여 자연우주 속의 자원을 찾고 채굴함으로써 근대적 경제를 발전시키는 것이다. 그렇기 때문에 근대과학이 없다면 근대적 사회는 있을 수 없다.

예를 들어 설명하면, 자연과학에 관해서 말하면 근대적 사회는 근대의 자연과학이 낳은 전력이 부족하면 확립하고 유지할 수 없다. 만약 근대과학이 생산한 전력이 없다면 근대사회는 존재할 수 없는 것이다. 근대적 사회는 과학기술

정보에 의해 교류하고 연관되는 것이다. 만약, 전력, 전기에너지이 이용이 없다면, 이른바 교류, 관련도 불가능하며, 현대문명의 표현은 있을 수 없다.

그렇기 때문에 세 번째의 설인 자연과 인간의 관계설은 인간에게 있어서 불가결한 것이다. 중국 전통사상은 이를 중시하지 않거나 혹은 발전시키지 않은 것이다. 중국인의 인생의 요구, 중국 사회의 근대화로의 발전, 중국 사상문화의 완전성을 표현으로 말하면, 이것은 의심할 여지없이 결함이며 이 결함을 보완하지 않으면 안 된다. 이 보족(補足)은 국가 전체로 말한다면 국가의 책임자는 이를 이해하고, 이 이해를 긍정하며 국가의 관계 부문에서 그것을 실현하도록 지도하지 않으면 안 된다. 중국 사상에서 말한다면, 이론상으로 이 문제를 긍정하고 설명하지 않으면 안 된다. 즉 자연과 인간의 관계의 설로부터 이른바 세 번째의 '자연과 인간의 관계'설의 설명과 긍정을 하지 않으면 안 되는 것이다.

세 번째의 자연과 인간의 관계의 설명과 긍정은 중요한 일이지만 그렇다고 해서 첫 번째 혹은 두 번째의 설을 경시 또는 부정해서는 안 되며, 세 가지의 설은 병존시키지 않으면 안 된다. 이 병존의 상황이란 어떤 것일까. 이것이 어떤 것인가에 관해서는 말해야 할 것이 매우 많지만 나는 여기에서 많은 것을 말할 생각은 없다. 말하고 싶은 것은 이 세 가지의 다른 설은 일부 사람들이 말하는 것과 같이 각각이 서로 모순되고, 병존할 수 없는 것이 아니라, 각각이 결코 모순되지 않고 병존할 수 있다는 것이다.

그것은 어떤 의미일까. 그것은 다음과 같은 설명을 통해 알 수 있을 것이다. 첫 번째와 두 번째의 설은 서로 동질적인 것이다. 그 차이는 다만 두 번째는 첫 번째의 원시적 감성의 표현에 의지하며, 문학적인 높은 감성의 표현을 하고 있는 것에 지나지 않으며, 첫 번째 설로부터 완전히 분리되어 상호 모순되는 설을 이루고 있는 것이 아니다. 철학자, 시인, 문학자가 표현하는 두 번째 설은 일반 사회대중이 표현할 수 있는 것이 아니라, 이른바 소수의 철학자, 시인 문학자가 비로소 표현할 수 있다. 그리고 철학자, 시인, 문학자를 빠뜨릴 수 없을 뿐만 아니라, 철학, 문학 전체 또한 빠뜨릴 수 없는 것이다.

일반 사회대중은 두 번째 설을 표현할 수 없지만, 이 설은 이른바 철학자, 시인, 문학자가 표현한 후, 존재하는 부분의 전통적 철학문화의 설이 되며, 그것에 의해 존재하는 일반 사회대중을 높임으로써, 두 번째 설은 이른바 철학자, 시인, 문학자가 말하는 궁극의 기대일 뿐만 아니라, 또한 사회대중의 것도 되고, 또한 전통적 교육을 받은 사회대중의 궁극의 기대도 된다. 혹은 전통적 교육을 받은 사회대중을 위해, 그 현실의 생활에서 일종의 문학적인 정신생활을 제공하는 것이다. 그러나 이 때문에 첫 번째 설을 부정해서는 안 된다.

첫 번째와 세 번째 설은 서로 동질적이며 그 차이는 단지 자연천지와 자연인생의 표현법을 어떻게 이해할까, 또는 감성에 의해 말할까, 또는 이성에 의해 차이를 탐구할까 하는 점뿐이다. 어떤 사람은 이성에 의한 이해에 따라 말해지는 세 번째 설을 가지고 감성에 의해 이해되고 말해지는 첫 번째 설로써 바꾸려고 한다. 그러나 필자는 이와 같이 해서는 안 된다고 생각한다. 왜냐하면 다음과 같이 설명할 수 있기 때문이다.

첫 번째 설은 과거에 중국인에 의해 받아들여졌을 뿐만 아니라, 현대의 중국인도 역시 대부분은 이 설에 의해 그 인생을 안심입명(安心立命)의 신념으로 삼고 있으며, 이른바 감성의 이해 속에서 만족하고 있기 때문이다. 중국의 농촌사회는 특히 그러하여 세 번째 설은 중시되지 않는다. 또 인간의 궁극적 귀결에 관해 말한다면, 인간은 항상 감성의 설에 만족하며 이해의 설을 받아들이고 싶어 하지 않는다. 왜냐하면 이성의 설, 즉 이성에 의한 이해로부터 세 번째의 설을 이루는 것은 인생의 궁극의 귀결에서 사람들에게 인간이 기계와 같다고 말하는 것과 같은 허무감을 품게 하기 때문이다. 과학이 있다면 충분히 할 수 있다는 인생관의 사람들을 엿보며 거의 대부분의 사람들은 모두 이른바 허무한 과학 인생의 궁극에서 편안할 수 없다.

세 번째 설로써 첫 번째 설을 바꿀 필요는 없이 두 번째 설과 병존시켜야 한다. 현실의 인생사회의 기대에서 말해도 그러하며 학술적 이해로부터 말해도 그렇다.

두 번째와 세 번째 설의 관계는 앞에서 말한 첫 번째와 두 번째 및 첫 번째와 세 번째 설의 경우와 같으며 모두 동질이지 않을까. 첫 번째 설은 두 번째 설과 동질이며, 세 번째 설과 동질이며, 두 번째와 세 번째도 또한 동질인 것이다. 그러나 이것은 단지 그런 것 같을 뿐이며 반드시 그렇다고 단정할 수 없으며, 또 논리상 필연적인 사고방식은 아니다.

인간의 사상활동의 표현에서 첫 번째의 감성의 이해와 세 번째의 이성의 이해는 상관하는 것이며 다른 것은 아니다. 첫 번째의 원시적인 감성의 이해와 두 번째의 문학적인 이해는 다르며, 후자는 문학정신적인 고양을 표현하고 있다. 이 고양은 자연인생에 있어서 첫 번째의 원시적인 감성의 설을 말할 때 사용한다면 다르지만 이 둘은 다르지 않다. 그러나 두 번째의 설은 감성을 발전시킨 설이며, 이성적 이해인 세 번째의 설은 우주, 인생을 어떻게 말할까 한다는 점에서 차이가 있으며, 차이가 있는 것뿐만 아니라 또한 서로 다르다. 이런 상이점은 일반적으로 시인, 문학자의 우주 인생에 관한 설의 상이이며 또 현대에서 말하는 문학의 본질과 과학의 본질의 차이이다. 이 본질의 차이는 우주 인생에 대한 이해에 관해 말하면 과학적인 이해를 한다면 문학적인 이해는 불가능하며, 문학적인 이해를 한다면 과학적인 이해는 불가능하다. 그렇지만 이 두 가지는 역시 공존할 수 있다.

이 공존은 본질적으로 같은지, 같지 않은지에 토대해서 말하는 것이 아니라 인간의 생명의 차이에 대한 요구에서 말하는 것이다. 개인의 생명 표현으로부터 말해서 한 사람의 문학자는 과학을 부인하지 않으며 과학을 이해할 수 있다. 한 사람의 과학자 또한 문학을 부정하지 않으며 문학을 감상할 수 있다. 인생문화, 철학사상 전체로부터 말해도 과학의 설만으로 문학의 설이 없다고 말할 수는 없으며, 또 문학의 설밖에 없고 과학의 설이 없다고 말할 수도 없다. 그런 까닭에 두 번째 설과 세 번째 설은 병존할 수 있으며, 또 병존해야 한다. 양자는 우주인생을 어떻게 설명하는가라는 점에서 차이가 있지만 말이다.

이른바 세 번째의 자연과 인간의 관계설은 결코 서로 모순되지 않으며, 병존할 수 있다. 사실에 입각해서 말해도 그러하며, 이론상으로 말해도 그러하다. 그 때문에 이것은 중국 사상과 중국 문화에 적용할 수 있으며 또한 서양철학과 서양문화에도 적용할 수 있다. 과거의 중국과 서양의 철학사상 및 문화는 앞에서 말한 바와 같이 중점이 달랐다. 그러나 중국과 서양의 사상문화를 중점의 차이에 따라 제한된 것이 아닌, 세 가지의 다른 자연과 인간의 관계설을 동시에 긍정할 수도 있다. 그리고 긍정하는 가운데 상응한 발전을 하는 것이다. 이후 중국 사상 및 문화는 첫 번째와 두 번째의 설에 더 이상 한정되어서는 안 된다. 서양의 철학과 문화도 세 번째의 설만 중시해서는 안 된다. 중국은 과거의 '한정'을 위해 적당한 때에 근대적 과학을 발전시키지 못했으며, 서양과 동시에 근대적 사회를 건설하지 못했다. 앞에서 말한 것처럼 이것은 하나의 결함이었다. 서양에서는 과거(또한 현대)의 '제한'을 위해 근대적인 사회를 건설한 데에서 과학을 지나치게 강조하고 종교철학을 경시하며 문학예술의 범과학주의설, 허무주의설이 출현했다. 이 현상에 의해 바로 지금의 서양사회 및 이 설의 영향을 받은 인류사회는 동요를 반복하고 개인주의, 자유주의, 권력욕망주의와 연관된 현상이 광범위하게 일어나고 있다.

제3장

지구를 구할 마지막 기회

리트라지(인도)

❀ ❀ ❀

환경은 이제 무시할 수 없다. 경제의 발전과 환경의 보호는 조화되지 않으면 안 된다. 그러나 발전도상국은 그들 국가의 경제문제 해결을 시도해 가는 동안에, 지속가능한 성장(sustainable growth)과 환경을 조화시키는 것이 곤란하다는 것을 알게 되었다. 발전도상국의 환경프로그램은 그 나라의 경제정책, 그 나라의 천연자원의 이용 가능성, 그리고 그 나라 사람들의 생활양식에 의해 영향을 받는다. 천연자원이 나빠지면 현재 및 장래의 세대는 무거운 짐을 지게 된다. 따라서 일정한 시간 동안 경제성장에 비해 우리가 어느 정도의 천연자원을 이미 사용해 버렸으며 나중에 남는 부족분은 어느 정도인지 알아야 할 필요가 있다.

1. 환경회계의 필요

불행하게도 종래의 '국민경제계산체계(System of National Accounting: SNA)'는 천연자산의 감가상각을 공제하지 않고 국민순소득을 구한다. 이것은 정부의 업적을 판단하기 위한 척도로서는 결함이 있다. 고전적인 경제학자 앨프리드 마셜(Alfred Marshall)조차도 천연자본을 생산요소로 인정하고 있다. 천연자원을 평가하는 주된 목적은 환경영향평가의 상대치를 구하는 데 있다. 그 때문에 평가에는 세 가지 방법이 있다. 회계적인 방법, 경제적인 방법 및 환경주의적인 방법이다.

2. 리우 이후의 시나리오

1992년 리우데자네이루에서 '지구정상회의(Earth Summit)'가 개최되었으며 지구환경에 관한 많은 거창한 약속들이 행해졌다. '리우의 모든 원칙', '어젠다 21', '생물다양성과 기후변동에 관한 조약'에 의해 국가 수준 및 전 지구적인 수준의 참여가 요구되었다. 중국이나 인도와 같은 급속한 발전을 목표로 하는 도상국은 그 환경프로그램을 실시하기 위한 자금의 부족에 직면했다. 그렇지만 생물다양성조약에 의해 이 국가들에서는 자연보호의식이 높아지고 보전의 가치, 민감한 생태계 및 서식지의 확인이 이루어지고 있다. 바야흐로 이 국가들에서는 종합적인 생물다양성 전략이 작성되고 있다.

중국과 인도는 높이 솟아 있는 히말라야산맥과 접해 있지만, 생물다양성의 보존, 지구온난화의 방지와 삼림의 보전이라는 '리우의 공약'을 달성하기 위해 나서고 있다. 이 나라들의 시민은 환경에 유효한 관리를 실시하려는 마음가짐, 또한 환경보호의 확보에 필요하다면 경제성장을 희생할 수 있다는 마음가짐이 되어 있다. 예를 들면, 중국에는 매우 활동적이고 유효한 직업별 조합조직이 있으며 지속가능성을 자발적으로 진전시킬 수 있다. 중국의 각 지방 및 국가 차원의 환경과 건강위원회는 대중들의 의견을 빠르게 바꿔서, 정부의 주요한 환경프로젝트에서 정부에 협력하게 할 수 있다.

3. 먼저 우선 사항을 결정한다

국가 환경전략에서는 경제 또는 생태에 토대하는 우선사항을 결정하는 것이 요구된다. 그러기 위해서는 국가의 소유권, 건전한 정치적 상황, 유효한 행동계획 및 대중의 참가와 관여를 필요로 한다. 어젠다21과 '세계무역기구(WTO)의 우루과이 라운드' 협정은 양방 모두 자유화와 지속가능한 발전을 위해 서로 협력할 것을 요구하고 있다. 발전도상국은 충분한 재정지원을 얻지 못하면 환경문제에 관해서는 선진국의 지배를 받게 될 것이다.

4. 공통의 이익

충분한 자원을 발전도상국에 주는 것은 모든 국가의, 또한 미래세대의 공통의 이익에 도움이 될 것이다. 따라서 선진국은 환경문제에 유익한 건전한 첨단기술을 자유조항에 의해 발전도상국에 쉽게 이전할 수 있도록 하지 않으면 안 된다.

5. 인도의 생물다양성

인도는 1992년의 '지구정상회의'에서 '생물다양성조약'에 최초로 조인한 나라이다. 인도의 '국가 환경계획·조정심의회'는 1972년에 설립되었다. 인도의 천연자원은 '인도식물조사'(1980년 설립), '인도동물조사'(1916년 설립), '인도삼림조사'(1894년 설립)가 감시하고 조사하고 있다. 인도는 항상 늘 자국의 국가보전전략을 소리 높여 주장하고 행동해 왔다. 1992년에는 「환경과 개발에 관한 국가보전전략과 정책의 성명」을 실시했으며, 이에 토대하여 여덟 개의 생물분야 보호구가 책정되었다. ① 니르기리, ② 난다·데비, ③ 노크레크, ④ 그레토·니코바르, ⑤ 마나르 만, ⑥ 마마스, ⑦ 산디르반스, ⑧ 시미리바르가 그것이다.

인도는 총면적 6740제곱킬로미터의 맹그로브[紅樹林]의 내염삼림생태계가 있으며, 이것은 세계의 맹그로브 면적의 7퍼센트에 이른다. 인도 총지리면적의 약 19.47퍼센트는 삼림으로 덮여 있다. 인도의 삼림정책은 1894년에 시작되었다. 현재는 1988년 이후 새로운 산림정책이 실시되고, 이에 따라 식림과 삼림의 생산성을 촉진하여 국가의 필요를 충족시킴과 동시에 사람들의, 특히 여성을 포함하는 대이동의 창출을 중시하고 있다.

최근 각 촌락에서는 촌락공동체대장이 작성되었고, 이에 따라 지역의 사람들은 비정부조직과 함께 생물다양성의 전통적 용도를 문서화하고 있다. '아라바리 프로젝트'에 토대하여 '촌락삼림위원회(VFC)'가 몇 개 형성되고, 촌락에서 적어도 세 명의 여성을 각 위원회의 위원으로 하도록 의무화되어 있다.

그러나 인도의 주된 문제는 인구증가이다. 10년 동안에 도시의 인구는 36퍼센트 증가했다. 현재 인도는 세계 인구의 18퍼센트, 세계의 가축의 15퍼센트를 소유하고 있지만, 지리면적은 2퍼센트, 삼림 면적은 1퍼센트, 그리고 목초지 면적은 0.5퍼센트에 지나지 않는다. 그렇지만 인도는 동물과 식물상이 풍부하다. 세계 전체의 종의 8퍼센트를 인도에서 볼 수 있다. 인도에는 358개의 야생동물의 보호구와 63개의 국립공원이 있다. 그러나 인도의 전 면적의 4.6퍼센트에 미치지 못하기 때문에 적어도 148개의 국립공원과 503개의 보호구가 추천 장려된다.

전원에 사는 전체 주민에게 연간의 연료로 157메가톤의 땔나무가 필요한 데 비해 생산은 58메가톤에 지나지 않는다. 그 때문에 불법적인 가지치기, 벌채나 침해 문제가 있다.

6. 생물다양성의 보전과 오염의 방지대책

인도는 환경의식의 계발에 열심이다. 환경의 변화에 견딜 수 있는 식물군의 대부분의 품종에 관해 품종개량이라는 새로운 실험이 행해지고 있다. '야생생물보호법'과 '인도 삼림법'은 엄격하게 시행되고 있다. 델리, 캘커타 및 뭄바이는 세계에서도 가장 오염된 10개 도시에 포함된다. 이 도시들의 환경위생을 확보하기 위해 보다 많은 공원과 녹지대가 계획되어 왔다. 예를 들면, 뭄바이에 있는 보리블리(Borivli)국립공원은 하나의 이상적인 실험이다. 이 공원은 110제곱킬로미터, 즉, 수도 면적의 5분의 1에 가까운 면적에 걸쳐 펼쳐져 있다. 연간 300백만 명의 사람들이 이 공원을 찾는다. 이 국립공원은 그 수입에 의해 유지된다.

교통정체에 의해 생겨나는 오염을 방지하기 위해 중국과 인도는 양국 모두 먼 길을 나아가지 않으면 안 된다. 그렇지만 교통혼잡으로 인한 환경오염을 막기 위한 몇 가지 대책은 동시에 취할 필요가 있다.

① 낡은 기술에 의한 차량의 운행은 금지한다.

② 4사이클 엔진만을 인정한다.

③ 무게가 무거운 대형 차량은 도시 간 간선도로의 정기왕복을 허용하지 않는다.

④ 디젤과 가솔린의 가격차를 줄인다.

⑤ 전자연료에 의한 최신 자동차를 개발한다.

⑥ 가솔린 구동의 모든 차량에 촉매변환기 사용을 의무화한다.

⑦ 넓은 도로와 공간의 버스터미널 및 도보와 다리를 건설한다(여기에 대한 중국의 노력은 칭찬해야 할 것이다).

7. 전통적인 촌락공동체와 환경보전

중국과 인도의 전통적·민속적인 촌락공동체의 신앙은 일반적으로 원시종교에 관심이 기울어져 있다. 이 공동체는 토템상과 신앙 대상인 나무를 보존한다. 야생동물을 죽이는 일조차 하지 않는다. 인도의 비슈노이즈(the Vishnois) 종족 및 키슈안그바나(Xishuangbanna)의 다이(Dai)와 브랑그(Bulang)민족의 사람들이 그렇다. 각 촌락에는 '성스러운 언덕'이 있다. 이와 같은 언덕의 수목은 절대로 벌채하지 않는다. 사람들은 모든 자연물에는 혼이 있다고 믿는다. 그렇기 때문에 이 촌락공동체의 신앙은 삼림과 생물자원의 보전을 돕고 있다.

8. 중국의 생물다양성

1978년 중국은 개혁·개방 정책을 시작하고 국가심의회는 중국의 북부, 북동부 및 북서부를 횡단하는 거대한 방풍림을 건설할 것을 결정했다. '삼북부 방풍림 개발프로그램'이라고 불리는 것이다. 이 거대한 프로젝트는 중국의 '녹색의 큰 벽(Green Great Wall)'으로 알려지며, 400만 제곱킬로미터의 국토를 보호할 수 있을 것으로 기대되고 있다. 중국은 매년 530만 헥타르의 삼림을 창출하고, 370만 헥타르의 산지에 숲을 조성하여, 24억 그루의 나무를 심고 있다. 중국은 현재 숲을 조성하는 속도와 규모라는 두 가지 방면에서 세계 1위이다. 경제와 환경이 협조하는 개발을 어떻게 해서 확보할 것인지가 중국 정부의 주된 관심사이다. 1995년까지 중국은 7.2퍼센트의 국토를 799개의 자연보호지구로 지정했다.

9. 중국의 중요한 환경프로젝트

양쯔강과 황하 유역에는 277억 미국달러 규모의 새로운 프로젝트가 시작되고 있다. 이 유역들은 중국 문명의 발상지이며 중국 국토의 26.6퍼센트를 차지한다. 세 해협과 자링강(嘉陵江)유역, 서부 쓰촨성(四川省)과 윈난성(雲南省)의 진사강(金沙江) 유역, 황토고원의 풍사지역의 숲 조성이 이 거대한 프로젝트에 토대하여 행해지게 된다. 이 프로젝트에 있어서 중앙정부는 처음으로 이런 야망에 찬 프로젝트에 대해 60퍼센트의 자금을 내고 있다. '국제연합개발프로그램(UNDP)'과 '중국경제와 기술교류국제센터'는 다음 세 가지의 새로운 프로젝트에 조인했다.

① 중국은 세계에서 물이 가장 부족한 26개국 가운데 하나이기 때문에 '21세기 중국도시물관리' 프로젝트
② '초등학교·중학교에서의 환경교육을 위한 능력육성' 프로젝트
③ '베이징의 교통오염방지개선을 위한 능력개발' 프로젝트

10. 중국의 환경의식 프로그램

중국은 아동의 환경의식을 강화하는 정책을 취하고 있으며 이에 토대하여 초등학교와 중학교에서의 환경교육과정은 의무적이다. 교사는 환경교육에 관한 특수훈련을 받게 된다. 환경의식을 조장하기 위해 중국의 7개 도시는 지방 매스미디어를 통해 주간별로 대기의 질에 대한 방송을 시작했다. 7개 도시, 즉 난징(南京), 상하이(上海), 선양(瀋陽), 취안저우(泉州), 따리엔(大連), 샤먼(厦門) 및 우한(武漢)의 어느 도시에서나 대기의 질이 만족스러운 것은 아니다. 놀랍게도 항저우(杭州)의 2월 두 번째 주의 대기오염지수(API)는 상하이의 같은 시기보다 높았다. 샤먼, 따리엔, 선전(深圳)조차도 항저우보다 낮았다.

중국의 '국가환경보호청(NEPA)'은 지방의 의식을 올바르게 평가하고 작년에 '모델도시'와 '정원도시'의 칭호를 주하이(珠海), 샤먼, 웨이하이(威海), 선전, 따리엔 및 장자커우(張家口)에 부여했다. 각 도시는 지속가능한 개발, 사회경제 수준, 환경의 질, 환경관리기준 및 대중의 참가능력에 관해 판단되었다. 샤먼과 같은 도시에서는 위생작업자에게 명예와 높은 임금을 지불함으로써 그 지위가 높아지고 있다.

'베이징환경보호기금'도 하나의 큰일을 하고, 동 기금의 총재인 장 코이케(Madame Jiang Koike)는 환경의식을 촉진하는 데 많은 노력을 기울여 왔다.

11. 멸종할 우려가 있는 종과 그 거래

최근 멸종할 우려가 있는 어떤 종에 관한 회의가 개최되고 중국은 '절멸할 우려가 있는 야생동식물의 종의 국제적 거래에 관한 조약'을 이행할 것을 선언했다. 문제는 중국에는 15개의 나라와 국경을 접하는 8개의 성과 자치구가 있다는 것이다. 멸종위기종의 불법거래와 밀수는 인도에서도 중대한 관심사였다. 인도의 호랑이, 코뿔소 및 코끼리가 불법거래나 밀수에 의해 절멸될 우려가 있기 때문이다.

12. 오염방지 프로그램

중국의 '국가환경보호청'은 환경에 대한 오염과 그 외의 인공적 위해를 2000년까지 방지하는 결의이다. 그러나 이 기관의 고관들은 환경을 보호하기 위한 법률을 실시하는 데 결함이 있다는 것을 인정했다. 최근 환경규칙을 감시하는 두 개의 심의회가 설립되었다. 국가심의회는 중국 전역의 11.4퍼센트에서 이산화유황과 산성비의 오염에 관한 포괄적인 방지와 관리프로그램을 작성했다. 베이징 중심부의 보일러는 주 연료로서 천연가스를 사용해야만 한다. 대기오염을 최소화하기 위한 또 하나의 대책은 유황성분이 적은 석탄의 사용이다. 이제는 보일러는 가동하기 전에 폐기방출증명서를 발급받지 않으면 안 된다. 중국은 또한 대기오염과 맞서기 위해 무연가솔린의 사용을 추진하고 있다.

13. 새로운 시대와 낙관주의

1997년 11월 '중국환경포럼'에는 100명 이상의 국제적인 환경주의자들이 출석했다. 이 포럼에 메시지를 보내서 중국공산당 총서기 장쩌민은 "중국 사람들은 경제의 번영과 깨끗한 환경을 특징으로 하는 새 시대를 만들기 위해 세계 속의 사람들과 함께 기꺼이 노력하고 싶다"라고 말했다.

14. 과도한 야망의 주장과 실상에 관한 비판

각 정부에 의해 선전과 기획 등이 많이 행해지고 있지만 실행되는 것은 적고 실행되지 않는 것이 많다. 우리는 진실을 사실에 의해 그리고 또 실시된 프로젝트의 모든 것을 사람들의 생활 상태에 대한 효과에 의해 판단하지 않으면 안 된다. 따라서 중국과 인도의 환경정책의 성과는 아직 불충분하다. 통계는 이해할 수 없는 게임이며 하나의 환경프로젝트가 형태를 이루기까지에는 경제개발에 관한 새로운 몇 가지 통계적 문제가 발생한다. 또한 지속가능한 성장과 환경의 재생은 공정하고 평등하게 분포되지 않는다. 완전하게 무시된 지역도 있으며 도시 사람들은 은혜를 받지만, 시골 사람들은 서서 기다리지 않으면 안 된다.

인도의 촌락은 아직 음료수뿐만 아니라 적당한 하수시설도 없다. 폐기물의 재활용과 처리는 중국보다 훨씬 뒤떨어져 있으며, 인도의 사회체제와 카스트 제도에 있는 심한 불평등 때문에 '하층 카스트'와 '달리트(짓밟혀진 사람들)'는 환경프로젝트의 혜택에 접근할 수가 없다. 이 사람들이 지방의 정치가에 의존할수록 자신이 작아진다고 또는 기생하고 있다고 느낀다. 법률의 실시는 아직 불충분하다. 법률에 의한 소송은 일반 사람들이 부담하기에는 비용이 너무 많이 든다. 정치가는 투표 기반을 견고하게 하기 위해 토지를 횡령하는 자들을 보호한다. 삼림, 하천, 산지의 침해조차 그들은 인정한다. 정치는 종교와 손에 손을 잡고 생태의 우선사항을 부정한다. 재산이 많은 사람들과 관료는 자신들의 특권을 행사하고 정치적 보호를 제멋대로 한다. 인도에는 아직 세계에서 가장 가난한 사람들이 많이 있으며, 기본적인 쾌적한 생활을 빼앗기고 있다. 그로 인해 환경에 심각한 영향이 발생하고, 환경프로그램의 장애가 되고 있다.

중국은 최근 이런 환경문제의 심각함을 깨닫고, 환경에 대한 사람들의 의식 창출에 성공하고 있다. 그렇긴 하지만 중국에는 환경에 대한 손해를 억지하는 어떤 포괄적인 법률체계도 없다. 중국은 그의 인권 분야에 있어서는 저지르는 죄 이상으로 죄에 대해 비난하지만, 한편 중국의 식물상과 동물상의 권리도 소중히 하지 않으면 안 된다. 예를 들면, 새는 이와 같이 커다란 영토 속에 이미 개체수가 너무 줄어들었음에도 무차별적으로 죽임을 당하고 새장에 넣어지며 팔리고 잡아먹히고 있다. 실제로는 동물은 사람들에게 일종의 식료이기 때문에 동물들에게는 살아남을 권리는 없다. 어떤 보고에 따르면 중국은 야생동물 자원이 풍부하고 독특하여 외국인들을 수렵에 끌어들이려고 애쓰고 있다고 한다. 이런 노력에 의해 많은 경제적 이익이 생긴다는 논의가 이루어지고 있다. 마찬가지로 중국의 물에서 서식하는 동물도 자유시장경제에 의해 멸종될 우려가 심각하다.

오염에 관해서는, 중국에서 나타나고 있는 새로운 부유층 계급은 일반적으로 오염을 상관하지 않는다는 생각을 갖고 있다. 이 사람들은 차와 이동전화를 소유하는 것을 자랑스럽게 생각한다. 최근의 앙케트 조사에서 어떤 젊은 중국 학생은 21세기 그의 꿈은 모든 중국인이 한 대의 차를 소유하는 것을 보는 것이라고 대답했다. 언젠가 이 상태가 된다면, 자전거는 '중국역사박물관'에서 하나의 유물이 될 것이며, 사람들은 끊임없는 교통정체 속에서 산소마스크를 쓰게 될 것이다.

제4장

법과 생태도덕

장화걸(중국)

냉전의 시대가 끝난 후, 지속적인 경제발전과 동시에 좋은 생태환경을 유지하는 것은 각국이 다투어 추구하는 목표가 되었다. 또한 세계 강국의 위치를 유지하면서 혹은 강국과 나란히 하기 위해 다다르는 과정이 되려 하고 있다. 그 때문에 선진국이든 발전도상국이든 모두 차례차례로 상응하는 환경법규를 제정하고 있다. 그러나 각국은 환경보전법규를 구체적으로 실시할 때, 많은 곤란한 문제들과 부딪치고 있다. 선진국의 환경보호에 있어서 이중구조의 기준은 자기 나라의 풍부한 생활은 어떻게든 유지하고 발전도상국에서 엄청난 양의 에너지자원 등을 획득하면서도 오염은 발전도상국에 전가하고, 또 여러 가지 이유를 핑계 삼아 발전도상국에서 생산되는 제품들의 수입을 제한하려 하고 있다.

예를 들면, 미국은 전 세계에서 생산되는 에너지의 40퍼센트를 소비하는 매우 사치스러운 생활을 하면서도 발전도상국의 제품의 수입에 대해서는 여러 가지 환경

장벽을 만들고 있다. 일본은 자국의 녹화가 65퍼센트에 이르고 있음에도 불구하고 브라질로부터 대량의 목재를 수입하고 있으며, 자국에서는 일회용 나무젓가락의 생산을 엄격하게 금지하면서 중국에서 일회용 나무젓가락을 대량으로 수입하고 있다. 일본의 이와 같은 행동은 브라질 열대우림의 대량벌채를 초래하고 있으며 중국의 숲에 일정 정도의 파괴를 초래하고 있다. 또한 몇몇 발전도상국은 자국의 경제를 빨리 성장시키기 위해 자국의 생태환경을 희생하는 대가로 오염도가 높은 프로젝트를 도입하고 있다. 또 자국의 경제발전에 있어서도 의식적 혹은 무의식 중에 환경보호를 소홀히 하고, 환경보호법의 실시는 기본적인 형태로만 그치고 있다.

그런 이유 때문에 경제발전과 생태보호의 모순을 해결하기 위해서는 단순히 몇 가지의 환경보호법규의 제정에만 의지하는 것으로는 불충분하며, 사람들 마음속의 생태도덕의식의 확립을 중시해야 하며 사람들 사이, 선진국과 발전도상국 사이에 존재하는 가치관의 분열을 서로 연결하여 사람들이 마음속의 생태도덕에서 출발하게 하고, 세계의 모두가 형제가 되어, 환경보호법을 자각적인 입장에서 지키고, 함께 지구촌의 지속적인 발전을 유지하지 않으면 안 된다.

1. 생태윤리에 관한 역사적 회고

인류는 인간과 생태의 관계에 관해 옛날부터 섬광 같은 인식을 하고 있었다. 중국의 전통적 사상은 옛날부터 '하늘의 때[天時], 땅의 이로움[地利], 사람의 화합[人和]'을 존중하고 '천인합일'을 주장해 왔다.

예를 들면, 도가(道家)의 윤리학은 주로 사람과 사람, 사람과 사회 사이의 관계를 곰곰이 생각하지만, 그러나 어떤 면에서는 이미 이 범위를 초월한 요소를 포함하고 있다. 『장자(莊子)』「양생주(養生主)」에는 다음과 같은 이야기가 있다. 꿩이 열 걸음을 걸어서 가까스로 한 입의 모이를 발견하고, 백 걸음을 걸어 겨우 한 모금의 물이 얻어걸렸다. 그렇지만 그 꿩은 새장 속에서 사육되는 것을 원하지 않았다. 꿩이 소중히 하는 것은 자유였으며 부귀는 아니었기 때문이다. 꿩은 야외에 있으면 끊임없는 굶주림과 목마름과 만나야 하지만, 천부의 야생을 유지하고 자유롭고 마음대로 살아갈 수 있다. 새장 속의 꿩은 먹고 마시는 데 어려움이 없지만 인간의 산 인질이 되어 먹고 마시는 것보다 훨씬 소중한 자유라는 천부적인 권리를 상실하게 되는 것이다.

중국의 유학문화에서는 인격의 확립(일반 사람과 구별된다)을 가장 중요한 것으로 간주하므로 윤리관념, 도덕규범의 교육과 양성을 특히 강조한다.

중국 외에도 생태도덕윤리의 싹은 모든 원시문화, 예를 들면 인디언의 문화에서도 자주 볼 수 있다. 그리고 서양의 생태윤리학은 생태환경의 파괴, 그것의 심각화, 위기에 따라 탄생, 창립, 전면적인 발전이라는 과정을 거친다. 서양 근대 이후의 많은 사상가도 자연과 인간의 관련성에 주목하여 "사람들은 자연과 인간을 동등하게 생각하지 않으면 안 된다"고 주장하고, 이것에 응해 '인지관계론(人地關係論)', '인문지리학' 등이 제기되었다. 그러나 중국이든 서양이든 긴 역사 속에서 인간과 생태의 협조관계에 관한 연구는 뿔뿔이 흩어져 있어 계통적인 연구는 되지 못했다.

처음 생태윤리학을 주창한 사람은 프랑스의 철학자로, 노벨평화상을 수상한 알베르트 슈바이처이다. 그는 1923년에 출판된 『문화철학』에서 생태윤리학의 구상을 내세웠다.

영국의 철학자인 레오폴트가 1949년에 출판한 『토지윤리학』은 최초의 체계적인 생태윤리학 전문서이다. 그 후 로마클럽 등도 생태윤리학의 발전을 추진했다. 중국의 많은 학자들도 이 방면에서 많은 유익한 탐색을 하고 있다.

고대 그리스의 철학자인 프로타고라스가 '인간은 만물의 척도이다'라고 말한 이래, 사람들은 자신들과 자연을 구분하고 인간은 이제 자연의 일부가 아닐

뿐만 아니라, 자연과 대립하는 실체라고 생각하게 되었다. 그리고 유럽의 암흑기였던 중세 이후, 스콜라철학을 비판함에 따라 인간성에 대한 향상이 일정 부분 높아지게 되었다. 이것은 주로 대대적인 규모로 행해진 유럽의 르네상스운동에 의해 실현된 것이었다. 이 운동은 문화적으로는 인간성의 존중, 경제적으로는 사유재산의 신성화, 정치적으로는 시민사회와 정치사회의 확립을 위해 필요한 이론적 준비를 제공했다. 또 이 사상들은 프랑스의 계몽주의운동을 통해 누구나 다 아는 상식이 되어갔다.

사람들의 잠재능력의 위대한 해방과 함께 자연을 정복하는 행위는 자기가치의 실현으로써 생태환경에 중압을 가하게 된다. 환경오염의 증가와 인류에 대한 자연의 보복이 심해짐에 따라, 사람들은 분명히 자신들의 행동이 지나쳤으며, 자신들의 가치관의 방향을 재평가하고 자연과의 대립상태를 멈추어 다시 자연으로 회귀할 필요가 있다고 느끼게 되었다. 그러나 이 회귀는 옛날의 소박한 '천인합일'관과는 본질적으로 다른 것이며 변동의 악순환, 즉 부정의 부정이다.

생태도덕을 확립하는 것은 시대의 요구이다. 세계적인 생태위기 속에서 인간 자신이 갖추고 있는 강대하지만 비협조적인 자연을 혹사시키는 능력을 규제하는 대책을 탐구하고, 이 능력을 인류의 행복과 이어지도록 하며, 인류의 문화를 파멸시키는 데 이르지 않도록 하기 위해서는 법에 의한 강제력 외에도 생태도덕의 구축이 매우 중요하다고 생각한다. 세계에 존재하는 남북문제, 즉 선진국과 발전도상국의 모순에 의한 생태도덕은 그 형성과 발전에 있어서 필연적으로 복잡한 사회관계를 반영하고 있다.

인간과 그 외의 생물의 관계를 분석해 보면, 우리들이 인간과 그 외의 생물의 관계는 파트너의 관계라고 말하는 경우, 이것은 단지 생물학적 관점에서 말하고 있을 뿐이다. 생물학자가 말하는 것처럼 각각의 종은 하나의 생태적인 지위를 점유할 뿐으로, 두 가지 종이 같은 생태적 지위를 점유하는 일은 없다. 과학이 우리에게 가르치는 것도, 인류가 출현하기 이전에 지구상의 생명의 진화는 이미 수십억 년의 역사가 있으며, 인류의 출현은 생물권 속에서 끊임없이 진화하고 있는 그 외의 생물 존재가 있었기 때문이지만, 그 외의 동물의 존재는 인류의 출현에 의한 것이 아니다.

사회학의 입장에서 말한다면, 인간은 이성을 갖추고 있지만 그 외의 생물은 이성을 갖추고 있지 않기 때문에, 어떤 의미에서는 그 외의 생물은 인간을 위해 존재한다고 말할 수 있다. 그러나 이 관점은 매우 엄격하게 제한되지 않으면 안 된다. 그렇지 않으면 '자연을 정복하라', '인간은 자연계의 주재자이다' 라고 말하는 매우 잘못된 사상이나 행동을 초래하게 된다. 그렇기 때문에 인간과 생물, 인간과 환경, 인간과 생태의 사이에는 평등, 조화의 관계가 확립되지 않으면 안 된다. 그것은 인간과 생태의 불가분성에 의한다. 인간의 생태에 대한 관계에서 보면, 인간은 생태의 산물이며 인간의 생존과 발전은 생태에 의거하지 않으면 안 되며, 인간의 활동은 생태법칙에 따르지 않으면 안 된다. 생태의 인간에 대한 관계에서 보면, 생태는 인간의 환경이며 인간의 물질적인 활동의 요소이고 인간의 정신력이 표현되는 것이다.

생태도덕의 확립과 발전은 필연적으로 사람들의 가치관을 바꾸고 있다. 인간은 자기 쪽의 일부에서가 아니라 생태계 전체로부터 착상해야만 자신과 생태계의 왕복행위의 옳고 그름을 올바르게 인식할 수 있다. 생물군락의 완전하고 안정된 행위를 유지하는 데 도움이 되어야만 정당한 것이며, 그렇지 않은 것은 잘못된 것이다.

2. 법과 생태도덕(윤리)의 관계

법은 일정한 물질적 생활조건에 의해 결정되는 지배계급의 의지가 체현된 것이며, 국가가 제정하거나 인가하고 국가의 강제력에 의해 실시를 보증하는 행위규범의 총계이다. 그 목적 또는 기능은 지배계급에 유리한 사회관계나 사회질서를 확인, 유지, 발전시키는 것이다.

사람과 사람의 윤리도덕 관계를 인간과 생태계가 만들어 내는 새로운 윤리로까지 확대한 것이 생태도덕(윤리)이다. 사회의식으로서의 생태도덕은 사람들 자신이 의존하고 있는 사회관계에 관한 자각적인 표현형식이며, 사회적 여론과 마음속의 신념이라는 힘에 의해 사람들 사이, 사람과 자연 사이의 상호관계의 행위규범이나 준칙 등을 실현하고 조절하는 것의 총칭이다. 그런 이유로 인해 생태도덕은 '정(情)'의 일정한 틀 안에서, 그 안에 포함되어 있는 '리(理)'의 기준에 의해 사람과 사람, 사람과 자연의 행위를 조정하고 규범을 부여하는 것이다.

법과 생태도덕은 어느 것이나 사람들의 행위를 조정하는 사회적 규범이지만, 당연히 그 사회적 규범으로서의 성격은 다르다.

특수한 사회적 규범으로서의 법은 강경성과 외부성을 가지고 있는 것에 비해 생태도덕은 유연성과 내부성을 가지고 있는 것 같다. 생태도덕의 유연성이란, 생태도덕은 국가가 제정 또는 인가하는 행위규범은 아니기 때문에 국가의 강제력에 의해 구속되지 않는다는 것이다. 그 내부성이란, 생태도덕은 사람의 행위에 규범을 가할 때 사람들은 이렇게 해야만 한다, 이와 같은 행위를 해서는 안 된다는 것을 지적하여, 사람들의 행동양식이나 행위기준에 영향을 주고, 사람들의 행위를 교정하는 역할을 다하려고 하는 데 지나지 않는다는 것이다.

법은 사람들의 일정한 사회관계에서의 권리와 의미를 규정하는 방식으로 사람들의 행위를 조정하는 것이다. 생태도덕은 일반적으로 말해서 의무를 규정할 뿐이고 권리는 없다. 설사 권리를 규정한다고 해도, 법이 규정하는 권리나 의무가 국가에 의해 확인되고 보장되는 것과는 상당히 다르다. 그것은 생태도덕의 의무는 그에 상응하는 권익을 도모하여 얻는 것을 조건으로 하지 않기 때문이다.

3. 생태도덕의 선전을 어떻게 강화할 것인가

사람들이 필요로 하는 다차원적으로 적응하는 생태도덕규범을 구축해야 한다. 우리는 각지의 객관적 환경과 조건에 토대하여, 또 각 계층, 다양한 종류, 다원적 경향의 객관적인 실상 등을 고려하여 각 차원, 각 방면, 각 영역의 생태도덕규범과 요구를 각각 분별, 확정할 필요가 있다. 도덕규범에 대해 필요한 합리적인 논증과 설명을 해야 한다. 생태도덕의 단단한 기초, 즉 생태균형을 지킨다고 하는 견고한 신념을 확립해야 한다. 생태도덕은 생태계를 존중하는 인간정신의 자율에 맡기는 것이며, 견고한 신념 또는 신앙에 의해 지지되지 않으면 안 된다. 신앙은 사람에게 정신적으로 믿는 곳과 살아가는 원동력을 주고, 사람에게 자신감을 갖고 살아갈 수 있게 한다. 그 때문에 어떠한 시대, 어떠한 사회에서도 신앙은 반드시 필요한 것이다. 신앙에 의해 우리들은 생태도덕의 선전에 신성성과 권위를 가질 수 있다.

방법에 관해서는 생태도덕의 선전을 제도화할 필요가 있다. 법제, 지식, 생태도덕교육을 융합시키고, 협조하며, 서로 보완하는 교육시스템의 창출에 노력하고, 사람들이 기쁘게 생태도덕의 선전에 종사하고 싶어 하는 분위기를 사회 전체에 창출할 필요가 있다. 매스미디어의 생태도덕 선전에 있어서의 정확함으로 선도적·적극적·자각적인 역할을 특히 중시할 필요가 있다.

4. 법과 생태도덕의 상호작용

'그 안을 바르게 하는 것을 승인한다'고 하는 것은 법과 생태도덕이 서로 융합하고 통한다는 의미이며, 대립하는 양자 사이에서 서로 통하는 길을 발견해내고, 서로 융합하고, 통하는 것이다.

5. 법과 생태도덕의 상호 전화(轉化)

이성을 가진 인간은 자기 행위를 법률이 허용하는 범위 안에서 행하도록 규정한다. 생태도덕은 생태균형을 유지하는 것을 전제로 하는 법치국가의 기초이며, 환경보호법은 생태도덕의 가장 표층적인 것에 지나지 않는다. 국민이 생태도덕에 관해 깊은 인식을 가지고 있지 않은 나라에서 환경보호법이 엄격하게 집행되지 않는 것은 당연하다. 예를 들면, 노인을 공경하고 아이를 소중히 하는 전통이 없으면 노인이나 아이들을 보호하기 위한 법률이 확실하게 집행되겠는가. 이와 마찬가지로, 생태균형을 자각적으로 따르는 생태도덕의 전통이 없으면, 환경보호법이 확실하게 집행될 리 없다. 법률은 외부의 구속력이며, 도덕이야말로 마음에서 나온 구속력인 것이다. 외부의 힘은 내부의 힘에 의해 비로소 더 좋은 역할을 발휘할 수 있다. 법률은 그 위력에 의해 사람들을 위협하고, 나쁜 일을 하지 못하게 할지도 모른다. 그러나 선에 관심을 가지게 하고 선을 행하도록 하는 것은 도덕의 안내와 추진에 의지하지 않으면 안 된다.

여기에서 우리는 독일의 대철학자인 칸트의 『실천이성비판』의 다음 말을 생각할 수 있다. "우리들이 늘 반복하여 사색하면 할수록, 사람들에게 언제나, 점점 더 늘어나는 찬탄과 경외심을 가지게 하는 두 가지가 있다. 그것은 별이 있는 하늘과 마음의 도덕법칙이다."

요컨대, 생태도덕의 선전이 사람들의 마음에 깊이 파고들어서 환경보호법규가 확실하게 실시될 때야말로 남북의 국가를 연결하는 생태도덕의 가치의 연계가 구축되는 때인 것이다.

참고문헌

1. 『生態價值』(章和傑著 臺灣茂昌圖徐有限公司, 1996年 3月)

2. 『道德教化:問題與對策』(王茂水, 安徽大學學報, 哲學社會科學版, 1997年 第2期)

제5장

동양 전통 환경사상의 현대적 형태 전환

왕수화(중국)

"동양 전통 환경사상의 현대적 의의"라는 의제는 항주대학 일본문화연구소가 주최하고 일본국제교류기금 아시아센터가 후원했다. 중국, 일본, 한국, 인도, 미국, 타이완, 홍콩의 학자 50여 명이 2년여 동안 각자 연구한 결과를 집중 논의하는 방식으로 항주에서 1997년 3월과 1998년 4월에 두 차례 공동연구토론회를 거행했다. 발표 논문만 모두 40여 편이 넘는다. 모든 학자들은 세계가 마주한 공동의 문제, 곧 글로벌 생태위기 및 그것이 발생하게 된 사상적 원인에 대해 깊이 연구하고 논의했다. 회의에 참석한 분들은 모두 동아시아 국가의 학자들이며 또한 발전도상국의 학자들이 대부분이다. 모든 학자들은 동아시아, 특히 발전도상국이 어떻게 지속가능한 개발전략을 실현할 수 있는지에 대해 대단한 관심을 보였으며 유익한 의견을 많이 발표했다. 그러나 각국의 상황 및 그들이 처한 문화적 배경의 차이 때문에 발표된 의견이 모두 같지는 않았고 많은 문제들을 둘러싸고 논쟁하기도 했다. 우리는 이런 학술적 논쟁이 유익하며 학술 문제의 '백가쟁명'을 체현했다고 생각한다. 논쟁을 통해 쌍방의 관점을 명백하게 하는 것이 서로 교훈을 얻거나 다른 의견을 흡수해서 자신을 보완하기 좋기 때문이다.

본 의제의 공동연구를 대표하는 사람으로서 수천 년 전, 수백 년 전의 동양 전통 환경사상을 어떻게 현대적인 형태로 전환시키고 현대사회에 이바지하게 만들지에 대해서만 간단히 발언하고 이로써 본 공동연구과제의 잠정적 결론을 대신할까 한다.

정말 두 차례 토론회에서 여러 선생님들이 발표하면서 지적한 것처럼 동양 전통사상에는 비록 근대적 의의와 같은 '환경관'이나 '생태학' 개념이 형성되지 않았지만 동양 전통의 자연관, 인간관, 윤리관, 전통 종교 및 백성의 일상생활에는 인간과 자연의 관계(천인 관계)와 관련된 풍부한 환경사상이 갖추어져 있다. 고대 중국에는 다음과 같은 여러 가지 사상이 있었다. 유가에는 "인간은 하늘에 부합되는 특징을 가진다[人副天數]", "하늘과 인간은 하나[天人合一]", "인간은 '소우주'이고 자연은 '대우주'"와 같이 인간과 자연이 비슷하며 신기하게 합치한다는 사상이나 "백성은 한 배에서 난 형제이며 만물과 함께한다[民胞物與]"처럼 인간과 자연이 평등하다는 윤리사상이 있다. 도가에는 '도'를 기초로 한 '인간과 하늘의 통일적 관점'이 있다. 『맹자』「양혜왕」상편이나 『회남자』「주술훈」에도 자연을 합리적으로 개발하고 자연 생태를 순환이 잘 되도록 만드는 것에 대한 묘사가 있다. 고대 인도의 우파니샤드 사상체계에도 "브라만과 아트만은 한결같다"라거나 "대우주"와 "소우주"의 사상이 있다. 고대 일본에는 인간과 자연이 친화적이라는 신도의 사상이나 "하늘과 인간이 함께 어울려 몸소 농사짓는다[天人一和直耕]"라는 안도 쇼에키(安藤昌益)의 생태사상이 있다. '금욕'이나 '살생을 꺼린다'는 동양 전통 종교의 주장도 어느 정도 환경보호에 유리하다. 동양 전통의 민간생활에도 환경사상이 많다. 예를 들어 '풍수'에서 '음택'과 '양택'을 살피는 것처럼 미신의 겉껍질을 벗겨내면 합리적 요소도 있다.

그것은 실제로 인간과 환경을 선택할 때 최적의 변수이다. 오늘 이 자리에서 논의한 것이 동양의 천인관계에 대한 전면적인 평가는 아니지만 환경의 시각에서 적극적으로 현대적 의의를 탐색했다고 생각한다.

동양의 전통사상에는 비록 순자나 유우석처럼 "하늘과 인간의 영역은 다르다[天人相分]"는 생각도 있지만 주류는 '하늘과 인간은 하나'라는 생각이다. 동양의 전통사상이 천인관계를 처리하는 특징은 인간과 자연(하늘)의 통일성과 조화를 강조하고 인간도 자연의 일부로 간주하며, 인간과 자연의 관계를 소우주와 대우주의 관계로 본다는 것이다. 고대 그리스인들처럼 고대 서양에도 자연 자체를 신으로 간주하고 끊임없이 생성하는 영원한 존재로 여기는 생각이 존재했다. 이것은 동양사상과 좀 비슷한 구석이 있다. 그러나 기독교는 이와는 완전히 다르다. 하느님이 유일하게 영원한 존재이며 인류를 포함한 세계 전체를 창조했다고 생각한다. 비록 인간의 지위가 하느님보다 낮지만 나머지 만물보다는 높고, 하느님이 세계 전체를 인간에게 주어 관리하도록 했다고 생각한다. 중세 기독교신학이 군림하는 지위를 차지한 이데올로기가 되면서 '하느님—인간—자연'이라는 상하질서 모델이 고정되었다. 근대 이성주의가 일어나면서 신학적 세계관을 비판하고 하느님의 권위를 부정했다. 그래서 이런 상하질서 모델은 '인간—자연'이나 '주체—객체'처럼 양극이 대립하는 모델, 곧 인간이 자연 위에 군림한다는 우월성을 차지하는 것으로 점차 변화한다. 주체와 객체의 양극대립이라는 이런 사유의 모델은 대대적으로 인류를 해방시켰고, 인간의 주관적 능동성을 충분히 발휘했으며, 전대미문의 인류문명을 창조했다. 그러나 생태 변화를 일으킨 심층적 원인 중 하나가 되도록 만든 부정적 효과도 뒤따랐다.

현재 인류가 마주한 글로벌 환경위기를 해결하는 과정에서 동양의 전통 환경사상의 작용과 의의는 비록 지식층의 많은 분들의 동의가 시간이 흐를수록 확대되긴 하지만 결국 수천 년, 수백 년 전의 사상이다. 역사적으로 어떤 사상도 원래 모습과 똑같이 부활할 수는 없다. 그리고 현대적 형태로 전환시켜 오늘날 사회의 상황과 필요에 적응하도록 만들어야만 현대적 의의를 발휘할 수 있다.

동양 전통 환경사상의 현대적 형태 전환 문제에 관해 나는 다음과 같은 관점을 가지고 있다.

첫째, 동양의 전통사상의 내용은 엄청나게 방대하기 때문에 우리는 환경의 관점에서 자연관, 인간관, 윤리관을 비롯해 민속사상에서 인간과 자연의 관계, 곧 환경사상을 골라내야만 한다. 동시에 동양 전통사상에도 결함이나 부정적 효과가 있다는 것도 인정해야 한다. 예를 들어 '하늘과 인간은 하나'라는 생각이 도덕적 이상주의나 도가적 허무주의의 색채가 지나치게 짙고, 영향력도 사대부 계층에만 국한되며 보통 민중의 생활과 어느 정도 거리가 있는 것처럼 말이다. 자연의 생태 평형에 관한 고대 문헌의 묘사도 너무 간단하며 소박한 '자연으로의 회귀'일 뿐이기 때문에 발전 관념이 결여되어 있다. 그래서 쭉정이는 버리고 좋은 것만 취하는 것처럼, 환경보호에 유리한 시각으로 동양의 전통사상의 허위를 버리고 진리를 보존하는 작업을 진행해야만 한다.

둘째, 발굴한 뒤 쭉정이는 버리고 좋은 것만 취하는 과정을 거친 동양의 전통 환경사상에 현대화된 해석을 더하고 아울러 보편화시켜 현대인의 환경의식에 걸맞은 것으로 만들어야만 한다. 이는 동양 전통 환경사상의 계승을 기초로 인간과 자연이 조화를 이뤄 하나가 되는 것, 공생과 공동성장, 지속가능한 발전의 환경에 관한 사유방식의 모색, 발전도상국의 사회 발전에 상응하는 새로운 형태의 환경관과 환경윤리의 수립을 모색하는 것에 다름 아니다.

셋째, 동양 전통 환경사상의 계승을 기초로 생태적 평형을 유지하는 동시에 경제의 지속적 발전에 상응할 수 있는 생산방식을 수립해야만 한다. 이것은 현대화 건설에 힘을 쏟고 있는 대다수 발전도상국에게 더욱 중요하다. 인류를 위해 쾌적한 물질적 생활환경과 정신적 생활환경을 창조하는 것이 우리 현대화

건설의 목적이다. 만약 단지 물질적 풍요로움과 단기적인 이익만을 추구하다가 생태환경이 파괴되는 지경에 이르거나 심지어 인간의 생존을 위협하게 된다면 이런 현대화가 무슨 쓸모가 있겠는가? 수십 년 동안 전해 내려온 중국의 교훈은 이 점을 설명하고 있다. 예를 들어 화이허(淮河)유역에는 이런 민요가 전해지고 있다. "50년대에 쌀을 일고 채소를 씻다가 60년대에 수질이 나빠졌다. 70년대엔 물고기가 멸종하고 80년대엔 공해가 심각해졌다." 이것은 경제성만 단편적으로 추구하고 생태보호를 소홀히 했기 때문에 생태 파괴를 일으키고 화이허 유역 주민의 생산과 생활을 위협한 데 대한 사실적 묘사이다. 자연의 징벌 앞에서 사람들은 현명해지기 시작했고 주체와 객체의 양극대립이라는 사유방식과 경제성만 단편적으로 추구하는 생산방식을 청산하기 시작했다. 1996년 6월 말에는 화이허 유역의 소규모 제지공장 51곳을 폐쇄하고 '자정작전'도 시행했다. 즉 화이허 유역 모든 공장의 오수 배출은 1998년 1월 1일 자정 이전에 규정된 배출 기준에 도달해야만 하고 기준에 미치지 못하는 공장은 1월 1일 자정부터 폐쇄한다고 제한한 것이다. 우리는 화이허강이 맑아지는 날을 기대하고 있다.

넷째, 동양 전통 환경사상의 계승을 기초로 생태에 부합하는 생활방식, 곧 자신의 수요를 만족시키는 동시에 자연 생태의 평형을 해치지 않는 생활방식을 개발해야만 한다. 지구의 자원은 유한하다. 만약 우리가 무절제한 소비를 계속한다면 우리 세대의 손으로 지구의 마지막 피 한 방울까지 쥐어짜게 될 것이다. 오늘날 세계 인구의 15%를 차지하는 선진국이 세계 자원의 3분의 2를 소비하고 있으며 오염물질의 5분의 4를 배출하고 있다. 만약 전 세계 인구가 모두 미국인처럼 소비한다면 지구 20개 분량의 자원이라야 수요를 감당할 수 있다. 그래서 남반구와 북반구의 격차가 확대되고 있는 오늘날, 한도를 정해놓고 소비를 절제하는 일은 소수의 선진국 사람들에 대한 경고일 뿐 아니라 발전도상국에게도 의의가 있는 것이다.

다섯째, 마지막으로 한 가지 설명할 것이 있다. 눈앞에 닥친 글로벌 환경위기 문제를 해결하는 과정에서 우리가 동양 전통 환경사상의 작용과 의의를 강조하는 것은 결코 이 분야에 대한 서양이 이룬 성취를 거부하는 것을 의미하지 않는다. 동양문명과 서양문명은 비록 차이가 있기는 하지만 이제껏 그래 왔듯이, 앞으로도 상호 보완적일 것이다. 인류문명 발전사는 동양문명과 서양문명의 교류, 융합, 발전의 역사이다. 서양세계는 인류문명의 창조라는 측면에서 특히 근대 이래로 중대한 성취와 큰 공헌을 이룩했다. 그러나 근대 이래의 서양 중심주의는 동양문명과 서양문명의 교류와 융합을 가로막고 동양문화의 전통을 근대화에 저항하는 힘으로 간주했다. 그래서 결국 서양문명 자체의 발전을 속박하고 가로막게 되었다. 환경관과 환경윤리 분야에서도 마찬가지이다. 동양의 환경사상과 서양의 환경사상이 교류, 융합, 상호 보완하게 만들면 눈앞에 닥친 인류의 환경문제를 해결할 수 있는 열쇠를 찾을 수 있을 것이다.

우리는 지구촌에 함께 살고 있다. 인류가 맞닥뜨린 환경위기 앞에서 국가, 민족, 제도를 구분하지 말고 서로 손을 마주 잡고 아름다운 내일을 힘을 합쳐 창조해야 한다. 우리 세대의 손으로 지구의 마지막 피 한 방울까지 쥐어짜지 말고 자손들을 위해 조그마한 오아시스라도 남겨야 한다.

엮은이

왕수화(王守華)

이 책의 편집 책임자이며 논문 저자이기도 하다. 항주대학(지금의 절강대학) 일본문화연구소 교수로 있으면서 제1회와 제2회 '동양 전통 환경사상의 현대적 의의' 국제심포지엄 실행위원회 위원장을 맡은 연구 대표자이다.

지은이(가나다순)

가메야마 스미오(일본) | 동경농공대학 교수
가토 히사다케(일본) | 경도대학 교수
나카오 카쓰미(일본) | 화광대학 교수
니시무라 슌이치(일본) | 동경학예대학 교수
도승선(중국) | 항주대학 철학사회학계 교수
리트라지(인도) | 인도국가연구생원 교수
모토자와 마사후미(일본) | 황학관대학 교수
무라세 유야(일본) | 일본향천대학 교수
박문현(한국) | 동의대학교 교수
방광창(중국) | 중국사회과학원 종교연구소 주임연구원
변숭도(중국) | 중국사회과학원 철학연구소 연구원
서원화(중국) | 중국사회과학원 동방문화연구원 주임연구원
여홍년(중국) | 중국, 항주대학 중문계 교수
오제키 슈지(일본) | 동경농공대학 교수
왕가화(중국) | 남개대학 역사연구소 교수
왕수화(중국) | 항주대학 일본문화연구소 교수
왕지성(중국) | 항주대학 철학계 교수

이두(대만) | 신아시아연구소 교수

이운구(한국) | 성균관대학교 교수

이즈미 히로유키(일본) | 농산어촌문화협회

이홍찬(중국) | 절강성 환경보호국

장경신(대만) | 보인대학 종교학계 교수

장화걸(중국) | 절강성 인민정부 연락판공실

증빈(중국) | 일교대학 대학원

진덕술(중국) | 사천성 사회과학원 연구원

진소연(중국) | 산동대학 교수

채덕귀(중국) | 산동대학 철학계 교수

하라다 신(일본) | 농산어촌문화협회 상무이사

황심천(중국) | 중국사회과학원 아시아태평양연구소 교수

후쿠시마 다쓰오(일본) | 화광대학교수

옮긴이

박문현

철학박사. 경북고등학교, 부산대학교를 졸업하고 영남대학교와 동국대학교 대학원에서 동양철학을 공부했다. 동경대학 방문교수와 절강대학 객좌교수를 거치고 현재는 동의대학교 명예교수로 있다. 지은 책으로 『묵자 읽기』, 『묵자: 사랑과 평화의 철학』 등이 있고, 옮긴 책(공역서 포함)으로 『해동속소학』, 『법세이야기』, 『氣의 비교문화』, 『주역의 힘』 등이 있다.

남정순

문학박사. 영남대학교 대학원 미술사학과 박사과정을 졸업했으며, 학위논문은 「풍경의 미적 감상에 관한 연구: 에밀리 브레디의 통합미학을 중심으로」이다. 주요 관심 분야는 환경미학이다. 동서양 풍경 감상의 비교와 풍경을 감상하기 위한 구성요소 등에 관해 연구해 왔다. 옮긴 책으로 『현대과학과 인간』, 『나그네: 어느 물리학자의 회상』 등이 있다.

한울아카데미 2532

동양 전통 환경사상의 현대적 의의

엮은이 | 왕수화

지은이 | 가메야마 스미오·가토 히사다케·나카오 카쓰미·니시무라 슌이치·도승선·리트라지·모토자와 마사후미·무라세 유야·박문현·방광창·변숭도·서원화·여홍년·오제키 슈지·왕가화·왕수화·왕지성·이두·이운구·이즈미 히로유키·이홍찬·장경신·장화걸·증빈·진덕술·진소연·채덕귀·하라다 신·황심천·후쿠시마 다쓰오

옮긴이 | 박문현·남정순

펴낸이 | 김종수

펴낸곳 | 한울엠플러스(주)

편집책임 | 조수임

편집 | 정은선

초판 1쇄 인쇄 | 2024년 8월 20일

초판 1쇄 발행 | 2024년 9월 10일

주소 | 10881 경기도 파주시 광인사길 153 한울시소빌딩 3층

전화 | 031-955-0655

팩스 | 031-955-0656

홈페이지 | www.hanulmplus.kr

등록번호 | 제406-2015-000143호

Printed in Korea.

ISBN 978-89-460-7532-0 93150

※ 책값은 겉표지에 표시되어 있습니다.